Richard Günder

Praxis und Methoden der Heimerziehung

Entwicklungen, Veränderungen und
Perspektiven der stationären Erziehungshilfe

Lambertus

ISBN 978-3-7841-1687-7

3., völlig neu überarbeitete Auflage
Alle Rechte vorbehalten
© 2007, Lambertus-Verlag, Freiburg im Breisgau
Lektorat: Sabine Winkler
Umschlag, Bild, Satz: Ursi Anna Aeschbacher, Biel/Bienne
Herstellung: Franz X. Stückle, Druck und Verlag, Ettenheim

Bibliografische Information der Deutschen Nationalbibliothek

Die Deutsche Nationalbibliothek verzeichnet diese Publikation in der Deutschen Nationalbibliografie; detaillierte bibliografische Daten sind im Internet über http://d-nb.ddb.de abrufbar.

Inhalt

Einleitung 11

Kapitel I
Entwicklungen und Veränderungen der Heimerziehung 14

Das Negativimage der Heimerziehung 14
Die Entwicklung der Heimerziehung
in ihrem historischen Kontext 15
Reformen und ihre Auswirkungen 25
Quantitative Veränderungen/Träger der Einrichtungen 28
Resümee 30
Die Kinder und Jugendlichen – Die Indikation
für Heimerziehung und sonstige betreute Wohnformen 30
Aus welchen Familien kommen Heimkinder? 30
Die Problemlagen der Kinder und Jugendlichen 34

Kapitel II
Heimerziehung im Kontext des KJHG 38

Die generelle Zielsetzung des neuen KJHG 38
Erziehungshilfen im KJHG 40
Heimerziehung im Kinder- und Jugendhilfegesetz 45
Einbezug seelisch Behinderter 47
Sozialdatenschutz 49
Betroffenenbeteiligung / Hilfeplanung 49
Finanzierung, Neue Steuerung 59

INHALT

KAPITEL III
DAS DIFFERENZIERTE LEISTUNGSANGEBOT
DER STATIONÄREN ERZIEHUNGSHILFE 77

Heimerziehung hat sich verändert 77
Außenwohngruppen und Wohngruppen 77
Betreutes Wohnen 79
Erziehungsstellen 79
Erziehung in einer Tagesgruppe 80
Adressat(inn)en der Erziehung in einer Tagesgruppe 81
Methoden und Organisation der Erziehung in Tagesgruppen 82
Intensive sozialpädagogische Einzelbetreuung 84
Flexible Erziehungshilfen 86

KAPITEL IV
HEIMERZIEHUNG AUS DER SICHT DER BETROFFENEN 90

Die Bedeutung subjektiv erlebter Einflüsse
für die persönliche Entwicklung 90
Die Untersuchungsmethode 92
Zur Situation der interviewten Jugendlichen
und jungen Erwachsenen 93
Gründe für den Heimaufenthalt 93
Der erste Tag im Heim 94
Wie haben die jungen Menschen
die räumliche Ausstattung empfunden? 95
Morgendliches Aufstehen 95
Frühstück / Mittagessen 96
Hausaufgabensituation 96
Zubettgehen 97
Umgang mit Regeln 97
Gruppenunternehmungen 98

Beurteilung der Erzieher(innen) 98
Wie sollten „ideale" Erzieher(innen) sein? 100
Verhältnisse zu den Eltern 101
Wie wird der Heimaufenthalt insgesamt bewertet? 101
Persönliche Perspektiven/Ausblicke 102
Diskussion der Befragungsergebnisse 102

KAPITEL V
FOLGERUNGEN FÜR DIE
PÄDAGOGISCHEN MITARBEITER(INNEN) 107

Woran kann sich Heimerziehung orientieren? 107
Beispiele aus der Praxis 107
Folgerungen 113
Rollenveränderungen und Identifikation
der Heimerzieher(innen) 113
Der Beziehungsaspekt in der Heimerziehung 117
Heimerziehung als Pädagogisches „Ortshandeln" 120

KAPITEL VI
FOLGERUNGEN FÜR PÄDAGOGISCHE BEZIEHUNGSASPEKTE 123

Zwischen Selbstverwirklichung und Orientierungslosigkeit 123
Pädagogische Aspekte und Konzepte der Heimaufnahme 124
Die Heimaufnahme aus der Sicht der Mitarbeiter(innen) 126
Die Heimaufnahme aus der Sicht der Gruppe 128
Pädagogische Methoden der Heimaufnahme 129
Die Gefahr der Festschreibung von Negativsymptomen 131
Das pädagogische Prinzip des Neubeginns 134
Aufnahmerituale 138
Das Recht auf Schwierigkeiten 141
Strafen in der Heimerziehung 145

Räumliche Merkmale in ihrer Auswirkung
auf pädagogische Prozesse 150
Die Frage der Angemessenheit 150
Räumliche Rahmenbedingungen
und Ausstattungsmerkmale 153
Milieutherapeutische Heimerziehung 155
Folgerungen für die Heimerziehung 158
Fazit 160

KAPITEL VII
AUSBILDUNGSPROBLEME
UND GRUNDHALTUNGEN DER HEIMERZIEHER(INNEN) 161

Die Ausbildung von Heimerzieher(inne)n
in ihrem Stellenwert für die Praxis 161
Ausgangsfragestellungen der Untersuchung 161
Die Methodik der Untersuchung 162
Qualitative Auswertung 163
Diskussion der Ergebnisse 167
Heimerzieher(innen) brauchen (pädagogische) Grundhaltungen ... 169
Pädagogische Grundvoraussetzungen 169
Nicht das Symptom, sondern die Person steht
im Mittelpunkt 174
Übertragung auf den Heimbereich 179

KAPITEL VIII
METHODISCHES VORGEHEN IN DER HEIMERZIEHUNG 181

Die Ausgangslage 181
Methoden in der Heimerziehung 182
Welche Methoden werden in der Heimerziehung
praktiziert? Ergebnisse einer Umfrage 183

Die Umsetzung methodischer Vorgehensweisen 191
Die Notwendigkeit von Teamarbeit 206

KAPITEL IX
ELTERN- UND FAMILIENARBEIT IN DER HEIMERZIEHUNG 217

Zur Situation 217
Begründung der Elternarbeit 220
Ressourcenorientierung 222
Die unterschiedlichen Zielsetzungen der Elternarbeit 229
Grundsätzliche Schwierigkeiten
im Zusammenhang mit Elternarbeit 231
Einstellungen und Haltungen der Erzieher(innen)
zur Elternarbeit 233
Elternarbeit ohne Eltern 241
Elternarbeit als Trauerarbeit 245
Elternarbeit zur Unterstützung des Ablösevorgangs 252
Wer leistet Elternarbeit? 255
Professionelle Grundstandards
Elternarbeit als Familientherapie? 262
Zusammenfassung 273

KAPITEL X
SEXUALITÄT IN HEIMEN UND WOHNGRUPPEN 275

Grundannahmen und Praxisbeispiele 275
Inhaltsbereiche und Anforderungen
einer Sexualerziehung in Heimen und Wohngruppen 287
Voraussetzungen der sexuellen Sozialisation 289
Die Sexuelle Sozialisation
als integrierter Bestandteil der Erziehung 306

INHALT

Spezielle Fragestellungen der Sexualerziehung 321
Die pädagogische Situation sexuell missbrauchter Mädchen
und Jungen in den Institutionen der Jugendhilfe 332

KAPITEL XI
INTENSIVE SOZIALPÄDAGOGISCHE EINZELBETREUUNG 347

Exkurs: Geschlossene Heimerziehung 347
Intensive sozialpädagogische Einzelbetreuung 356
Erlebnispädagogik und Intensive
sozialpädagogische Einzelbetreuung 366
Zur Kritik an der Erlebnispädagogik 372

LITERATUR 379

DER AUTOR 400

Einleitung

Was ist eigentlich Heimerziehung und wie wird dieses Teilgebiet der Sozialen Arbeit bewertet? In der Öffentlichkeit herrscht gegenwärtig noch immer nicht selten das alte Bild der Heimerziehung vor: die Vorstellung von totalen Institutionen, unterdrückenden Rahmenbedingungen und sehr negativen Auswirkungen auf Kinder und Jugendliche. In diesen negativen Blickpunkt geriet die Heimerziehung wieder verstärkt durch die in den letzten Jahren bekannt gewordenen Berichte und Anklagen ehemaliger „Heimkinder", die in den 50er und 60er Jahren die Einrichtungen, in denen sie aufwachsen mussten, eher als Orte des Schreckens, der Gewalt, des Terrors und der Traumatisierung erlebten und nicht als Orte der Beheimatung und Förderung. Diese Schilderungen erregten zwar viel Aufmerksamkeit durch die Medien aber nur wenige hilfreiche Stellungnahmen von damals Verantwortlichen oder den Nachfolgeinstitutionen. Eine der seltenen Ausnahmen stellt die Entschuldigung des Landeswohlfahrtsverbands Hessen dar: „Der Landeswohlfahrtsverband Hessen erkennt an, dass bis in die 70er Jahre auch in seinen Kinder- und Jugendheimen eine Erziehungspraxis stattgefunden hat, die aber aus heutiger Sicht erschütternd ist. Der LWV bedauert, dass vornehmlich in den 50er und 60er Jahren Kinder und Jugendliche in seinen Heimen alltäglicher physischer und psychischer Gewalt ausgesetzt waren.
Der Landeswohlfahrtsverband spricht sein tiefstes Bedauern über die damaligen Verhältnisse in seinen Heimen aus und entschuldigt sich bei den ehemaligen Bewohnerinnen und Bewohnern die körperliche und psychische Demütigungen und Verletzungen erlitten haben" (Landeswohlfahrtsverband Hessen 2006a).
Die heutige Heimerziehung hat sich verändert und muss sich zwischenzeitlich vielfältigen Qualitätskriterien stellen. Hierzu gehört auch, wie der Aufenthalt in einem Heim oder in einer sonstigen betreuten Wohnform von den Betroffenen im Nachhinein beurteilt wird. Heimerziehung hat sich sehr stark differenziert, es wurden alternative Möglichkeiten innerhalb der Praxis entwickelt. Insofern ist unter stationärer Erziehungshilfe keinesfalls nur die Erziehung in einem Heim zu verstehen. Diese Differenzierung in ihrer Entwicklung und Praxis aufzuzeigen, ist ein An-

liegen dieser Schrift. Dabei ist davon auszugehen, dass die Erziehung in Heimen und in sonstigen betreuten Wohnformen nicht ein notwendiges Übel darstellt, sondern für bestimmte Kinder und Jugendliche, jetzt und in absehbarer Zukunft, eine unabdingbare Lebensform zur Verbesserung sozialer Chancen innerhalb unseres Gesellschaftssystems bedeutet. Die Erziehung in Heimen und in sonstigen betreuten Wohnformen verlangt heute mehr denn je eine hohe Professionalität, die Fachkräfte können diesem Anspruch innerhalb des sozialpädagogischen Arbeitsfeldes in der Regel auch entsprechen. Die vielfältigen Veränderungen, Herausforderungen und Perspektiven dieses sozialpädagogischen Arbeitsfeldes, der Weg vom Waisenhaus über die Heimerziehung zu einer differenzierten stationären Erziehungshilfe, davon handelt dieses Buch.

Die nun vorliegende dritte aktualisierte Neuauflage berücksichtigt neue Daten und Forschungsergebnisse sowie veränderte gesetzliche Grundlagen.

Wir werden die Heimerziehung zunächst in ihrer historischen Dimension und Entwicklung betrachten und aufzeigen, welche strukturellen Veränderungen und inhaltlichen Reformen in den letzten Jahren vollzogen worden sind. Hierbei werden auch Aspekte der Qualitätsdebatte und der Neuen Steuerung mit berücksichtigt.

Um das Aufgabengebiet der heutigen stationären Erziehungshilfe zu begreifen, müssen wir uns mit den Schwierigkeiten und Problemen von Kindern und Jugendlichen auseinandersetzen, die diese als Hilfeform benötigen. Es geht also darum zu klären, welche Indikationen die Maßnahme der stationären Erziehungshilfe legitimieren.

Weiterhin werden methodische Aspekte und Konzepte der Heimerziehung angesprochen, vor allem, wenn es um Orientierungen der pädagogischen und zielgerichteten Vorgehensweise in der konkreten Alltagspraxis oder in speziellen therapeutischen Situationen geht. Methodische Vorstellungen kommen aber auch bei der Zusammenarbeit zwischen Heim und Schule, bei der Elternarbeit, bei der Sexualerziehung in Heimen und in Wohngruppen sowie bei der Intensiven sozialpädagogischen Einzelbetreuung und insbesondere der Erlebnispädagogik zur Sprache. Außerdem nehmen die Problemlagen der jungen Menschen und die Anforderungen an die pädagogischen Mitarbeiter(innen) einen großen Stellenwert ein.

Strukturelle und räumliche Rahmenbedingungen der Heimerziehung werden nicht nur exemplarisch behandelt; die architektonischen Bedingungen und Ausgestaltungsmerkmale von Heimen und Wohngruppen stellen wesentliche Faktoren des pädagogischen Alltags dar. Struktur, Gestaltung und Pädagogik beeinflussen sich ständig wechselseitig.

Relativ breiten Raum nimmt das Kapitel „Sexualität in Heimen und Wohngruppen" ein. An diesem so ungemein wichtigen Erziehungs-, Sozialisations- und Lebensbereich kann exemplarisch aufgezeigt werden, ob die institutionalisierte Erziehung elementare Sozialisationsprozesse eher behindert oder fördert. Da außerdem in Heimen und Wohngruppen häufig Kinder und Jugendliche leben, die in ihren Herkunftsfamilien sexuelle Gewalterfahrungen erleiden mussten, war der sich hieraus ableitende Aufgabenbereich für die Heimerziehung besonders ausführlich zu behandeln.

Das Buch will zu wesentlichen Entwicklungen, Aspekten und Perspektiven der stationären Erziehungshilfe Stellung nehmen. Die Erfahrungen der vergangenen Jahre zeigten, dass diese Schrift vor allem im Bereich der Ausbildung an den Fachschulen und Hochschulen sehr gut angenommen wurde. Sie wendet sich darüber hinaus sowohl an die Praktiker(innen), die in diesem Arbeitsfeld tätig sind oder sich darüber informieren wollen, als auch an solche Leser(innen), die mehr ein wissenschaftliches Interesse an der Methodik und Struktur eines sozialpädagogischen Handlungsfeldes zum Lesen motiviert.

Kapitel I: Entwicklungen und Veränderungen der Heimerziehung

Das Negativimage der Heimerziehung

Heimerziehung und die sozialpädagogische Betreuung in sonstigen Wohnformen haben die zentrale Aufgabe, positive Lebensorte für Kinder und Jugendliche zu bilden, wenn diese vorübergehend oder auf Dauer nicht in ihrer Familie leben können. Die sehr differenzierten Institutionen der stationären Erziehungshilfe sollen lebensweltorientiert ausgerichtet sein. Dies impliziert in der Regel eine ortsnahe oder zumindest regionale Unterbringung sowie die Unterstützung von Kontakten zum früheren sozialen Umfeld, vor allem aber zu der Herkunftsfamilie, wenn nicht im Einzelfall Gründe, die das Wohl des Kindes oder Jugendlichen gefährden könnten, dem gegenüberstehen. Das Heim als positiver Lebensort soll frühere oftmals negative oder traumatische Lebenserfahrungen verarbeiten helfen, für günstige Entwicklungsbedingungen sorgen, Ressourcen erkennen und auf ihnen aufbauen, den einzelnen jungen Menschen als Person annehmen und wertschätzen, eine vorübergehende oder auf einen längeren Zeitraum angelegte Beheimatung fördern und die Entwicklung neuer Lebensperspektiven unterstützen.
Aber gerade die „Diskrepanz zwischen dem hohen pädagogischen Anspruch der Heimerziehung und ihrer Wirklichkeit bildet immer wieder den zentralen Ansatzpunkt zu ihrer Kritik" (Schrapper/Pies 2002, S. 449). Wie sieht diese Wirklichkeit der stationären Erziehungshilfe aus? Außenstehende verbinden mit der Heimerziehung auffällig häufig negative Assoziationen, Vorurteile und Halbwahrheiten:

- Heime kriminalisieren Kinder und Jugendliche,
- Heime können doch nicht helfen,
- Heimerziehung ist ein notwendiges Übel,
- Heimerziehung als letztes Mittel,
- Heimkinder sind Außenseiter der Gesellschaft,
- Heimkinder haben später große Probleme,
- in Heimen geht es aggressiv zu,

- Heime strahlen Kälte aus, können keine Geborgenheit vermitteln,
- im Heim herrscht Machtkampf,
- das Heim bietet keinerlei Freiraum für Individualität.

Die Entwicklung der Heimerziehung in ihrem historischen Kontext

Heimerziehung wird heute mitunter noch in Verbindung gebracht mit der anstaltsmäßigen Unterbringung von armen verwaisten Kindern. Diese Vorstellung trifft für frühere Zeiten durchaus zu. Denken wir beispielsweise an die Situation elternloser Kinder in Findelhäusern, Klosterschulen, Hospitälern und Armenhäusern des Mittelalters, so fällt außerdem auf, dass erzieherische Gesichtspunkte damals kaum vorlagen, es ging vor allem darum, diese Kinder am Leben zu erhalten und sie zu Arbeitsamkeit, Gottesfurcht und Demut hinzuführen.

In Deutschland entstanden die ersten Waisenanstalten im 16. Jahrhundert in den Reichsstädten. Vorher war es üblich gewesen, verwaiste Kinder zu Familien zu geben. Die Lage solcher Kinder wurde jedoch vielfach als sehr schlecht beurteilt, häufig wurden sie als billige Arbeitskräfte für Haus und Hof eingesetzt, für ihre Erziehung oder gar Bildung wurde kaum etwas getan. Die ersten Waisenhäuser wurden 1546 in Lübeck, 1567 in Hamburg, 1572 in Augsburg eröffnet (Schips 1917, S. 702). Sehr bekannt geworden sind die im Jahre 1698 von August Herrmann Francke gegründeten Hallischen Anstalten. Durch eine strenge, pietistisch geprägte Erziehung sollten die Kinder in diesem Waisenhaus ihre innere Haltung ganz auf Gott hin ausrichten. Neben der übergeordneten religiösen Unterweisung fand erstmals auch ein auf lebenspraktische Inhalte orientierter Unterricht für die Waisenkinder statt. Anzustrebende Tugenden waren auf Gott bezogene Wahrheit, Gehorsam und Fleiß. Die Kinder wurden ständig zu häuslichen Arbeiten angehalten, dies wurde durch genaue Dienstanweisungen und Reglementierungen zu erreichen versucht (Sauer 1979, S. 18ff.). Einengende Strenge und Disziplin im täglichen Leben waren so schon vorgegeben, die Zustände sollten sich jedoch bald noch verschlimmern. Denn ursprünglich sollten die Gruppen im Waisenhaus in Halle möglichst klein sein, um eine individuelle pädagogische Vorgehensweise zu garantie-

ren. Diese Absicht konnte jedoch nicht realisiert werden, denn wegen der langandauernden Auswirkungen des 30-jährigen Krieges wurden die Anstalten von Kindern geradezu überflutet. „Die berechtigte Kritik an dem Werk Franckes wird vermerken müssen, dass die Kasernierung so vieler Kinder in einer Anstalt letztlich eine formale Reglementierung des Lebens in ihr notwendig machte, die ihrerseits die pädagogischen Bemühungen zu einer pausenlosen Führung und Überwachung werden ließ, die dem kindlichen Wesen keine Freiheit zu eigener Entfaltung einräumte" (Hegel 1968, S. 21).
Die weit verbreitete Massenunterbringung von Kindern, ihre hohe Sterblichkeit sowie der Vorwurf, sie würden in den damaligen Waisenhäusern nur zur Arbeit angetrieben, führte zu einem erbitterten und lang andauernden Streit.

„... die Unzufriedenheit mit den Waisenhäusern stieg. Immer wieder zeigte es sich, daß die in den oft engen und dürftigen Räumen zusammengedrängten Kinder von Hautkrankheiten geplagt wurden; immer wieder traten auch in der Verwaltung arge Mißbräuche hervor, welche die verfügbaren Mittel zersplitterten und die Wohlgesinnten abgeneigt machten, neue Unterstützungen zu gewähren. Da gewann die Frage, ob es nicht besser sei, die Waisenhäuser als geschlossene Institute ganz aufzuheben und die Waisen in Familienpflege zu geben, mehr und mehr an Bedeutung. ... Die Waisenhäuser wurden als Mördergruben, als Lazarethe bezeichnet, in denen die armen Kinder elendiglich verdürben oder doch den Keim der Krankheit für das ganze Leben in sich aufnähmen; man nannte ihre Zöglinge Geschöpfe, die unter liebloser und sorgloser Verwaltung durch Schmutz und Krätze, durch schlechte Kost und geheime Sünden, bleiche, abschreckende Gespenster würden, während sie doch zu Christen, zu brauchbaren Bürgern, zu tüchtigen Menschen gebildet werden sollten. Dagegen schwärmte man für die Erziehung auf dem Lande und in wackeren Familien und sah hier überall Bilder der Unschuld, der Einfalt, der Herzensgüte, des stillen Gedeihens" (Pädagogisches Handbuch 1885, S. 1209).

Aber es waren nicht nur die schlimmen Zustände in den Anstalten, die zur Sorge Anlass gaben, sondern auch solche ökonomischen Gründe wurden angeführt, die uns an die gegenwärtige Diskussion über die hohen Kosten der Heimerziehung erinnern. Der Aufenthalt in einem Waisenhaus war beispielsweise im Jahre 1862 in Berlin dreimal so teuer wie in der Familienpflege.
Die „hamburgische Gesellschaft zur Beförderung der Künste und nützlichen Gewerbe" schrieb im Jahre 1779 eine Preisaufgabe aus, in wel-

cher geklärt werden sollte, ob die Erziehung der Waisenkinder vorteilhafter in Familienpflege oder in Waisenhäusern durchzuführen sei. „Die Resultate, welche aus den Untersuchungen über jene Preisfrage hervorgehen, sind übereinstimmend ungünstig für die Waisenhäuser ausgefallen. Durch sehr ins Einzelne gehende Berechnungen ist dargethan worden, daß es für den Staat oder die Anstalten selbst weit vorteilhafter sey, die Kinder in auswärtige Verpflegung zu geben" (Conversations-Lexikon 1819, S. 422). Es wurde gleichzeitig gefordert, die Pflegeeltern „gehörig auszuwählen" und diese „immer unter eine genaue Aufsicht" zu stellen. In mehreren Orten wurden „die Waisenhäuser abgeschafft, und dagegen die Waisenvertheilung eingeführt. Der offenbare Erfolg davon ist eine bedeutende Ersparnis der Ausgaben, und eine sehr verminderte Mortalität unter den Kindern gewesen" (Conversations-Lexikon 1819, S. 423). Dennoch konnte dieser „Waisenhausstreit", in dem es neben pädagogischen auch immer um finanzielle Gesichtspunkte ging, keineswegs eindeutig gelöst werden. „Gehen wir nun von der Geschichte der Waisenerziehung zu der Waisenfrage über, so müssen wir zu Voraus bemerken, daß dieselbe seit hundert Jahren wie keine andere ventiliert wurde, ohne daß von den aufgestellten Prinzipien eines das andere verdrängt und entschieden die Oberhand gewonnen hätte. Der Grund liegt hauptsächlich darin, daß einerseits die Waisenfrage zugleich eine Geldfrage ist, und andererseits die Erziehungsfrage selbst, statt klarer und eine den Erziehern bewußte, nur immer noch mehr verwirrt wird" (Real-Encyclopädie 1874, S. 765). Doch obwohl die „Segnungen des Familienlebens" in den Waisenhäusern ohnehin als „verloren" galten, eine „individuelle Behandlung" als „erschwert, wenn nicht unmöglich" angesehen wurde, konnte der Streit nicht einfach zu Gunsten der Familienpflege entschieden werden. Auch die damals vorgetragenen Gründe lassen Parallelen zur heutigen Situation erkennen, denn man hätte sich wohl für die Familienpflege entschieden, „wenn nur die entsprechende Anzahl tauglicher Familien gefunden würde, denen die Kinder anvertraut werden könnten" (Real-Encyclopädie 1874, S. 766). Nach der im Jahre 1840 vorgetragenen Auffassung des Vorstehers des Waisenhauses in Hamburg könnten jedoch „gut organisierte Waisenhäuser die besten Erziehungsanstalten für Waisen" sein, wenn unter anderem die folgenden Voraussetzungen erfüllt wären:
„Unterordnung der Oeconomie und des Rechnungswesens unter den höheren Erziehungszweck, statt jene als erste und letzte Rücksicht zu

betrachten und sich dadurch leiten zu lassen" und außerdem, „daß die Anstalt mit ihren Zöglingen auch nach der Entlassung wenigstens bis zur Mündigkeit in ununterbrochener Beziehung stehen müsse. Endlich, daß Waisenhäuser, da sie mehr kosten, auch mehr leisten und sich unablässig vervollkommnen müssen" (Pädagogische Real-Encyclopädie 1852, S. 907). Diese schon im Jahre 1840 erhobene Forderung hat auch die heutige stationäre Erziehung entweder nicht, nur teilweise oder unvollkommen einlösen können.

Erst mit dem Beginn der Aufklärung und mit allgemeinen Veränderungen in der Betrachtung des Wertes der Kindheit und einer kindorientierten Erziehung hielten in der Beeinflussung durch Rousseau und Pestalozzi pädagogische Ideen in größerem Umfang in die damaligen Institutionen für elternlose Kinder Einzug. Pestalozzi wurde im Jahre 1798 in Stanz die Gründung eines Armen-Erziehungshauses übertragen. Erstmals waren in einer solchen Anstalt nicht mehr Strenge, Zucht und Ordnung die herausgehobenen Attribute, sondern es überwog ein anderes Element, nämlich das der Liebe zu den Kindern. „Der Waisenvater musste seinen Kindern alles sein: Vater, Diener, Aufseher, Krankenwärter und Lehrer. Bei der Kärglichkeit der Hilfsmittel musste sich die Erziehung der Kinder auf das Wichtigste beschränken; die Erziehungsmethode war diejenige der Liebe" (Rattner 1968, S. 100). Pestalozzi teilte gemeinsam mit seiner Familie sein Leben mit den Waisenkindern. Der „Wohnstubencharakter" seines Erziehungsideals ließen ihn zum Begründer des Familienprinzips in der Heimerziehung werden (Sauer 1979, S. 36).

> „Ich wollte eigentlich durch meinen Versuch beweisen, daß die Vorzüge, die die häusliche Erziehung hat, von der öffentlichen müssen nachgeahmt werden und daß die letztere nur durch die Nachahmung der erstern für das Menschengeschlecht einen Wert hat" (Pestalozzi o.J., S. 93).

Die immense Bedeutung einer Pädagogik durch Beziehungsarbeit wird durch folgende Aussage deutlich: „Vor allem wollte und mußte ich also das Zutrauen der Kinder und ihre Anhänglichkeit zu gewinnen versuchen. Gelang mir dieses, so erwartete ich zuversichtlich alles übrige von selbst" (Pestalozzi, o.J., S. 94). Die von Pestalozzi ausgehenden Impulse sollten die Waisenpflege nachhaltig beeinflussen. Denn es wurde „immer entschiedener die dabei zu lösende Aufgabe als eine pädagogische" (Pädagogisches Handbuch 1885, S. 1209) aufgefasst. Die sich anschließende „Rettungshausbewegung" verfolgte zwei Zielsetzungen. Einmal sollte das Seelenheil der verwaisten Kinder durch religiöse Bildung und

Hinführung zu Gott gerettet werden. Andererseits ging es darum, elternlose Kinder für das weltliche Leben beziehungsweise das Überleben zu retten und sie zu brauchbaren Mitgliedern der Gesellschaft heranzubilden. Einer der bedeutendsten Vertreter der Rettungshausbewegung war Johann Hinrich Wichern, welcher im Jahre 1833 das „Rauhe Haus" in Hamburg gründete. Mit der Errichtung dieses Waisenhauses reagierte der Theologe Wichern auf die unvorstellbare Verarmung großer Bevölkerungsteile und auf den sozialen Zerfall der Gesellschaft. Dem einzelnen jungen Menschen, welcher zu ihm geführt wurde, begegnet Wichern – von seinen christlichen Lebensprinzip geleitet – mit Liebe und Vergebung. Eine kleine Abhandlung in der „Schulzeitung" von 1847 schildert das Rauhe Haus folgendermaßen: „Das Ganze ist ebensowenig eine Waisen-, als eine Schul-, Zucht- oder Armenanstalt, sondern ist nach und nach zu einer kleinen Colonie herangewachsen, in welcher die rettende Liebe sehr mannigfaltige Zwecke pflegt und nach außenhin verwirklicht. Diese Anstalten beherbergen gegenwärtig in zwölf kleineren und größeren Gebäuden zwischen 140 bis 150 Hausgenossen verschiedener Art. … Fragen wir nach den Mitteln, deren sich die rettende Liebe des Rauhen Hauses bedient, um die Verirrten mit neuen Lebenskräften zu durchdringen, so stellen sich namentlich folgende heraus: Zunächst ist es eine selbstbestimmte Ordnung, woran man die Aufgenommenen gewöhnt, um sie aus dem ungeordneten, wilden und wüsten Treiben herauszureißen, in welchem sie die Ihrigen leben sahen und in welchem sie mitlebten. Das zweite Mittel ist eine nützliche Beschäftigung, von der die Zöglinge vor ihrer Aufnahme noch nichts wußten. Das dritte Mittel besteht in dem fleißigen Gebrauche des göttlichen Wortes, um sie nun auch in das rechte Verhältnis mit Gott zu setzen, wovon bei ihnen sonst kaum eine Spur zu finden war. Ein viertes Mittel besteht in dem Bemühen, Liebe in den Herzen der Kinder zu erwecken und hierin namentlich offenbart das Rauhe Haus am Deutlichsten seine besondere Eigentümlichkeit – das Familienleben, ein gemütliches Beisammenwohnen, welches es allen anderen Einrichtungen vorgezogen hat; denn es ist der naturgemäßigste Boden für das Gedeihen des kindlichen Lebens, und das Förderlichste einer gegenseitigen Erziehung" (Pädagogische Real-Encyclopädie 1852, S. 909f.). Die Verdienste Wicherns sind in der konsequenten Praxis des Familienprinzips zu sehen, damit stellte er die ansonsten übliche Vermassung der Kinder in Anstalten deutlich ins Abseits. Die Erziehung in und durch kleine Gemeinschaften wurde begleitet von einer christlich geprägten individuellen Zuneigung. Die Waisenhauserziehung hätte bei Anwendung solcher Grundsätze von diesem Zeitpunkt an ihre Schrecken verlieren können. Dies war aber nicht so. Sehr deutlich wird die Nichtbeachtung bereits vorhandener pädagogischer Einsichten beispielsweise, wenn man die Anstaltssatzung des Münchner Waisenhauses aus dem Jahre 1908 liest und feststellen muss, dass die autoritäre und aus heutiger Sicht menschenverachtende Anstaltsordnung kaum Raum für pädagogische Prozesse zuließ. Von den Kindern wurde eine ehrerbietige Haltung gegenüber den Vorgesetzten erwartet, Widerspruch wurde nicht geduldet. In der Hausordnung dominierten Begriffe wie Strenge, Strafen, Schweigen und Ruhe. Eine Briefzensur war selbstverständlich. Die durch Rousseau, Pestalozzi und Wichern vorgebrachten Erkenntnisse des Wertes einer vom Erwachsenen ausgehenden Beziehungsarbeit, welche durch Liebe und Zuneigung geleitet wird, pervertieren in der Anstaltssatzung in ihr Gegenteil: „Die Zöglinge haben allen ihren Vorgesetzten einschließlich allen Ordensmitgliedern Ehre, Liebe und Gehorsam zu erweisen" (Mehringer 1977, S. 34). Positive emotionale Beziehungen zwischen Kindern und Erziehern wurden so von vornherein ausgeschlossen. Jahrhundertelang wurde – bis auf wenige Ausnahmen – Kindern durch Institutionen kein Zuhause geboten, sie wurden in Anstalten kaserniert und zur Zucht und Ordnung angetrieben. In diesem Zusammenhang ist es wichtig zu erfahren, dass der Begriff „Heim" erst Anfang des 20. Jahrhunderts üblich wurde und vorher und auch danach Beschreibungen wie

- „Besserungs- und Corrigendenanstalt
- Rettungshaus und Rettungsanstalt
- Zwangserziehungsanstalt
- Fürsorgeerziehungsanstalt
- Erziehungsanstalt
- Jugendschutzlager/Konzentrationslager für Jugendliche/Arbeitslager für Fürsorgezöglinge" (Schrapper/Heckes 1986, S. 1f.)

üblich waren.

Die Erziehungssituation im Dritten Reich war dadurch gekennzeichnet, dass alle Kinder und Jugendlichen während dieser Zeit ganz massiven ideologisch ausgerichteten Erziehungsgewalten außerhalb der eigenen Familie ausgesetzt waren. Dies stand im Widerspruch zur eigentlich vorherrschenden Familienideologie, denn die Zielsetzung der diktatorischen Staatsgewalt, nationalsozialistisch wertvolle junge Menschen heranzubilden, führte faktisch zu einer Schwächung der Erziehung innerhalb der Familie (Sauer 1979, S. 73). „Die öffentliche Erziehung blieb nicht mehr Ersatzerziehung für den Notfall eines elterlichen Versagens, sie wurde zu einer staatspolitischen Pflichtaufgabe. Elterliches Vorbildverhalten wurde faktisch um das umschriebene Tatbestandsmerkmal der politischen Unzuverlässigkeit der Sorgeberechtigten erweitert" (Wolff 1999, S. 155). Bei der Aufgabenstellung der Fremdunterbringung blieben die pädagogischen Erkenntnisse und Errungenschaften vorangegangener Zeiten außer Betracht. Richtschnur wurde die Fragestellung, was die Hilfeleistung für den Einzelnen dem NS-Staat voraussichtlich nützen würde; es fand eine Aufteilung der Hilfebedürftigen nach rassistischen Merkmalen und ihrem Wert für die „Volksgemeinschaft" statt. Für Kinder und Jugendliche, die außerhalb ihrer eigenen Familie in Institutionen aufwachsen mussten, wurde eine Unterteilung vorgenommen in „,gute' Elemente, die als ,erbgesund', normalbegabt und eingliederungsfähig galten und in NSV Jugendheimstätten untergebracht und erzogen wurden, in ,halbgute' Elemente – sie erhielten auf der Grundlage des RJWG aus dem Jahre 1922 Fürsorgeerziehung – und die ,bösen' Elemente, die als schwersterziehbar ab 1940 in polizeilichen Jugendschutzlagern untergebracht und mit Erreichung der Volljährigkeit in ein Arbeitshaus oder in ein Konzentrationslager übergeführt wurden" (Lampert 1983, S. 198). Diese Klassifizierung führte dazu, dass in den NSV Jugendheimstätten nur als rassisch „wertvolle", erbgesund sowie erziehungsfähig und erziehungswürdig angesehene junge Menschen aufgenommen wurden. Alle anderen kamen in die so genannte Bewahrung, eine Aufgabe, welche den Wohlfahrtsverbänden überlassen wurde.

> „Weil Bewahrung keiner fachlichen Qualifikation bedurfte und in Masseneinrichtungen geschehen konnte, sahen sich die Wohlfahrtsverbände infolge ausbleibender staatlicher Hilfen gezwungen, ihr qualifiziertes Personal abzubauen und mit wenigen unausgebildeten Mitarbeitern die in ihrer Obhut befindlichen Menschen in Großgruppen von oft über 30 Personen zu betreuen" (Heitkamp 1989, S. 27).

Nach Beendigung des 2. Weltkrieges war es zunächst sehr schwierig, der großen Anzahl an heimatlosen und elternlosen Kindern mit sinnvoll organisierten Hilfeangeboten entgegenzutreten. Nur noch wenige Heime waren vorhanden, die in der Regel von unausgebildetem Personal (so z.B. von ehemaligen Soldaten) geführt wurden. Großgruppen von bis zu 30 und mehr Kindern waren an der Tagesordnung. Um mit solchen „Massen" von Kindern einigermaßen fertig zu werden, blieben dem nicht qualifizierten Personal nur wenige Methoden übrig, die auf Strenge, Disziplin, Ruhe, Ordnung und Unterordnung basierten. Einige der wenigen Ausnahmen hiervon konnten im zuvor schon erwähnten Münchener Waisenhaus beobachtet werden. Andreas Mehringer gelang es in der frühen Nachkriegszeit, das Familienprinzip innerhalb der Heimerziehung mit dem Wiederaufbau des Hauses „realitäts- und hilfebezogen" zu realisieren. Auf diese Zeit zurückblickend, schrieb Mehringer später: „Muß man ... die Kinder wie in der alten Anstalt kasernieren? Muß der Unterschied zwischen einem Familienkind und einem Anstaltskind so riesengroß sein? Wir sagten: Nein. Es gibt einige wesentliche Elemente der Familie, welche auf die Ersatzunterbringung übertragbar sind. Es sind vor allem diese drei: die überschaubare kleine Zahl; dann: nicht lauter gleiche, sondern verschiedene Kinder in der Gruppe, große und kleine, Knaben und Mädchen; und schließlich die abgeschlossene Wohnweise dieser kleinen gemischten Gruppe. Anders gesagt: Die eigenen vier Wände, die jeder Mensch für sich haben möchte; die er liebt, weil er sie braucht. Auch Kinder brauchen sie" (Mehringer 1977, S. 60). Es sollte allerdings noch Jahrzehnte dauern, bis die von Mehringer ausgehenden pädagogischen Impulse die Heimerziehung insgesamt erreichten und veränderten.

Von einer anderen Seite ausgehend wurde die Idee, elternlosen Kindern ein wirkliches Zuhause zu geben, nach dem 2. Weltkrieg auch durch die SOS-Kinderdorfbewegung praktiziert. Der allgemeine Weg zur Veränderung weg von der Anstaltserziehung in der Großinstitution Heim hin zu überschaubaren familienähnlichen Formen, setzte auf breiter Ebene erst mit Beginn der 1970er Jahre ein und fand seinen Ausdruck in der Auflösung großer Institutionen, im Auftauchen von Kinderhäusern, Außenwohngruppen und Wohngruppen.

Die Beheimatung von Kindern, zum Beispiel in den Kinderdörfern innerhalb eines familienähnlichen Rahmens, war zweifellos eine Abwendung von der Anstaltspädagogik und sie war notwendig, da es sich in der Regel um elternlose Kinder handelte. Hier trat dann auch der in der ansonsten praktizierten Heimerziehung existierende Änderungs- und Verbesserungscharakter der Pädagogik zurück, zugunsten der „normalen" Entwicklungsmöglichkeiten innerhalb einer fördernden familiären Atmosphäre. Das sich mehr und mehr durchsetzende Familienprinzip innerhalb der Heimerziehung blieb jedoch nicht unumstritten (Sauer 1979), denn es erschien fraglich, ob familienähnliche Lebens- und Erziehungsformen wirklich für alle Kinder die günstigsten Entwicklungsmöglichkeiten bieten könnten. Spätestens dann, wenn eine Bezugsperson austritt, merken die Kinder dass „ihre Familie" eine organisierte Täuschung war (Bühler-Niederberger 1999, S. 337). Durchsetzen konnte sich allenthalben jedoch die Tendenz, Heimerziehung in Gruppen zu praktizieren, die zumindest von der äußeren Form und Struktur her der Familie ähneln. Bis auf wenige andere Ausnahmen gebührt zweifellos der SOS-Kinderdorfbewegung der Verdienst, Heimkindern einen Rahmen geschaffen zu haben, in dem neben einer beständigen Bezugsperson eine wirkliche Atmosphäre der Geborgenheit und des Sich-Zuhause-Fühlens vorhanden war. Die übrigen Institutionen der Heimerziehung verfügten zwar im Laufe der Jahre auch über bessere Gebäude und nach und nach über zumindest einzelne pädagogisch ausgebildete Mitarbeiter(innen), es waren aber trotzdem immer noch Anstalten mit ihren typischen Negativmerkmalen.

Erst gegen Ende der 60er Jahre wurde der Heimerziehung insgesamt mehr Aufmerksamkeit geschenkt. Initiatoren der so genannten Heimkampagne oder anders ausgedrückt: der Skandalisierung der Heimerziehung, waren linke Studentengruppen, die das vorherrschende kapitalistische Gesellschaftssystem anprangerten und sich für Randgruppen, welche durch eben dieses System erzeugt seien, einsetzten. Heimkinder und vor allem Jugendliche in geschlossenen Fürsorgeheimen waren eine solche Randgruppe, mit der Student(inn)engruppen sich solidarisierten. Die Öffentlichkeit wurde – teilweise in spektakulären Formen – auf die Not der in Heimen lebenden jungen Menschen aufmerksam gemacht, die Rahmenbedingungen und Erziehungspraktiken wurden angeprangert. Heimzöglinge wurden „befreit", es entstanden die ersten alternativen Wohngemeinschaften. Auch die allgemeine Einstellung zur Erziehung unterlag in diesem Zeitraum Veränderungstendenzen, die im Zusammenhang mit den politischen und gesellschaftlichen Reformen gesehen werden können. Vor allem die Veröffentlichungen von Neill über die Theorie und Praxis der antiautoritären Internatschule Summerhill gaben sowohl der Fachwelt als auch der breiten Öffentlichkeit wesentlichen Anstoß zu einer lebhaften und lang anhaltenden Diskussion über diese revolutionär anmutenden Erziehungsansichten. Sowohl die Skandalberichte über die Heimerziehung als auch die Auswirkungen der antiautoritären Erziehungsbewegung leiteten erneut Reformforderungen für die Heimerziehung ein, wie

- die Abschaffung repressiver, autoritärer Erziehungsmethoden,
- die Verringerung der Gruppengröße,
- tarifgerechte Entlohnung sowie Weiter- und Fortbildungsmöglichkeiten für Erzieher(innen),
- die Abschaffung von Stigmatisierungsmerkmalen, etwa Anstaltskleidung, Heime in abgelegener Lage etc. (Almstedt/Munkwitz 1982, S. 21–33).

In den letzten Jahren wurde in den Medien verstärkt über einzelne Erfahrungen ehemaliger „Heimkinder" in den 50er und 60er Jahren berichtet. Die Betroffenen hatten während ihrer Heimaufenthalte massive Eingriffe in ihre Persönlichkeitsrechte erleiden müssen, sie wurden wie selbstverständlich zu unentgeltlichen Arbeiten angehalten, sie mussten drakonische Strafen über sich ergehen lassen und sie leiden noch heute unter den (sexuellen) Gewaltübergriffen ihrer ehemaligen Betreuer(innen). Die Verhältnisse, unter denen diese ehemaligen Heimkinder aufwuchsen, waren durch Lieblosigkeit und Machherrlichkeit bzw. Machtmissbrauch gekennzeichnet. Gerade auch in christlichen Einrichtungen der damaligen Heimerziehung waren solche Zustände anzutreffen (Wensierski 2006), die keinesfalls nur mit Verweis auf die seinerzeit üblichen Erziehungsvorstellungen und Rahmenbedingungen zu erklären sind. Insbesondere sind die betroffenen Personen deshalb verbittert, weil es nur in geringen Einzelfällen zu Entschuldigungen kam und sie ansonsten auf eine Mauer des Verschweigens, Verdrängens und Leugnens stoßen. Nur wenige Institutionen haben bislang ihre jüngere „Geschichte" aufgearbeitet.

Eine der wenigen positiven Ausnahmen stellt die Resolution des Landeswohlfahrtsverbands Hessen dar: „Der Landeswohlfahrtsverband Hessen erkennt an, dass bis in die 70er Jahre auch in seinen Kinder- und Jugendheimen eine Erziehungspraxis stattgefunden hat, die aber aus heutiger Sicht erschütternd ist. Der LWV bedauert, dass vornehmlich in den 50er und 60er Jahren Kinder und Jugendliche in seinen Heimen alltäglicher physischer und psychischer Gewalt ausgesetzt waren.

Der Landeswohlfahrtsverband spricht sein tiefstes Bedauern über die damaligen Verhältnisse in seinen Heimen aus und entschuldigt sich bei den ehemaligen Bewohnerinnen und Bewohnern die körperliche und psychische Demütigungen und Verletzungen erlitten haben. Der Landeswohlfahrtsverband Hessen wird sich weiterhin offensiv mit diesem Kapitel seiner Vergangenheit auseinandersetzen und sich den Fragen und Unterstützungsersuchen ehemaliger Bewohnerinnen und Bewohner stellen sowie die in seinen Möglichkeiten liegende Unterstützung leisten" (Landeswohlfahrtsverband Hessen 2006b).

Reformen und ihre Auswirkungen

Nach und nach konnten die politisch und auch gesellschaftlich anerkannten Forderungen nach Reformen in der Praxis der Heimerziehung realisiert werden. Vor allem wurde dafür gesorgt, dass pädagogisch gut ausgebildetes Personal in den Heimen arbeitet und entsprechende Richtlinien der Heimaufsichtsbehörden wurden erlassen. Im Laufe der Jahre verringerte sich die Gruppengröße immer mehr, so dass heute durchschnittlich acht bis zehn Kinder/Jugendliche von vier pädagogischen Mitarbeiter(inne)n betreut werden. Diese aus pädagogischen Gründen zu begrüßende Strukturveränderung und Qualifizierung hatte allerdings ganz erhebliche Kostensteigerungen zur Folge. Ungefähr 70 bis 80% der Heimkosten resultierten aus Personalkosten.

Nicht nur unter pädagogischen, sondern auch unter finanziellen Gesichtspunkten wurde und wird daher versucht, Heimerziehung zu vermeiden. In den letzten 40 Jahren wurden vorbeugende oder alternative Maßnahmen, die Schwierigkeiten bei Kindern in ihrer Entstehung verhindern oder ambulant abbauen können, verstärkt. Als solche ambulante oder teilstationäre Erziehungshilfen, die einem Kind den Heimaufenthalt unter Umständen ersparen können, wären zu nennen:

- Erziehungsberatung,
- Soziale Gruppenarbeit,
- Erziehungsbeistand, Betreuungshelfer,
- Sozialpädagogische Familienhilfe,
- Erziehung in einer Tagesgruppe.

(Diese ambulanten und teilstationären Hilfen zur Erziehung werden im Kapitel „Heimerziehung im Kontext des KJHG" noch ausführlicher dargestellt.)
Der außerdem zu Beginn der 70er Jahre gewaltige Ausbau des Pflegekinderwesens hat Heimerziehung in sehr vielen Fällen ersetzen können. Aus pädagogischen Gründen werden vor allem Kleinstkinder und Kinder im Vorschulalter nur noch in Ausnahmefällen in einem Heim untergebracht und Pflegefamilien vorgezogen.
Die begrüßenswerte Tatsache, dass in vielen Fällen durch vorbeugende und alternative Maßnahmen Kindern und Jugendlichen ein Heimaufenthalt erspart blieb, weil wirklich angemessenere pädagogische Methoden ergriffen wurden, hat aus der Sicht der Heimerziehung zu einer gewaltigen Erschwerung der täglichen Praxis geführt; denn den Heimen verblieb der schwierige „Rest", der nicht in Pflegestellen vermittelt werden konnte, der zu alt, zu spät und mit zu massiv auftretenden Problemen aufgenommen wurde.
Bisweilen konnten regelrechte Kampagnen beobachtet werden; Heimerziehung wurde verteufelt, die Jugendämter beschuldigt, weil sie pädagogisch verantwortungslos viel zu wenige Heimkinder in Pflegefamilien vermittelt hätten. Zwar melden sich viel mehr Bewerber bei den Jugendämtern als Pflegeverhältnisse vereinbart werden, hierbei gilt es jedoch die Erfahrung der Pflegevermittlungen in den Jugendämtern zu beachten. Von 100 Anfragen nach Pflegekindern bleiben durchschnittlich nur zwei bis drei Eltern übrig, denen ein Pflegekind verantwortungsvoll vermittelt werden kann. Bei den anderen war die Anfrage und die zugrunde liegende Motivation oft nur von kurzer Dauer – bisweilen aus spontanen sentimentalen Anlässen heraus geschehen – in anderen Fällen war die Motivation der Pflegeelternbewerber oder deren häusliche Situation völlig ungeeignet, um dem Wohl von Pflegekindern zu entsprechen.
Erfahrungsgemäß ist es auch äußerst schwierig, Kinder, die älter als sechs Jahre alt sind, in Pflegefamilien zu vermitteln, weil diese in der Regel jüngere bevorzugen. Noch schwieriger wird diese Situation, wenn es sich um Kinder mit Verhaltensstörungen handelt. Es ist auch richtig, dass es mehr Adoptivbewerber als adoptivfähige Kinder gibt; doch bei vielen Heimkindern sind die rechtlichen Voraussetzungen zur Adoption nicht gegeben, und viele sind wiederum zu alt, um dem Wunschalter von zukünftigen Adoptiveltern entsprechen zu können.

Zwar hat vor allem das Pflegekinderwesen zu einem stetigen Abbau der Heimkinderzahlen beigetragen, es ist aber zu berücksichtigen, dass dieser Abbau aus den vorgenannten Gründen begrenzt bleiben wird, und es muss auch darauf aufmerksam gemacht werden, dass nicht wenige Kinder und Jugendliche nach gescheiterten Pflegeverhältnissen (wieder) ins Heim kommen. Im Jahre 2005 wurden 884 Minderjährige aus Heimen und Wohngruppen in Pflegefamilien vermittelt. Im gleichen Zeitraum kamen allerdings auch 1.348 Kinder und Jugendliche aus Pflegefamilien in Heimerziehung (Statistisches Bundesamt 2006a). In diesem Zusammenhang ist zu bedenken, dass Berichte über Abbruchsquoten von Pflegeverhältnissen in der einschlägigen Fachliteratur zwischen 6 und 40% variieren (Blandow 1999, S. 766). Schließlich führte auch der allgemeine Geburtenrückgang zu einer erheblichen Reduzierung von Heimunterbringungen. Unbestreitbar waren unter dem stärker gewordenen Kostendruck der öffentlichen Haushalte auch fiskalische Gesichtspunkte für eine weitere Vermeidung von Heimerziehung verantwortlich.

Alle in der öffentlichen Jugendhilfe verantwortlichen Beteiligten werden sich gegen nicht von pädagogischen Gesichtspunkten geleiteten Argumentationen gegen Heimerziehung zur Wehr setzen müssen, denn auch in Zukunft müssen die Rahmenbedingungen sowie die pädagogischen und therapeutischen Prozesse der stationären Erziehungshilfe sich an der Qualität orientieren, die Kinder, Jugendliche und Herkunftsfamilien in schwierigen Lebenslagen benötigen, um Benachteiligungen abzubauen und Entwicklungen optimal zu fördern.

Wir gehen davon aus, dass in Anbetracht der gegenwärtigen und in absehbarer Zukunft vorliegenden gesellschaftlichen Bedingungen Heimerziehung unverzichtbarer Bestandteil von Jugendhilfemaßnahmen sein wird. Es wird in dieser Abhandlung zu erörtern sein, welche Bedingungen innerhalb der Heimerziehung pädagogische Erfolge unterstützen und effektiv werden lassen. Die für solche positiven Prozesse erforderlichen institutionellen Rahmenbedingungen sollen vorab kurz skizziert werden:

- Die in der Heimerziehung tätigen pädagogischen und hauswirtschaftlichen Mitarbeiter(innen) sind qualitativ gut ausgebildet, man kann davon ausgehen, dass für eine Gruppe von acht bis zehn Kindern und Jugendlichen in der Regel vier pädagogische Mitarbeiter(innen) zur Verfügung stehen.

- Eine effektive Heimerziehung kann nur abgelöst vom Anstaltscharakter praktiziert werden. Große zentrale Institutionen wurden und werden zunehmend zugunsten kleinerer Heime umstrukturiert und dezentralisiert, so dass kleine überschaubare Lebensräume entstehen.
- Die architektonischen Rahmenbedingungen der Gebäude und der Räume sowie deren Ausgestaltung sind an den Grundsätzen eines therapeutischen Milieus orientiert, welches als Grundvoraussetzung jeglicher pädagogischer Arbeit anzusehen ist
- Überversorgungssituationen sind weitgehend abgebaut, so dass innerhalb der Gruppen wesentliche Vorgänge wie Haushaltsplanung, Kochen und Wäschepflege auch real vor den Augen der Betroffenen und mit deren aktiver Beteiligung ablaufen. Damit wird die spätere Lebensuntüchtigkeit vermieden, weil einfachste, aber alltäglich notwendige Vorgänge nicht beherrscht werden.

Das am 3. Oktober 1990 in den neuen und am 1. Januar 1991 in den alten Bundesländern in Kraft getretene Kinder- und Jugendhilfegesetz brachte für die Heimerziehung neue gesetzliche Grundlagen und qualitative Inhalte mit sich.

Quantitative Veränderungen/Träger der Einrichtungen

Nach Angaben des Statistischen Bundesamtes waren im Jahre 1970 in den alten Bundesländern 88.810 Minderjährige in Heimen der Jugendhilfe untergebracht. 10.126, dies sind 11,4% der betroffenen Kinder und Jugendlichen lebten dort im Rahmen der Fürsorgeerziehung, also in der Regel unfreiwillig, überwiegend in sogenannten Erziehungsheimen und auch in geschlossener Heimerziehung. Die Zahlen haben sich zunächst ständig verringert. So waren im Jahre 1982 noch 52.699 Kinder und Jugendliche in Heimerziehung, davon 2,9% in Fürsorgeerziehung. Gegen Ende des Jahres 1993 lebten – bezogen auf die alten Bundesländer – 57.538 Kinder, Jugendliche und junge Erwachsene in Heimen, Wohngruppen oder in sonstigen betreuten Wohnformen. In den neuen Bundesländern waren es zum gleichen Zeitpunkt 18.639 (Statistisches Bundesamt 1994). Am 31.12.2005 befanden sich im gesamten Bundesgebiet 61.728 junge Menschen in einer Institution der stationären Erziehungshilfe (Statistisches Bundesamt 2006b).

QUANTITATIVE VERÄNDERUNGEN/TRÄGER DER EINRICHTUNGEN

Die Struktur der Trägerschaft der Heime und sonstigen betreuten Wohnformen bot gegen Ende des Jahres 2002 folgendes Bild: Von den insgesamt 4.776 Institutionen der stationären Erziehungshilfe waren 92,5% in freier Trägerschaft und 7,5% in öffentlicher Trägerschaft. Bei den freien Trägern waren die beiden konfessionellen Verbände, das Diakonische Werk (26%) und der Caritasverband (12%), besonders stark vertreten, nämlich mit 38% aller freien Träger. Es folgen Institutionen des Deutschen Paritätischen Wohlfahrtsverbandes mit 20% und der Arbeiterwohlfahrt mit 6%. Etwa 11% der Einrichtungen wurden von Wirtschaftsunternehmen vorgehalten, 18% von sonstigen juristischen Personen und anderen Vereinigungen. (Statistisches Bundesamt 2005b).
Der relativ starke Rückgang in der Nachfrage nach Heimplätzen ist einerseits auf die erwähnten vorbeugenden und alternativen Maßnahmen, vor allem auf den Ausbau des Pflegekinderwesens, zurückzuführen. Daneben ist für den rückläufigen Trend, vor allem während der 80er Jahre, die demografische Entwicklung anzuführen, denn es gab aufgrund des Geburtenrückgangs erheblich weniger Kinder und Jugendliche. Dieser Rückgang in der Nachfrage nach Heimplätzen hat allerdings deutliche Auswirkungen auf die pädagogische Qualität und Struktur der Einrichtungen gezeigt beziehungsweise bereits vorhandene Reformtendenzen beschleunigt. Wegen der zurückgegangenen Nachfrage mussten einzelne Gruppen und teilweise auch ganze Institutionen geschlossen werden, der zunehmende Konkurrenzdruck innerhalb des Arbeitsfeldes Heimerziehung bewirkte, dass in erster Linie qualitativ gut ausgerichtete pädagogische Institutionen bestehen konnten. Im Zuge dieser Entwicklung war die Dezentralisierung größerer Heime mehr als eine nur pädagogisch begründete Notwendigkeit. Dezentralisierte Heime mit eigenständigen Gruppen, in denen in Selbstversorgung das alltägliche Leben stattfindet, sind daher heute eher normaler pädagogischer Standard und Selbstverständlichkeit als Ausnahmeerscheinung.
Am 31.12.2002 waren insgesamt 38.484 pädagogisch/therapeutische Fachkräfte in Einrichtungen der Heimerziehung und in sonstigen betreuten Wohnformen tätig. Den Hauptanteil der Mitarbeiter(innen) nehmen mit 51% Erzieher(innen) ein. Danach kommen mit fast 19% Sozialpädagog(inn)en und Sozialarbeiter(innen). Die Berufsgruppe der Diplompädagog(inn)en und Erziehungswissenschaftler(innen) hat einen Anteil von 4%. Annährend 3% sind Heilpädagog(inn)en. Kinderpfleger(inn)en findet man nur noch mit einem Anteil von 2% (Statistisches Bundesamt 2005a).

Resümee

Die Geschichte der Heimerziehung ist durch sehr viel Leid, Missachtung, durch das Fehlen einer Befriedigung elementarster Grundbedürfnisse wie liebevolle Zuneigung, Geborgenheit, Anerkennung und Lob gekennzeichnet. Unzulängliche Rahmenbedingungen und der Mangel oder das Außerachtlassen pädagogisch begründeter Vorgehensweisen innerhalb der Praxis haben der Heimerziehung zu ihrer Abseitsstellung und zu ihrem Negativimage verholfen. Wie wir gesehen haben, hat sich das Praxisfeld Heimerziehung innerhalb der letzten 40 Jahre ganz gewaltig verändert. Die Einrichtungen wurden von Anstalten mit Aufbewahrungscharakter zu differenzierten pädagogischen Institutionen mit qualitativ gut ausgebildeten pädagogischen Mitarbeiter(inne)n. Diese verbesserte pädagogische Ausgangslage wird in der Gesellschaft aber immer noch zu wenig gesehen und anerkannt. Heimerziehung gilt oftmals immer noch als letztes (pädagogisches) Mittel.

Der Ende der 60er Jahre während der Heimkampagne lautgewordene Ruf: „Holt die Kinder aus den Heimen!" ist aus heutiger Sicht, wenn man die Forderungen auf alle Kinder und Jugendlichen bezieht, pädagogisch weder notwendig noch verantwortbar, vor allem aber auch überhaupt nicht in der Praxis realisierbar. Dies wird insbesondere dann deutlich werden, wenn wir die Indikationsstellung – das heißt die Problemlagen der Kinder und Jugendlichen, die auf Heimerziehung angewiesen sind – näher analysieren. Die heutige Heimerziehung hat die notwendigen Reformen weitgehend realisiert. Die sehr differenzierten Institutionen der stationären Erziehungshilfe bieten ein großes Spektrum von Leistungsangeboten für junge Menschen mit schwierigen Ausgangs- und Lebenslagen und für deren Familien. Die breite Öffentlichkeit hat diese Reformen zumeist nicht erkannt, zu oft wird Heimerziehung noch mit einer unfreiwilligen Fürsorgeerziehung gleichgesetzt, die aber weder im Kinder- und Jugendhilfegesetz noch in der Praxis existent ist.

Die Kinder und Jugendlichen – Die Indikation für Heimerziehung und sonstige betreute Wohnformen

Aus welchen Familien kommen Heimkinder?

Aus welchen Gründen kommen heute Kinder und Jugendliche in Heime und sonstige Einrichtungen der stationären Erziehungshilfe? Wir wissen aus der Geschichte der Heimerziehung, dass es sich früher fast ausschließlich um elternlose oder um ausgesetzte Kinder handelte. Dies ist aber, nachdem zunächst noch zahlreiche Kriegswaisen nach Beendigung des 2. Weltkrieges beheimatet werden mussten, längst nicht mehr der Fall. Waisenkinder sind in der gegenwärtigen Heimerziehung eine seltene Ausnahme.

Kinder und Jugendliche leben heute in Heimen oder in sonstigen betreuten Wohnformen (Außenwohngruppen, Wohngruppen, Betreutes Wohnen), wenn sie aus sehr unterschiedlichen Gründen in ihrer Herkunftsfamilie vorübergehend oder auf längere Sicht nicht leben können, wollen oder dürfen. Es handelt sich in der Regel um junge Menschen, die aus schwierigen oder aus schwierigsten Verhältnissen stammen. Sie bringen bei der Aufnahme ihre eigene individuelle Lebensgeschichte mit, die manchmal schon auf den ersten Blick sehr erschütternd sein kann. Bisweilen werden traumatische Lebenserfahrungen, langandauernde Frustrationen und Erziehungs- sowie Erfahrungsdefizite erst im Laufe des Heimlebens erkennbar.

Die Kinder stammen in der Regel aus unterprivilegierten Bevölkerungsschichten, der Ausbildungsgrad und der berufliche Status ihrer Eltern sind gering. Kinder mit einem Stiefelternteil sind besonders häufig. Alkoholprobleme spielen in vielen der Familien eine Rolle. Alkohol- und andere Suchterkrankungen in der Familie zeigen in der Regel negative Auswirkungen auf die dort lebenden Kinder. Als solche Problembereiche sind beispielsweise zu nennen:

- körperliche und psychosoziale Folgen mütterlichen Drogenkonsums während der Schwangerschaft,
- negative Veränderungen familiärer Interaktionsmuster und Rollenübernahmen,
- Verhaltensstörungen und psychopathologische Veränderungen bei Kindern und Jugendlichen mit Späteinwirkungen im Erwachsenenalter,
- partielle oder auch völlige Erziehungsunfähigkeit eines Elternteils beziehungsweise der Eltern,
- erhöhtes Auftreten von Gewalt und Missbrauch in Familien mit Suchtproblemen (Eckstein/Kirchhoff 1999).

So genannte Scheidungswaisen sind in der Heimerziehung überrepräsentiert. Kinder und Jugendliche aus gescheiterten Pflegeverhältnissen kommen in den vergangenen Jahren immer häufiger in stationäre Institutionen der Jugendhilfe, insbesondere mit Beginn der Pubertät, wenn neue und möglicherweise auch größere Erziehungsprobleme auftauchen. Viele der Kinder und Jugendlichen haben leidvolle Gewalterfahrungen in ihren Familien erdulden müssen. In den letzten Jahren fällt vor allem die stark zunehmende beziehungsweise entdeckte sexuelle Gewalt auf.

Eine Heimeinweisung erfolgt in der Regel nicht beim Erstkontakt mit dem Jugendamt. Zumeist sind die Familien schon langjährig „amtsbekannt". Oftmals wurden die Schwierigkeiten zuvor vergeblich mit ambulanten Maßnahmen abzubauen versucht. Manche ältere Kinder beziehungsweise Jugendliche melden sich auch selbst beim Jugendamt, weil sie es in ihrer Familie nicht mehr aushalten, weil sie sich zu eingeengt und zu unwohl fühlen und bitten um die Aufnahme in ein Heim oder in eine Wohngruppe.

Im Jahr 2005 hat für insgesamt 25.037 junge Menschen die Hilfe zur Erziehung in einem Heim oder in einer sonstigen betreuten Wohnform (wieder) neu begonnen, davon waren 46% Mädchen. Der Anteil der ausländischen Kinder und Jugendlichen betrug 10,4%. (Statistisches Bundesamt 2006a). Wo haben sich die im Jahr 2005 neu aufgenommenen Kinder, Jugendlichen und jungen Erwachsenen vorher aufgehalten?

Aufenthalt vor der Hilfegewährung	in %
Eltern	18,6
Elternteil mit Stiefelternteil/Partner	20,2
alleinerziehendes Elternteil	37,3
Großeltern/Verwandte	3,3
Pflegefamilie	5,4
Heim	10,2
Wohngemeinschaft	1,0
eigene Wohnung	0,8
ohne feste Unterkunft	3,1

(Statistisches Bundesamt 2006a)

Quantitative Entwicklung der Heimerziehung seit 1991

Junge Menschen am 31. Dezember:

1991	1995	2000	2005
64.323	69.969	69.723	61.728

(Statistisches Bundesamt 1997/2002 und 2006b)

Neben der weiterhin zunehmenden Tendenz, wonach immer ältere Kinder und Jugendliche in Heimen und in sonstigen betreuten Wohnformen leben, fällt außerdem die Zunahme der jungen Menschen auf, die sich in Wohngemeinschaften befinden. Lebten im Jahr 1991 5% aller Kinder und Jugendlichen, die sich in Institutionen der stationären Erziehungshilfe befanden, in Wohngemeinschaften, erhöhte sich der Anteil der jungen Menschen, die im Laufe des Jahres 2005 aus der stationären Erziehungshilfe entlassen wurden und zuvor in Wohngemeinschaften gelebt hatten, auf 15,4% (Statistisches Bundesamt 1997/2006a).

Auffallend ist, dass sich im Vergleich zum Ausgangsjahr 1991 der Prozentanteil der jungen Menschen, die aus einem Heim in ein anderes Heim vermittelt wurden, fast verdoppelt hat. Bemerkenswert erscheint außerdem der relativ hohe Stiefelternanteil beziehungsweise der Elternteile mit einem neuen Partner und dass über 37% der Kinder und Jugendlichen vor der Unterbringung bei einem alleinerziehenden Elternteil lebten. In 12% der Fälle war den Erziehungsberechtigten das Sorgerecht entzogen worden.

Von den jungen Menschen, die während des Jahres 2005 aus der stationären Erziehungshilfe entlassen wurden und bei Ende der Hilfe eine Schule besuchten, befanden sich 38% auf einer Grund- und Hauptschule, 18% auf einer Sonderschule, 20% auf einer weiterführenden Schule, 24% besuchten eine Berufsschule (Statistisches Bundesamt 2006a). In 82% der Fälle waren andere Hilfen, zumeist ambulante Erziehungshilfen, der stationären Unterbringung vorausgegangen. Bürger konnte in einer Untersuchung „zum Stellenwert ambulanter Erziehungshilfen im Vorfeld von Heimerziehung" jedoch feststellen, dass bezogen auf die alten Bundesländer im Jahre 1993 zwar in 79% aller Fälle der Heimunterbringung andere Hilfen vorausgingen. Vielfach handelte es sich hierbei aber lediglich um eine formelle Beratung im Rahmen des ASD. Aber nur in 19% aller Heimunterbringungen waren ambulante Erziehungshilfen nach §§ 28 bis 32 zuvor in Anspruch genommen worden (Bürger 1998, S. 279f.). „Zu den interessanten Untersuchungsergebnissen gehört der Einblick in unterschiedlichste Hilfeverläufe und deren Bewertung durch Leistungsadressaten. Dabei zeigte sich, dass ambulante Hilfen keineswegs von vornherein als Alternativen zu einer stationären Hilfe gesehen werden können, sondern offensichtlich oftmals hilfreiche und notwendige Schritte etwa in der Perspektivklärung sind, die im Ergebnis durchaus in eine dann von allen Beteiligten für notwendig erachtete und akzeptierte stationäre Hilfe münden können. Demgegenüber zeigte sich in anderen Fällen, dass gerade auch aus der Sicht der Adressaten eine unmittelbare stationäre Hilfe als bedarfsgerecht und auch in der Rückschau als richtige Entscheidung gewertet wird – vor allem aus der Sicht der jungen Menschen" (Bürger 1998, S. 292). Auch eine spätere auf die Jahre 1991 und 1998 bezogene Analyse der Fallzahlen erzieherischer Hilfen ergab, dass trotz des Ausbaus der ambulanten Hilfen, die aus Kostengründen angestrebte Reduzierung der stationären Erziehungshilfe nicht erreicht werden konnte (Bürger 2005, S. 56f.).

Die Problemlagen der Kinder und Jugendlichen

Kinder und Jugendliche, für deren Erziehung Interventionen im Rahmen der stationären Erziehungshilfe als notwendig erachtet werden, sind solche mit besonderen Problemlagen, die gesellschaftlich, individuell und/oder familiär begründet sein können. Aufgrund einer Analyse von 197 Jugendhilfeakten stellte das Forschungsprojekt JULE die folgenden inhaltlichen Gründe als Indikation zu Beginn der ersten stationären Erziehungshilfe fest:

(Mehrfachnennungen möglich)	%
Störungen der Eltern-Kind-Beziehung	67,5
Kind als Opfer familiärer Kämpfe	54,3
Gewalt/Missbrauchserfahrungen	43,1
Loyalitätskonflikte	14,7
Vernachlässigung des Kindes	47,4
Desorientierung in Alltagssituationen/Verwahrlosung	27,4
Zugehörigkeit zu problematischem Milieu	17,8

(Mehrfachnennungen möglich)	%
Trebe	8,6
Abweichendes Verhalten	15,7
Aggressives Verhalten	25,9
Autoaggressives Verhalten	9,6
Hyperaktiviät	3,6
Psychische Auffälligkeiten	22,3
Behinderungen	4,6
Entwicklungsrückstände	20,8
Suchtproblematik	7,6
Auffälligkeiten in sozialen Beziehungen	8,6
Konzentrations-/Motivationsprobleme	40,1
Lern-/Leistungsrückstände	45,2
Fernbleiben von Schule/Ausbildungsstelle	28,4

(Hamberger 1998, S. 210)

In einer anderen Studie wurden Persönlichkeitsmerkmale von 489 Kindern und Jugendlichen untersucht, die in Institutionen der stationären Erziehungshilfe leben.

„Besondere Charakteristika und Problemschwerpunkte des Verhaltens und Erlebens konnten durch eine genauere Betrachtung der Itemausprägungen ausgemacht werden. Als auffälligste können genannt werden:

- Probleme bei der Kontrolle aggressiver Handlungsimpulse sowie bei der Verarbeitung frustrierender Bedingungen und Erlebnisse,
- Reserviertheit und Unsicherheit im sozialen Kontaktverhalten,
- Überschätzung der eigenen Leistungsfähigkeit und ‚übertriebener' Ehrgeiz,
- Quelle von Gehorsamkeit eher in einer äußerlichen Anpassung (z.B. der Vermeidung negativer Konsequenzen), denn in einer innengeleiteten positiven Beziehung zu erwachsenen Bezugspersonen,
- innerer Widerspruch des Hin- und Hergerissenseins im Erleben von sozialen Situationen, gekennzeichnet durch unspezifisches Rückzugsbedürfnis bei gleichzeitigem Antrieb, das soziale Kontaktangebot im Heim aktiv aufzusuchen,

- kompensatorische Selbstaufwertungstendenzen auf dem Hintergrund eines erhöhten Minderwertigkeitserlebens,
- Angst vor Verlassenheit und Einsamkeit" (Hansen 1994, S. 225).

Im Rahmen des Forschungsprojekts „Aggressionen in der Stationären Erziehungshilfe" (Günder/Reidegeld 2006) wurden die Angaben von 367 in der Heimerziehung tätigen Fachkräften ausgewertet. Die Analyse ergab, dass bei 42% der in den stationären Einrichtungen lebenden Kindern und Jugendlichen aggressive Verhaltensweisen bzw. Auffälligkeiten ein wichtiger Grund der Unterbringung waren. Damit ist diese Prozentzahl größer als die in der vorgenannten Studie von Hamberger. Dort betrug die Summe aggressiver und autoaggressiver Verhaltensweisen 35%. Auf die Frage, wie sich die Aggressionen in den letzten fünf Jahren entwickelt haben, antworteten 71% der befragten Fachkräfte, dass aggressive Verhaltensweisen zugenommen bzw. stark zugenommen hätten. Die große Mehrheit ist der Auffassung, dass verbale Aggressionen (81%), körperliche Gewalt (58%) und autoaggressive Gewalt (47%) in der stationären Erziehungshilfe extrem stark zugenommen hätten. 52% sind überzeugt, dass verstärkt Gewalt gegen Sachen festzustellen sei. Überwiegend (59%) wird vermutet, dass 5 bis 15% aller Kinder und Jugendlichen intensiv aggressiv seien.

Die Altersverteilung der jungen Menschen, die im Jahr 2005 neu in einem Heim oder in einer sonstigen betreuten Wohnform aufgenommen wurden, sieht wie folgt aus:

Alter von ... bis unter ... Jahren		
unter 1	389	1,6%
1–3	443	1,8%
3–6	889	3,6%
6–9	1.730	6,9%
9–12	2.793	11,2%
12–15	6.829	27,3%
15–18	10.289	44,1%
18–21	1.584	6,3%
21 und älter	82	0,3%

(Statistisches Bundesamt 2006a).

Der Hauptschwerpunkt der Neuaufnahmen lag mit steigender Tendenz – wie auch in den Vorjahren – ganz eindeutig mit 68% bei der Altersgruppe der Zwölf- bis Achtzehnjährigen, wobei die Fünfzehn- bis Achtzehnjährigen besonders stark vertreten waren. Vielfältige Praxiserfahrungen belegen, dass ältere Kinder und Jugendliche mit größeren Schwierigkeiten und persönlichen Problemen in die Institutionen aufgenommen werden. Das Schwergewicht der Aufnahmen im ohnehin problemreichen Pubertätsalter belegt zweifelsfrei, dass unter diesen Bedingungen die Ausgangsbedingungen in der stationären Erziehungshilfe sehr schwierig sind.

Im Laufe des Jahres 2005 wurde für insgesamt 24.184 junge Menschen die Erziehungshilfe in einem Heim oder in einer sonstigen betreuten Wohnform beendet. In 21% der Fälle wurde die Hilfe auf Veranlassung des Sorgeberechtigten beziehungsweise Volljährigen vorzeitig beendet. 20% wurden nach Beendigung der Heimerziehung in andere Hilfearten übergeleitet, vor allem in ambulante Hilfen zur Erziehung, aber es wechselten auch 15% in ein anderes Heim oder in eine Wohngemeinschaft über. Die durchschnittliche Aufenthaltsdauer der Entlassenen betrug 27 Monate. Etwas mehr als 14% dieser jungen Menschen lebten drei bis fünf Jahre im Heim oder in einer anderen betreuten Wohnform, 5% fünf bis sieben Jahre, 3% sieben bis zehn Jahre und 2,6% waren länger als zehn Jahre in stationärer Erziehung gewesen (Statistisches Bundesamt 2006a).

Kapitel II: Heimerziehung im Kontext des KJHG

Die generelle Zielsetzung des neuen KJHG

Das Sozialgesetzbuch (SGB) VIII trat am 3. Oktober 1990 in den neuen und am 1. Januar 1991 in den alten Bundesländern in Kraft. In der Praxis der Kinder- und Jugendhilfe ist die Bezeichnung Kinder- und Jugendhilfegesetz (KJHG) gebräuchlich.
Das Kinder- und Jugendhilfegesetz folgt den Erkenntnissen der Sozialisationsforschung sowie neueren Ansätzen der Pädagogik und anderer Sozialwissenschaften. Der im Verhältnis zum alten Jugendwohlfahrtsgesetz (JWG) aufgetretene Perspektivenwechsel wird schon in § 1 des neuen Gesetzes deutlich:
Unter der Überschrift „Recht auf Erziehung, Elternverantwortung, Jugendhilfe" werden die Grundlagen und Zielsetzungen der Jugendhilfe zusammengefasst:

> „(1) Jeder junge Mensch hat ein Recht auf Förderung seiner Entwicklung und auf Erziehung zu einer eigenverantwortlichen und gemeinschaftsfähigen Persönlichkeit.
>
> (2) Pflege und Erziehung der Kinder sind das natürliche Recht der Eltern und die zuvörderst ihnen obliegende Pflicht. Über ihre Betätigung wacht die staatliche Gemeinschaft.
>
> (3) Jugendhilfe soll zur Verwirklichung des Rechts nach Absatz 1 insbesondere
>
> 1. junge Menschen in ihrer individuellen und sozialen Entwicklung fördern und dazu beitragen, Benachteiligungen zu vermeiden oder abzubauen,
>
> 2. Eltern und andere Erziehungsberechtigte bei der Erziehung zu beraten und zu unterstützen,
>
> 3. Kinder und Jugendliche vor Gefahren für ihr Wohl schützen,
>
> 4. dazu beitragen, positive Lebensbedingungen für junge Menschen und ihre Familien sowie eine kinder- und familienfreundliche Umwelt zu erhalten oder zu schaffen."

Diese Leitnorm des KJHG stärkt eindeutig die Stellung der Eltern, und damit wird der Wert der Familie unterstrichen. Gleichwohl war sich der

Gesetzgeber durchaus bewusst, dass vielfach die Erscheinungsformen von Familien und deren Rahmenbedingungen ungünstig sind und sich gefährdend auf das Wohl der Kinder auswirken können. Natürlich ist nicht jede Abweichung von der klassischen Kernfamilie als defizitär oder pathogen zu verstehen. Kinder und Jugendliche, die Erziehungshilfen benötigen, entstammen jedoch häufig familiären Lebensformen, die verbunden sind mit

- einer Zunahme der Ein-Kind-Familien,
- einer Steigerung der Scheidungsquote,
- einer Steigerung von alleinerziehenden Elternteilen,
- einer Steigerung der Familien mit Stiefelternteilen,
- der Berufstätigkeit beider Elternteile,
- der Betroffenheit von Langzeitarbeitslosigkeit,
- der Not, eine angemessene Wohnung zu finden und bezahlen zu können,
- Verarmungstendenzen und dem Leben am Existenzminimum.

Die Lebenssituation von Kindern und Jugendlichen ist zunehmend schwieriger und belasteter geworden. Bestätigt wird dies durch den Zweiten Armuts- und Reichtumsbericht der Bundesregierung (2005) wonach insbesondere allein Erziehende und deren Kinder ein hohes Armutsrisiko tragen (S. 26). „Besonders alarmierend ist, dass Kinder die größte Gruppe unter den Sozialhilfebeziehern stellen: Ende 2003 bezogen insgesamt 1,1 Mio. Kinder unter 18 Jahren laufende Hilfe zum Lebensunterhalt" (S. 27). Das Risiko für Einkommensarmut unter Kindern (bis unter 16 Jahren) lag im Jahr 2003 mit 15% etwas höher als in der Gesamtbevölkerung. 72.000 Kinder und Jugendliche in Deutschland waren von Obdachlosigkeit bedroht oder akut davon betroffen. Nach Schätzungen lebten 5.000 bis 7.000 Kinder, Jugendliche und junge Volljährige auf der Straße (S. 53). Als mögliche Folgerungen der Armut wurden schon in einem früheren Bericht der Bundesregierung negative Auswirkungen auf

- die Gesundheit,
- subjektive Selbsteinschätzungen,
- Reaktionen gegen sich selbst und gegen andere,

- die Sozialentwicklung und
- die Bildung und Schulleistung

angegeben (Bundesministerium für Familie, Senioren, Frauen und Jugend 1998, S. 90ff.). Die nationale Armutskonferenz schätzt die Anzahl der von Armut betroffenen Kinder und Jugendlichen unter 16 Jahren in Deutschland sogar auf 1,8 Millionen (Nationale Armutskonferenz 2006). Armut sowie die anderen vorgenannten familiären Situationen können negative Sozialisationsverläufe von Kindern und Jugendlichen auslösen und begünstigen. Da die Erziehungsverantwortung im KJHG primär bei den Eltern angesiedelt wurde, galt es, die Leistungen zugunsten der familiären Erziehung stark auszuweiten. Damit folgt dieses Gesetz auch systemorientierten Erklärungen, wonach Schwierigkeiten und auftretende Verhaltensstörungen bei Kindern und Jugendlichen vorwiegend als Symptome der individuell vorhandenen Beziehungsstrukturen der Familie und des sozialen Systems zu verstehen sind.

Das Gesetz gibt nicht allgemeine Erziehungsziele vor, sondern spricht von individueller sozialer Entwicklung. Damit werden die Lebensbezüge der Menschen akzeptiert und ernst genommen. Auf diese gilt es sozialpädagogisch aufzubauen, die unterschiedlichen Leistungsangebote der Jugendhilfe sind umwelt- und lebensweltorientiert (Münder u.a. 2006, S. 384f.).

„Das Konzept Lebensweltorientierte Soziale Arbeit verweist auf die Notwendigkeit einer konsequenten Orientierung an den Adressat(inn)en mit ihren spezifischen Selbstdeutungen und individuellen Handlungsmustern in gegebenen gesellschaftlichen Bedingungen. Daraus ergeben sich sowohl Optionen wie auch Schwierigkeiten. Lebensweltorientierte Soziale Arbeit nutzt ihre rechtlichen, institutionellen und professionellen Ressourcen dazu, Menschen in ihrem vergesellschafteten und individualisierten Alltag zu Selbstständigkeit, Selbsthilfe und sozialer Gerechtigkeit zu verhelfen" (Grunwald/Thiersch 2001, S. 1136).

Erziehungshilfen im KJHG

Das KJHG regelt unter anderem differenziert die Hilfe zur Erziehung und verzichtet auf negativ besetzte und pädagogisch fragwürdige Begrifflichkeiten des alten Jugendwohlfahrtsgesetzes wie beispielsweise „Fürsorgeerziehung" oder „Verwahrlosung". Die Angebote der erzieherischen Hilfen sind als Leistungsangebote zu verstehen, auf welche bei Vorliegen der entsprechenden Voraussetzungen ein rechtlicher Anspruch besteht. Im Gegensatz zu Teilaspekten des alten JWG geht der Gesetzgeber nun nicht mehr von „Erziehungseingriffen" aus, sondern betont durchgängig den freiwilligen Charakter der Hilfeangebote sowie die Notwendigkeit der Zusammenarbeit mit den Familien.

Unter der Überschrift „Hilfe zur Erziehung" lautet § 27 Abs.1 des KJHG:

> „Ein Personensorgeberechtigter hat bei der Erziehung eines Kindes oder Jugendlichen Anspruch auf Hilfe (Hilfe zur Erziehung), wenn eine dem Wohl des Kindes oder des Jugendlichen entsprechende Erziehung nicht gewährleistet ist und die Hilfe für seine Entwicklung geeignet und notwendig ist."

Art und Umfang der Hilfe richten sich nach dem erzieherischen Bedarf im Einzelfall, das engere soziale Umfeld des Kindes oder Jugendlichen ist dabei einzubeziehen. Somit ist wiederum der Bezug der Lebensweltorientierung vorhanden. Bei der Hilfe zur Erziehung wird insbesondere von der Gewährung pädagogischer und damit verbundener therapeutischer Leistungen ausgegangen.

Nachfolgend werden im Gesetz die Leistungsangebote der Hilfe zur Erziehung angeführt:

§ 28 Erziehungsberatung

§ 29 Soziale Gruppenarbeit

§ 30 Erziehungsbeistandschaft, Betreuungshelfer

§ 31 Sozialpädagogische Familienhilfe

§ 32 Erziehung in einer Tagesgruppe

§ 33 Vollzeitpflege

§ 34 Heimerziehung, sonstige betreute Wohnform

§ 35 Intensive sozialpädagogische Einzelbetreuung.

Satz 2 des § 27 sagt aus, dass Hilfe zur Erziehung insbesondere nach Maßgabe der §§ 28 bis 35 gewährt wird. Durch das Wort „insbesondere" kommt zum Ausdruck, dass das im Gesetz aufgeführte Leistungsspektrum unterschiedlicher Erziehungshilfen keinen ausschließlichen Charakter haben kann. Es wird hier auch Raum gelassen für neue, noch zu entwickelnde Hilfeformen, und auch die so genannten „Außenseitermethoden" werden nicht von vornherein kategorisch ausgeklammert (Fegert 1996, S. 74f.).

Bei den Paragraphen 28 bis 31 handelt es sich um ambulante Erziehungshilfen; die Erziehung in einer Tagesgruppe (§ 32) versteht sich als teilstationäres Angebot; Vollzeitpflege und Heimerziehung (§§ 33 und 34) sind stationäre Erziehungshilfen; dagegen kann die Intensive sozialpädagogische Einzelbetreuung (§ 35) sowohl in ambulanter als auch in stationärer Form erfolgen.

Aufgrund der Betonung des Familienbezugs im KJHG sind ambulante Erziehungshilfen den stationären dann vorzuziehen, wenn die familiären Beziehungsstrukturen und Bindungen noch einigermaßen vorhanden sind und zu erwarten ist, dass durch ambulante Hilfen die Verhältnisse wieder stabilisiert werden können. Nachfolgend wird das Leistungsangebot der ambulanten Erziehungshilfen (Günder 1999) kurz skizziert. Die teilstationäre Hilfe zur Erziehung in einer Tagesgruppe und die Intensive sozialpädagogische Einzelbetreuung werden im Kapitel „Das differenzierte Angebot der heutigen Heimerziehung" vorgestellt.

Erziehungsberatung

Aufgabe der Erziehungs- und Lebensberatung ist es, Kinder, Jugendliche, deren Eltern und Familienangehörige bei Problemen, Schwierigkeiten und Konflikten in den Bereichen der Erziehung, des Zusammenlebens und bei anderen Lebensfragen und -konflikten zu beraten, Klärungen herbeizuführen, Förderungen zu entwickeln und zu begleiten sowie bei der Entwicklung neuer Lebensperspektiven hilfreich zur Seite zu stehen. Die Arbeit der Beratungsstellen ist zugleich präventiv, es sollen mögliche Gefährdungen in ihrer Entstehung verhindert oder doch verringert werden (Menne 2002, S. 282).

„Für die Erziehungsberatungsarbeit lassen sich grundsätzlich fünf unerläßliche Voraussetzungen für familienunterstützende Leistungen durch Erziehungsberatungsarbeit formulieren:

- der unmittelbare Zugang für Ratsuchende ohne Kostenbelastung,
- der offene Zugang für Ratsuchende unabhängig von ihrer politischen oder konfessionellen Überzeugung,
- die eigene Entscheidung des Ratsuchenden über Annahme des Angebotes sowie über Form und Umfang der Zusammenarbeit,

- der uneingeschränkte Schutz der persönlichen Angelegenheiten des Ratsuchenden jeden Alters vor einer Mitteilung an Dritte
- und die bereits erwähnte Zusammenarbeit im multidisziplinären Team" (Degner 1993, S. 140).

Soziale Gruppenarbeit

„Die Soziale Gruppenarbeit ist eine ambulante Form der Hilfe zur Erziehung, mit dem Auftrag, methodische Angebote zu entwickeln und vorzuhalten, die Kindern und Jugendlichen soziales Lernen in Gruppen und in Lern- und Leistungssituationen ermöglicht. Dieses kann in sehr unterschiedlichen Zeitstrukturen und an verschiedenen Orten stattfinden. Manchmal werden auch die Eltern beziehungsweise die Erziehungsberechtigten in die Soziale Gruppenarbeit einbezogen" (Wegehaupt-Schlund 2001, S. 534).

Ziel der Sozialen Gruppenarbeit ist es, Kinder und Jugendliche bei der Überwindung von Problemen im Entwicklungs- und Verhaltensbereich zu unterstützen.

Die Soziale Gruppenarbeit hat sich nach dem zweiten Weltkrieg als eine aus den Disziplinen Sozialarbeit und Sozialpädagogik hervorgehende Methode entwickelt, die im Bereich der Jugendhilfe lange praktiziert wird und sich als eine Möglichkeit des sozialen Lernens in Gruppen bewährt hat.

Erziehungsbeistand, Betreuungshelfer

Die Erziehungsbeistandschaft ist von ihrem Selbstverständnis her eine freiwillige ambulante Form der Erziehungshilfe. Sie kann allerdings im Rahmen des Jugendgerichtsgesetzes auch als Erziehungsmaßregel richterlich angeordnet werden. Jugendrichter haben hiervon in den letzten Jahren allerdings immer weniger Gebrauch gemacht und es wird von der Fachöffentlichkeit auch gefordert, auf diese Anordnungsmöglichkeit im JGG ganz zu verzichten, da sie dem Charakter einer auf Freiwilligkeit angelegten pädagogischen Maßnahme nicht entspricht (Münder u.a. 2006, S. 421).

Ähnlich verhält es sich mit dem Institut des „Betreuungshelfers", das ursprünglich nur im JGG als Maßnahme für straffällig gewordene Jugendliche vorgesehen war und nun „unglücklicherweise" zusammen mit der Erziehungsbeistandschaft in einen Paragraphen des KJHG gefasst wurde. Gemäß dem KJHG definiert sich die Aufgabe der Erziehungsbeistandschaft als pädagogische beziehungsweise als sozialarbeiterische Hilfe bei Problemen in der Entwicklung junger Menschen, die diese alleine oder innerhalb ihrer Familie nicht befriedigend lösen können. Dabei sind Entwicklungsförderungen und erzieherische Hilfen lebensweltorientiert anzulegen, damit die Minderjährigen von ihren sozialen Bezügen nicht isoliert, sondern besser integriert werden. Diese Betonung der systemischen und lebensweltorientierten Vorgehensweise akzentuiert das besondere Verhältnis der Erziehungsbeistandschaft zum Kontext Eltern und Familie.

Sozialpädagogische Familienhilfe

Während die anderen zuvor erwähnten Formen der ambulanten Erziehungshilfen sich traditionell mit ihren sozialen und pädagogischen Hilfsangeboten zunächst und primär an Kinder und Jugendliche in und mit Schwierigkeiten wandten und erst allmählich im Zuge einer stärker gewordenen systemischen Orientierung die Familie und das soziale Umfeld als ebenso zu behandelnde Bereiche einbezogen, war die Sozialpädagogische Familienhilfe schon immer konkret auf die gesamte Familie hin ausgerichtet.

Sie entstand gegen Ende der 60er Jahre von Berlin ausgehend als ambulante Erziehungshilfe im Vorfeld der Heimerziehung und hatte damit präventiven Charakter beziehungsweise wurde auch als Kritik zur stationären Unterbringung und als eine Alternative zur Fremdplatzierung von Kindern und Jugendlichen verstanden (Helming 2002, S. 321). Außerdem konnte die Sozialpädagogische Familienhilfe auch dann einsetzen, wenn eine Rückführung eines Minderjährigen aus der Heimerziehung in seine Herkunftsfamilie realisiert wurde.

Die Wahrnehmung der Aufgaben der Sozialpädagogischen Familienhilfe findet vorrangig in der gewohnten Umgebung der Familie statt. Damit wird das Eingebundensein in positive soziale Beziehungen und Strukturen unterstützt, das Auftreten fremdbestimmender Lebensinhalte und -ziele kann so vermieden werden.

„Da es um den Alltag und seine oft diffusen und unstrukturierten Schwierigkeiten geht, ist der Ansatz der Hilfe mehrdimensional, d.h. sie orientiert sich am gesamten Familiensystem und dessen sozialem Netzwerk mit seinen Erziehungs-, Beziehungs-, sozialen und materiellen Problemen und Ressourcen" (Helming 2001, S. 541).

Heimerziehung im Kinder- und Jugendhilfegesetz

In § 34 KJHG wird die Hilfe zur Erziehung in einer Einrichtung über Tag und Nacht geregelt. Der Gesetzgeber spricht von Heimerziehung und sonstigen betreuten Wohnformen und trägt damit dem Tatbestand Rechnung, dass Heimerziehung heute in sehr differenzierten Institutionen stattfindet.

„Hilfe zur Erziehung in einer Einrichtung über Tag und Nacht (Heimerziehung) oder in einer sonstigen betreuten Wohnform soll Kinder und Jugendliche durch eine Verbindung von Alltagserleben mit pädagogischen und therapeutischen Angeboten in ihrer Entwicklung fördern. Sie soll entsprechend dem Alter und Entwicklungsstand des Kindes oder des Jugendlichen sowie den Möglichkeiten der Verbesserung der Erziehungsbedingungen in der Herkunftsfamilie

- eine Rückkehr in die Familie zu erreichen versuchen oder
- die Erziehung in einer anderen Familie vorbereiten oder
- eine auf längere Zeit angelegte Lebensform bieten und auf ein selbstständiges Leben vorbereiten.

Jugendliche sollen in Fragen der Ausbildung und Beschäftigung sowie der allgemeinen Lebensführung beraten und unterstützt werden."

Die in § 35 erwähnte Intensive sozialpädagogische Einzelbetreuung berücksichtigt die diesbezügliche pädagogische Differenzierung der Heimerziehung und meint damit beispielsweise auch länger andauernde Projekte der Erlebnispädagogik für besonders schwierige junge Menschen. Die Mitwirkung der beteiligten Personensorgeberechtigten und des Kindes oder Jugendlichen werden in § 37 festgelegt. Diese sind vor der Inanspruchnahme einer Hilfe zur Erziehung ausführlich zu beraten. Wenn eine Hilfe außerhalb der eigenen Familie erforderlich ist, so sind die Erziehungsberechtigten und (!) der junge Mensch bei der Auswahl der Einrichtung oder der Pflegestelle zu beteiligen. Wenn nicht unverhältnismäßige Mehrkosten auftreten, so ist ihren Wünschen zu entsprechen. Diese nun gesetzmäßig abgesicherte Mitbeteiligung der Eltern und der Minderjährigen bewirkt eine veränderte Sichtweise und Praxis: „Wurden sie bisher häufig als Versager und Bittsteller gesehen und behandelt, so sind sie jetzt Partner mit Rechtsanspruch auf Hilfe" (Späth 1992, S. 150). Wenn Hilfe zur Erziehung über einen längeren Zeitraum zu leisten ist, soll nach § 36 ein Hilfeplan im Zusammenwirken mehrerer Fachkräfte und zusammen mit den Personensorgeberechtigten und dem Kind oder dem Jugendlichen erstellt werden. Dies bedeutet für die Heimerziehung, dass Hilfepläne beispielsweise in Teamarbeit von Gruppenerzieher(inne)n, gruppenübergreifenden Diensten und den zuständigen Fachkräften des Jugendamtes zu erstellen sind, wobei Eltern und die betroffenen Minderjährigen zu beteiligen sind.

Neu geregelt wird durch das KJHG auch die rechtliche Zuständigkeit und damit die Finanzierung der Heimerziehung. Nach dem alten JWG konnte im Einzelfall je nach pädagogischer Etikettierung und Gefährdungseinschätzung entweder das örtliche oder das überörtliche Jugendamt zuständig sein. Gemäß § 85 KJHG ist nun stets das Jugendamt für die Gewährung von Leistungen zur Hilfe zur Erziehung zuständig, wo das Kind oder der/die Jugendliche seinen/ihren gewöhnlichen Aufenthalt hat. Diese örtliche Zuständigkeit ist im Sinne einer regionalen Inanspruchnahme, Verantwortung und Sorge zu begrüßen. Sie kann jedoch zu einer pädagogisch unreflektierten Vermeidung von Heimerziehung führen, wenn generell oder in einzelnen kommunalen Haushalten besondere finanzielle Probleme vorhanden sind. Die Personensorgeberechtigten haben nach § 27 KJHG Anspruch auf Förderungsmaßnahmen der Hilfe zur Erziehung für ihr Kind, wenn ansonsten das Wohl des Kindes gefährdet wäre und wenn die beanspruchte Hilfe für seine Entwicklung und Neigung notwendig ist. Insofern könnten Eltern im konkreten Einzelfall Heimerziehung für ihr Kind auch einklagen. Da Eltern von Kindern, die auf Heimerziehung angewiesen sind, in der Regel aber aus unterprivilegierten Schichten stammen und/oder sich in sehr schwierigen Lebenslagen befinden, ist diese Klagemöglichkeit wohl eher theoretisch, sie wird in der Praxis kaum einmal vorkommen.

Ähnlich verhält es sich, wenn die Maßnahme Heimerziehung für junge Erwachsene über das 18. Lebensjahr hinaus fortgesetzt werden soll. Nach § 41 KJHG soll jungen Volljährigen (in begründeten Einzelfällen auch über das 21. Lebensjahr hinaus) Hilfe für ihre Persönlichkeitsentwicklung und zu einer eigenverantwortlichen Lebensführung gewährt werden. Die individuelle Situation des jungen Menschen bestimmt, ob und wie lange die Hilfe notwendig ist. Dies gilt entsprechend für die Maßnahme Heimerziehung oder Betreutes Wohnen. Gegenwärtig kann allerdings immer häufiger beobachtet werden, dass Jugendämter nicht mehr bereit sind, junge Erwachsene über das 18. Lebensjahr hinaus in stationären Institutionen der Jugendhilfe weiterhin zu fördern. Obwohl die betroffenen jungen Erwachsenen die Maßnahmeverlängerung selbst befürworten und ihre pädagogischen Bezugspersonen gut abgesicherte und fundierte pädagogische Begründungen vorlegen, wird in nicht wenigen Fällen die Jugendhilfeförderung abgelehnt. Offensichtlich wirkt sich hier der gegenwärtig zweifellos vorhandene öffentliche Kostendruck einseitig und zu Lasten der Betroffenen negativ auf die Interpretation des KJHG aus. Die jungen Menschen könnten auch hier versuchen, ihr Recht auf Jugendhilfe einzuklagen, aber die wenigsten werden diesen Schritt tun.

Einbezug seelisch Behinderter

Der Gesetzgeber hat in § 35a des KJHG ausdrücklich auch solche Kinder und Jugendliche aufgenommen, die seelisch behindert oder von einer solchen Behinderung bedroht sind. Diese, bezogen auf die Gesamtgruppe der Kinder und Jugendlichen, welchen Hilfe zur Erziehung gewährt wird, relativ kleine Gruppe hat Anspruch auf Eingliederungshilfe und im Bedarfsfall auch Anspruch auf Hilfen zur Erziehung, somit auch auf stationäre Erziehungshilfen. Mit der Berücksichtigung seelisch behinderter Kinder und Jugendlicher im KJHG beendete der Gesetzgeber den jahrzehntelang andauernden Streit, ob diese Minderjährigen durch Maßnahmen der Sozial- oder der Jugendhilfe gefördert werden sollen. Im Zuge der Novellierung des KJHG (1. Oktober 2005) wurde der § 35a ergänzt. Der Träger der öffentlichen Jugendhilfe hat nun hinsichtlich der Abweichung der seelischen Gesundheit die Stellungnahme eines entsprechenden Facharztes oder Psychotherapeuten einzuholen. Als seelisch behindert werden jene Personen angesehen, die als chronisch psychisch krank gelten, die oftmals längere Aufenthalte in Psychiatrien erleben mussten, „bei denen die Behinderung ihre Ursache in einem regelwidrigen seelischen Zustand hat" (Konrad 2002, S. 814). Bei Kindern und Jugendlichen handelt es sich aus traditioneller Sichtweise vor allem um solche mit autistischen und anderen psychotischen Syndromen, mit Persönlichkeitsstörungen auf der Grundlage schwerwiegender Neurosen oder mit Befindlichkeiten nach hirnorganischen Erkrankungen. Mueller berichtet, dass bei 61% fremduntergebrachter seelisch behinderter jungen Menschen Verhaltens- und emotionale Störungen, bei 16% neurotische, Belastungs- und somatoforme Störungen vorlagen (2000, S. 127). Eine Einrichtung der Heimerziehung, in der seelisch behinderte Kinder und Jugendliche aufgenommen werden, benötigt die entsprechenden Voraussetzungen und personellen Rahmenbedingungen, damit erzieherische und therapeutische Prozesse erfolgreich verlaufen können und eine Integration als Zielsetzung realistisch bleibt. „Der psychisch auffällige junge Mensch benötigt demnach Schutz auch innerhalb der Einrichtung vor Übergriffen, unnötiger Ablehnung, Abwertung und Ausgrenzung durch in Betreuungsverantwortung stehende Fachkräfte, Eltern, Schule etc." (Mueller 2000, S. 128). Nicht jede Einrichtung der stationären Erziehungshilfe wird in der Lage sein, seelisch behinderte Kinder und Jugendliche verantwortungsvoll aufzunehmen und zu betreuen, um damit einer konkreten Hilfeplanung zu entsprechen. „Sind Betreuungsleistungen wie z.B. Gruppengröße, Personaldichte, Qualifikation etc. festgeschrieben, so steht die Einrichtung in der Pflicht, diese Leistungen auch zu erbringen und nötigenfalls nachzuweisen" (S. 131).

Fegert gibt in einer sehr differenzierten Abhandlung zum § 35a zu bedenken, dass die Anwendung des Begriffs „Seelische Behinderung" im Kindes- und Jugendalter sehr problematisch sei, da beim Behinderungsbegriff die Chronizität des Leidens immer eine große Rolle spiele. Er legt daher sein Hauptaugenmerk auf den Bedrohungsgedanken. „Dies bedeutet, dass eine umfassende Diagnostik, die neben der Feststellung der jeweiligen psychopathologischen Symptomatik auch eine differenzierte Einschätzung des Entwicklungsstandes, des Intelligenzniveaus, körperlicher Begleiterkrankungen oder Grunderkrankungen, und unterschiedlicher psychosozialer Risiken beinhaltet, eine Feststellung zuläßt, ob die Kinder bei Unterbleiben geeigneter Hilfs- und Entwicklungsmaßnahmen von einer Entwicklung bedroht sind, die sie in ihren Beziehungen beeinträchtigt, die ihr Leistungsniveau herabsetzen, die ihre spätere Teilnahme am regulären Arbeitsprozeß infragestellt, und die sie subjektiv mehr oder weniger erheblich beeinträchtigt (je nach Krankheitsbild teilweise schweregradunabhängiger, völlig unterschiedlicher Leidensdruck)" (Fegert 1996, S. 35). Außerdem weist er mit Recht darauf hin, dass viele bestehende Behinderungen wie beispielsweise Körperbehinderung, Sprachbehinderung, Lernbehinderung und geistige Behinderung sehr häufig mit sekundären psychischen Beeinträchtigungen einhergehen, auf deren Grundlage sich eine psychische Behinderung entwickeln kann (Fegert 1996, S. 30–42). Die zuletzt genannten Behinderungsformen werden jedoch vom § 35a nicht erfasst, da dieser Personenkreis der Eingliederungshilfe gemäß dem BSHG unterliegt.

Dennoch muss zumindest die Einbeziehung seelisch behinderter Kinder und Jugendlicher in das Leistungsangebot des KJHG als zu begrüßender Fortschritt gewertet werden.

Sozialdatenschutz

Grundsätzlich ist die Praxis der Hilfen zur Erziehung auf Kooperation und Vertraulichkeit mit Familien und Minderjährigen angelegt, die solche Leistungen erhalten. Entsprechend gelten die strengen Vorschriften des Sozialdatenschutzes für die Mitarbeiter(innen) freier Träger ebenso wie im öffentlichen Trägerbereich. Soziale Daten und Tatbestände, die im Rahmen der Inanspruchnahme erzieherischer Hilfen bekannt und gesammelt werden, dürfen nur mit dem Einverständnis der Betroffenen weitergegeben werden (§ 65 KJHG). Auch betroffene Minderjährige, die über eine entsprechende Einsicht verfügen, müssen vor der Offenbarung ihrer Sozialdaten um ihre Einwilligung gefragt werden (Münder u.a. 2006, S. 779f.). Eine Weitergabe von geschützten Sozialdaten kann beispielsweise bei Hilfeplangesprächen fachlich notwendig sein. Entsprechend der Sozialdatenschutzvorschriften müssen daher die Betroffenen über die Teilnehmer(innen) eines Hilfeplangesprächs im Vorhinein informiert werden, damit sie ihre Ablehnung oder Zustimmung äußern können. Die generelle Anforderung von Berichten über Entwicklungsverläufe, von Betreuungs- oder Abschlussberichten, wie dies zuweilen durch öffentliche Jugendhilfeträger geschieht, entsprechen nicht den Datenschutzvorschriften, wenn sie eine „Datenerhebung über die Betroffenen hinweg" darstellt. „Solche Berichte, in denen z.B. Angaben enthalten sind über das soziale Verhalten der Minderjährigen (zu anderen Minderjährigen, zu Fachkräften, in der Schule, in der Erziehungsgemeinschaft, im Außenleben etc.), besondere Auffälligkeiten, Vorkommnisse, ihre Phantasie, ihr Antrieb, ihre Stimmungslage, ihr Erscheinungsbild, ihr Auftreten, ihr Verhältnis zu den Eltern, Geschwistern oder anderen Personen, sind regelmäßig unzulässig" (Proksch 1996, S. 227).

Betroffenenbeteiligung

Im Gegensatz zum alten JWG, in dem Jugendhilfemaßnahmen überwiegend als Eingriffsmaßnahmen galten, die mehr oder weniger „von oben" angeordnet wurden, geht das KJHG von Leistungen aus, welche in part-

nerschaftlicher Kooperation mit den Betroffenen zu klären, abzuwägen und abzustimmen sind. Diese grundsätzlich neue und verbindliche Leitidee findet ihren Niederschlag an verschiedenen Stellen des KJHG:
Nach § 5 KJHG haben die Leistungsberechtigten, in der Regel also die Eltern, ein Wunsch und Wahlrecht hinsichtlich der Einrichtungen und Dienste verschiedener Träger und bezüglich der Gestaltung der Hilfe. Auf dieses Recht müssen die Betroffenen ausdrücklich hingewiesen werden. Das Wunsch- und Wahlrecht findet dann seine Begrenzung, wenn es mit unverhältnismäßigen Mehrkosten verbunden wäre.
In § 8 KJHG wird geregelt, dass Kinder und Jugendliche an allen sie betreffenden Entscheidungen der öffentlichen Jugendhilfe zu beteiligen sind. Gemäß ihrem Entwicklungsstand sind ihre Vorstellungen, Meinungen, Ängste und Wünsche ernst zu nehmen, es soll nicht über sie entschieden werden, sondern in partnerschaftlicher Abwägung sollen gemeinsam zu akzeptierende Lösungen und Perspektiven entwickelt werden.
Nach § 36 KJHG sind die Personensorgeberechtigten und (!) das Kind oder der Jugendliche vor der Entscheidung über die Inanspruchnahme einer Hilfe zu beraten, wobei auf mögliche Folgen für die Entwicklung des Kindes oder Jugendlichen hinzuweisen ist.
Wenn Hilfe für einen voraussichtlich längeren Zeitraum zu leisten ist, soll in Zusammenarbeit mit den Personensorgeberechtigten und im Zusammenwirken mehrerer Fachkräfte (also im Team) über die im Einzelfall angezeigte Hilfeart entschieden werden. Dies gilt insbesondere bei Erziehungshilfen, die außerhalb der eigenen Familie stattfinden, so zum Beispiel bei der Heimerziehung.

Partizipation von Kindern und Jugendlichen

Jugendhilfe kann im eigentliche Sinne nur dann lebenswelt- und ressourcenorientiert sein, wenn die aktive Beteiligung – die Partizipation – der betroffenen jungen Menschen nicht nur gefordert, sondern innerhalb der Praxis systematisch und kontinuierlich realisiert wird. „In der Praxis ist bis heute allerdings eine kontinuierliche und methodisch differenzierte Beteiligung der Kinder und Jugendlichen selten anzutreffen" (Bundesministerium für Familie, Senioren, Frauen und Jugend 2002, S. 197). In den Hilfen zur Erziehung ist die Partizipation von Kindern und Jugendlichen gesetzlich normiert; entsprechende Paragraphen wurden zuvor erwähnt. Die praktizierte Wirklichkeit des Kinder- und

Jugendhilfegesetzes zeigt allerdings auf, dass trotz der eindeutigen gesetzlichen Regelungen eine erhebliche Diskrepanz zwischen Forderungen und der Beachtung sowie der Realisierung einer Partizipation besteht. Verschiedene empirische Studien zur Betroffenenbeteiligung im Rahmen der Hilfeplanung belegen jeweils äußerst geringe Quoten der Beteiligung von Kindern oder Jugendlichen am Hilfeplanungsprozess. Das „günstigste" Untersuchungsergebnis geht von einer Beteiligung der jungen Menschen in knapp 30% der Fälle aus (Blandow/Gintzel/Hansbauer 1999, S. 126f.). Demnach ist Partizipation weder „organisatorisch ausreichend in den Organisationen der Jugendhilfe verankert, noch scheint sie eine grundlegende Handlungsorientierung für sozialpädagogische Fachkräfte darzustellen (Petersen 2002, S. 910). Auch eine deutliche Erhöhung der Beteiligungsquote wäre alleine nicht ausreichend, wenn die Fachkräfte nicht Haltungen einnehmen und für Rahmenbedingungen sorgen, welche die echte innere Beteiligung eines betroffenen jungen Menschen in vielen Fällen erst ermöglicht. Alles andere wäre nur eine Quasi-Beteiligung oder anders ausgedrückt, eine Alibi-Funktion. „Der Beteiligungsprozedur muss darum etwas vorausgegangen sein, was den Betroffenen bereits einen Teil ihrer Entscheidungsfähigkeit ‚wiedergegeben' hat; die Hilfekonferenz selbst muss eine Form bekommen, die den Betroffenen ermöglicht, von ihr zu profitieren, und es muss etwas folgen, was das Vertrauen abstützt und zur tatsächlichen Überwindung der Hilflosigkeit führt" (Blandow/Gintzel/Hansbauer 1999, S. 136).

Die formal abgesicherten Beteiligungsmöglichkeiten und Beteiligungsrechte von jungen Menschen, die in den Institutionen der stationären Erziehungshilfe leben, sind eher gering. Zu sehr scheint hier noch „ein pädagogisches Verständnis mit einer fürsorgerischen Grundhaltung vorzuherrschen" (Bundesministerium für Familie, Senioren, Frauen und Jugend 2002, S. 202). Eine solche Haltung schließt die Orientierung ein, nach der die Fachkräfte schon wüssten, was für die Kinder und Jugendlichen das Beste sei. Beteiligungen der jungen Menschen sind dann zwar auch anzutreffen, aber diese nehmen eher einen gelegentlichen, zufälligen oder auch vom zeitweisen Wohlwollen der Erwachsenen geprägten Charakter ein. Systematisch zugestandene und auch formal abgesicherte Möglichkeiten und Wege der Partizipation sind unter solchen Verhältnissen nicht anzutreffen. Wahrscheinlich sind die Ursachen der Nichtbeteiligung innerhalb der Heimerziehung nicht nur in einer „Machtasymmetrie" zugunsten der Fachkräfte (Schnurr 2001,

S. 1341) zu finden. Oftmals dürfte es schlichte Unbekümmertheit sein sowie Bequemlichkeit, die einmal eingeschlagenen Wege zu verlassen. Denn es erscheint vordergründig zunächst viel einfacher und vorteilhafter, alleine oder im Team der Fachkräfte entscheiden zu können, ohne langwierige, umständliche und zeitraubende Beteiligungsverfahren von Kindern und Jugendlichen berücksichtigen zu müssen.
Im Zuge der Skandalisierung der Heimerziehung und der sich daraus ableitenden ersten Reformen wurden Instanzen der Partizipation in der Heimerziehung durchaus verwirklicht: in verschiedenen Institutionen bildeten sich beispielsweise Heimräte, es wurden Vollversammlungen einberufen und Gruppensprecher(innen) gewählt. Die nachhaltigen Reformen und Strukturveränderungen der Heime, die Dezentralisation großer Einrichtungen und die allgemeine liberalere Erziehungspraxis haben solche Instrumentarien der Partizipation zumeist überholt und vergessen lassen. Heimräte oder Gruppensprecher(innen) verdeutlichen sehr das Negativbild von Institutionen und es ist zu hinterfragen, ob solche oder andere Mitbeteiligungswege in heute durchweg reformierten und vor allem in kleineren Institutionen überhaupt noch notwendig sind. Kommt es nicht mehr und vor allem auf die Haltungen der pädagogischen Mitarbeiter(innen) an, welche die Beteiligungsrechte von Kindern und Jugendlichen wie selbstverständlich akzeptieren und fördern müssen?
Auch in Familien werden Kinder an Entscheidungen beteiligt, obwohl dort keine formal festgelegten Kriterien existieren. Andererseits werden jedoch in vielen Familien Beteiligungsrechte von Kindern auch missachtet, – oftmals kommen gerade Heimkinder aus solchen Familien.
Auch wenn die Strukturen kleiner Heimgruppen denen von Familien ähnlich sind, so unterscheiden sich doch die Beziehungen grundsätzlich. Diese sind in der Heimerziehung durch Professionalität geprägt, was zugleich bedeutet, dass eine fachliche Distanz vorhanden sein muss und Bezugspersonen ausgetauscht werden können. Insgesamt steht der Beziehungsaufbau „unter dem Diktat von Lohnerziehung" (Blandow/ Gintzel/Hansbauer 1999, S. 86). Die moderne Heimerziehung gibt gegenwärtig vor, lebensweltorientiert zu sein und die Ressourcen der betroffenen jungen Menschen zu nutzen. Dies setzt unter anderem die aktive Beteiligung nicht nur als gelegentliche zugestandene Möglichkeit, sondern als festgelegtes Grundprinzip voraus. Beispiele solcher festgelegten Beteiligungsrechte, die kontinuierlich überprüft und nachgewiesen werden müssen, könnten sein:

- Kinder und Jugendliche haben Mitspracherechte bei den Gruppenregeln, sie können diese hinterfragen und Änderungen verlangen,
- bei Urlaubsfahrten sind die jungen Menschen die Hauptbetroffenen. Ihre Vorschläge und Wünsche sind richtungsweisend, „altbewährte" Urlaubsziele der Gruppe können abgelehnt werden,
- beim Kauf neuer Möbel wird nicht über den Kopf der Kinder und Jugendlichen hinweg entschieden. Im Rahmen der finanziellen Möglichkeiten haben diese immer ein Mitentscheidungsrecht,
- bei der Einstellung neuer Mitarbeiter(innen) ist regelmäßig die Meinung der Kinder und Jugendlichen einzuholen, ihr Votum kann ausschlaggebend sein,
- über voraussehbare Neuaufnahmen sollten die Kinder und Jugendlichen informiert werden, ihre Meinung ist wichtig bei der Entscheidung, ob ein bestimmtes neues Kind in der gegenwärtigen Situation in die Gruppe passt.

„Partizipation von Kindern und Jugendlichen braucht PädagogInnen, die bereit sind, Macht zu teilen" (Kriener 2003, S. 142).

Hilfeplanung

Die gemeinsame Planung und Abstimmung der erforderlichen und zu leistenden Hilfe unterstreicht den Kooperationsgrundsatz im Umgang mit und in der Leistung von erzieherischen Hilfen. Wenn Hilfe voraussichtlich über einen längeren Zeitraum zu leisten ist, soll die Hilfeplanung unter partnerschaftlicher Beteiligung der Personensorgeberechtigten sowie der Minderjährigen und unter Hinzuziehung mehrerer Fachkräfte (Expert[inn]enrunde) ablaufen. Unter erzieherischen Hilfen, die voraussichtlich für einen längeren Zeitraum geleistet werden, sind insbesondere auch Erziehungshilfen zu verstehen, die außerhalb der eigenen Familie stattfinden, also beispielsweise in einer Vollzeitpflegestelle oder im Rahmen der Heimerziehung. Für diesen Personenkreis sieht das KJHG (§ 37) eine besonders intensive Zusammenarbeit von Pflegepersonen, den Gruppenerzieher(inne)n eines Heimes, von gruppenübergreifenden Diensten, den zuständigen Fachkräften des Jugendamtes und anderen professionellen Kräften vor, welche die jeweilige Situation des jungen Menschen gut kennen und beurteilen können. Die Personensorgeberechtigten und die Kinder/Jugendlichen sind an diesem Hilfeplanungsprozess integrativ beteiligt. Betroffene und Fachkräfte sollen in gemeinsamer Abstimmung die bisherige erzieherische Hilfe bewerten, neue pädagogische Notwendigkeiten und Ziele formulieren und Lebensperspektiven herausbilden.

Eine solche Hilfeplanung wird in etwa folgenden Schritten ablaufen: Nachdem sich die Personensorgeberechtigten (Eltern) und/oder Minderjährigen mit ihren speziellen Problemen und Hilfebedürfnissen an das Jugendamt gewandt haben, kommt es zunächst zu einem Beratungsgespräch, in welchem der/die zuständige Sozialarbeiter(in) umfangreich berät und Vorteile und Nachteile der eventueller Hilfe offenlegt. Wird die Gewährung einer Hilfe für notwendig gehalten und sind sich alle Beteiligten über Form und Ausgestaltung der Hilfe einig, so kommt es in einem nächsten Schritt zu einem Hilfeplanprozess.

Dieser Hilfeplanprozess besteht in der Regel aus zwei Teilen: dem Fachgespräch und dem Hilfeplangespräch. Am Fachgespräch oder der Expert(inn)enrunde nehmen die zuständige Fachkraft des Jugendamtes teil und in der Regel weitere Kolleg(inn)en. Hinzugezogen werden sollen auch Vertreter(innen) anderer Fachdienste oder Spezialdienste, so zum Beispiel Psycholog(inn)en, Ärzt(inn)e(n) und Lehrer(innen). Nachdem im Fachgespräch eine umfassende Darstellung des individuellen Falles erfolgte und Vorgeschichte sowie mögliche Ursachen erörtert wurden, beginnt eine Diskussion über mögliche Interventionen.

> „Es erscheint sinnvoll, die Betroffenen nicht grundsätzlich und immer in das Fachgespräch einzubeziehen, sondern die Vermittlung solcher ‚Expertenergebnisse' eher dem originären Beratungsprozess des Sozialarbeiters/in zu überlassen" (Frey 1993, S. 183).

Bei dem nun folgenden Hilfeplangespräch sind die Eltern und Minderjährigen jedenfalls zu beteiligen. Insbesondere Entscheidungen über Art und Umfang der zu leistenden Erziehungshilfe sollen von allen Beteiligten mitgetragen werden können und es ist dafür Sorge zu tragen, dass die Interessen und das Lebensumfeld der Eltern und des Kindes angemessen berücksichtigt werden. Die Erziehungshilfe soll außerdem so angelegt sein, dass sie letztlich Hilfe zur Selbsthilfe bedeutet.

Der Prozess der Hilfeplanung unterscheidet sich nicht nur im äußeren Ablauf von früheren Formen der Beteiligung beziehungsweise Nichtbeteiligung von Betroffenen. Fundamental gewandelt sollte sich deren Stellung haben, wenn sie erzieherische Leistungen beanspruchen wollen. Früher waren sie Angehörige aus Problemfamilien, Versager und Bittsteller, denen Hilfen angedroht, verordnet oder mildtätig gewährt werden konnten. Heute sollten betroffene Eltern, Kinder und Jugendliche ernstzunehmende Partner sein, ohne deren Zustimmung und Mitwirkung keine erzieherische Hilfe zu leisten wäre, denn bis an die Grenze „der Kindeswohlgefährdung sind Fachkräfte ... auf deren Einverständnis angewiesen" (Urban 2005, S. 236).

Auch traditionelle Bewertungsmaßstäbe und -verfahren verlieren in einem gemeinsamen und partnerschaftlichen Prozess der Hilfeplanung ihre Bedeutung. Waren Betroffene früher in oft völliger Abhängigkeit von fremdbestimmenden psychosozialen Diagnosen durch außenstehende Expert(inn)en, sollten sie jetzt aktive Teilnehmer(innen) in einem Aushandlungsprozess sein. Die Einschätzung eines jeweiligen Ist-Zustandes können sie im Hilfeplan nun selbst wesentlich mitbestimmen, sie können widersprechen, andere Ansichten und Erklärungen fördern und so zu gemeinsam erarbeiteten Lösungsmöglichkeiten und zu Perspektivfindungen gelangen, die sie als Betroffene mittragen und akzeptieren können, weil sie selbst mitentschieden haben und nicht über sie entschieden wurde.

Die Vorgehensweise im Prozess der Hilfeplanung wird allerdings in Fachkreisen häufig kritisiert, weil sie eine an der Mittelschicht orientierte Kommunikation voraussetze. „Für die klassische Klientel der Kinder- und Jugendhilfe bedeutet dieses Verfahren eine permanente Überforderung. Nimmt man diesen Einwand ernst, gerät man schnell in die Gefahr, zur ‚fürsorglichen Belagerung' zurückzukehren – eine Sichtweise, die nur schwer mit den Grundwerten des Grundgesetzes, aber auch mit dem Gedanken der Koproduktion personenbezogener Dienstleistungen verbunden ist" (Wiesner 2005, S. 20).

Auch Uhlendorff macht darauf aufmerksam, dass bislang viele Mitarbeiter(innen) des Jugendamtes die Hilfeplanung noch nicht als Aushandlungsprozess ansehen beziehungsweise praktizieren. Er sieht es daher erst als Tendenz an, wonach zukünftig verstärkt Fachkräfte Eltern sowie deren Kinder zur eigenen Problemdeutung motivieren und diesen „gegenüber der Deutung der Fachleute ein potenziell gleichrangiger Stellenwert eingeräumt" (Uhlendorff 2002, S. 863) werden wird.

Der Hilfeplanungsprozess sieht das Zusammenwirken mehrerer Fachkräfte vor, die als Expert(inn)enrunde, im Team den jeweiligen Fall aus dem Blickwinkel ihrer unterschiedlichen Profession und der jeweils speziellen Kenntnisse über den jungen Menschen und dessen Umfeld, beraten und zu ersten Lösungshinweisen gelangen, die dann gemeinsam mit den Betroffenen auszuhandeln sein werden. Zu den unterschiedlichen Fachkräften einer solchen Expert(inn)enrunde zählen zum Beispiel Erziehungskräfte aus dem Kindergarten oder dem Hort eines Kindes, wenn es sich um Kinder oder Jugendliche im Schulalter handelt, auch deren Lehrer(innen), wobei insbesondere die Lehrer(innen) von Sonderschulen und namentlich von Sonderschulen zur Erziehungshilfe zur Kooperation aufgerufen sind.

„Die Beteiligungsfähigkeit von Eltern und Kindern ist in hohem Maße abhängig von der sozialen Kompetenz der zuständigen Sozialarbeiterinnen und Sozialarbeiter, von der Wertschätzung, die sie Hilfe ersuchenden Personen entgegenbringen, von der Fähigkeit, nonverbales Verhalten zu deuten sowie Eltern und Kinder zu motivieren und zu ermutigen." (Wiesner 2005, S. 20).

Heimerziehung sowie die Betreuung in sonstigen Wohnformen ist eine Form der Erziehungshilfe, die in der Regel langfristig angelegt ist. Ausnahmen hiervon wären zum Beispiel eine Notaufnahme, wenn der betroffene junge Mensch nach schneller Beseitigung des Notzustandes kurzfristig wieder in seine Familie zurückkehren kann oder die ebenfalls nur für kurze Dauer geplante Aufnahme eines Kindes in ein Heim mit dem Ziel einer Vermittlung in eine Pflegefamilie, einschließlich der entsprechenden Vorbereitung. Ansonsten wird Erziehungshilfe in einer stationären Einrichtung durchweg für mindestens ein Jahr gewährt, mit der Möglichkeit der Verlängerung. So verbleiben viele Kinder und Jugendliche für zwei oder auch drei Jahre in einem Heim oder in einer Wohngruppe, andere noch länger, möglicherweise bis zu ihrer Verselbstständigung, wenn gegen die Rückkehr in die Herkunftsfamilie mannigfaltige Gründe sprechen.

Heimerziehung wurde und wird von Außenstehenden häufig als Schicksalsschlag angesehen, als eine fremdbestimmte Maßnahme, die über Betroffene hereinbreche. Nach der Gesetzeslage ist die Hilfe zur Erziehung in einem Heim jedoch ein planbarer und mit allen Betroffenen abgesprochener Prozess. Wie schon zuvor in den Ausführungen zur Hilfeplanung erwähnt, ist in § 37 KJHG festgelegt, dass die Personensorgeberechtigten und das Kind oder der/die Jugendliche vor Inanspruchnahme einer Hilfe zur Erziehung ausführlich zu beraten sind, insbesondere, wenn die Hilfe für einen voraussichtlich längeren Zeitraum zu leisten ist. In solchen Beratungsgesprächen werden natürlich von den

Fachkräften und den Betroffenen auch Alternativen zur stationären Unterbringung überprüft, vor allem auch ambulante Hilfen zur Erziehung. Nur in seltenen Fällen kann zwischen den Personensorgeberechtigten, dem Kind/Jugendlichen und den Fachkräften keine Einigung über die notwendige Hilfe erzielt werden. Wenn das Jugendamt die Unterbringung in einer stationären Einrichtung zum Wohl und/oder zum Schutz des Kindes als unabdingbar notwendig ansieht, dies aber die Eltern verweigern, müsste ein Entzug der elterlichen Sorge beim Familiengericht beantragt werden. Wird diesem Antrag vom Gericht zugestimmt, kann der bestellte Pfleger (z.B. der Amtsvormund) die Hilfe zur Erziehung in einem Heim für das Kind in Anspruch nehmen. In der überwiegenden Mehrzahl aller Fälle ist ein solcher Sorgerechtsentzug allerdings nicht notwendig, weil alle Beteiligten sich äußern können und das Jugendamt die Meinung und Wünsche der Betroffenen ernst nimmt.

Das Wunsch- und Wahlrecht der Leistungsberechtigten wird insbesondere bei der Gewährung einer stationären Erziehungshilfe zur Geltung kommen müssen. Dies bedeutet konkret: Wenn in einer Stadt oder in einer Region mehrere geeignete Heimeinrichtungen zur Verfügung stehen, sind die Eltern und der junge Mensch an der Auswahl zu beteiligen. Es können dann verschiedene Einrichtungen besichtigt und beispielsweise auch ein „Probewohnen" vereinbart werden, um zu einer besseren Entscheidungsbasis zu gelangen.

Während der Unterbringung in einem Heim oder in einer sonstigen betreuten Wohnform soll nach § 36 im Zusammenwirken mehrerer Fachkräfte und zusammen mit den Personensorgeberechtigten und dem Kind oder dem Jugendlichen regelmäßig ein Hilfeplan erstellt werden. Dies bedeutet, dass etwa zweimal pro Jahr beispielsweise mit den Gruppenerzieher(inne)n, den gruppenübergreifenden Diensten, den zuständigen Fachkräften des Jugendamtes und unter Beteiligung der Eltern und der Minderjährigen Hilfeplangespräche stattfinden. Inhalte von Hilfeplanungsgesprächen können beispielsweise sein:

- der Entwicklungsstand, Entwicklungsfortschritte des Kindes oder Jugendlichen,
- besondere Ereignisse und Vorkommnisse,
- der Einbezug der Eltern und der Familie,
- Veränderungen in der Herkunftsfamilie,
- die Situation in der Schule oder Ausbildung,

- die Situation des jungen Menschen in der Gruppe,
- die Erörterung der Fragen nach der aktuellen und zukünftigen Erziehungsbedürftigkeit, ob es sinnvoll ist, die stationäre Hilfe fortzusetzen, ob alternative Hilfen angebrachter wären oder ob eine Rückführung in die Familie kurz- oder mittelfristig angestrebt werden kann,
- die Perspektiven des Kindes/Jugendlichen und die seiner Familie.

Wie zuvor bereits angeführt, wurden bislang Beteiligungsprozesse oftmals nicht zufriedenstellend realisiert. Vielfach ist es betroffenen Kindern und Jugendlichen völlig unklar, welche Funktion und Bedeutung ein Hilfeplangespräch hat, die Tragweite von hier getroffenen Entscheidungen können dann von ihnen ebenfalls kaum eingeschätzt werden. Diese mangelnde Identifikation mit den im Hilfeplan festgeschriebenen Zielsetzungen dürfte ein wesentlicher Grund für das Scheitern von Hilfeprozessen sein (Pies, Schrapper 2005, S. 75). Um die Chancen der inhaltlichen Partizipation von Kindern und Jugendlichen beim Hilfeplanungsprozess zu erhöhen, schlägt Petersen verschiedene methodische Ablaufpunkte vor:

- Eine gute Vorbereitung der jungen Menschen auf das Hilfeplangespräch hin ist unerlässlich. Insbesondere müssen dessen Bedeutung – auch die von Entscheidungen –, der zeitliche Rahmen, die Funktion der beteiligten Fachkräfte sowie die anzusprechenden Themen geklärt werden.
- Die Qualität von Hilfeplangesprächen ist in hohem Maße von der Gesprächsatmosphäre abhängig. Kinder und Jugendliche sollten eine Person ihres Vertrauen hinzuziehen können, die Gesprächsrunde darf nicht zu groß sein, denn sonst könnte sie den jungen Menschen einschüchtern, geradezu „erschlagen".
- Die anschließende schriftliche Dokumentation des Hilfeplangesprächs sollte so formuliert sein, dass sie auch von Kindern und Jugendlichen verstanden werden kann, und selbstverständlich dürfen sie diese auch lesen (Petersen 2002, S. 920).
- „Hilfeplanung hat die Aufgabe, jungen Menschen und deren Sorgeberechtigten zu ihrem Recht zu verhelfen und Hilfeprozesse gemeinsam mit ihnen zu gestalten. Hilfekonferenzen, deren Sinn Mädchen und Jungen nicht verstehen, oder Hilfen, die sie nicht wollen, sollten endgültig der Vergangenheit angehören" (Vorwort des SPI 2005, S. 7).

Finanzierung, Neue Steuerung

Die Kosten der erzieherischen Hilfen gemäß §§ 27 bis 35 KJHG übernehmen die örtlichen Träger der öffentlichen Jugendhilfe, also die Kreise, die kreisfreien Städte und je nach Landesrecht gegebenenfalls auch kreisangehörige Gemeinden. Diese örtlichen Träger der öffentlichen Jugendhilfe bieten Leistungen der Erziehungshilfe entweder selbst an, und/oder sie finanzieren die entsprechenden Aufwendungen solcher erzieherischer Hilfen, die anerkannte freie Träger der Jugendhilfe durchführen.

Die ambulanten Erziehungshilfen: Erziehungsberatung, Soziale Gruppenarbeit, Erziehungsbeistand, Betreuungshelfer, Sozialpädagogische Familienhilfe sowie eine ambulant durchgeführte Intensive sozialpädagogische Einzelbetreuung sind für die betreffenden Leistungsempfänger grundsätzlich kostenfrei, wenn ohne die Hilfe das Wohl des Kindes oder Jugendlichen gefährdet wäre und die jeweilige Hilfe geeignet und notwendig ist. Anders verhält sich dies bei dem teilstationären Leistungsangebot Erziehung in einer Tagesgruppe, bei der Vollzeitpflege, bei der stationären Erziehungshilfe Heimerziehung und sonstigen betreute Wohnform sowie bei der Intensiven sozialpädagogischen Einzelbetreuung. Im letzten Fall allerdings nur, sofern diese Maßnahme außerhalb der eigenen Familie erfolgt, also beispielsweise in einer vom Jugendhilfeträger eigens zur Verfügung gestellten Wohnung oder im Rahmen eines sogenannten Reiseprojektes.

Die Modalitäten der Kostenbeteiligung sind in den §§ 90 bis 97 KJHG aufgeführt. „Die einzelnen Regelungen sind relativ kompliziert und in den Details schwierig" (Münder 1996, S. 121). Von Eltern und/oder den betroffenen Kindern und Jugendlichen wurden Kostenbeiträge zu teilstationären und stationären Erziehungshilfen erhoben, wenn diese im Rahmen der einschlägigen Bestimmungen des Bundessozialhilfegesetzes dazu in der Lage waren. In der Praxis sah es jedoch so aus, dass viele Eltern, deren Kinder sich in teilstationären oder stationären Institutionen der Erziehungshilfe aufhielten, nur über ein geringes Einkommen verfügten, auf Sozialhilfe angewiesen waren und kein Vermögen besaßen. Von anderen Eltern, die finanziell besser gestellt waren, wurden Kostenbeiträge erhoben. Diese lagen aber in der Regel nicht höher als die häusliche Ersparnis, die durch die Fremdunterbringung eintrat. Durch die Novellierung des KJHG (01.10.2005) wurden die Modalitäten der Kostenbeteiligung neu geregelt. Als Mindestkostenbeitrag gilt nun das Kindergeld, welches z.B. Eltern erhalten, deren Kind sich in einer Einrichtung der stationären Erziehungshilfe aufhält. Ansonsten sind die Kostenbeitragspflichtigen in angemessenem Umfang zu den Kosten heranzuziehen. Die Höhe der Kostenbeteiligung ergibt sich aus Beitragsstufen zur jeweiligen Einkommensgruppe. Eine entsprechende Auflistung befindet sich als Anhang zum § 94 KJHG. Insbesondere für zusammenlebende Elternteile können sich nun erheblich höhere Kostenbeteiligungen ergeben, welche die frühere Regelung der häuslichen Ersparnis deutlich überschreiten (Münder, J. u.a. 2006, S. 1020ff.). Auch Kinder und Jugendliche können zu Kosten herangezogen werden, wenn sie ein entsprechendes Einkommen haben. Dies trifft beispielsweise auf Jugendliche zu, die eine berufliche Ausbildung absolvieren und eine entsprechende Ausbildungsvergütung erhalten. Von ihnen wird, bei entsprechender Höhe der Ausbildungsvergütung, ein Teil als Kostenbeitrag zu der teilstationären beziehungsweise der stationären Hilfe zur Erziehung eingefordert.

Von einer Heranziehung der Eltern zu den Kosten kann im Einzelfall ganz oder teilweise abgesehen werden, wenn beispielsweise sonst Ziel und Zweck der Leistung gefährdet würden (§ 93 Abs. 6 KJHG). Leistungen der Jugendhilfe und namentlich der Hilfen zur Erziehung sind sehr kostenintensiv.

Die Heimerziehung – so wurde im Zehnten Kinder- und Jugendbericht gewarnt – gerät „unter Legitimationsdruck, da sie einen hohen Anteil an den gesamten Jugendhilfekosten ausmacht und daher z.Z. als die kostenintensivste Maßnahme erzieherischer Hilfen gilt. Diskussionen über ambulante und (teil-)stationäre Hilfen scheinen angesichts der schwierigen Haushaltslagen der Kommunen überwiegend unter Kostenüberlegungen zu stehen. Die Gleichrangigkeit der Hilfen als eine Errungenschaft des KJHG sollte jedoch nicht ... wieder beliebig zur Disposition gestellt werden" (Bundesministerium für Familie, Senioren, Frauen und Jugend 1998, S. 243). Im Elften Kinder- und Jugendbericht wurde als Grundsatz für die Verteilung der Ressourcen zukünftiger Kinder- und Jugendhilfe empfohlen, „dass die Ausgaben den Aufgaben zu folgen haben und nicht umgekehrt" (Bundesministerium für Familie, Senioren, Frauen und Jugend 2002, S. 261).

Angesichts der Finanzkrisen der öffentlichen Haushalte und der Tendenz einer Ausweitung von Jugendhilfeausgaben mit entsprechenden

Kostensteigerungen haben Gesichtspunkte der Verwaltungsreform, die sogenannte Neue Steuerung, auch den Jugendhilfebereich erreicht. Sie führten dort zu einer Qualitätsdebatte, verbunden mit der Forderung nach mehr „Kundenorientierung" und nach einer besseren Transparenz und Vergleichbarkeit von Leistungen und Kosten.

„Die Qualitätsdebatte im Rahmen der ‚Neuen Steuerung' hat demnach drei Funktionen:
- Sie ist Ausdruck einer verstärkten ‚Kundenorientierung' bei der Leistungserbringung.
- Sie ermöglicht auf der Grundlage einer Leistungsbeschreibung einen bewertenden Vergleich zwischen verschiedenen Trägern.
- Sie zielt auf die Herstellung einer Kosten-Nutzen-Relation und damit auf ein ökonomisch rationaleres Kontrollinstrument" (Merchel 1996, S. 101).

Die in den Jugendhilfebereich übernommenen teilweise neuen Begrifflichkeiten und Inhalte des Konzepts der Neuen Steuerung wie zum Beispiel Produkte und Produktbeschreibungen, Budgetierung, Mitarbeiter(innen)beteiligung und Kundenorientierung (Struck 1995) lassen Fragen der Übertragbarkeit vom Verwaltungs- auf den Jugendhilfebereich aufkommen, denn ein „zentrales Problem bei der aktuellen Qualitätsdebatte in der Jugendhilfe liegt in dem Versuch, technologische, an eindeutigen Ursache-Wirkung-Zusammenhängen ausgerichtete Konzepte von Leistungs- und Qualitätsbestimmung in sozialpädagogischen Praxisfeldern anzuwenden ..." (Merchel 1996, S. 102). Gerade bei den pädagogischen und sozialarbeiterischen Leistungen für Kinder und Jugendliche mit teilweise erheblichen Abweichungen und Störungen und angesichts der unterschiedlichen Biografien und Sozialisationserfahrungen können eindeutige Prognosen über die Erreichbarkeit von Zielen weder sicher festgelegt, noch von dem einen auf den anderen jungen Menschen übertragen werden. Dieser Sachverhalt wird von einem Vertreter des Bundesministeriums für Familie, Senioren, Frauen und Jugend bestätigt: „Die Aufgabe, die wir uns gestellt haben, nämlich Qualität in der Kinder- und Jugendhilfe zu bewerten und eventuell sogar – wenn sicherlich auch mit Einschränkungen – meßbar zu machen, erfordert eine differenzierte und angepaßte Vorgehensweise und kann nicht durch simple Übertragung externer Lösungen auf den eigenständigen Bereich der Kinder- und Jugendhilfe gelöst werden. Die Diskussion um Neue Steuerungsmodelle zeigt uns deutlich, wie schwierig es ist, Begriffe aus der Ökonomie in die Kinder- und Jugendhilfe zu übernehmen" (Hausmann 1996, S. 115). Merchel plädiert angesichts dieser Sachverhalte dafür, „die Diskussion nicht nur einseitig auf den Aspekt der Ergebnisqualität auszurichten, sondern in die öffentliche Debatte gleichermaßen Aspekte der Struktur- und der Prozeßqualität als legitime Qualitätskategorien einzubringen" (1996, S. 103).

Zuvor wurden die Träger beziehungsweise Einrichtungen der erzieherischen Hilfen gemäß §§ 28 bis 35 KJHG für ihre Leistungen in der Regel durch pauschalierte Zahlungen oder durch Pflegesätze honoriert, welche sich an den tatsächlich entstandenen Personal-, Verwaltungs- und sonstigen Kosten orientierten. Da für eine Institution respektive für einen Träger alle Fälle in gleicher Höhe finanziert werden konnten, blieb der tatsächlich zu leistende Aufwand für einzelne Kinder und Jugendliche außer Betracht. Anstrengungen zu individuellen, auf den jeweiligen Einzelfall in der Erziehungshilfe gerichteten, wirtschaftlich vernünftigen und effektiven Vorgehensweisen waren zumindest aus finanzieller Hinsicht weniger notwendig, da die entstandenen Kosten ohnehin pauschal refinanziert werden konnten. Im Zuge der allgemeinen Spardiskussion sowie der Überlegungen zur Neuen Steuerung und angesichts der geforderten Transparenz und der Vergleichbarkeit von Leistungen und Kosten unterschiedlicher Träger gelten ab 1999 neue gesetzliche Regelungen, denn „das einrichtungsbezogene Modell einer an Kostendeckung orientierten Kostenerstattung wird ersetzt durch pauschal ermittelte Entgelte für vereinbarte Leistungskomplexe" (Schmeller 2002, S. 709).

Das KJHG wurde ergänzt durch die §§ 78a bis 78g, die neuen Regelungen über Leistungsangebote, Entgelte und Qualitätsentwicklung traten mit dem 1.1.1999 in Kraft. Für den Bereich der Hilfen zur Erziehung sind die teilstationären und stationären Erziehungshilfen von den Neuregelungen betroffen. Ambulante Erziehungshilfen bleiben davon unberührt.

In den entsprechenden Paragraphen wird ausgesagt, dass Leistungen, die ganz oder teilweise in einer Einrichtung erbracht werden, nur dann vom öffentlichen Jugendhilfeträger finanziert werden, wenn mit dem Träger der Einrichtung oder mit seinem Verband Vereinbarungen getroffen wurden. Genannt werden im Gesetz die Leistungsvereinbarung, die Entgeltvereinbarung und die Qualitätsentwicklungsvereinbarung. Es ist festzustellen, „dass eine Qualitätsdebatte in der Jugendhilfe schon seit längerer Zeit geführt wird mit der Differenzierung zwischen Struktur-, Prozess- und Ergebnisqualität. Falls keine Vereinbarung vorliegt, werden die Kosten der Maßnahme nur im begründeten Einzelfall und auf der Grundlage der Hilfeplanung übernommen.

„Die Leistungsvereinbarung muss die wesentlichen Leistungsmerkmale, insbesondere

- Art, Ziel und Qualität des Leistungsangebots,
- den in der Einrichtung zu betreuenden Personenkreis,
- die erforderliche sächliche und personelle Ausstattung,
- die Qualifikation des Personals sowie
- die betriebsnotwendigen Anlagen der Einrichtungen

festlegen" (§ 78c KJHG auszugsweise).

Die Leistungsangebote müssen geeignet sowie ausreichend, zweckmäßig und wirtschaftlich, die Entgelte entsprechend der festgelegten Leistungs- und Qualitätsvereinbarung leistungsgerecht sein.

Durch diese neuen Finanzierungsregelungen sollten Kosten und Leistungen transparenter werden. Insbesondere auch im Bereich der stationären Hilfen zur Erziehung wurde eine Kostendämpfung erwartet. „Das Ziel der Kostendämpfung wurde (zumindest) kurz- und mittelfristig nicht erreicht, es ist zum Teil sogar zu Kostensteigerungen gekommen" (Münder u.a. 2006, S. 896).

Fachkreise erwarten von der gegenwärtigen Qualitätsdebatte, dass durch sie „die nach wie vor bestehende übergroße Diskrepanz zwischen Anspruch und Wirklichkeit in Theorie und Praxis der Jugendhilfe verringert wird" (Späth 1998, S. 59f.) Der „hervorgehobene Stellenwert" (Merchel 2001, S. 390) des Qualitätsbegriffs im Konzept der Neuen Steuerung führt aber zu Fehlschlüssen und zu unbefriedigten Erwartungshaltungen, wenn angenommen würde, dass sich Erziehungsprozesse einfach normieren ließen oder gar davon ausgegangen würde, Erziehungsprozesse könnten „nach Null-Fehler-Konzepten organisiert werden" (Struck 1999, S. 511).

Im Zusammenhang mit der Diskussion über Leistungsvereinbarungen und der Qualitätssicherung wurde der Begriff der Fachleistungsstunde eingeführt. „Die ‚Fachleistungsstunde' ist eine Abrechnungsmethode, die die Verrechnung der betriebswirtschaftlichen Gesamtkosten, die zur Erbringung einer definierten Leistung erforderlich sind, auf eine sozialpädagogisch definierte Zieleinheit ermöglicht. Bei der Kalkulation der Fachleistungsstunde muss je feld- und organisationsspezifisch der notwendige Zeitanteil an der Arbeitszeit für die ‚allgemeine Organisationsarbeit' berücksichtigt werden. Es ist anzustreben, dass dazu feldspezifische Musterrechnungen erstellt werden" (Kampmann u.a. 1998, S. 146). Die Institutionen der stationären Erziehungshilfe vereinbaren mit dem örtlichen zuständigen Träger der Jugendhilfe die Höhe des Entgelts, welches pro Kind/Jugendlichen und Tag gezahlt wird. In partnerschaftlichen Verhandlungen sollen die Sätze einvernehmlich festgesetzt werden. Einer solchen Entgeltvereinbarung geht immer eine Leistungsbeschreibung, eine Kostenkalkulation sowie eine Qualitätsentwicklungsvereinbarung voraus. Das vereinbarte Entgelt für die Grundleistungen deckt die „normale" Versorgung, die Erziehung und Förderung, das Wohnen, die Feizeitgestaltung etc. eines Kindes oder Jugendlichen innerhalb der stationären Erziehungshilfe ab. Weitere für notwendig erachtete und für den jeweiligen jungen Menschen mit dem Kostenträger im Hilfeplan zu vereinbarende fachliche Leistungen wie beispielsweise eine kontinuierlich notwendige besonders intensive Hausaufgabenbetreuung, heilpädagogische oder psychologische Therapiestunden, Angebote der Motopädagogik und der Spieltherapie, therapeutisches Reiten etc. werden durch Fachleistungsstunden zusätzlich vergütet.

Neue Verhandlungen über die Entgelte sind immer mit Qualitätsdialogen verbunden.

Die Höhe des täglichen Entgelts für die Grundleistungen betragen heute durchschnittlich pro Kind/Jugendlichen zwischen 120 bis 150 Euro. Somit kostet ein Heimplatz in der Grundversorgung zwischen 3.600 bis 4.500 Euro pro Monat. Die Kosten pro Fachleistungsstunde liegen, in Abhängigkeit von der Qualifikation des Anbieters, durchschnittlich zwischen 60 bis 80 Euro. Wenn beispielsweise im Rahmen der Hilfeplanung vereinbart wurde, dass ein bestimmtes Kind eine zweistündige Spieltherapie pro Woche durch eine Heilpädagogin benötigt und eine solche Fachleistungsstunde 65 Euro kostet, dann würde für den Zeitraum dieser besonderen Förderung monatlich ein zusätzlicher Betrag zu den Grundleistungen in Höhe von 520 Euro hinzukommen.

Nachfolgend wird das Beispiel einer Leistungsbeschreibung für die Regelgruppe eines Kinderheimes vorgestellt:

Leistungsbeschreibung einer Regelgruppe
(Ev. Kinderheim, Jugendhilfe Herne & Wanne-Eickel gGmbH)

Zuordnung des Angebotes		
	Hilfen zur Erziehung	
	Lebensfeldergänzende erzieherische Hilfen	
	Platz in einer Regelgruppe, hier AHG und JWG	
Allgemeine Beschreibung der Hilfeform	Zur erzieherischen Hilfe lebt der/die Heranwachsende in einer Wohngruppe der Heimerziehung. Die Gruppe befindet sich in der Zentraleinrichtung oder in dezentraler Lage (Außenwohngruppe). Versorgende und sozial-emotionale Zuständigkeiten übernimmt das Heim/die Wohngruppe. Die Herkunftsfamilie wird somit umfänglich entlastet, und dem Kind oder Jugendlichen wird ein neues Lebensfeld (zweites Zuhause) angeboten. Der emotionale Bezugspunkt bleibt in der Regel die Herkunftsfamilie. Eine Rückkehr dorthin wird angestrebt oder bleibt zumindest offen. Ist diese Perspektive nicht möglich, gibt es folgende Möglichkeiten: • das Kind oder der/die Jugendliche bleibt in der Einrichtung (wobei hier Außengruppen und Sozialpädagogischen Lebensgemeinschaften der Vorzug gegeben wird), • das Kind wird in eine Pflege- oder Adoptivfamilie vermittelt, • ältere Jugendliche oder junge Volljährige werden in der Einrichtung oder in einer anderen Maßnahme auf den Aufbau eines eigenen Lebensfeldes (Verselbstständigung) vorbereitet.	

Allgemeine Beschreibung der Regelleistungen	Ein Platz in einer Regelgruppe bietet alle notwendigen Regelleistungen:
	• Pädagogische Regelleistungen,
	• Regelversorgungsleistungen,
	• Sonstige Regelleistungen
	   - Stadtteil- und Lebensweltorientierung,
	   - Aufsicht und Betreuung,
	   - Gestaltung von Gruppenatmosphäre und Wohnumfeld,
	   - alltägliche Versorgung,	

KAPITEL II: HEIMERZIEHUNG IM KONTEXT DES KJHG

Allgemeine Beschreibung der Regelleistungen	- zielorientiertes pädagogisches methodisches Arbeiten mit Kindern und Jugendlichen, - Beziehungsarbeit, - Auseinandersetzung mit Werten und gesellschaftlichen Normen, - Freizeitgestaltung, Erschließung der Ressourcen im Lebensumfeld (Vereine, Gemeinden, soziale Kontakte), - Schaffung von Voraussetzungen für eine körperlich gesunde Entwicklung, - Einübung lebenspraktischer Fertigkeiten, - sozial-emotionale Förderung und die Anregung der Persönlichkeitsentwicklung, - Förderung des Sozialverhaltens, - Förderung in der Schulentwicklung und Berufsausbildung, - Aufnahmediagnostik/Beobachtungsphase, Entwicklungsdiagnostik, Hilfeplanung, Erziehungsplanung, - Arbeit mit der Herkunftsfamilie, - Vorbereitung einer Rückkehr in die Herkunftsfamilie, eines Wechsel der Betreuungsform oder der Verselbständigung, - klientenbezogene Verwaltungsarbeiten, - religionspädagogische Angebote.
Grenzen der Grundleistungen/Zusatzleistungen	Besonders betreuungsintensive und heilpädagogische, therapeutische, krisenintervenierende, familieneinbeziehende Leistungen müssen im Einzelfall in Form von Zusatzleistungen ergänzt oder in anderen Formen erzieherischer Hilfen (z.B. Platz in einer Heilpädagogisch-Therapeutischen Gruppe/Flexible lebensfeldersetzende Einzelbetreuungen) realisiert werden.

Voraussetzungen und Ziele	
Gesetzliche Grundlage	§ 27 KJHG Voraussetzung einer erzieherischen Hilfe/§ 36 KJHG Hilfeplanung/§ 34 Hilfe zur Erziehung durch Heimerziehung/§ 41 KJHG ... für junge Volljährige
Zielgruppe/ Indikation	Die Maßnahme ist notwendig und geeignet • wenn die Erziehung oder Entwicklung von Kindern und Jugendlichen (auch mit stützenden und ergänzenden Hilfen) im Herkunftsmilieu nicht sichergestellt ist,

Zielgruppe/ Indikation	• wenn die Problembelastung im Herkunftsmilieu hoch ist und/oder die Verhaltensauffälligkeiten und Entwicklungsstörungen bei den Heranwachsenden vielfältig und gravierend sind. (Bei Sozialpädagogischen Lebensgemeinschaft sollte absehbar sein, dass die Kinder [in der Regel maximal 14 Jahre alt bei der Aufnahme] sich auf ein intensives und kontinuierliches Beziehungsangebot einlassen können und dazu die „Erlaubnis" der Herkunftsfamilie erhalten.
Ausschlusskritieren	Die Maßnahme ist nicht geeignet, wenn • die Kinder/Jugendlichen ein kontrolliertes, überschaubareres Feld mit höherem Personalschlüssel benötigen, • regelmäßige heilpädagogische Förderung oder Therapie in einer spezialisierten Gruppe oder einer kinderpsychiatrischen Einrichtung angezeigt ist, • Einzelmaßnahmen angezeigt sind. • Bei totaler Verweigerung der Klientel.
Ziele	• Verbesserung der sozialen Lebensbedingungen, • Erkennen und Förderung von Fähigkeiten und Ressourcen, • Erkennen und Bearbeiten von Problemstellungen und Entwicklung von Lösungsstrategien, • Ermöglichen einer altersgemäßen Entwicklung, • Entlastung der Kinder und Jugendlichen sowie der Herkunftsfamilie, um neue Entwicklungen zu ermöglichen, • Stärkung der personalen, psychosozialen und sozial-emotionalen Kompetenz der Kinder und Jugendlichen, • Entwicklungsrückstände des Kindes/der Jugendlichen bearbeiten, • Verbesserung der Lern- und Entwicklungschancen bzw. Verbesserung/-änderung der Lern-Bedingungen, • Problemeinsicht und Lebensperspektiven bei den Heranwachsenden, • Klärung der Beziehung mit der Herkunftsfamilie/Ambivalenzen auflösen, • Beheimatung/Verselbstständigung oder Rückkehr in die Herkunftsfamilie, • Integration in die Wohngruppe (ein „Zuhause-Gefühl" für die/in der Wohngruppe schaffen.

Pädagogische Regelleistungen		
Leistungs-bereich	Häufigkeit/ Umfang	Beschreibung
notwendige Aufsicht und Betreuung	ständig täglich ständig bei Bedarf	• Wahrnehmung der Aufsichtspflicht, • Vorhalt einer pädagogischen Fachkraft 24 Stunden pro Tag, • Planung individueller Aktivitäten mit dem Heranwachsenden, räumlich-zeitliche Strukturierungshilfen, • Überprüfen eventueller Gefährdungen/Entwicklungsangemessene Reaktionen auf Gefährdungen, • innerhalb desselben Tages Gespräche und pädagogische Interventionen, • innerhalb einer Woche grundsätzliche pädagogische Abklärung und Interventionen, • Krisenintervention(en).
Gestaltung der Gruppen-atmosphäre und des Wohnum-feldes	ständig	• Bereitstellen eines kind-/jugendgerechten Lebensbereiches und des dazugehörigen Umfeldes, • Gestaltung des Lebensbereiches zusammen mit den Kindern/Jugendlichen/Heranwachsenden, • Bereitstellen einer entwicklungsförderlichen und enttraumatisierenden Atmosphäre des Miteinanderlebens.
alltägliche Versorgung	ständig täglich wöchentlich	• Bereitstellen eines persönlichen Wohnbereiches in einem Ein- oder Zweibettzimmer und Hilfe bei der individuellen Gestaltung, • Bereitstellen eines Sanitär- und Waschbereiches. • Bereitstellen eines gemeinsamen Wohn- und Küchenbereiches, • Bereitstellen eines Freizeitbereiches, • Gewährung von ausgewogener Verpflegung, regelmäßige Mahlzeiten, • Anleitung zur Reinigung der Gemeinschaftsräume; altersangemessene Anleitung und Unterstützung bei der Reinigung des persönlichen Bereiches

alltägliche Versorgung	wöchentlich	• Altersangemessene Anleitung zur Pflege der Wäsche und Kleidung.
Anregung zu aktiver und kreativer Freizeitgestaltung	täglich mind.1/Woche auf Wunsch auf Wunsch mind. 1/Jahr	• Bereitstellen von Spiel- und Bastelmaterial und entsprechende Anleitung, • Bereitstellen von Medien und Anleitung im Umgang mit den Medien, • Sport- und Spielangebote machen oder beschaffen, • Hilfe bei der Anmeldung und Unterstützung bei örtlichen Vereinen, auch Fahrten, • Ausflug in die nähere Umgebung/Stadtgänge, • Urlaubsfahrt/en Einzeln oder mit der Gruppe, • allgemeine Stadtteilorientierung, • Heranführung/Nutzung/Teilnahme an die/den kulturellen Angeboten, Vereinen, Jugendfreizeiteinrichtungen der Umgebung/Region, • Schaffung von Strukturen und Freiräumen zur individuellen Befriedigung von emotionalen, kulturellen und religiösen Bedürfnissen.
Schaffung von Voraussetzungen für eine körperlich gesunde Entwicklung	kontinuierlich einmal im Jahr mind. 2/Jahr bei Bedarf täglich bei Bedarf	• Allgemeine Gesundheitserziehung, • regelmäßige Gesundheitskontrolle (Impfungen), • zahnärztliche Besuch, • Sicherstellung notwendiger Therapien (Medikamente, Diäten, Krankengymnastik usw.) und Benutzung notwendiger Hilfsmittel (z.B. Brille, Zahnspange usw.), • häusliche Krankenpflege, • Anleitung und Unterstützung regelmäßiger Körperpflege und Sexualhygiene, • Dokumentation besonderer Erkrankungen; Einbezug und Beratung der Eltern/Vormünder bei gravierenden Krankheiten (Therapien/Eingriffe).

Einübung lebenspraktischer Fertigkeiten	täglich/ wöchentlich bei Bedarf bei Bedarf	• Verkehrserziehung, • Einüben des Umgangs mit öffentlichen Verkehrsmitteln, • Einüben des Umgangs mit öffentlichen Einrichtungen, • einkaufen, • Einüben des Umgangs mit Geld (Taschengeld, Konto, Sparbuch), • Zubereiten einfacher Mahlzeiten, Kenntnisse gesunder Ernährung, • Übernahme von täglichen Diensten, Ämtern und Verantwortlichkeiten in der Gruppe, • Pflege und Aufbewahrung von Wäsche und Kleidung, einfache Reparaturen, • Hilfe bei Auswahl und Einkauf wetterangemessener Kleidung, • Hilfen im Umgang mit Ämtern und Behörden, • Hilfen beim Ausfüllen, Bearbeiten und Erstellen von Anträgen, Formularen, amtlichen Schreiben, Dokumenten.
sozial-emotionale Förderung und Anregung der Persönlichkeitsentwicklung	mind. 1/Woche mind 1/Monat und bei Bedarf täglich bei Bedarf mind. 2/Monat bei Bedarf	• informelle Kontakte mit der/dem Mentor(in), • gezielte Gespräche mit der/dem Mentor(in), persönliche Ansprache, • strukturierte Einzelkontakte, • Reflexionsgespräche in der Gruppe/allgemein oder themenzentriert, • in Krisensituationen oder bei situationsübergreifenden Schwierigkeiten, die sich einem pädagogischen Einfluss entziehen: • Herbeiführen externer Beratungen und sonstiger Hilfen, • Abklären eines Bedarfs therapeutischer oder heilpädagogischer Leistungen und deren Beantragung und Beschaffung (Einzelförderung), • Krisenintervention z.B. durch Einzelgespräche, Gruppenarbeit, Entwicklung von Zukunftsperspektiven, strukturierte Einzelkontakte (die Leistungen selbst sind Zusatzleistungen [s.u.]),

Fortsetzung	bei Bedarf	• Einbindung und Auseinandersetzung mit dem sozialen Umfeld, • Auseinandersetzung mit Sexualität und der Beziehung zum eigenen Körper, • Sexualaufklärung.
Förderung des Sozialverhaltens	ständig ständig bei Bedarf täglich regelmäßig bei Bedarf	• Soziale Gruppenarbeiten/pädagogische Interventionen (individuell und in der Gruppe) • Erklären und Verabreden von Umgangsregeln, • Einüben sozialrelevanter Umgangsregeln in der Gruppe und im öffentlichen Leben • Umgang mit Aggressionen/Depressionen/ etc., • allgemeine Rückmeldung und Reflexion des Sozialverhaltens in Einzel- und Gruppengesprächen, • Übernahme von Diensten, Ämtern und Pflichten für die Gemeinschaft, • Trainingsprogramme im Alltag (z.B. Verhaltensmodifikation, Verhaltenstraining), • Hilfen bei/zur Förderung, Aufrechterhaltung, Pflege von Freundschaften, • Aufrechterhaltung von bereits bestehenden/früheren Freundschaften/Kontakten.
schulische/ berufliche Förderung	innerhalb 4 Wochen täglich individuell und nach Absprache täglich bzw. nach Bedarf	• Auswahl geeigneter Schulformen in Abstimmung mit dem/der Jugendlichen, den Eltern, Vormund, Schule (ggf. durch Einbezug schulrelevanter Diagnostik), • begleitende schulische Förderung und Evaluation. • Anleitung, Unterstützung und Kontrolle bei den Hausaufgaben (spezielle schulische Trainings oder sonderpädagogische Betreuung über Zusatzleistungen), • Absprachen und Überprüfung von Verbindlichkeiten mit Lehrern/Schule, z.B. durch gegengezeichnetes Hausaufgabenheft/Teilnahme an Elternsprechtagen und Klassenpflegschaften,

schulische/ berufliche Förderung	kontinuierlich bei Bedarf	• Entwicklung von schulischen/beruflichen Zukunftsperspektiven, • Unterstützung bei der Suche nach einem Ausbildungsplatz/Arbeitsplatz, • Beschaffung berufsvorbereitender Angebote (Arbeitsamt, Träger der Berufsbildung), • enger(er), intensiver(er) Kontakt zu Lehrern, Ausbildern und Vorgesetzten, • Mithilfe beim Entschärfen von Konflikten am Arbeits- und Ausbildungsplatz.
Entwicklungsdiagnostik, Erziehungsplanung, Hilfeplanung	in den ersten 12 Wochen mind. 2/Jahr bei Bedarf möglichst 2 Mal jährlich	• Pädagogische Eingangs- und Verlaufsdiagnostik und deren Dokumentation, • kontinuierliche interne Erziehungsplanung, unter Hinzuziehung von Fachleuten und Beratern (ggf. externen), • Vorschläge zur Erziehungshilfe im Zusammenhang mit Hilfeplanung, • Vor- und Nachbereitung von Hilfeplangesprächen für/mit die/der Heranwachsenden, • Teilnahme an Hilfeplangesprächen, • Dokumentation der HPG, • Fortschreibung der Hilfeplanung unter Hinzuziehung aller am Prozess beteiligter Personen, • Erstellung von Stellungnahmen und Empfehlungen, • Organisation zusätzlicher interner (Zusatzleistungen) oder externer Hilfen, die sich aus der Hilfeplanung ergeben.
Methodische Arbeit mit der Herkunftsfamilie	bei Bedarf ständig	• Einfache Familienarbeit, • intensive Familienarbeit, • systemische Familienberatung (ggf. Zusatzleistung), • systemische Familientherapie (ggf. Zusatzleistung), • Einbeziehung der Eltern/Vormünder/Familie und Abstimmung mit diesen in grundsätzlichen erzieherischen Fragen und bei besonderen Vorkommnissen.

religionspädagogische Angebote und Auseinandersetzung mit Wert- und Glaubensfragen	auf Wunsch	• Gesprächsrunden, Religionsfreizeit(en), • Besuch von Gottesdiensten/Einbindung in das Gemeindeleben, • Einzelgespräche, • Feier religiöser Feste.
Aktivitäten in Hinblick auf die Zeit nach der Maßnahme	zum Ende der Maßnahme je nach Bedarf	• Vorbereitung der Klientel auf Entlassung oder Verlegung (Hospitationen, Gespräche, Verabschiedung), • Hilfe/Unterstützung zur Sicherung des Lebensunterhaltes bei Gründung eines eigenen Hausstandes ohne weitere Betreuung, • vorbereitende Information der Familie oder anderer Einrichtungen, • (bei Verselbstständigung:) Trainingsphase zur Vorbereitung selbstständigen Wohnens (Trainingswohnung), • Hilfe bei der Suche, dem Anmieten und der Ausstattung einer eigenen Wohnung (Sicherstellen einer ordnungsgemäßen Verwendung der „Erstausstattungsbeihilfe") unter Berücksichtigung der individuellen Bedürfnisse des/r Jugendlichen/Heranwachsenden, • Unterstützung beim Umzug, Zusammenarbeit mit Mitarbeitern des Betreuten Wohnens.
Nachsorge	bei Bedarf ein halbes Jahr	• Besuchskontakte in der Gruppe oder in der Wohnung, • einmal im Monat Erkundigung über den Verlauf (verbindliche regelmäßige Nachsorge in Form von Zusatzleistungen s.u.).

Sonstige Regelleistungen		
Klientenbezogene Verwaltungsleistungen		• Führen einer Akte (Pädagogische Entwicklung, besondere Vorkommnisse in Familie, Schule, Ausbildung, Gesundheit, Verwaltungsvorgänge, Schriftverkehr), • Hilfe bei der Beschaffung und Erstellung von Unterlagen, Bescheinigungen, Ausweisen, Anträgen usw., • Erstellen von Bescheinigungen, Berichten, Stellungnahmen usw., • Sicherstellen des Versicherungsschutzes; Abwicklung von Versicherungsfällen, • Verwalten klientenbezogener Gelder (Taschengeld, Bekleidungsgeld, Verpflegungsgeld).

Mögliche Zusatzleistung	Zusätzliche zeitlich begrenzte und auf den Einzelfall bezogene Leistungen (nach individueller Hilfeplanung gesondert berechnet)	
Leistungsbereiche	Beschreibung	Preis
besondere zusätzliche sozialpädagogische Betreuung im Alltag	• intensivere Planung der Aktivitäten und deren Begleitung, • intensivere Aufsicht und engere Kontrolle, • intensivere regelmäßige Gespräche und Beziehungsangebote, • intensivere alltagspraktische Trainings.	
Sonderschulische Förderung	• Besondere Nachhilfe, • spezielle Maßnahmen zur Förderung und Sicherung des Schulbesuchs.	Honorare + xx % Verwaltung, Sonderkosten
Therapeutische Einzelleistungen	• Einzel- oder Gruppentherapie unterschiedlicher Methodik durch institutionseigene Therapeut(inn)en, • Einzel- oder Gruppentherapie unterschiedlicher Methodik durch externe Therapeut(inn)en.	Therapieanteil nach Stunden Honorare

Heilpädagogische Übungsbehandlungen	• Einzel- oder Gruppenförderung unterschiedlicher Methodik durch institutionseigene Heilpädagog(inn)en, • Einzel- oder Gruppenförderung unterschiedlicher Methodik durch externe Heilpädagog(inn)en.	Heilpädagogikanteil nach Stunden Honorare
Besondere Ferien- und Freizeitmaßnahmen	• Teilnahme an externen Ferienmaßnahmen zu schulischen (z.b. Sprachkurse), therapeutischen (z.B. Intensivseminare), sozialpädagogischen (z.b. Kontakt mit heimfremden Jugendlichen, Soziale Gruppenarbeit) Zwecken.	Reale Kosten abzgl. Gruppenersparnis
Besondere Elternarbeit oder intensiverer Einbezug der Familie	• Regelmäßige Elternberatung, systemische Familientherapie, Erziehungstraining (z.B. Video-Home-Training), einzeln und in Gruppen.	Fachleistungsstunden

Ausstattung und Ressourcen	
Anzahl der Plätze	Wohngruppe (innen, außen)/Wohngemeinschaft 8–10 Kinder/Jugendliche pro Gruppe
Personalschlüssel	Pädagogik 1:1,9 (Variationsbreite 1,7 bis 2,13) anteilig: Leitung/Beratung, Verwaltung, Hauswirtschaft
Mitarbeiterqualifikation	pädagogische Fachkräfte (Heilpädagogen, Sozialpädagogen, Sozialarbeiter, Erzieher, Lehrer, Diplompädagogen, Berater [ggf. mit Zusatzausbildung wie: Motopädik, Gesprächsführung, Spieltherapie, Sozialtherapie, systemische Familientherapie, etc.])
Raum	Einzelzimmer und Zweibettzimmer Gemeinschaftsbereich (mind. Wohnzimmer, Essbereich, Freizeitbereich)
Außengelände	je nach Lage

Qualitäts-sicherung	Indirekte Leistungen zur Sicherung und Dokumentation der Leistungserbringung und zur Einhaltung der Qualitätsstandards
Qualitäts-management	• Einführung eines QM-Systems, mit dem Ziel TQM (Total Quality Management) • Einrichtung/Beteiligung/Gestaltung von QM-Zirkeln durch die Mitarbeiter(innen) • Interne Audits
Konzeptions-beschreibung Konzeptions-entwicklung	• Verschriftlichung der aktuellen Konzeption (Leitlinien, Leistungsangebot, Qualitätsstandards, Ablauforganisation und pädagogisches Controlling), • klare Organisationsstrukturen und Ablaufsicherung, • jährliche Überprüfung der Konzeption (Team/Leitung, mit oder ohne externem Berater), • fachliche Kontakte zu vergleichbaren Einrichtungen, Mitarbeit in Arbeitsgruppen und Fachverbänden, • Umkonzeptionieren, wenn Bedarfe sich grundlegend ändern oder grundsätzliche Qualitätsmängel festgestellt werden (Team/Leitung, mit oder ohne externem Berater).
Konzeptions-sicherung	• Abstimmung pädagogischer Vorstellungen und deren Umsetzung durch Strukturieren des Alltags, • Kommunikationsstile und Haltungen im Team, • Überprüfung der Kenntnis und Umsetzung der Konzeption durch Leitung und interne und externe Audits, • Teamfortbildung und -entwicklung, • Team- und Fall-Supervision durch externen Supervisor.
Personal-entwicklung	• Personalführung durch Vorgesetzte mit Instrumenten der Personalwirtschaft, • Einarbeitung neuer Mitarbeiter(innen) • Fortbildung (intern und extern), • fachliche und persönlichkeitsbezogene Beratung (in Einzelfällen Einzelsupervision).
Dokumentation von Prozessen und Leistungen	• Verschriftlichung von Zielen und Planungen, die sich aus Hilfeplanung und Erziehungsplanung ergeben, • Tagesjournal über besondere Ereignisse, Realisierung von Planungen, Abweichungen von Planungen, • vollständige und übersichtliche Aktenführung, • Entwicklung und Anwendung von Arbeits- und Verfahrensanweisungen.

Kapitel III: Das differenzierte Leistungsangebot der stationären Erziehungshilfe

Heimerziehung hat sich verändert

Die in den 70er und 80er Jahren initiierten und realisierten Reformen der Heimerziehung haben innerhalb des Praxisfeldes zu sehr erheblichen quantitativen und strukturierenden Veränderungen geführt und damit zu einer starken Differenzierung der institutionellen Rahmenbedingungen beigetragen. Größere Heime verloren mehr und mehr ihren Anstaltscharakter, weil dezentralisiert wurde: Überversorgungssituationen wurden abgebaut, weil beispielsweise Großküche, Speisesäle und zentrale Wäschereien aufgelöst und deren Funktionen auf die Gruppen verlagert wurden. Alltägliche Verrichtungen waren damit den jungen Menschen nicht länger vorenthalten, sondern nun in pädagogische Prozesse integriert. Im Zuge der Reformen kam es auch zu Auslagerungen von Heimgruppen in andere Häuser und Stadtteile – zur Gründung von Außenwohngruppen und selbstständigen Wohngemeinschaften, etwas später kamen Vorläufer des Betreuten Wohnens auf. Heute reicht das differenzierte und spezialisierte Feld der stationären Erziehungshilfe bis hin zu Erziehungsstellen – einer besonderen Form der „Heim"-unterbringung innerhalb einer „professionellen Pflegefamilie".

Außenwohngruppen und Wohngruppen

Die ersten Außenwohngruppen entstanden zu Beginn der 70er Jahre. Sie waren eine Antwort auf die Kritik an der Heimerziehung, die unselbstständige junge Menschen produziere (Kiehn 1990, S. 31ff.). Im Zuge der allgemeinen Dezentralisierung wurden Gruppen aus dem Heim in andere Gebäude, beispielsweise in Einfamilienhäuser oder in größere Etagenwohnungen, ausgelagert. Damit konnte erreicht werden, dass der negative Heimcharakter mit den entsprechenden Etikettierungen erheblich reduziert wurde oder auch ganz verschwand, denn Außenwohngruppen sind unauffällig in das normale Wohnumfeld integriert. Durchschnittlich fünf bis acht junge Menschen bilden eine solche Gruppe. Sie werden von pädagogischen Mitarbeiter(inne)n betreut, die ähnlich wie im Heim im Schichtdienst arbeiten, oder von einer Erziehungsperson beziehungsweise einem Paar, welches innerhalb der Außenwohngruppe lebt und von zusätzlichen „zugehenden" Erzieher(inne)n. Ursprünglich waren Außenwohngruppen vor allem Jugendlichen vorbehalten, die schon längere Zeit im Heim lebten und sich nun zunehmend verselbstständigen sollten. Demgemäß stellt die Selbstversorgung ein wichtiges Prinzip in Außenwohngruppen dar. Im Laufe der Zeit wurden allerdings zunehmend Kinder in Außenwohngruppen aufgenommen, auch solche, die bislang nicht in einem Heim gelebt hatten. Es handelte sich dabei vorwiegend um Kinder, die voraussichtlich bis zu ihrer Selbstständigkeit auf öffentliche Erziehung angewiesen waren. Die Serviceleistungen eines Heimes können von der Außenwohngruppe in Anspruch genommen werden, so beispielsweise die therapeutischen Dienstleistungen, aber auch Aushilfen in Urlaubs- oder in Krankheitsfällen. Die Verbindung zum Stammheim ist jedoch nicht nur positiv zu beurteilen, sie kann auch negativ wahrgenommen werden, wenn etwa eine zu große Abhängigkeit entsteht und die hierarchische Struktur des Heimes sich auch auf die Außenwohngruppe niederschlägt.

Demgegenüber sind Wohngruppen oder Wohngemeinschaften vollkommen selbstständige Institutionen der stationären Jugendhilfe, die in den vergangenen Jahren zunehmend entstanden sind. Um etwaige Nachteile zu kompensieren, weil beispielsweise keine Serviceleistungen einer großen Einrichtung in Anspruch genommen werden können, haben sich oftmals Wohngruppen zu einem Verbund zusammengeschlossen.

Für Kinder und vor allem für Jugendliche erscheint das Leben in einer Wohngruppe sehr viel attraktiver als in einem Heim. Gegenwärtig kann der Bedarf an Wohngruppenplätzen nicht gedeckt werden. Es steht allerdings zu erwarten, dass diese Form der Fremdunterbringung weiter ausgebaut wird. Im Jahr 2005 lebten 15,4% aller jungen Menschen, bei denen die stationäre Erziehungshilfe endete, zuvor in Wohngemeinschaften (Statistisches Bundesamt 2006a). Da die Statistik die Binnendifferenzierung des Hilfeangebots nicht ausreichend berücksichtigt, wurden Außenwohngruppen nicht erfasst. Daher dürfte der Anteil, der in wohngemeinschaftsähnlichen Einrichtungen lebt, erheblich größer sein.

Betreutes Wohnen

Das Betreute Wohnen umfasst die früheren Jugendhilfeformen *Sozialpädagogisch betreutes Wohnen* und *Mobile Betreuung* (Arend u.a. 1987). Das Betreute Wohnen kann als Betreuungsangebot für Jugendliche und junge Volljährige verwirklicht werden:

(1) Für solche Jugendlichen und junge Volljährige, die bislang in einem Heim oder in einer Wohngruppe der Jugendhilfe lebten und dort bereits ein hohes Maß an Selbstständigkeit und Eigenverantwortlichkeit unter Beweis stellen konnten. Diese jungen Menschen können sich nun in einer eigenen Wohnung, in der sie alleine oder mit anderen zusammenleben, weiter verselbstständigen. Sie werden bei diesem Prozess, vor allem in Fragen der Ausbildung und Lebensführung, durch sozialpädagogische Fachkräfte beraten und unterstützt

(2) Für solche Jugendlichen und junge Volljährige, die in der Heimerziehung nicht zurechtkommen, weil sie nicht in der Gruppengemeinschaft leben wollen oder können und weil sie diese Form der Unterbringung total ablehnen. Für solche Menschen in zumeist sehr schwierigen Lebenssituationen bietet das Betreute Wohnen eine Alternative zur geschlossenen Unterbringung, welche pädagogisch fragwürdig und in der Regel ineffizient ist. Es stellt außerdem eine Alternative zur völligen pädagogischen Resignation und Hilflosigkeit dar, bei der man den jungen Menschen einfach der Straße und dem Schicksal überließe.

Waren es zu Beginn einer stationären Erziehungshilfe im Jahr 1991 noch 437 junge Menschen, die in einer eigenen Wohnung betreut wurden (1,8% aller begonnenen stationären Erziehungshilfen) stieg diese Zahl auf 1.075 im Jahr 2005 an (2,4% aller begonnenen stationären Erziehungshilfen) (Statistisches Bundesamt 1997/2006a).

Erziehungsstellen

„Erziehungsstellen erweitern den sozialen Kosmos der Erziehenden um ein Kind, das auch die Schnittstelle zu einer anderen Familie darstellt – sie sind dessen soziale Familie" (Sternberger 2002, S. 206). Erziehungsstellen nehmen einen Platz zwischen Heimerziehung und Pflegefamilie ein. In Erziehungsstellen können in der Regel ein bis zwei (bisweilen auch drei) Kinder oder Jugendliche aufgenommen werden. Es handelt sich dabei um solche, die spezielle pädagogische Bedürfnisse und Entwicklungsdefizite aufweisen, welchen im Rahmen der üblichen Heimerziehung nicht ausreichend differenziert begegnet werden kann. Andererseits oder zugleich können es auch Kinder oder Jugendliche sein, die so sehr gruppenbedrängend und -erschwerend sind, dass sie zu einer großen Belastung für die Heimgruppe werden und dadurch in eine Außenseiter- und Negativposition geraten würden. Erziehungsstellen sind in unterschiedlichen Organisationsformen vorhanden. In einigen Erziehungsstellen sind für diese Arbeit langfristig freigestellte pädagogische Mitarbeiter(innen) eines Heimes tätig, deren Gehalt – in Abhängigkeit von der Kinderzahl – vom Heimträger weiterbezahlt wird. In anderen Erziehungsstellen wird beispielsweise auf der Grundlage von Kooperations- oder Honorarverträgen gearbeitet.

Erziehungsstellen unterscheiden sich von der Pflegefamilie durch ihre geforderte spezifische Professionalität. Die jungen Menschen in Erziehungsstellen weisen in der Regel besonders gravierende Defizite, Entwicklungsrückstände, traumatische Erfahrungen und Verhaltensstörungen vor dem Hintergrund schwierigster Verhältnisse in ihren Herkunftsfamilien auf. Sie sind daher auf eine „grundlegende psychische und soziale Stabilisierung" angewiesen, die ihnen Erziehungsstellen langfristig bieten können (Moch/Hamberger 2003, S. 106).

„Mit den Erziehungsstellen wurde aber nicht nur die Vielfalt im Bereich der Pflegefamilie erheblich erweitert, sondern auch eine Brücke zur Heimerziehung geschlagen, die eine integrative Sicht aller Hilfen außerhalb der eigenen Familie unterstützt. Es entsteht ein Kontinuum der Hilfsangebote" (Biermann 2001, S. 624).

Erziehung in einer Tagesgruppe

Die Erziehung in einer Tagesgruppe nimmt einen Standort zwischen ambulanten und stationären Erziehungshilfen (Heimerziehung) ein. Tagesgruppen, auch teilstationäre oder heilpädagogische Gruppen genannt, sind seit mehr als 25 Jahren ein stetig anwachsendes Aufgabengebiet der Jugendhilfe, welches sich als teilstationärer Bereich im Rahmen der Heimerziehung entwickelte. „Mit der Erziehung in einer Tagesgruppe sollen Angebote des sozialen Lernens, der schulischen Förderung und der unterstützenden Elternarbeit in die Angebotspalette der Hilfen zur Erziehung aufgenommen werden ..." (Münder u.a. 2006, S. 430).

§ 32 KJHG

„Hilfe zur Erziehung in einer Tagesgruppe soll die Entwicklung des Kindes oder des Jugendlichen durch soziales Lernen in der Gruppe, Begleitung der schulischen Förderung und Elternarbeit unterstützen und dadurch den Verbleib des Kindes oder des Jugendlichen in seiner Familie sichern. Die Hilfe kann auch in geeigneten Formen der Familienpflege geleistet werden."

Fallbeispiel

Die achtjährige Marion leidet seit einigen Monaten unter psychosomatischen Beschwerden. Sie hat oft Bauch- und Kopfschmerzen und ist sehr unkonzentriert. Zu Hause gibt es täglich Reibereien mit Marions Mutter wegen den Hausaufgaben. Marions Vater hält sich von den Erziehungsaufgaben ziemlich fern, zumal diese immer wieder Anlass zu Ehekrisen geben. Beide Elternteile möchten die Situation positiv verändern, sie wissen aber nicht wie. Marion soll deshalb in eine Tagesgruppe aufgenommen werden. Dies wird voraussichtlich zunächst einmal zu einer Entlastung aller Familienmitglieder führen. Ferner ist beabsichtigt, dass von der Tagesgruppe aus eine Familientherapie für Marion und ihre Eltern begonnen wird. Wegen der psychosomatischen Beschwerden ist außerdem eine Einzeltherapie für Marion vorgesehen.

Adressat(inn)en der Erziehung in einer Tagesgruppe

In Tagesgruppen werden Kinder vom Vorschulalter bis zu etwa 16/17 Jahren aufgenommen, wobei der Schwerpunkt jedoch im Schulalter liegt. Es handelt sich um Kinder und Jugendliche, die Störungen und Auffälligkeiten im Verhaltens- und/oder Leistungsbereich aufweisen, welche zumeist auf Schwächen und Defizite des familiären Systems zurückzuführen sind. Vielfach befinden sich die Familien „am Rande ihrer Erziehungskompetenz" (Lambach 1994a, S. 72).
Aufgrund einer Analyse von 62 Jugendhilfeakten stellte das Forschungsprojekt JULE folgende Problemlagen der Kinder und Jugendlichen als Indikation für die Erziehung in einer Tagesgruppe fest:

(Mehrfachnennungen möglich)	%
Konzentrations-, Motivationsprobleme	62,9
Lern- und Leistungsrückstände	56,5
Entwicklungsrückstände	45,2
Aggressives Verhalten	40,3
Psychische Auffälligkeiten	21,0
Hyperaktivität	19,4
Auffälligkeiten in sozialen Beziehungen	16,1
Fernbleiben von der Schule	14,5
Autoaggressives Verhalten	5,2
Vernachlässigung des Kindes	41,9
Kind als Opfer familialer Kämpfe	35,5
Störungen der Eltern-Kind-Beziehung	30,6
Desorientierung in Alltagssituationen, Verwahrlosung	25,0
Loyalitätskonflikte	17,7
Gewalt-, Missbrauchserfahrungen	16,1
Behinderungen	9,7

(Baur 1998a, S. 175).

Methoden und Organisation der Erziehung in Tagesgruppen

In der Mehrheit der Tagesgruppen befinden sich acht bis neun Kinder und Jugendliche, die von zwei bis drei Fachkräften betreut werden (Späth 2001, S.582).

„Bei der Ausgestaltung des Zusammenlebens in der Tagesgruppe werden einzelne Elemente von alltäglichem Familienleben, schulischem Unterricht, pädagogisch-therapeutischer Förderung und Behandlung sowie erlebnispädagogischer Freizeitgestaltung integriert. Die in der Tagesgruppe zu leistenden Erziehungs-, Bildungs-, Förder- und Versorgungsaufgaben werden dabei unter Einbeziehung des sozialen Umfeldes der Kinder und Jugendlichen, vor allem in Abstimmung und Kooperation mit den beiden für die Kinder und Jugendlichen wichtigen sozialen Bezugsfeldern Familie und Schule, in denen die Kinder und Jugendlichen neben ihrem Aufenthalt in der Tagesgruppe ebenfalls regelmäßig einen Teil des Tages verbringen, erfüllt" (Späth 2001, S. 583f.).

Das Tagesgruppenangebot gilt für die Zeit nach der Schule bis zum frühen Abend. Am Abend, in der Nacht und am Wochenende sind die Kinder und Jugendlichen in ihren Familien. Hier bleibt somit auch ihr Lebensmittelpunkt bestehen. Während des Aufenthaltes in den Tagesgruppen können die Kinder und Jugendlichen zunächst einmal zur Ruhe kommen, ihren Gefühlen Ausdruck geben und ein neues Erleben kennen lernen. Durch oftmals spezielle heilpädagogische Methoden in der Einzel- und Gruppenpädagogik können sie lernen, traumatische Erfahrungen aufzuarbeiten, Entwicklungen nachzuholen und neue Perspektiven zu sehen. Eine wesentliche Rolle in der pädagogischen Ausrichtung der Tagesgruppe nimmt die Arbeit mit den Eltern ein, die von zahlreichen Institutionen im Sinne einer Familientherapie verstanden und praktiziert wird.

„Daraus ergibt sich für das Gesamtprofil der Maßnahme, dass Tagesgruppenarbeit Familienarbeit ist, nicht Arbeit mit Kindergruppen, die durch Elternarbeit flankiert wird" (Lambach 1994a, S. 72).

Die Untersuchung der Forschungsgruppe JULE bestätigt, dass sich die Erfolgschancen für die Entwicklung der Kinder durch die Tagesgruppenarbeit spürbar erhöhen, wenn eine Zusammenarbeit mit den Eltern stattfindet, allerdings war in 27,4% der Fälle in der Jugendhilfeakten kein Hinweis auf irgendeine Form der Elternarbeit vorhanden (Baur 1998a, S. 181ff.).

Der vorübergehende Aufenthalt in einer Tagesgruppe kann in vielen Fällen helfen, das System Familie wieder zu stabilisieren und somit eine stationäre Heimunterbringung zu vermeiden. Der Aufenthalt in einer Tagesgruppe umfasst durchschnittlich einen Zeitraum von zwei bis vier Jahren.

„Tagesgruppen sind ein besonders gelungenes Beispiel für die Realisierung lebensweltorientierter Jugendhilfe, im Bild geredet: ein wohlgeratenes Kind. Tagesgruppen sind entstanden, um Heimerziehung zu öffnen für neue, aus heutigen gesellschaftlichen Konstellationen stammende Aufgaben, um Heimerziehung besser orientieren zu können an Problemen heutiger Lebenswelt" (Thiersch 1994, S. 41).

Die Aufgabenfelder und Methoden in den Tagesgruppen sind sehr differenziert. Professionelle Anforderungen werden sowohl in der individualpädagogischen Förderung als auch in der Gruppenpädagogik gestellt. Wesentliche Bestandteile sind weiterhin die Eltern- und Familienarbeit sowie heilpädagogische Fördermaßnahmen. Das Qualifikationsniveau der Mitarbeiter(innen) in Tagesgruppen unterscheidet sich merklich von den Ausbildungsqualifikationen in vollstationären Heimgruppen oder in Kindergärten. In den Tagesgruppen arbeiten überwiegend Sozialpädagog(inn)en und Sozialarbeiter(innen). Weiterhin finden wir Erzieher(innen) – oftmals mit langjähriger Berufserfahrung – und Heilpädagog(inn)en in der Tagesgruppenarbeit. Wegen der spezifischen Anforderungen erscheinen Fort- und Weiterbildungsmaßnahmen in Methoden der Eltern- und Familienarbeit – insbesondere in systemischer Orientierung – unerlässlich.

Intensive sozialpädagogische Einzelbetreuung

§ 35 KJHG

„Intensive sozialpädagogische Einzelbetreuung soll Jugendlichen gewährt werden, die einer intensiven Unterstützung zur sozialen Integration und zu einer eigenverantwortlichen Lebensführung bedürfen. Die Hilfe ist in der Regel auf längere Zeit angelegt und soll den individuellen Bedürfnissen des Jugendlichen Rechnung tragen."

Heimerziehung ist schon seit längerer Zeit nicht mehr auf die traditionellen Institutionen Heim und Wohngruppe begrenzt, denn es zeigte sich immer wieder, dass bestimmte Jugendliche durch alle Raster fallen und innerhalb dieser Institutionen nicht gefördert werden können. Sie sind nicht in der Lage, Hilfe anzunehmen und erweisen sich oftmals als gruppenbedrängend und damit als nicht gruppenfähig.

Es handelt sich um junge Menschen, die aufgrund ihrer Sozialisation und Biografie mit sich selbst und der personalen und sachlichen Umwelt nicht zurechtkommen, die wegen ihrer Verhaltensweisen immer wieder anecken, die oftmals gescheitert sind, keine Frustrationstoleranz entwickeln konnten und keine persönlichen Perspektiven besitzen. Es ist möglich, die *Intensive sozialpädagogische Einzelfallhilfe* im Rahmen der eigenen Wohnung eines jungen Menschen anzubieten, in besonderen Fällen auch innerhalb der eigenen Familie. Die individuelle sozialpädagogische Vorgehensweise wird bei dieser schwierigen Aufgabenstellung vor allem durch sensibles Einfühlungsvermögen, Toleranz und gleichzeitiges Beharrungsvermögen geprägt sein.

Gewissermaßen eine Vorläuferrolle der Intensiven sozialpädagogischen Einzelfallhilfe nimmt die Erlebnispädagogik, oder anders ausgedrückt die Reisepädagogik, für schwierigste Jugendliche ein. Seit Ende der 70er Jahre entwickelten sich unterschiedliche Projekte für junge Menschen in sehr schwierigen Lebenslagen, die sich auch als Alternative zur geschlossenen Heimerziehung verstanden. Längere Gebirgshüttenaufenthalte unter einfachsten Bedingungen, mehrmonatige Segelfahrten oder Saharadurchquerungen sind Schlaglichter der Erlebnispädagogik. Diese versucht durch intensive Naturerlebnisse, durch die Betonung der jugendlichen Aktivität, durch natürliche Grenzerfahrungen, durch gruppendynamische Prozesse und intensive Einzelgespräche dazu zu verhelfen, vielleicht erstmals eine eigene Identität zu entwickeln, sich in der Welt trotz aller Zwänge und Pflichten besser zurechtzufinden und vor allem persönliche Perspektiven aufzubauen. Allerdings werden Auslandsmaßnahmen im Zuge der Intensiven sozialpädagogischen Einzelbetreuung zukünftig nur unter bestimmten Bedingungen zu realisieren sein. In der Novellierung des KJHG vom 1. Oktober 2005 reagierte der Gesetzgeber auf die oft vorgebrachte Kritik gegenüber solchen Auslandsreisen und Auslandsaufenthalten. § 27 Absatz 2 wurde ergänzt: „Die Hilfe ist in der Regel im Inland zu erbringen, sie darf nur dann im Ausland erbracht werden, wenn dies nach Maßgabe der Hilfeplanung zur Erreichung des Hilfeziels im Einzelfall erforderlich ist." Insgesamt werden erlebnispädagogische Projekte im Ausland nur dann vereinbarungsfähig sein, wenn sie bestimmte qualitative Standards gewährleisten (vgl. Kap. XI: Intensive sozialpädagogische Einzelbetreuung).

Waren es am 31.12.1991 erst 457 junge Menschen, welche die Erziehungshilfe Intensive sozialpädagogische Einzelbetreuung erhielten, stieg diese Zahl bis zum Ende des Jahres 2000 auf 2.692 an. Am 31.12.2005 befanden sich 2.289 junge Menschen in Intensiver sozialpädagogischer Einzelbetreuung (Statistisches Bundesamt 1997/2002/2006b). Der aktuelle Rückgang lässt sich sicherlich mit den erheblichen Finanzierungskosten sowie mit der Debatte um Sinn und Effekte von Auslandsmaßnahmen erklären.

Kapitel III: Das differenzierte Leistungsangebot

Flexible Erziehungshilfen

Bei Kindern, Jugendlichen sowie deren Angehörigen, welche Erziehungshilfen in Anspruch nehmen, ist nicht nur das familiäre System zu berücksichtigen, sondern ebenso das System der praktizierten Erziehungshilfe beziehungsweise die Systeme mehrerer Erziehungshilfen, wenn diese gleichzeitig oder aufeinanderfolgend gewährt werden. Alle mit einem bestimmten Kind befassten helfenden Systeme müssen miteinander kooperieren, sie sind im Idealfall als Netzwerk zu verstehen. Diese Kooperation erscheint nicht nur wesentlich, um Absprachen tätigen zu können und um Gegensätzliches zu vermeiden, sondern auch, weil die Mitglieder aller beteiligten Systeme ihre jeweiligen Interaktionen und Reaktionen im konkreten Zusammenhang mit dem Hilfeprozess verstehen müssen. Das KJHG sieht bei der Gewährung erzieherischer Hilfen, die voraussichtlich über einen längeren Zeitraum andauern werden, auch aus dieser Begründung heraus, Erziehungskonferenzen vor.

Alle Systeme wollen verändernd auf das Kind und dessen Lebensumfeld einwirken. Wenn sie dies in isolierter Vorgehensweise praktizieren, dann sind weitere Schwierigkeiten und pädagogische Misserfolge zu erwarten. Eine Kooperation zwischen Familie und unterschiedlichen Hilfen zur Erziehung setzt nicht nur Absprachen und gemeinsame Zielfindungsprozesse voraus, sondern ebenso das Verständnis, dass die verschiedenen Systeme gemeinsam ein großes Sozialisationsfeld bilden, in welchem die individuellen Handlungen und Reaktionen sich ständig wechselseitig beeinflussen. Diesem ständigen Beeinflussungsprozess sind das verhaltensgestörte und/oder benachteiligte Kind und seine Familie ausgesetzt. Eine lebensweltorientierte Kooperation mit systemischer Sichtweise kann dazu beitragen, dass dieser Prozess wirklich hilfreichen Charakter annimmt.

Negative Effekte könnten eintreten, wenn verschiedene Formen voneinander relativ isoliert vorgehender Erziehungshilfen sich als notwendig erweisen. Andere Organisationsformen könnten negative Auswirkungen wie zum Beispiel Informationsmängel, mangelnde Transparenz und Absprachen, gegensätzliche Interventionen und Abbrüche entweder verringern oder in ihrer Entstehung möglicherweise auch ganz verhindern. Es bietet sich daher an, verschiedene erzieherische Hilfeformen von einer Institution aus zu praktizieren, so dass Betroffene kontinuierlich durch ein kleines Team von Fachkräften betreut werden. Mit einem notwendigen Wechsel der Erziehungshilfe wären dann kein Wechsel der Institution und keine „Abbrüche" mehr verbunden. „Ziel ist es, Spezialisierungen und Separierungen einzelner Hilfeformen aufzubrechen und diese wieder zusammenzuführen" (Münder u.a. 2006, S. 386).

Die Überlegung, verschiedene Maßnahmen der Erziehungshilfe durch eine Institution durchzuführen, ist nicht neu. So veränderten beispielsweise zu Beginn der 70er Jahre einige Institutionen der Heimerziehung ihr bislang vorherrschendes Verständnis für Jugendhilfeaufgaben. Der alleinige Schwerpunkt im stationären Erziehungsbereich wurde erweitert, es entstanden die ersten teilstationären Gruppen, die Tagesgruppen. Motive für diese Öffnung waren die allgemeine Kritik an der Heimerziehung, zurückgehende Nachfragen nach Heimunterbringungen und damit verbunden leerstehende Gruppen und Erziehungspersonal, welches weiter beschäftigt werden wollte und musste. Motivation war aber auch, stationäre Heimerziehung vermeiden zu helfen, indem durch gezielte sozialpädagogische Förderungen im Tagesgruppenangebot sowohl individuell beim Kind angesetzt wurde als auch zugleich die Eigenkräfte und Ressourcen der Familie wiederhergestellt beziehungsweise gestärkt werden sollten. Gleichzeitig wurden auch fließende Übergänge von der teilstationären zur stationären Erziehung beziehungsweise von der Heimgruppe in eine Tagesgruppe möglich und praktiziert. Hilfen zur Erziehung konnten zumindest bei Inanspruchnahme dieser speziellen Formen im Einzelfall flexibler erfolgen.

Auch in den letzten Jahren öffnen sich Träger und Institutionen der Heimerziehung wieder für neue Aufgabengebiete. Unter dem Kostendruck der öffentlichen Haushalte und zurückgehender Belegungszahlen ist diese Öffnung auch unter dem Gesichtspunkt einer Überlebensstrategie zu verstehen. So bieten beispielsweise Heime Dienste in ambulanter Erziehungsberatung an. Es werden in einem bestimmten Stadtteil Kurse der Sozialen Gruppenarbeit praktiziert, die Mitarbeiterin einer Tagesgruppe übernimmt für eine vorübergehende Zeit die Aufgaben der Sozialpädagogischen Familienhilfe für ein Kind aus ihrer Gruppe und für dessen Familie. Ein Erzieher einer Wohngruppe wird zeitweise freigestellt, weil er für zwei Jugendliche ambulante Aufgaben der Intensiven sozialpädagogischen Einzelbetreuung wahrnimmt. Von verschiedenen Heimen werden die zuvor beschriebenen Konzepte familienun-

terstützender oder -aktivierender Interventionen realisiert. Mit dieser Aufgabenerweiterung wird auch vom Begriff „Heim" Abstand genommen, wenn sich eine solche Institution nun beispielsweise „Erziehungshilfezentrum" nennt.
Die im Kinder- und Jugendhilfegesetz in den §§ 28 bis 35 aufgeführten Hilfearten haben keinen ausschließenden Charakter. Es können auch andere Erziehungshilfen als Leistungsangebot realisiert werden und es ist abzuleiten, dass Übergangsformen und Mischformen möglich sind. Mit der jeweiligen Art der Erziehungshilfe ist auch nicht notwendigerweise die Zuordnung zu einer ganz bestimmten Institution verbunden, von der nur alleine diese Hilfe ausgeübt werden könnte. Bei den vorgenannten Beispielen der Öffnung und Erweiterung der Heimerziehung auch für ambulante Erziehungshilfen, die bislang weder traditionell noch originär zu den Aufgaben dieses sozialpädagogischen Arbeitsfeldes zählten, liegt insofern ein flexibler Umgang mit Erziehungshilfen vor.
Neben der Erweiterung des Aufgabengebietes stationärer Erziehungshilfen in den ambulanten Bereich hinein, entstanden in den vergangenen Jahren eigenständige Institutionen, in denen unterschiedliche Hilfen zur Erziehung flexibel und integriert durchgeführt werden. Solche Jugendhilfestationen sind „kleine innovative Organisationen, in denen von einem Team die Hilfen zur Erziehung ‚aus einer Hand' angeboten werden. Sie sind nicht auf ein Betreuungsangebot festgelegt, sondern entwickeln für Kinder und Jugendliche jeweils individuelle Betreuungsformen. Sie unterscheiden sich daher in ihrer Organisationsstruktur und in ihrem Handeln von anderen Einrichtungen der Jugendhilfe" (Klatetzki 1994a, S. 64).
Flexibel verstandene Erziehungshilfen weichen von dem „Dogma" der in den §§ 28 bis 35 KJHG aufgelisteten Hilfeformen ab und insbesondere von der Vorstellung, dass diese Hilfen für alle Erziehungshilfefragen von jungen Menschen und deren Familien immer die passenden Antworten geben könnten (Klatetzki 1994b, S. 12). Flexible Erziehungshilfen haben kein von vornherein festgelegtes Angebot, sie orientieren sich am Bedarf des Lebensumfeldes von Kindern und Jugendlichen und den sich ständig ergebenden Veränderungen. Infolge ihrer Lebensweltorientierung und Stadtteilbezogenheit können durch offene Angebote viele junge Menschen erreicht werden und auch solche, bei denen sich aus dem niedrigschwelligen offenen Zugang später intensive

erzieherische Hilfenotwendigkeiten offenbaren und entsprechende Hilfeleistungen so erst möglich werden (Möser 1996, S. 11). Solche „Hilfen richten sich gegen ein psychologisch ausgerichtetes Diagnostikmodell und propagieren stattdessen ein sozialpädagogisches Fallverstehen, das als kommunikativer Prozess angelegt ist. Selbstdeutungen und selbstbestimmte Lebensperspektiven der Betroffenen sollen dabei in den Mittelpunkt gestellt werden" (Wolff 2001, S. 499). Weiterhin geht es darum, Ressourcen der Betroffenen zu erkennen, auf ihnen aufzubauen und sie zu fördern und „Jugendhilfe nicht zu einem Verschiebebahnhof für Kinder und Jugendliche werden zu lassen" (S. 500).
Jugendhilfestationen und flexibel verstandene Erziehungshilfen bieten gegenüber den unterschiedlichen Erziehungshilfen in klassischer Anwendung verschiedene Vorteile. Der Zugang zu Jugendhilfestationen ist als niedrigschwellig anzusehen. Dies beruht auf den offenen Angeboten, der Einbindung in einen Stadtteil und der Lebensweltorientierung. Außerdem werden Jugendhilfestationen von den Betroffenen weniger mit Negativetikettierungen und mit der Angst vor Ämtern und Behörden in Verbindung gebracht. Jugendhilfestationen können unterschiedliche sozialpädagogische Interventionen, eben unterschiedliche Erziehungshilfen innerhalb einer kleinen Einheit, realisieren. Dies bedeutet, dass bei einem notwendigen Wechsel von einer zu einer anderen Form erzieherischer Hilfe, ein „Abbruch" in aller Regel nicht stattfinden muss, da im Gegensatz zu den traditionellen Erziehungshilfen, mit der jeweiligen Hilfe nicht jeweils eine bestimmte Institution verbunden ist. Jungen Menschen in wechselnden Lebenslagen und mit sich verändernder Erziehungshilfebedürftigkeit kann so eine Kontinuität in der Betreuung und vor allem eine Personenkontinuität geboten werden. Das Team einer Jugendhilfestation kann sich ganz intensiv auf die jeweiligen Situationen und Fragestellungen der von ihm betreuten Kinder, Jugendlichen und deren Familien einstellen, es werden kaum Informationsdefizite oder Informationsverzerrungen aufkommen. Beim Wechsel einer Hilfeform muss nicht wieder beim „Nullpunkt" begonnen werden, sondern die sozialpädagogische Arbeit wird in Kontinuität und damit ohne größere Zeit-, Reibungs- und Orientierungsverluste fortgeführt.

Kapitel IV: Heimerziehung aus der Sicht der Betroffenen

Die Bedeutung subjektiv erlebter Einflüsse für die persönliche Entwicklung

Wie wirken sich die jeweiligen Rahmenbedingungen in Heimen und Wohngruppen, die angetroffenen Regeln, die Erzieher(innen)persönlichkeiten und die erzieherischen Interventionen aus der Sicht betroffener Kinder und Jugendlicher auf deren persönliche Entwicklung aus? Der Frage nach der Wirkung von Heimerziehung ist schon in verschiedenen Untersuchungen nachgegangen worden: Bürger konnte aufgrund der Analyse von 222 Akten eines Landesjugendamtes nachweisen, dass die Heimerziehung erhebliche Erfolge bezüglich der Legalbewährung und der schulischen beziehungsweise beruflichen Qualifikation bewirkt hatte. Die sozialen Teilnahmechancen der jungen Menschen waren in beachtlichem Maße gestiegen (Bürger 1990). Auch Hansen folgert aus einer empirischen Studie, dass die Heimerziehung weite Bereiche der kindlichen Entwicklung positiv beeinflusse. Kritische Anmerkungen werden aber beispielsweise zu der Situation junger Menschen gemacht, welche häufig Institutionen wechselten, weil sich diese oftmals minderwertiger erleben als solche ohne Heimwechsel. Sehr viel intensiver müsste nach den Ergebnissen der Studie auch die vorgefundene Elternarbeit sein, die zu wenig umgesetzt würde und teilweise auf Widerstände des pädagogischen Personals stoße (Hansen 1994, S. 222–228). Auch die Ergebnisse einer anderen Befragung zeigen auf, dass der weitaus größte Teil ehemaliger Heimkinder „eine eindeutig positive Bilanz ihres Heimaufenthaltes zieht" (Adam u.a. 1995, S. 27). „Als wichtigster persönlicher Gewinn aus dem Aufenthalt wurde am häufigsten ‚Selbstvertrauen' genannt; hervorgehoben wurden aber auch verschiedene andere Aspekte beziehungsweise Resultate des Lebens in unserer Gemeinschaft wie ‚Reife', ‚Selbstständigkeit', ‚Kreativität', ‚handwerkliche Fähigkeiten' sowie die schulische Förderung" (Adam u.a. 1995, S. 24). Jedoch fand auch hier ein großer Teil der Befragten, dass die von der Einrichtung ausgehende Elternarbeit „gerade ausreichend" war und ein kleinerer Teil, „dass sich das Haus in dieser Hinsicht hätte stärker engagieren können" (S. 25).

Gehres sieht als „Kristallisationspunkt" seiner breit angelegten Untersuchung über die Wirkung von Heimsozialisation den Beziehungsaspekt. Seine Ausgangsthese wird durch die Ergebnisse der Studie bestätigt:

> „Der Erfolg von Heimunterbringung, d.h. eine geglückte Sozialisation im Heim, hängt davon ab, wie und ob es den ehemaligen Heimkindern gelingt, die disparaten Erfahrungsfelder ihres Lebens selbst in Beziehung zueinander zu setzen. Je eher sie in der Lage sind, ihre bisherigen Erfahrungen zu einem Zusammenhang zu verknüpfen, ihrer eigenen Lebensgeschichte einen Sinn abzugewinnen, sich selbst zu verorten, desto wirksamer war der Fremdunterbringungsprozess" (Gehres 1997, S. 30).

Die Jugendhilfe-Effekte-Studie verglich in fünf Bundesländern die Auswirkungen unterschiedlicher Hilfen zur Erziehung. Die Stichprobe setzte sich aus 233 jungen Menschen zusammen, davon waren 49 in der Heimerziehung (Schmidt u.a. 2002, S. 77f.). Die stationäre Erziehungshilfe erzielt danach sehr hohe positive Effekte bezüglich der Gesamtauffälligkeit der Kinder. Eher gering sind jedoch die Effekte hinsichtlich der psychosozialen Belastung im Umfeld der jungen Menschen, also in den Herkunftsfamilien (Schmidt u.a. 2002, S. 395).

Die EVAS-Studie untersucht seit 1999 bundesweit die Klientel, Ausgangslage und Wirkungen von Hilfen zur Erziehung. Die Fallzahlen steigen ständig, sie lagen im zweiten Halbjahr 2002 bei 10.300. Die Daten werden mit speziellen Dokumentationsbögen bei der Aufnahme, danach in halbjährigen Abständen und bei der Beendigung einer Hilfe erhoben (Macsenaere/Herrmann 2004, S. 32ff.) Für den Bereich der teilstationären und stationären Hilfen zur Erziehung zeigten sich u.a. folgende Ergebnisse:

> „Der Abbau von Defiziten gelingt vor allem in Einrichtungen, deren Methodenspektrum einen hohen Spezialisierungsgrad für die verschiedenen individuellen Problemlagen der Kinder und Jugendlichen aufweist. Hier gilt also nicht ‚je mehr Methoden, desto besser, sondern ‚je spezifischer die Methoden, desto besser'" (S. 37).

Hilfen zur Erziehung weisen im Durchschnitt erst ab dem zweiten Jahr der Hilfe nachweisbare Erfolge auf, die im dritten Jahr noch weiter ansteigen. Dem widerspricht die oftmals vorgefundene Praxis, aus Kostengründen von Beginn an festzulegen, Erziehungshilfen schon nach kürzerer Zeit zu beenden (S. 39).

„Bleibt der Erfolg im Verlauf des ersten Hilfejahres aus, ist mit einer hohen Wahrscheinlichkeit davon auszugehen, dass auch in der Folge keine Effekte mehr erzielt werden können. Es kann in diesem Fall dem Wohl des Kindes eher zuträglich sein, die Hilfe zu beenden und eine geeignetere Form der Betreuung zu finden" (S. 40).

Durch eine eigene Untersuchung sollte nun der Frage nachgegangen werden, inwieweit die von jungen Menschen in der Heimerziehung subjektiv erlebten Einflüsse und Rahmenbedingungen sich auf deren persönliche Entwicklung auswirken und wie sie selbst diese Einflüsse und Rahmenbedingungen beurteilen.

Die Untersuchungsmethode

Es wurde ein offener Interviewleitfaden entwickelt, welcher auf Teilaspekte der zuvor erwähnten Studien zurückgreift und außerdem die Befragung nach der Einflussgröße so genannter Standardsituationen innerhalb der Heimerziehung aufnahm. Als solche Standardsituationen hatte die Planungsgruppe Petra bereits folgende bezeichnet und analysiert: Hausaufgaben, Mittagessen, Zubettgehen (Planungsgruppe Petra 1988, S. 57–64). Wir fügten in dem Interviewleitfaden als weitere Standardsituationen Aufstehen und den Aufnahmetag in das Heim hinzu. Außerdem wurden das Erzieher(innen)verhalten, die räumliche Ausstattung, die vorgefundenen Regeln sowie die Kontakte mit den Eltern thematisiert.

Es sollten junge Menschen interviewt werden, die schon einige Zeit in stationären Institutionen der Erziehungshilfe gelebt haben. Zunächst wurden unterschiedliche Heimeinrichtungen angeschrieben und um Mitwirkung bei der Untersuchung gebeten. Einige der Einrichtungen reagierten mit Ablehnung, teilweise wurden Datenschutzgründe genannt, obwohl selbstverständlich die Interviewaktion vollkommen anonym bewerkstelligt werden sollte. Mit verschiedenen Heimen wurden im nächsten Schritt Telefonate geführt und Erläuterungen zu der beabsichtigten Untersuchung gegeben. Daraufhin wurden bestimmte Jugendliche oder junge Erwachsene als Gesprächspartner(innen) benannt und Interviewtermine vereinbart. Als erstes Ergebnis vor der Durchführung der Interviews kann vermerkt werden, dass es sehr schwierig war, Jungen zur Teilnahme zu bewegen. Mädchen oder junge Frauen sahen offensichtlich weniger Schwierigkeiten darin, sich zu beteiligen. Dies

mag auch daran liegen, dass die Interviews von einer Frau, einer Diplompädagogin, durchgeführt wurden. Die Interviews konnten schließlich mit insgesamt 25 jungen Menschen stattfinden, hiervon waren 16 weiblich, aber nur neun männlich.
Um ganz bewusst nur subjektiv erlebte Einflüsse zu erfassen, fanden keinerlei Informationsgespräche über die Situation des jeweiligen jungen Menschen, etwa mit Erziehungspersonal, statt und es wurden auch keine Akten eingesehen. Die Interviews wurden auf Band aufgezeichnet, die Interviewdauer betrug zwischen 30 Minuten bis eineinhalb Stunden. Die Gesprächssituationen wurden von der Interviewerin als sehr offen empfunden, viele der Befragten fanden es toll, dass sie sich einer neutralen Person anvertrauen konnten, die Interesse an ihrem Leben zeigte. Die Interviews wurden anschließend transkribiert und nach qualitativen Gesichtspunkten ausgewertet.

Zur Situation der interviewten Jugendlichen und jungen Erwachsenen

Die interviewten jungen Menschen befanden sich im Alter zwischen 14 und 18 Jahren, das Durchschnittsalter betrug 17 Jahre. Alle lebten zum Zeitpunkt des Interviews in einer Institution der Heimerziehung, die meisten in Wohngruppen oder bereits im Betreuten Wohnen. Die zurückliegende Aufenthaltsdauer in der Heimerziehung wurde zwischen einem bis zu zwölf Jahren vorgefunden. 13 Personen waren früher in einem anderen Heim gewesen. Damit ist nicht der Wechsel aus einer Heimgruppe in die zu diesem Heim gehörende Außenwohngruppe oder in das Betreute Wohnen gemeint. Fünf der Befragten hatten früher in jeweils drei anderen Heimen gelebt.
Die Situation der Herkunftsfamilien stellte sich wie folgt dar: Über die Hälfte der Befragten hatte vor dem Heimaufenthalt bei einem alleinerziehenden Elternteil gelebt, bei den verbliebenen Familien waren zu zwei Drittel Stiefelternteile vorhanden.

Gründe für den Heimaufenthalt

Welche Gründe, die zu dem Heimaufenthalt geführt haben, werden von den Befragten angegeben? In vier Fällen war ein massiver Alkoholismus bei beiden Eltern oder bei einem Elternteil vorhanden. Teilweise waren die Kinder sich vollkommen alleine überlassen, bei vielen gab es ständig Streit und auch körperliche Misshandlungen, manche sind von zu Hause weggelaufen. Auch in vielen anderen Fällen wurden permanente Streitigkeiten und Unzufriedenheit der Eltern mit ihrem Kind als Grund angegeben. Einige fühlten sich total abgelehnt und verstoßen von ihrer Familie. Dies war insbesondere dann der Fall, wenn Stiefelternteile vorhanden waren. In einem Fall hatte ein Elternteil eine schwerwiegende Psychose. „Ich kam mit dem merkwürdigen Verhalten meines Vaters nicht zurecht. Ich hatte davor immer Angst und war selbst ein völlig durchgedrehtes Kind." In einem anderen Fall musste eine alleinerziehende Mutter langfristig ins Gefängnis. Ein Mädchen möchte sich nicht genauer äußern, sie spricht von „einer schlimmen Angelegenheit, die mit dem Vater zusammenhängt". In mehreren Fällen sind Familien durch Scheidungen zerbrochen, zurückgebliebene Mütter haben sich abgesetzt. In vier Fällen kamen Kinder mit Trennungen und Verlusten nicht zurecht. Nach Scheidungen oder nach dem Verlust von Elternteilen durch Tod traten bei ihnen Depressionen auf. In sieben Fällen waren die Kinder vor der Heimeinweisung wegen psychischer Erkrankungen, Verhaltensstörungen oder Erziehungsproblemen jeweils mehrere Monate in psychiatrischen Kliniken gewesen.

Der erste Tag im Heim

Wie haben die Jugendlichen beziehungsweise die jungen Erwachsenen ihren ersten Tag im Kinderheim in Erinnerung? Die Antworten hierzu fallen bei einem Teil sehr spärlich aus. Etwa ein Viertel der Interviewten macht hierzu keine verwertbaren Angaben. Positive Rückerinnerungen an den ersten Tag im Heim lagen nur in zwei Fällen vor. Ein Jugendlicher fand es prima, dass er ein Einzelzimmer bekam und den „Stress zu Hause endlich los hatte". Ein Junge, der sich von seinen Eltern besonders intensiv abgelehnt gefühlt hatte, fand es sehr angenehm, wie sich die Erzieher(innen) am ersten Tag um ihn gekümmert hatten. Relativ neutrale Antworten waren: „das war komisch" oder „mein Zimmer war schon halbwegs fertig." Alle anderen Erinnerungen an den ersten Tag im Heim sind eher negativ, teilweise sehr negativ zu bewerten. Viele fühlten sich wegen der Trennung von den Eltern sehr unwohl, manche weinten, ohne dass die Erzieher(innen) dies mitbekommen hätten. Einige litten unter den anderen Kindern im Heim, sie wollten in der ungewohnten Situation lieber alleine sein, in zwei Fällen wurden von Zimmerkamerad(inn)en massive Vorwürfe gemacht, weil diese nun das Zimmer teilen mussten. Andere wiederum hatten Angst, nun alleine zu sein und fühlten sich fürchterlich verlassen. Ungefähr ein Drittel äußerte, dass die Erzieherinnen sich in der Anfangssituation überhaupt nicht um sie gekümmert hätten. Typische Äußerungen waren: „Die ersten Tage im Kinderheim waren die schlimmste Zeit in meinem Leben", „das war für mich der Horror", „die Erzieher gehen nicht sofort auf einen zu und fragen, wie ist dieser Mensch".

Wie haben die jungen Menschen die räumliche Ausstattung empfunden?

Etwa die Hälfte der Interviewten findet die räumliche Ausstattung der früheren oder derzeitigen Institution in Ordnung. Einige sind sehr froh, weil sie ein Einzelzimmer haben. Nur einmal wurde die Meinung vertreten, die räumliche Ausgestaltung sei besonders schön und angenehm. Dagegen äußerte sich die andere Hälfte eher negativ oder sehr negativ. Es wird bemängelt, dass man kein Einzelzimmer habe und dass keine Badewanne vorhanden sei. Von einigen werden die Möbel als „unmöglich", als „Sperrmüllmöbel" bezeichnet, die Betten seien unbequem. Drastische Äußerungen waren: „das ist hier wie im Knast" oder „das sieht hier doch aus, steril und weiß, wie im Krankenhaus". Viele empfinden die Badezimmer und Toiletten als kalt, unangenehm, hässlich und teilweise als schmutzig. In einigen Wohngruppen werden die Küchen als „total versaut" bezeichnet, „es stinkt nach verfaulten Essensresten". „Die Flure sind hier ganz steril, nichts ist an der Wand. Die Erzieher meinen, Bilder würden sowieso wieder abgerissen."

Morgendliches Aufstehen

Bei mehr als der Hälfte der jungen Menschen scheint das morgendliche Aufstehen keine belastende Situation darzustellen. Zwar würden viele länger schlafen wollen, einige beklagten sich über die frühen Weckzeiten, weil Schule oder Ausbildungsstätte relativ weit entfernt seien. Aber das sind eher typische kleinere Probleme für viele Jugendliche. Einer Minderheit fällt das Aufstehen jedoch extrem schwer oder sie berichten von früheren Phasen, wo dies so der Fall war. „Ich würde mich am liebsten in mein Bett verkriechen und den ganzen Tag liegen bleiben", war eine Antwort, die auf drei der Jugendlichen zutrifft. Eine Unterstützung für die Überwindung dieser morgendlichen Depressionen durch die Erzieher(innen) wurde jeweils verneint. Andere beklagen die allmorgendliche große Hektik im Gruppenbereich unmittelbar nach dem Aufstehen. „Wir mussten das Bett machen, Zimmer aufräumen, Fenster aufmachen, die Bettsachen mussten wir in den Bettkasten legen und nichts durfte zerknittert sein, denn sonst gab es Geldabzug. Das finde ich hektisch und gemein!"

Frühstück/Mittagessen

Auch beim Frühstücken fühlen sich einige genervt, weil „immer so viele Leute herumrennen", und sie leiden auch hier unter der allgemeinen Hektik. Für die übergroße Mehrheit ist die Frühstückssituation aber offensichtlich problemfrei.
Auch das Mittagessen wird von den meisten neutral bewertet, zwei empfanden es als angenehme Situation, man könne sich entspannen und austauschen. Andere leiden aber auch hier unter der vorherrschenden Unruhe. „Das war schrecklich, immer so viele Leute, laut und hektisch, das kann irgendwie nicht gut gehen. Aber dem muss man sich ja leider fügen und dann habe ich das auch mitgemacht." Zwei empfanden es als schikanös, dass sie für nicht angemessenes Essverhalten mit Geldstrafen sanktioniert wurden. Einige Interviewte, die in Wohngruppen leben, fühlten sich vernachlässigt, weil kein Mittagessen vorbereitet wurde. Sie aßen mittags nur Brote und ärgerten sich darüber oder „wer Hunger hatte, der holte sich Pommes oder eine Pizza". Eine Jugendliche, die Vegetarierin ist, beklagte sich darüber, dass auf ihre Essgewohnheiten und -wünsche früher keinerlei Rücksicht genommen wurde.

Hausaufgabensituation

Die übergroße Mehrheit fand die Hausaufgabensituation im Heim „in Ordnung". Man könne in der Regel ungestört arbeiten und auch Unterstützung von den Erzieher(inne)n bekommen, wenn man dies überhaupt wolle. Nur drei der Befragten waren der Ansicht, die Erzieher(innen) hätten ihnen bei den Hausaufgaben oftmals nicht helfen können, weil diese „sich selber nicht auskennen" würden. Eine Person meinte: „Hier wird man bei den Hausaufgaben überhaupt nicht unterstützt".

Zubettgehen

Auch die Einschlafsituation wird von der Mehrheit als ziemlich problemlos beurteilt. Manche sehen Probleme darin, dass die Schlafenszeit zu früh angesetzt sei. „Dann liege ich im Bett, kann noch nicht schlafen und fange an zu grübeln." Für andere war die Situation generell schwierig. „Abends im Bett habe ich immer viel Angst gehabt, vor jedem Ding und auch vor Menschen. Ich habe mich immer verkrochen und ganz viel geweint. Das war ganz doll schwierig." Einige fühlen sich abends sehr alleine gelassen. Sie verlangen ganz deutlich nach menschlicher Nähe, Ansprache und nach „Streicheleinheiten" und schwärmen von früheren Erzieher(inne)n, die ihnen diese gegeben hätten. „Früher konnte ich Frau X rufen, sie solle mich kraulen. Die ist jetzt aber nicht mehr hier. Das war gemütlich, man wurde am Kopf gekrault und konnte sich unterhalten, bis man fast eingenickt war."

Umgang mit Regeln

Die meisten der jungen Menschen finden die in ihren Heim- und Wohngruppen vorgefundenen Regeln in Ordnung. Einige beklagen sich über zu strenge Ausgangszeiten. Viele finden „einen geregelten Tagesablauf wichtig", sie sind froh, „weil bei uns kein Chaos herrscht" oder „wenn ich keine Regeln habe, mache ich immer Blödsinn". Ein Jugendlicher betonte, dass er sich eigentlich an keine Regeln halte, er sei sowieso kaum da, ein anderer hat regelmäßig Schwierigkeiten beim Einhalten von Regeln, „denn ich bin so unordentlich". Zwei weibliche Jugendliche fühlen sich durch die vorhandenen Regeln sehr unterdrückt: „Durch das Heim kann man sehr aggressiv werden, man kommt mit den Regeln absolut nicht klar, das sind doch nicht deine Eltern, aber sie verbieten dir, was sie wollen. Zwar schlagen sie dich nicht, aber sie können dich richtig schön seelisch fertig machen."
Obwohl danach nicht explizit gefragt wurde, berichteten einige der Interviewten im Zusammenhang mit Regeln und dem Übertreten von Regeln auch von Strafen, die sie allerdings für unangemessen, albern und lächerlich halten. „Wer zweimal verschläft, muss strafspülen." Als andere Strafen bei Regelverstößen wurden beispielsweise genannt: Wer unter 16 Jahre alt ist und beim Rauchen erwischt wird, muss 10 Euro zahlen. Einen Erzieher beleidigen kostet 5 Euro Strafe, Schuhe im Haus

anlassen kostet 2 Euro. Wer wegläuft, bekommt Hausarrest. Wenn der Küchendienst nicht erledigt wurde, muss man eine Woche zusätzlich Küchendienst machen. „Bei manchen zieht's, bei mir aber nicht!"

Gruppenunternehmungen

Mit der Anzahl und Art von Gruppenunternehmungen scheint die Hälfte der Befragten relativ zufrieden zu sein. Die andere Hälfte ist aber hiermit überaus deutlich unzufrieden. Typische Äußerungen waren: „Gruppenunternehmungen sind viel zu wenig!" „In der Wohngruppe lebt man eigentlich für sich alleine, wir machen nichts zusammen." „Die sagen immer, das sei eine Verselbstständigungsgruppe, wir sollten uns selbst beschäftigen." „Die gemeinsamen Unternehmungen jeden Sonntag sind ziemlich peinlich. Was wir unternehmen, ist ziemlicher Schwachsinn. Das sagen alle, aber die Erzieher kümmert es nicht." „Hier müssten sehr viel mehr Gruppenunternehmungen gemacht werden, oft fällt mir die Decke auf den Kopf."

Beurteilung der Erzieher(innen)

Die Beurteilung der Erzieher(innen) fällt überwiegend kritisch beziehungsweise negativ aus. Nur vier der Gesprächspartner äußerten sich uneingeschränkt positiv: „Wenn ich Unterstützung brauche, gehe ich zu den Erziehern. Die Erzieher beraten dich, geben dir Unterstützung, planen mit dir Freizeitaktivitäten, die sagen nicht, dass sie keine Zeit haben, sondern sind eigentlich immer hilfsbereit." „Die Erzieher zeigen einem, wenn man falsche Freunde hat oder sie helfen dir wieder auf den richtigen Weg zu kommen." „Ich finde es gut, dass ich von den Erziehern nie zu etwas gedrängt werde, die respektieren auch meine Ansichten und behandeln mich wie eine Erwachsene." „Ich merke bei den Erziehern, da ist jemand, der an mich denkt."
Bei den übrigen – negativen – Beurteilungen werden Differenzierungen zwischen einzelnen Erzieher(inne)n und der gesamten Erzieherschaft einer Gruppe deutlich. Einzelne Erzieher(innen) werden als „total ungerecht" und als „herrschsüchtig" bezeichnet. „Die schreit immer sofort herum", „die meint, sie weiß immer alles besser", „man kann sich nicht auf sie verlassen", „sie bringt immer ihren privaten Stress mit zur Arbeit" oder „man merkt sofort, ob jemand wirklich ‚Bock' hat, hier zu ar-

beiten", sind andere kennzeichnende Antworten. Ein junger Mann drückte seine Distanz ziemlich krass aus: „Die Erzieher sehe ich eigentlich nie. Wenn ich von der Arbeit komme, dann dusche ich mich und haue ab, bin unterwegs." Eine andere Aussage lautete: „Die Erzieher haben keinen Einfluss auf uns nehmen können. Da rein und da wieder raus. Wir haben halt drei Euro gezahlt, wenn wir eine Regel nicht befolgt haben." Eine weitere Jugendliche hingegen drückte ziemlich bedauernd aus: „Mit meiner Bezugserzieherin hatte ich in den letzten zwei Jahren ganze vier Gespräche. Ganz schön wenig!"

Nicht wenige haben bei ihren Erzieher(inne)n das Gefühl, ihnen ausgeliefert zu sein, sie finden es zum Beispiel schlimm, wenn sie beim Hilfeplangespräch zeitweise den Raum verlassen müssen und ohne ihr Beisein über sie gesprochen wird. „Die meisten Mädchen hassen die Erzieher. Die geben nie zu, dass die auch einmal Schuld haben. Weil die am längeren Hebel sitzen, geht man hin und entschuldigt sich. Du kannst hier sonst rausfliegen." „Ich soll kooperieren, sonst drohen sie mir, dass ich zu meinem Vater zurück muss, das ist doch eigentlich Erpressung!" „Die drohen, dass sie mich nur noch überprüfen, dass sie jeden Tag meinen Lehrer anrufen. Ich finde das furchtbar, dass die immer drohen, ich werde dann noch saurer, als ich ohnehin schon war." „Wir sind ziemlich vorsichtig, denn wenn ein Erzieher sauer ist, dann sind alle sauer. Es ist schlimm, wenn man keinen Erzieher mehr auf seiner Seite hat." „Im früheren Heim haben die Erzieherinnen nicht sofort gesagt, dass ich in die Psychiatrie muss, weil meine Mutter gestorben ist. Die waren dort viel netter!"

Mehrmals wurde sehr bedauert, dass man sich einer Erziehungsperson nicht richtig anvertrauen könne. „Wenn ich meiner Bezugserzieherin etwas Schlimmes sage, dann muss sie das weitersagen, sie darf nichts verheimlichen. Mir wäre lieber, ich könnte das Problem mit ihr alleine lösen." „Intensive Gespräche mit Erzieherinnen habe ich mir abgewöhnt. Ich rede lieber mit meinem Freund." In zwei Fällen wird die fachliche Kompetenz der Erzieher(innen) angezweifelt: „Also hier müssten Leute arbeiten, die dir helfen, in deinem Leben klar zu kommen. In Geldsachen, Kochen, Waschen, alles was man so braucht im Leben, das können die einem hier super beibringen, das haben die klasse gemacht. Aber wenn man wirkliche Probleme hat, können die einem auch nicht helfen." Eine junge Frau schildert, sie habe in einer Situation, in der sie sich sehr schlecht gefühlte habe, einen Brief an ihren verstorbenen

Stiefvater geschrieben, mit dem sie ein sehr gutes Verhältnis hatte. Dieser Brief wurde von Erzieherinnen gefunden und auch gelesen. „Das ist doch ein Vertrauensbruch. Die lesen meinen Brief und bieten mir dann direkt eine Therapie an. Therapie! Therapie! Therapie. Ich kann das schon nicht mehr hören!"
Oftmals wurde ein vollkommenes Desinteresse der Erzieher(innen) konstatiert, vor allem bei jungen Menschen, die in Wohngruppen oder in Verselbstständigungsgruppen leben. „Die Gruppenleiterin sitzt nur hinter ihrem Schreibtisch, für die Gruppe tut die gar nichts." „Wenn die ganze Gruppe auf einer Person herumhackt, dann kommen die Erzieher nicht und sagen, dass jetzt Schluss sei. Die sind immer so sehr beschäftigt, haben gerade etwas anderes zu tun. Wenn hier etwas passiert, dann sagen die immer: ‚Ach, das ist eine Verselbstständigungsgruppe, ihr müsst selbst klarkommen.'" In die gleiche Richtung zielt eine andere Jugendliche: „Hier wird man überhaupt nicht unterstützt, wenn man Anliegen oder Probleme hat. Die sagen immer, wir wären doch alt genug, alles alleine zu lösen."

Wie sollten „ideale" Erzieher(innen) sein?

Bei dieser Fragestellung differieren die Antworten wiederum deutlich. Einige wünschen sich Erzieher(innen) mit einem „Mutter- oder Vaterinstinkt", bei „denen der Beruf nicht zur Routine" geworden ist. „Früher hatten wir eine Supererzieherin, die war so eine richtige Mami. Die hatte selbst Kinder und hat auch im Dienst versucht, mütterlich zu uns zu sein. Das fehlt uns jetzt sehr." „Als Supererzieherin müsste man so ein bisschen Muttergefühl haben oder Vatergefühl. Man kann nicht eiskalt einfach hier zur Arbeit kommen. Die hören einem zu und haben am nächsten Tag wieder alles vergessen. Man wird nicht ernst genommen." Die Gruppe dieser jungen Menschen drückt auch sehr deutlich ihr Verlangen nach intensiverer Anteilnahme und menschlicher Nähe aus. Andere lehnen demgegenüber „Elternfiguren" als Erzieher(innen) ab. Sie wünschen sich vor allem „lockere" Bezugspersonen, „aber das kommt bei uns leider nur im Urlaub vor" und sie schwärmen: „Meine frühere Lieblingserzieherin war locker, sie hat mit mir gesprochen wie eine gute Freundin, nicht wie eine Sozialpädagogin". Erzieher(innen) sollten vor allem „einfühlsam" sein, „verlässlich" und „auch verschwiegen". „Manche haben das drauf, andere aber nicht."

Verhältnisse zu den Eltern

Bei manchen sind die Eltern oder Elternteile, bei denen sie früher gelebt haben, zwischenzeitlich verstorben. Von den übrigen jungen Menschen bezeichnen etwa ein Drittel ihre Kontakte zu den Eltern als „nicht vorhanden", „abgebrochen", „ab und zu finden Pflichtbesuche statt" oder „ich wundere mich, warum die nie anrufen". Die anderen zwei Drittel der Befragten beurteilen ihr Verhältnis zu den Eltern als „etwas besser" oder „besser geworden". Bei dieser Gruppe scheinen keine aktuellen Konflikte mit den Eltern vorhanden zu sein. Im Gegenteil wurde auf folgende Erfahrungen hingewiesen, „Durch die räumliche Trennung ist das jetzt viel besser", „wir können uns jetzt viel ruhiger unterhalten", „jetzt verstehe ich meine Mutter viel besser" oder es wurde auf Veränderungen im Verhältnis aufmerksam gemacht: „Meine Mutter ist jetzt für mich so etwas wie eine gute Freundin, und das finde ich viel besser als vorher." Nahezu von allen wurde die Frage, ob mit den nun besseren Kontakten mit den Eltern auch die Erzieher(innen) etwas zu tun gehabt hätten, verneint. Einige legten Wert darauf, hier ihre Eigenständigkeit zu unterstreichen: „nein, das habe ich selber gemacht" oder „die Erzieher waren eigentlich gegen die Kontakte, aber ich habe das durchgesetzt".

Wie wird der Heimaufenthalt insgesamt bewertet?

Ganz im Gegensatz zu den Ausführungen über das Verhalten der Erzieher(innen) wird der zurückliegende Heimaufenthalt insgesamt von fast allen als sehr positiv für die eigene Entwicklung eingeschätzt. Nur vier der Befragten machen hier eine Einschränkung, indem sie ihre Heimerfahrungen als teilweise „schlecht" und teilweise „gut" bewerten. Alle anderen sind rückblickend davon überzeugt, dass „die Zeit im Heim das Beste war, was mir passieren konnte" und es wird teilweise bedauert, „dass ich nicht schon früher ins Heim gekommen bin". Die Entwicklungsmöglichkeiten zu Hause werden in der Einschätzung als „sicherlich sehr viel negativer" beurteilt, „es wäre nicht das aus mir geworden, was ich jetzt bin". Die Zeit in der Heimerziehung hat für die Betroffenen aus deren Einschätzung heraus vor allem etwas gebracht für die Persönlichkeitsentwicklung, insbesondere auch für die Stärkung des Selbstvertrauens und im Umgang mit anderen Menschen, aber sich auch sehr positiv auf die Bereiche Schule und Ausbildung ausgewirkt.

Persönliche Perspektiven/Ausblicke

Nur eine ganz kleine Minderheit der Interviewten ist momentan mit sich nicht ganz zufrieden und blickt eher etwas skeptisch in die Zukunft. Die überwiegende Mehrheit ist hoffnungsvoll auf die Zukunft eingestellt. Sie wünschen sich, dass sie Erfolg haben werden in der Schule und in der Berufsausbildung und teilen größtenteils sehr realistische berufliche Vorstellungen mit. Viele denken daran, bald eine eigene Wohnung zu haben, sie wollen eine eigene Familie gründen und „alles besser machen", als sie dies in ihren Herkunftsfamilien selbst erlebt haben. Eine typische Antwort zur persönlichen Perspektive lautet: „Ich wünsche mir Unabhängigkeit und auf jeden Fall eine bessere Familie, als ich sie hatte. Meinen Kindern will ich später auf jeden Fall immer das bieten können, was sie eigentlich haben wollen. Also, ich wünsche mir eine Familie, die gut und glücklich leben kann."

Diskussion der Befragungsergebnisse

Beim Finden von Interviewpartner(inne)n für diese Studie waren wir auf die Mithilfe von Leitungskräften der beteiligten Institutionen der stationären Erziehungshilfe angewiesen. Von ihnen wurden uns die jungen Menschen benannt, die letztlich für ein Interview zur Verfügung standen. Durch diese Vorauswahl konnte die Befürchtung entstehen, dass ein Personenkreis ausgesucht wurde, der eher sozial erwünschte Antworten garantiert. Die Ergebnisse der Interviewaktion zeigten jedoch sehr klar auf, dass dies so nicht der Fall gewesen war. Insgesamt gesehen sind die Antworten überaus kritisch, sie weisen auf Schwachpunkte der gegenwärtigen Praxis der Heimerziehung hin. Bei der Bewertung der vorliegenden Äußerungen muss allerdings auch bedacht werden, dass wir es hier mit jungen Menschen im Alter von 14 bis 18 Jahren zu tun hatten, die aus ihrer subjektiven Sichtweise heraus antworteten. In diesem Alter, welches teilweise noch durch pubertäre Prozesse und vor allem durch Ablösung geprägt ist, neigen Jugendliche oder junge Erwachsene ohnehin eher zu negativen Beurteilungen ihrer erwachsenen Bezugspersonen. Da der jeweils individuell zurückliegende Heimaufenthalt in seiner Bedeutung für die persönliche Entwicklung von der übergroßen Mehrheit als sehr positiv beurteilt wurde, relativiert sich der Einwand einer vorschnellen oder unbegründeten Kritik.

Zu den einzelnen Bereichen:

1. Der erste Tag im Heim
Es fällt auf, dass die Rückerinnerung an die Heimaufnahme überwiegend mit negativen Eindrücken und Gefühlen in Verbindung steht. Neben Trennungsschmerzen werden vor allem Vereinsamungsängste und das Gefühl, nicht angenommen zu sein festgestellt. Demgegenüber schienen besondere Beziehungsangebote aufseiten der Erzieher(innen) gerade in den ersten Tagen entweder nicht vorhanden gewesen zu sein oder sie wurden von den Kindern und Jugendlichen nicht wahrgenommen. Anscheinend fehlt in vielen Einrichtungen ein Konzept des pädagogischen Umgangs in der Aufnahmephase. Außerdem wird die Notwendigkeit einer Beziehungsarbeit sehr deutlich, welche schon mit Beginn der Heimerziehung erfolgen müsste. Diese wurde aber in vielen Fällen offensichtlich vonseiten der Betroffenen als nicht oder kaum vorhanden eingestuft. Ein junger Erwachsener erinnerte sich folgendermaßen an seinen ersten Tag in einem früheren Heim: „Also, die hatten mir mein Zimmer gezeigt und zu mir gesagt, wenn irgendwelche Fragen wären, sollte ich zu denen kommen. Aber irgendwie hatte ich da keine Traute gehabt. Die kamen auch nicht von selbst zu mir. Und dann habe ich am anderen Tag gedacht: ‚Ach, was willst du hier bleiben, hier kümmert sich doch keiner um dich.' Die Jugendlichen, die dort waren, das waren alle, na ja Prügelknaben. Und dann habe ich mir gedacht, dann gehe ich wieder. Und dann bin ich halt wieder gegangen."

2. Die räumliche Ausstattung
Die räumliche Ausgestaltung und Atmosphäre der Zimmer und Gruppen wurden von vielen als unangemessen und schlecht beurteilt. Eine Jugendliche beurteilte ihr Zimmer im Heim beispielsweise so: „Das Zimmer sah aus wie im Knast. Da waren weiße Wände, es waren die Betten aus Holz, aber es lag kein Lattenrost darin, es war einfach nur ein Brett hineingelegt worden. Dann war da noch ein schwarz angemalter Schreibtisch, die Tür war kaputt und die Schublade fiel immer heraus. Außerdem war da noch so ein riesengroßer Kleiderschrank, auch in einem so häßlichen Holzton. Und das war wirklich ekelhaft, es war nicht toll." Eine wirkliche „Beheimatung" wird unter solchen Umständen nur erschwert gelingen können. Anscheinend wird in zahlreichen Heimen ein pädagogisch zu begrüßender Einfluss der Rahmenbedingungen und der Wohnatmosphäre ignoriert oder unterschätzt.

3. "Standardsituationen": morgendliches Aufstehen, Frühstück, Mittagessen, Hausaufgabensituation, Zubettgehen
Solche Standardsituationen waren zuvor bereits durch die Planungsgruppe Petra analysiert worden (1988, S. 57–64) Aus der Sicht der Jugendlichen und jungen Erwachsenen beurteilen nur wenige die Situation der Mahlzeiten als schwierig oder belastend. Wenn sie es doch tun, dann wird über zu große Hektik geklagt, dies hatte ebenso die Planungsgruppe Petra bestätigt. "Ich fand es sehr unangenehm, mit so vielen Leuten zusammen zu essen. Und dieses ständige Chaos und die Hektik! Da habe ich nicht so viel herunterbringen können. Und die Erzieher haben mich immer gedrängt und meinten dauernd, ich muss was essen. Das fand ich doof." Weiterhin lagen vereinzelt Aspekte der Vereinsamung (vor allem beim Mittagessen) und das Gefühl, nicht richtig versorgt zu sein, vor.
Im Gegensatz zu den Ergebnissen der Planungsgruppe Petra, welche die Hausaufgabensituation als teilweise Überforderung der Erzieher(innen) wertete, war in unserer Untersuchung aus der Sicht der jungen Menschen die Erledigung der Hausaufgaben im Rahmen des Heimalltags weitestgehend keine zu kritisierende oder belastende Angelegenheit.
Auch das morgendliche Aufstehen und das abendliche Zubettgehen stellte für die meisten der Interviewten keine Belastung dar. Waren in diesen Bereichen jedoch Probleme vorhanden, so waren diese in der Regel schwerwiegender Natur. Der von der Planungsgruppe Petra teilweise festgestellte Mangel an Zuwendung und Emotionalität lässt sich in diesen Bereichen ebenso konstatieren. Die Probanden waren über die Fragen zu Standardsituationen eher überrascht und empfanden diese teilweise als überflüssig.

4. Umgang mit Regeln
Nur wenige der Befragten hatten Probleme mit den vorgefundenen Regeln, wenn dies doch der Fall war, so fühlten sie sich eher allgemein unterdrückt und zu wenig ernst genommen. Gewissermaßen als Nebeneffekt wurden im Zusammenhang mit den Regeln Strafen angesprochen. Hierbei wurde überaus deutlich, dass der pädagogische Sinn von Strafen und insgesamt die Thematik "sinnvolle" Strafen innerhalb der Heimerziehung zu wenig reflektiert worden ist.

5. Gruppenunternehmungen
Die Hälfte der Befragten war mit Gruppenunternehmungen sehr unzufrieden, weil diese entweder nicht angemessen seien oder kaum statt-

fänden. Ein Jugendlicher, der seit eineinhalb Jahren in einer Wohngruppe lebt, schilderte seine Eindrücke so: „Gruppenunternehmungen sind schlecht hier. Also, ich weiß nicht, aber man ist eigentlich mehr auf sich selber angewiesen hier. Man müsste sehr viel mehr gemeinsam tun, zum Beispiel ins Kino fahren. Gut, als wir aus dem Urlaub kamen, sind wir in den Zoo gefahren, das war gut. Und einmal sind wir zusammen ins Kino gegangen. Außer jetzt das Weihnachtsessen, das machen wir jedes Jahr. Also eigentlich nur zwei Unternehmungen in der ganzen Zeit, das war es aber auch." Bei den jungen Menschen kamen auch deshalb Gefühle des Desinteresses an ihrem Wohlergehen, der Nichtbeachtung und der Überforderung auf. Diese Negativmerkmale finden wir an anderen Stellen ebenso.

6. Beurteilung der Erzieher(innen)
Die vorgefundene Beurteilung der Erzieher(innen) fällt überwiegend sehr negativ aus. Vielfach wurden einzelne Persönlichkeitsmerkmale und Vorgehensweisen kritisch beurteilt. Viele vermuten auch hier ein Desinteresse und sie fühlen sich überfordert, ihre Angelegenheiten selbst zu regeln. Andererseits fehlt einigen das Vertrauen, Problemsituationen mit Erzieher(innen) zu besprechen. „Mit einem Problem, das mich wirklich doll beschäftigt, darüber kann ich nicht mit meinen Betreuern reden. So etwas fresse ich, ehrlich gesagt, meistens in mich hinein, ich weiß auch nicht warum. Und ich weiß nicht, ich habe noch keinen gefunden, mit dem ich über so was reden kann. Und ich finde, die Betreuer müssen nicht alles wissen." Ähnlich äußerte sich eine weitere Jugendliche, die in einer anderen Einrichtung lebt: „Nee, also zu den Erziehern gehe ich wirklich nur ganz selten, also nur wenn es allerhöchste Eisenbahn ist, wenn es mir ganz schlecht geht, wenn ich Angstzustände bekomme. Aber so mit meiner Einsamkeit, ich glaube, ich gehe eher zu den Mädchen. Also zu meiner Freundin, die hier im Zimmer wohnt, zu der gehe ich sehr oft." Auffallend ist weiterhin, dass die jungen Menschen in vielen Fällen unter einem subjektiv empfundenen Mangel an Beachtung und Zuwendung leiden. Insofern wird hier wiederum der Beziehungsaspekt innerhalb der Praxis der Heimerziehung angesprochen.

7. Verhältnisse zu den Eltern
Die Beziehungen und Kontakte zu den Eltern haben sich bei vielen während des Heimaufenthaltes verbessert. Auffallend ist allerdings, dass aus

der Sicht der Befragten dies kaum auf Interventionen der pädagogischen Mitarbeiter(innen) zurückzuführen sei. Entweder wurden Aktivitäten der Eltern- und Familienarbeit in den Einrichtungen kaum praktiziert, oder sie wurden von den Heranwachsenden nicht wahrgenommen. Aber eigentlich hätten sie doch in solche Prozesse integriert werden müssen. Es soll daher genauer untersucht werden, welchen Stellenwert die Eltern- und Familienarbeit innerhalb der Heimerziehung einnimmt.

8. Bewertung des Heimaufenthaltes insgesamt
Es ist erstaunlich, dass der Heimaufenthalt in seiner Bedeutung für die persönliche Entwicklung trotz der zahlreichen Kritikpunkte insgesamt sehr positiv bewertet wird. Aus der Sicht der jungen Menschen haben sie sich, zwar mit einiger Unterstützung – aber von vielen wurde die Eigenleistung betont –, recht gut persönlich entwickelt. Sie blicken insgesamt relativ optimistisch und realistisch in die Zukunft. Gehres folgert unter anderem aus seiner Studie: „Je zufriedener die ehemaligen Heimkinder heute, im Nachhinein, mit der Heimerziehung sind, desto wichtiger und positiver war diese Zeit für ihre Persönlichkeitsentwicklung" (1997, S. 203). Unter diesem Aspekt gesehen, hat sich die Zeit der Heimunterbringung für fast alle unserer Befragten sicherlich gelohnt. Es bleibt allerdings zu fragen, ob Erziehung und Sozialisation in diesem sozialpädagogischen Arbeitsfeld noch besser hätten verlaufen können, wenn die von den jungen Menschen kritisierten Negativmerkmale weniger umfänglich vorhanden gewesen wären.

Die Untersuchungsergebnisse zeigen wesentliche fachliche Schwerpunkte auf, die als Qualitätsmerkmale der stationären Erziehungshilfe einer weiteren Erörterung bedürfen. Dabei wird der Aspekt der pädagogischen Beziehung in den unterschiedlichen Themenbereichen eine übergeordnete Rolle spielen:

- Die Rolle der Erzieher(innen), pädagogische Arbeit als Beziehungsarbeit,
- Verselbstständigung, Überforderung und Orientierungslosigkeit junger Menschen in der Heimerziehung,
- pädagogische Aspekte und Konzepte der Heimaufnahme,
- Strafen in der Heimerziehung,
- räumliche Rahmenbedingungen und Ausstattungsmerkmale.

Kapitel V: Folgerungen für die pädagogischen Mitarbeiter(innen)

Woran kann sich Heimerziehung orientieren?

Die vergangene und gegenwärtige Praxis der Heimerziehung vermittelt bisweilen den Eindruck, dass zwischen ihr und den schriftlich fixierten Konzeptionen der Einrichtungen Differenzen bestünden. Die alltägliche pädagogische Arbeit lässt pädagogische Zielsetzungen in Verbindung mit methodischen Handlungsweisen nicht immer oder nicht eindeutig genug erkennen. Ein sozialpädagogisches Arbeitsfeld wäre aber unabdingbar auf Orientierungen angewiesen, wenn es erfolgreich sein will.

Beispiele aus der Praxis

Mitarbeiter(innen) der pädagogischen Praxis begründen das Nichterreichen pädagogischer Ziele innerhalb der Heimerziehung sowie die relative Erfolglosigkeit des Heimaufenthaltes bei einer gewissen Anzahl junger Erwachsener, die aus dem Heim entlassen wurden, oft mit folgenden Argumenten: Die Kinder und Jugendlichen, die heute in Heime kämen, seien sehr viel schwieriger als früher; außerdem würden in der Hauptsache Jugendliche aufgenommen, bei denen sich Auffälligkeiten infolge lang andauernder ungünstiger Verhältnisse manifestiert hätten. Diese Jugendlichen könnten aber nur noch drei oder vier Jahre im Heim bleiben; diese Zeit reiche für die Behebung ihrer Störungen einfach nicht aus. Diese Argumentation ist einleuchtend und trifft gewiss in vielen Fällen zu. Es ist auch äußerst schwierig, pädagogische Erfolge oder Misserfolge der Institution Heim zuzuschreiben, denn es wird niemals bekannt sein, wie zum Beispiel der Lebensweg eines jungen Menschen ausgesehen hätte, der mit scheinbarer Erfolglosigkeit aus der Heimerziehung entlassen wird, wenn eben dieser unter anderen Rahmenbedingungen andere erzieherische Einflüsse gehabt hätte. Wären seine Auffälligkeiten dann womöglich noch viel größer geworden? Da wir es jedes Mal mit einmaligen, nicht wiederkehrenden, individuellen Lebensverläufen zu tun haben, kann hier keine Kontrollgruppe eine exakte Auskunft über

Wert und Unwert pädagogischer Bemühungen geben Zurückgreifen wird man allerdings auf allgemeine pädagogische Erfahrungswerte und man wird Rückschlüsse aus den Erfolgen und Misserfolgen der erlebten Praxis ziehen.

Wenn es nun zutreffen sollte, dass die Ausgangssituation der Heimerziehung sich verändert hat in eine Richtung, in der wegen der beschriebenen Faktoren Erfolglosigkeit wahrscheinlicher wird, muss hinterfragt werden, ob die Praxis der Heimerziehung sich den Anforderungen ihrer heutigen Klientel gestellt hat und wie erfolgreiche pädagogische Interventionen trotz einer schwierigen Ausgangssituation konzipiert und realisiert werden könnten.

Wir wollen zu Beginn einige Negativbeispiele aus der Praxis darstellen. Damit soll keinesfalls ausgesagt werden, dass diese Vorgehensweisen in vielen oder gar in allen Heimen so anzutreffen wären. Aber es könnten sich doch in manchen Einzelfällen Kinder oder Jugendliche aus ähnlichen Gründen in ähnlicher Weise weniger positiv entwickelt haben.

Wir wollen unsere Beispiele ansiedeln in einer Gruppe eines typischen Kinderheimes mit insgesamt drei Gruppen. Das Heim besteht aus drei Gruppenhäusern, die wie größere Einfamilienhäuser aussehen, und einem Zentralgebäude, in dem früher die Zentralküche untergebracht war. Jetzt sind hier die Heimleiterwohnung, außerdem das Zimmer der nebenamtlichen Psychologin sowie verschiedene Funktionsräume. Jedes Gruppenhaus hat seinen eigenen Garten; die ganze Anlage befindet sich am Rande einer größeren Stadt in gutbürgerlicher Nachbarschaft. Die äußeren Bedingungen können als gut bezeichnet werden; die älteren Kinder bewohnen alle ein Einzelzimmer, die Häuser sind gut ausgestattet und strahlen eine gemütliche Atmosphäre aus. Schon vor einigen Jahren hat man in dem Heim auf Selbstversorgung umgestellt; es wird in jeder Gruppe eigenständig gekocht und die Wäschepflege vorgenommen.

In unserer Gruppe leben acht junge Menschen, alters- und geschlechtsgemischt, in der Hauptsache im Alter von 13 bis 17 Jahren. Neben der hauswirtschaftlichen Kraft arbeiten vier pädagogische Mitarbeiter(innen) in der Gruppe: eine Sozialpädagogin als Gruppenleiterin, eine Erzieherin, ein Erzieher, eine Erzieherin im Anerkennungsjahr. Einmal in der Woche findet eine mehrstündige Dienstbesprechung statt, in der neben organisatorischen Fragen vor allem konkrete Erziehungsplanung stattfindet.

1. Fallbeispiel

> Horst, 13 Jahre alt, hatte bis vor einem Jahr schon drei Jahre in der Gruppe gelebt. Dann wurde er in eine Pflegefamilie vermittelt. Dieses Pflegeverhältnis scheiterte, und der Junge kam nach acht Monaten wieder zurück in die gleiche Gruppe. Horst ist sich über seine Situation im Unklaren. Er glaubt, dass er wieder zurück zur Pflegefamilie kommen könne, denn er kann sich keinen Grund vorstellen, warum er dort nicht weiter bleiben solle. Sein Hauptgesprächsstoff mit den Erzieher(inne)n und den anderen Kindern der Gruppe ist daher auch seine baldige Rückkehr zur Pflegefamilie. Die Mutter von Horst ist psychisch äußerst labil und wäre als Alleinerziehende total überfordert. Es besteht allerdings eine positive emotionale Bindung zwischen Mutter und Kind. In der letzten Zeit ist Horst sehr enttäuscht, dass Termine von seiner Mutter nicht eingehalten werden; er fühlt sich vernachlässigt.

In dieser Situation beschließen die Erzieher(innen) folgende Vorgehensweise: Es ist für Horst wichtig, dass er sich mit seiner realen Situation auseinandersetzt; er muss seine Perspektiven nicht länger bei der Pflegefamilie, sondern im Heim finden. Diese Wahrheit wird für den Jungen sicherlich nicht leicht zu akzeptieren sein. Es wird vereinbart, dass der Erzieher der Gruppe, der den besten Zugang zu Horst hat, sich in der nächsten Zeit intensiv um ihn bemühen wird. Er soll ihm seine Situation verdeutlichen, ihm gleichzeitig wichtige Bezugsperson sein und sportliche Aktivitäten, die Horst sehr gerne ausübt (Schwimmen, Radfahren), mit ihm gemeinsam betreiben. Außerdem sollen Gespräche mit der Mutter stattfinden, um mit ihr zu klären, wie wichtig es für ihren Sohn ist, dass sie sich zuverlässig verhält.

Das Erziehungsteam geht also in diesem Fall davon aus, dass es für das Kind wichtig ist, seine reale Situation zu erfassen. Weil es sich um eine schwierige Wahrheit handelt, soll der Junge durch die emotionale Nähe des Erziehers unterstützt werden. Außerdem soll eine aktive Elternarbeit mit der Mutter eingeleitet werden.

Realisierung
Nach dem Gespräch und dem Beschluss des pädagogischen Vorgehens beschäftigt sich der Erzieher einige Tage intensiv mit Horst. Einen vereinbarten Termin zum gemeinsamen Radfahren will der Junge nicht wahrnehmen, weil er sich mit Schulfreunden verabredet hat. In der nächsten Woche muss der Erzieher in einer anderen Gruppe des Heimes aushelfen, wo krankheitsbedingt ein personeller Engpass entstanden ist. Danach hat der Erzieher die bevorstehende Urlaubsfahrt der Gruppe vorzubereiten; er findet kaum noch Zeit, die Routinehandlungen des Alltags zu verwirklichen. Mit der Mutter von Horst war ein Gesprächstermin im Heim vereinbart worden, wozu sie aber nicht erschien.
Nach einem halben Jahr stellt sich die Situation wie folgt dar: Horst ist sich darüber im Klaren, dass er nicht mehr in die Pflegefamilie zurückkehren kann. Gleichzeitig ist der Junge in seinem Verhalten auffälliger geworden. Er scheint weniger Selbstvertrauen zu haben und versucht offensichtlich, diesen Zustand durch aufsässiges Verhalten zu kompensieren. Die Kontakte zwischen Mutter und Kind sind seltener geworden. Der Erzieher begründet seine Vorgehensweise folgendermaßen: Er habe einfach nicht die Zeit gehabt, sich so intensiv wie vereinbart um Horst zu kümmern. Außerdem hätte der Junge auch nicht so viel Interesse an gemeinsamen Aktivitäten gezeigt. Ein Gespräch mit der Mutter habe wegen deren Unzuverlässigkeit nicht stattfinden können.

2. Fallbeispiel

> Heidi, eine 14-jährige Jugendliche, lebt schon seit über fünf Jahren in der Gruppe. Sie war immer relativ unproblematisch, auch in der Hauptschule kann sie gute Leistungen erzielen. Früher hatte Heidi öfters nachts eingenässt, das wurde zwar mit der Zeit sehr viel seltener, es kam aber hin und wieder immer noch einmal vor, dass das Mädchen das Bett nass machte.

Diese Symptomatik ist den Erzieher(inne)n in den letzten Wochen wieder verstärkt aufgefallen. Mindestens zweimal, manchmal auch dreimal pro Woche nässt Heidi jetzt ein. Eine erklärbare Ursache für das Verhalten liegt nicht auf der Hand; ein organischer Befund kann jedenfalls ausgeschlossen werden. Die Erzieher(innen) vermuten einen eventuellen Zusammenhang mit der pubertären Entwicklung der Jugendlichen und der vor einigen Wochen erstmals eingesetzten Menstruation. Heidi leidet sehr unter dem Einnässen; vor allem fürchtet sie sich vor dem in sechs Wochen stattfindenden Landschulheimaufenthalt ihrer Schulklasse, weil dann ihre Klassenkameradinnen alle mitbekommen würden, dass sie ins Bett mache.

In dieser Situation beschließen die Erzieher(innen) in einem gemeinsamen Gespräch mit der Psychologin, verhaltenspädagogisch vorzugehen. Heidi soll selbst genau Buch führen über trockene und nasse Nächte. Es sollen Belohnungen in Aussicht gestellt werden, wenn sie über längere Zeit nicht eingenässt hat.

Realisierung
Heidi wird aufgefordert, peinlich genau aufzuschreiben, an welchem Morgen sie trocken war oder eingenässt hat. Wenn sie mindestens fünf Tage lang hintereinander nicht eingenässt haben wird, winken ihr als Belohnung ein Kinobesuch außer der Reihe und ein anschließendes Pizzaessen mit einer Erzieherin.

Das Mädchen betreibt die Buchführung mit sehr viel Sorgfalt und Eifer. Sie nässt zwischendurch nur noch einmal ein und kann schnell auf fünf trockene Nächte hinweisen. Zwischenzeitlich ist jedoch eine Erzieherin, mit der der gemeinsame Kinobesuch und das Pizzaessen stattfinden sollte, erkrankt. Heidi wird vertröstet. Zur selben Zeit wird ein Kind neu in die Gruppe aufgenommen, das Erziehungsteam hat alle Hände voll zu tun. Da Heidis Problem anscheinend verschwunden ist, werden auch ihre Berichte über weitere trockene Nächte nicht mehr sonderlich interessiert von den Erzieher(inne)n wahrgenommen. Es kommt plötzlich bei Heidi zu massiven Rückfällen und sie bittet darum, sie von dem geplanten Landschulheimaufenthalt abzumelden.

Die beiden in einer fiktiven Heimgruppe angesiedelten Fallbeispiele zeigen gemeinsame Merkmale als Ursachenfaktoren für pädagogischen Misserfolg auf, die auch in vielen anderen Fällen als Begründung herangezogen werden können.

Die äußeren Rahmenbedingungen der Institution sollten ein effektives pädagogisches Vorgehen eigentlich begünstigen. Die Erzieher(innen) haben ihre fachliche Vorgehensweise wohl überlegt und sind von der Notwendigkeit der pädagogischen Intervention überzeugt. Schwierigkeiten treten nun aber massiv bei der Realisierung auf. Die notwendige Konsequenz bei der Realisierung vereinbarter Vorgehensweisen wird in vielen Fällen durch die Anforderungen des Alltags zunichte gemacht. Dies wird besonders deutlich, wenn – durch Krankheit oder durch Urlaub bedingt – personelle Engpässe die Praxis beeinträchtigen. Die mangelnde Konsequenz zeigt sich auch in der vorschnellen Aufgabe gestellter Ziele, wenn wünschenswertes Verhalten nicht sofort zu erreichen ist. In beiden Fällen war Erziehungsplanung vorhanden; diese Arbeit konnte allerdings keinerlei positive Auswirkung in der Entwicklung der Kinder zeigen.

Effektive Heimerziehung setzt eine positive Absicht, eine fundierte erzieherische Planung voraus. Um zu pädagogischen Zielen zu gelangen, müssen aber grundlegende Merkmale einer qualitativen pädagogischen Umsetzung ebenso vorhanden sein.

Die fördernde Wirkung einer konsequenten pädagogischen Vorgehensweise, die ihren Ursprung aus dem Hilfegedanken für das Kind ableitet, soll an einem weiteren Beispiel verdeutlicht werden:

> Erzieher(innen) machten die leidvolle Erfahrung, wie schwer es vielen Kindern fällt, abends zu Bett zu gehen. Lang anhaltende Diskussionen und Auseinandersetzungen waren die Folge; es fiel schwer, die adäquate pädagogische Reaktionsweise zu finden und auch überzeugend anzuwenden. Die Mitarbeiter(innen) kamen bei der Erörterung dieses Problemfeldes zu der Ansicht, dass die im Heim lebenden Kinder infolge ihrer minimalen hirnorganischen Störung und/oder wegen ihrer starken Verhaltensauffälligkeiten sehr oft strukturschwache Persönlichkeiten darstellten. Diese fehlende innere Strukturierung musste folglich durch eine äußere Struktur ersetzt werden. Im konkreten Fall wird die Umsetzung der Analyse folgendermaßen praktiziert: Da Jan abends Schwierigkeiten hat, zu Bett zu gehen, wird er schon eine Stunde vor der festgelegten Schlafenszeit darauf aufmerksam gemacht: „Jan, in einer Stunde gehen wir zu Bett." Nach einer halben Stunde wird die Erinnerung wiederholt. 15 Minuten vor der Zubettgehzeit wird abermals deutlich darauf hingewiesen und aufgefordert, das Spiel langsam zu beenden und anzufangen, die Spielsachen wegzuräumen. Fünf Minuten vor dem Termin: „Jan, in fünf Minuten gehen wir zu Bett!" Wenn diese letzten Minuten verstrichen sind, steht der/die Erzieher(in) auf und sagt deutlich: „So Jan, jetzt gehen wir!"

Aufgrund dieses strukturierenden Vorgehens konnte in vielen Fällen die sonst nervenaufreibende Zeremonie beim Zubettgehen vermieden werden. Wichtiger als das unproblematische Schlafengehen ist jedoch, dass die Kinder in dieser Situation keinen Grund hatten, auffälliges Verhalten an den Tag zu legen. Es wird an diesem Beispiel deutlich, wie es pädagogisch effektiv werden kann, einen fehlenden inneren Halt durch einen äußeren Halt zu ersetzen, so wie dies Paul Moor (1969) als Gegenstand der Heilpädagogik beschrieben hat.

Folgerungen

Bei einer Analyse der bisherigen problemorientierten Darstellung des Praxisfeldes werden Aufgabenbereiche und Anforderungen sichtbar, die Merkmale einer effektiven und erfolgreichen pädagogischen Vorgehensweise innerhalb der Heimerziehung sein können. Der Eindruck, dass ein gutes Zusammenwohnen unter positiven Rahmenbedingungen allein nicht ausreichen kann, hat sich verstärkt. Es werden daher die folgenden Hypothesen und Fragestellungen zu untersuchen sein:

- Heimerziehung ist in ihrer Qualität abhängig von der Rolle, der Haltung und Identität der in ihr arbeitenden Erzieher(innen). Wie sollte ein solches Persönlichkeitsbild aussehen?
- Heimerziehung kommt nicht ohne pädagogische Grundhaltungen aus. Wie müssen pädagogische Konzeptionen beschaffen sein, wie können sie verinnerlicht werden und effektive Anwendung finden?
- Heimerziehung bedarf der methodischen Umsetzung der pädagogischen Ziele. Wie können Methoden aussehen, welche die Umsetzung pädagogischer Ziele fördern? Wie können Störungsquellen, die zum Beispiel in der Belastung durch die Anforderungen des Alltags gesehen werden, verringert werden?

Rollenveränderungen und Identifikation der Heimerzieher(innen)

Die Rollenerwartung an das Berufsbild der Heimerzieher(innen) hat sich mit dem inhaltlichen Wandel des Praxisfeldes erheblich geändert und ist sicherlich im Zuge dieser Veränderung qualitätsorientierter ge-

worden, damit aber zugleich schwieriger in der Erfüllung von Erwartungshaltungen.
Das Berufsbild früherer Heimerziehung war geprägt durch Pflege, Beaufsichtigung und Versorgung elternloser Kinder und in späterer Zeit in zunehmendem Maße von Kindern und Jugendlichen mit schwierigen Vorgeschichten in der Sozialisation. Autorität, Disziplin und Ordnung, dies waren beispielsweise gängige Begriffe und Klischees, die mit Heimerziehung in Verbindung gebracht wurden. Im Laufe einer allgemein veränderten Auffassung von Erziehung, die in der Bundesrepublik vor allem durch die Diskussion über antiautoritäre Erziehungspraktiken ausgelöst wurde, und im speziellen Gebiet der Heimerziehung infolge zunehmender Skandalisierung der immer antiquierter erschienenen Vorgehensweisen, veränderten sich Inhalte und Anforderungen der Heimerziehung radikal. Pädagogische Reformen wurden möglich und auch öffentlich unterstützt.
Anstelle des Unterwerfungsgedankens trat zusehends das Postulat des Helfens und Förderns. Pflege und Versorgung wurden abgelöst durch die pädagogisch begründete Praxis des gemeinsamen Wohnens und Erlebens innerhalb von kleinen Gruppen mit familienähnlichen Strukturen. Die uniforme Gruppenpädagogik wich gleichzeitig zugunsten einer individuellen pädagogischen Sichtweise in der praktizierten Heimpädagogik zurück. Entsprechend der veränderten inhaltlichen Anforderungen war ein Bedarf an qualitativ gut ausgebildetem Erziehungspersonal gegeben. Es wurden nicht mehr Aufpasser benötigt, die beispielsweise die Einhaltung der Heimordnung peinlich genau im Auge hatten, sondern Mitarbeiter(innen), die in der Lage waren, durch ihre eigene Persönlichkeit und infolge ihrer qualitativen Ausbildungsmerkmale, Kindern zu einer besseren Entwicklung zu verhelfen.
Während die berufliche Rolle der Heimerzieher(innen) früher relativ klar durch Begriffe wie beispielsweise Pflege, Versorgung, Beaufsichtigung, Ordnung und Disziplin zu umschreiben war, ergibt die heute sehr offene und globale Erwartungshaltung nach einer günstigen individuellen pädagogischen Förderung ein sehr breit gefächertes Berufsbild, dessen einzelne Handlungsmöglichkeiten weder allumfassend aufgelistet werden können, noch von dem/der einzelnen Erzieher(in) innerhalb der breiten Differenzierung so ausgeübt werden könnte.
Wolf fordert für die gegenwärtige und zukünftige Heimerziehung grundsätzlich den Einsatz von Sozialpädagogen. „Dezentralisierte Be-

treuungsarrangements mit einer umfassenden Zuständigkeit der Pädagogen für die Lebensbedingungen und die Erziehung der Kinder, ohne hochformalisierte Handlungsvorschriften und mit wesentlichen Kompetenzen ausgestattet und ohne die Delegation wichtiger Funktionen an gruppenübergreifende Dienste, erfordern anders qualifizierte Mitarbeiter" (Wolf 1995, S. 41f.). Als Qualifikationsmerkmale sollten solche Mitarbeiter(innen) unter anderem die Fähigkeit zur Rollendistanz und zur Empathie besitzen. Neben der Beziehungsarbeit und der Behandlung der Kinder müsse innerhalb der Heimerziehung eine alltagsorientierte Erziehung geleistet werden. „In ihrem Arbeitsbereich kommt es gerade darauf an, spezifisches Fachwissen und Interaktionskompetenz in das Zusammenleben und die Bewältigung des Alltags zu integrieren" (Wolf 1995, S. 44).

Im Zuge der Debatten um Finanzierungsfragen und das Qualitätsmanagement innerhalb der Jugendhilfe sind neue Begrifflichkeiten wie Struktur-, Prozess- und Ergebnisqualität in die stationäre Erziehungshilfe einbezogen worden, mit neuen qualitätsorientierten Herausforderungen an die dort tätigen Pädagog(inn)en. Die Orientierung und Optimierung von Qualitätsmerkmalen und -prozessen soll letztlich Kinder und Jugendliche durch günstige Erziehung und Sozialisation zu mündigen Menschen werden lassen. Dies kann allerdings nur gelingen, wenn ihrerseits die pädagogischen Mitarbeiter(innen) „mündiger" werden, wenn sie entsprechende Rahmenbedingungen vorfinden, die ihre Kritik- und Konfliktfähigkeit fördern (Krockauer 1998, S. 16).

Die berufliche Identifikation der Heimerzieher(innen) ist davon abhängig, dass sie erlernte, übernommene oder selbst entwickelte Haltungen verinnerlicht haben und relativ erfolgreich in den beruflichen Prozess einzubringen vermögen. Eine gestörte berufliche Identifikation kann verschiedene Faktoren als Ursachen haben:

Die verinnerlichten Erziehungshaltungen und Normen der Heimerzieher(innen) werden von Kolleg(inn)en oder Vorgesetzten nicht anerkannt. Diese fehlende Identifikation kann vor allem in sehr hierarchisch strukturierten Einrichtungen beobachtet werden, wenn die Gruppenmitarbeiter(innen) stark unter Kontrolle gehalten werden und abhängig sind vom Wohlwollen der Leitungspersonen, deren pädagogische Konzeption sie jedoch ablehnen oder nicht erkennen können.

Wenn die angewandten pädagogischen Haltungen und Wertmaßstäbe bei den Kindern und Jugendlichen keine oder relativ geringe Erfolge zeigen, so stimmen verinnerlichte Haltungen und berufliche Erfolge nicht überein. Die auf diese Weise vorhandene berufliche Identifikation kann jedoch möglicherweise durch die Entwicklung neuer erfolgversprechender pädagogischer Haltungen und Vorgehensweisen erreicht werden, wenn sie neu verinnerlicht werden können.

Eine berufliche Identifikation der Heimerzieher(innen) liegt nicht vor, wenn pädagogische Haltungen und Konzeptionen entweder nur bruchstückhaft oder überhaupt nicht vorhanden sind.

Wir gehen nun aber davon aus, dass pädagogische Erfolge innerhalb der Heimerziehung sehr wesentlich von der beruflichen Zufriedenheit, von der beruflichen Identifikation abhängig sind.

Die berufliche Zufriedenheit von Heimerzieher(innen)n war in den 70er, 80er und zu Beginn der 90er Jahre offensichtlich sehr niedrig. Zahlreiche Untersuchungen belegten, dass die Fachkräfte insbesondere mit ihren persönlichen beruflichen Perspektiven, mit den Arbeitszeiten und Schichtdiensten sowie mit den Möglichkeiten ihrer Partizipation unzufrieden waren (Günder 1995, S. 64ff.). Spätere Studien zeigen Gegenteiliges auf: Eine relativ große berufliche Zufriedenheit von Mitarbeiter(innen) in Jugendhilfeeinrichtungen ergab eine Untersuchung in Baden-Württemberg:

- über 90% waren mit der Arbeitssicherheit zufrieden,
- über 80% empfanden ihre Möglichkeiten an Entscheidungen mitzuwirken als gut,
- 71% fanden die Arbeitszeiten akzeptabel,
- knapp 84% waren mit ihrer eigenen Berufswahl zufrieden,
- 84% zeigten sich mit der Sicherheit ihres Arbeitsplatzes zufrieden (Castello/Nestler 2004).

„Trotz zum Teil starker Belastungen zeigte sich die Mehrzahl aller MitarbeiterInnen mit ihrer Arbeit zufrieden. Gestaltungsfreiheit und die Möglichkeit zur Partizipation werden meist positiv bewertet und sind möglicherweise ein Ausgleich für die nicht selten beklagte schlechte Bezahlung" (Castello/Nestler 2004, S. 276).

Auch in einer anderen Studie zum Arbeitsplatz stationäre Erziehungshilfe in Nordrhein-Westfalen wurden bezüglich der Arbeitszufriedenheit relativ gute Ergebnisse ermittelt. Allerdings äußerten in dieser Untersuchung vier Fünftel der Leitungskräfte Sorgen und Ängste vor finanziellen Kürzungen und den damit einhergehenden Problemen (Günder/Reidegeld 2005a). Auch die Arbeitssituation durch Schicht- und Wochenenddienst wurde von fast zwei Dritteln der befragten Fachkräfte nicht als unangenehm empfunden (Günder/Reidegeld 2005b, S. 12). Die in früheren Jahren so oft festzustellende Fluktuation der Erzieher(innen), mit den einhergehenden Beziehungsverlusten für die jungen Menschen, hat sich heute sehr reduziert. Dies resultiert allerdings primär aus dem Umstand kaum vorhandener freien Stellen in den pädagogischen Arbeitsfeldern, auf die man überwechseln könnte.

Häufig beklagen pädagogische Mitarbeiter(innen), dass die Belastungen im Arbeitsfeld Heimerziehung umfangreicher und schwieriger geworden seien. Sie begründen diese Ansicht auch mit dem Hinweis darauf, die Kinder und Jugendlichen, die auf Heimerziehung angewiesen sind, seien immer schwieriger geworden. Die Ergebnisse der umfangreichen EVAS-Studie konnten diese oft vorgetragene Argumentation jedoch nicht bestätigen. „Die dargestellten Verläufe und statistischen Tests unterstützen nicht die Hypothese, dass sich die Problemlage der Klientel in den letzten Jahren verschärft hat. … Hilfreich wäre in diesem Zusammenhang jedoch auch eine inhaltliche Präzisierung des Begriffs ‚schwierig'. Ebenso wäre es denkbar, dass nicht die Klientel schwieriger wird, sondern die Rahmenbedingungen, sich also strukturelle Aspekte im Laufe der letzten Jahre verschlechtert haben und es an Unterstützung, Informationen, aber auch an finanziellen Mitteln und personeller Ausstattung in den Einrichtungen und Diensten zunehmend mangelt" (Macsenaere/Herrmann 2004, S. 37).

Der Beziehungsaspekt in der Heimerziehung

In unserer kleinen Studie wurde deutlich, dass die angesprochenen jungen Menschen oftmals einen subjektiv so empfundenen Mangel an positiven Beziehungen zu ihren Betreuer(inne)n beklagen. Sie fühlen sich teilweise nicht wahrgenommen oder nicht ernst genommen und verbinden dies dann leicht mit einem Desinteresse an ihrer Person und ihrem individuellen Wohlergehen. Kinder und Jugendliche, die in stationärer Erziehungshilfe leben, haben häufig in ihrer Herkunftsfamilie schon unter fehlenden, nicht tragfähigen oder verzerrten Beziehungen zu ihren Eltern gelitten. Das Gefühl, nicht oder nicht richtig wahrgenommen zu werden, kann den Aufbau einer eigenen Identität erheblich beeinträchtigen. Die diesen Mangel kompensierende Erziehung und Sozialisation in Heimen, Wohngruppen oder im Betreuten Wohnen setzt folglich eine intensive von den Erwachsenen ausgehende Beziehungsarbeit voraus. Colla macht darauf aufmerksam, dass junge Menschen in ihrer Rückerinnerung über Jugendhilfeerfahrungen vor allem von „intersubjektiven Beziehungen" berichten, außerdem sprechen sie von „der Bedeutung von gelebter und erfahrener pädagogischer Beziehung als Besonderheit von sozialen Beziehungen, sprechen über gelungene oder gescheiterte personenbezogene pädagogische Anerkennungsverhältnisse, die immer mehr sind als bloß verbal vermitteltes Normen- und Handlungswissen" (1999, S. 344). Sehr ähnlich argumentiert Frommann. „Die Nähe und Direktheit ist und bleibt dennoch das erste und grundlegende Erlebnis für Kinder und Jugendliche" (2001, S. 243).

Wesentlich beim Beziehungsaufbau ist die emotionale Dimension, die, von den pädagogischen Fachkräften ausgehend, in diesem Prozess erkennbar wird. Ein Vertrauensverhältnis wird vor allem durch die Einstellung der pädagogischen Mitarbeiter(innen) beeinflusst, einen hohen Stellenwert nehmen ein: Anteilnahme, Zugehen auf die eigene Person, persönliches Einfühlungsvermögen, Respekt vor seiner Person oder positive Grundeinstellung gegenüber den Klient(inn)en (Klüsche 1990, S. 88).

Floßdorf betont in diesem Zusammenhang den erzieherischen Umgang in der Heimerziehung als „heilpädagogische Beziehungsgestaltung" und meint damit beispielsweise die Qualität der „alltäglichen Begegnung" oder „die Fähigkeit einer differenzierten Selbst- und Fremdwahrnehmung" (Floßdorf 1988b, S. 119). Als alltägliche Selbstverständlichkeiten für den Beziehungsaufbau können zum Beispiel gesehen werden:

- Einander bemerken.
- Aufeinander achten.
- Aufeinander hören.
- Miteinander sprechen lernen.
- Alle Formen des sozialen Austauschs (geben und nehmen, teilen, verteilen, mitteilen, weitergeben usw.) machen auf die Präsenz von Mitmenschen aufmerksam (Schmid 1985, S. 200f.).

Demgegenüber warnt Schwabe vor einem unproduktiven Bild von Beziehungsarbeit. Dieses Modell sei zu sehr an der Beziehungsdichte von

Familie orientiert. Heimerzieher(innen) könnten irgendwann einmal ihren Arbeitsplatz verlassen und damit auch die Beziehung. Außerdem sei das Anforderungsprofil an die pädagogischen Mitarbeiter(innen) häufig paradox: Sie sollten einerseits vertrauensvolle und warmherzige Beziehungen zu den Kindern und Jugendlichen aufbauen, müssen andererseits aber auch ein gewisses Maß an Repression und Drill leisten. Weil schließlich bei den jungen Menschen zum Zeitpunkt ihrer Entlassung ein eklatanter Mangel an sozialen Bezügen deutlich werde, schlussfolgert Schwabe: „Deshalb ist Gleichaltrigenbeziehungen immer der Vorrang vor Erwachsenenbeziehungen einzuräumen" (Schwabe 1994, S. 335). Mit diesen Aussagen befindet sich Schwabe im Widerspruch zu all denen, die an erster Stelle die Erzieher(innen)persönlichkeit und ihr bewusstes und wohl reflektiertes Einbringen von persönlicher Emotionalität fordern. Heimerziehung muss inhaltlich mehr ausmachen, als die gute pädagogische Gestaltung von Rahmenbedingungen. Alltagshandlungen und persönliche Pädagogik bilden im Idealfall eine Einheit. Mit der eigenen Emotionalität, mit der eingebrachten Vorbildsituation können die Erzieher(innen) einen wesentlichen Beitrag zur Sozialisation der Kinder und Jugendlichen leisten.

Die Kinder, Jugendlichen und jungen Erwachsenen in der Heimerziehung möchten angenommen werden. Bei diesem Wunsch geht es nicht nur um die Befriedigung einer vordergründigen, subjektiven emotionalen Befindlichkeit. Denn es wurde nachgewiesen: „Je intensiver das Gefühl der Annahme durch die Erzieher und Erzieherinnen bei den Heimkindern ausgeprägt ist, desto vertrauensvoller gestaltet sich die Beziehung, und der Einfluß der Heimerziehung ist bedeutend dauerhafter und eindringlicher" (Gehres 1997, S. 202). Insofern wird die Gestaltung der Beziehung innerhalb der stationären Erziehungshilfe zu einem wesentlichen Merkmal von Qualität. „Die Qualitäten der pädagogischen Beziehung sind dabei auch die Grundlage für die Beziehungsstruktur in einer gerechten Gemeinschaft. Erst auf der Grundlage personaler Gleichwertigkeit und in einer von Respekt und Achtung geprägten Beziehung, läßt sich eine konkrete Mit- und Ausgestaltung der Kinder und Jugendlichen an der konkreten Erziehungswirklichkeit verwirklichen" (Petersen 1999, S. 366).

Heimerziehung als Pädagogisches „Ortshandeln"

Für Winkler ist die alleinige Orientierung auf die traditionelle Beziehungsarbeit innerhalb der Heimerziehung und das Zurückgreifen auf scheinbar bewährte pädagogische Methoden kein Weg, der sowohl bezogen auf die Vergangenheit als noch weniger auf die Zukunft hin ausgerichtet, erfolgsversprechend sein konnte und kann. Er spricht in diesem Zusammenhang die „schwarze Pädagogik" vergangener Heimerziehung an und macht darauf aufmerksam, dass selbst in Fachkreisen Heimerziehung nach wie vor ein negatives Image einnähme. Angesichts der Verwerfungen des Sozialstaates und der sozialen Netze, des ständig wachsenden Konkurrenzdrucks innerhalb der Gesellschaft, der Auflösung des traditionellen Familienbildes sowie der zunehmenden Individualisierung der Menschen müsse die Heimerziehung ein neues Selbstbild begründen (Winkler 1999a, S. 307ff.). „Dem Zusammenbruch von Lebenswelten und alltagsweltlichen Mustern entspricht eine wachsende Tendenz zur Individualisierung von Biografien. Kinder und Jugendliche, schon aus demographischen Gründen eher vereinzelt, müssen sich heute auf geradezu widersinnige Weise in Institutionen selbst zu Individuen sozialisieren. Sie müssen nämlich einerseits die jeweils verbindlichen gesellschaftlichen Inhalte und Orientierungen sich in den Institutionen so aneignen, dass sie sich sofort wieder von diesen distanzieren können, um ihren eigenen individuellen Lebensweg in anderen Institutionen gehen zu können" (Winkler 1999a, S. 311). Dies wollen aber Institutionen eigentlich nicht zulassen, weil sie auf Anpassung hin ausgerichtet sind. Winkler schlägt angesichts dieser Ausgangslage vor, den jungen Menschen innerhalb der Heimerziehung „Orte" anzubieten:

> „Vor dem Hintergrund der gesellschaftlichen Entwicklung kann die Aufgabe der stationären Unterbringung nur darin bestehen, Kindern und Jugendlichen einen Lebensort anzubieten, der ihnen erlaubt, sich selbst für eine Gesellschaft zu bilden, die ihrerseits nicht nur die Individuen permanent freisetzt, sondern sich gleichsam von diesen distanziert. Es geht also – durchaus aus gesellschaftlichen Gründen – um eine Pädagogik des Ortes. Um Orte, die Schutz, Versorgung, Sicherheit und zugleich Lernmöglichkeiten bieten" (Winkler 1999a, S.312).

Kinder müssten im Rahmen der Heimerziehung vor allem die Chance haben, sich selbst zu finden. Durch die Bereitstellung eines entsprechenden Ortes wird dies erst möglich (Winkler 1999b, S. 1117).

Es kann daher nicht der richtige Weg sein, betroffenen Kindern und Jugendlichen eine psychosoziale Diagnose gewissermaßen überzustülpen und von ihnen entsprechende Entwicklungsfortschritte sowie Verhaltensveränderungen abzuverlangen. Vielmehr kommt es im Heim als pädagogischem Ort darauf an, dass Selbstdeutungen und davon abgeleitete individuelle Lösungswege zugelassen, sensibel erkannt und gefördert werden. „Folglich wird der Blick auf den je konkreten Einzelfall, auf die Subjektivität gerichtet und eine interaktiv zu ermittelnde Handlungsorientierung in den Mittelpunkt gerückt" (Maykus 2001, S. 100). Die Bereitstellung beziehungsweise Entwicklung eines pädagogischen Ortes, der Selbstentwicklung durch Selbstreflexion zulässt und fördert, erinnert an das Modell der Milieutherapie von Bettelheim. Hier war es die grundlegende Idee, einen Ort vorzuhalten, in welchem sich Kinder wohlfühlen sollten, der Selbsterkenntnisprozesse und Selbstentwicklungen fördert. Allerdings klammert Winkler den für Bettelheim so wichtigen Beziehungsaspekt (zunächst) weitgehend aus.

Eigeninitiative und Eigenverantwortung werden in einer „ortshandelnden" Pädagogik zentral. Uhlendorff hat in Abkehr von der psychosozialen Diagnose durch Außenstehende ein Modell einer „sozialpädagogisch-hermeneutischen Diagnostik für die Erziehungsplanung" (1999, S. 716) vorgestellt: Der hier entwickelte Ansatz basiert auf „Lebensthemen und Selbstdeutungsmustern" von Jugendlichen, die in folgender Verfahrensweise gewonnen werden. Zunächst wird mit dem Jugendlichen anhand eines Interviewleitfadens, welcher vergangene, aktuelle und zukünftige Lebensthemen umfasst, ein Tonbandprotokoll erstellt. Es folgt eine Interpretation des Gesprächs durch Mitarbeiter(innen), die den Jugendlichen betreuen. Danach werden konkrete Themen beziehungsweise Problemlagen gesucht, die mit der gegenwärtigen Lebenslage offensichtlich eng in Verbindung stehen. Es schließt sich eine Deutung der vorliegenden Entwicklungsschwierigkeiten an und eine Ableitung entsprechender pädagogischer Aufgabenstellungen. In einem letzten Schritt wird der Jugendliche mit den Interpretationen und pädagogischen Aufgabenstellungen konfrontiert; Jugendlicher und Mitarbeiter(innen) einigen sich nun auf einen gemeinsamen Förderplan (Uhlendorff 1999, S. 716f.).

Angesichts der Orientierung an Selbstdeutungsmustern wird es offensichtlich, dass das Zurückgreifen auf feststehende Konzepte und Methoden nun nicht mehr ausreichen kann. Die Konsequenz, die sich hieraus ableitet ist, „dass statt eines Verständnisses von methodischem Handeln als Anwendung von standardisierten Verfahren stärker die planvolle Gestaltung ‚strukturierter Offenheit' im Heimalltag notwendig ist" (Maykus 2001, S. 105). Die Selbstreflexion der Erzieher(innen) wird stark gefordert, „sie können sich nicht auf die eine oder die andere Methode allein verlassen, sondern müssen Verfahren kombinieren" (Winkler 1999b, S. 119). Schließlich stellt Winkler die Dimension der pädagogischen Beziehung doch nicht völlig ins Abseits. „Unstrittig spielen diese eine wichtige Rolle. Hilfen zur Erziehung werden nämlich regelmäßig über Personen und durch diese initiiert und realisiert …" (Winkler 2001, S. 271) und: „Pädagogische Handlungen in den Hilfen zur Erziehung vollziehen sich mithin als Beziehungsarbeit, in der Erwachsene (und wohl auch Kinder) umso bedeutsamer werden, je kontinuierlicher und exklusiver sie zur Verfügung stehen" (S. 273).

Kapitel VI: Folgerungen für pädagogische Beziehungsaspekte

Zwischen Selbstverwirklichung und Orientierungslosigkeit

Jugendliche und junge Erwachsene, die in so genannten Verselbstständigungsgruppen, in Wohngruppen oder im Betreuten Wohnen leben, machten uns in unserer Untersuchung darauf aufmerksam, dass sie oft nicht wüssten, welche Funktion ihre Betreuer(innen) eigentlich einnähmen. Aus ihrer Sicht würden sich die pädagogischen Mitarbeiter(innen) häufig zu wenig einbringen und einmischen, beispielsweise, wenn Konflikte unter Gruppenmitgliedern vorhanden sind oder im Rahmen der Freizeitgestaltung. Das immer wieder gehörte Argument würde lauten: „Ihr seid doch schon alt genug, um eure Probleme selbst zu lösen." Die jungen Menschen sehen sich in solchen und ähnlichen Situationen überfordert, allein gelassen, missachtet und sie unterstellen ihren Betreuer(inne)n, dass diese einfach keine Lust hätten zu arbeiten.

Natürlich ist das Ziel der unterschiedlichen Ablöse-Wohnformen innerhalb der stationären Erziehungshilfe die Verselbstständigung. Das Selbstständigwerden ist nun allerdings ein Prozess, der Zeit benötigt und je nach der individuellen Lebensgeschichte in unterschiedlicher Intensität unterstützt werden kann und muss. Offensichtlich sehen sich viel Pädagog(inn)en hier Widersprüchen ausgesetzt. Sie möchten für die Jugendlichen neue Erfahrungsfelder eröffnen, damit diese ihr eigenes Leben zunehmend bewältigen können. Wenn sie dann doch regulierend, helfend oder einfach handelnd eingreifen sollen, weil sie es in bestimmten Situationen selbst für notwendig erachten oder weil sie dazu aufgefordert werden, dann schrecken viele vor pädagogischen Interventionen zurück, weil damit der Prozess des Selbstständigwerdens untergraben würde. Somit wird deutlich, es sind „die hohen Ansprüche an Selbstregulierungsprozesse, die die Kehrseite der Freiheit versprechenden Abwesenheit der Betreuerinnen darstellt" (Freigang/Wolf 2001, S. 169).

Eine zunehmende Selbstständigkeit lässt sich jedoch auch erreichen, wenn in Teilbereichen des Lebens neue Erfahrungsfelder mit Hilfe und Unterstützung von Pädagog(inn)en eröffnet werden. Denn in neuen Situationen werden neue Anforderungen gestellt und zu überwinden sein, Sicherheit und Selbstvertrauen können gesteigert werden. Neue Perspektiven entwickeln sich oftmals erst nach Zeiten der Bewährung und des Gelingens. Wir haben es in der Regel mit jungen Menschen zu tun, die zwar ihre Freiheit und Unabhängigkeit an erster Stelle sehen wollen, die aber gleichzeitig überfordert sind, ihr eigenes Leben adäquat zu bewältigen, wenn ihnen Orientierungen und Ansprachen fehlen. Es geht in diesen Arbeitsfeldern der stationären Erziehungshilfe nicht um eine intensivere Erziehung, sondern um eine sehr sensible Begleitung und um die jederzeit mögliche Identifikation mit der reifen Persönlichkeit des begleitenden Erwachsenen. Ansonsten würde die Gefahr bestehen: „Mit Idealen wie ‚Selbstregulierung der Gruppe', ‚Selbstbestimmung der Jugendlichen', ‚die Jugendlichen nicht zum Objekt machen', Freiwilligkeit (um fast jeden Preis) leugnet der Erzieher tendenziell seine Rolle, seine Funktion als Vorbild und Orientierungspunkt" (Freigang 1986, S. 185). Die aufgrund ihrer Biografie in der Regel benachteiligten Jugendlichen und jungen Erwachsenen haben eingeschränkte Teilhabemöglichkeiten. Diese gilt es zu verbessern, die Benachteiligungen zu reduzieren und Qualifikationen zu erhöhen. Hierzu benötigen sie Fachkräfte, welche vermittelnd und je nach individueller Ausgangslage mehr oder weniger intensiv unterstützend in den Bereichen von Schule und Ausbildung, der Freizeitgestaltung und im Sozialverhalten zur Seite stehen (Birtsch 1995, S. 181ff.). Wenn die jungen Menschen hier das Gefühl haben, zu sehr auf sich alleine gestellt zu sein, gehen sie mit Recht von einer pädagogischen Beziehung aus, die allenfalls als oberflächlich bezeichnet werden könnte, aber professionelle Standards weitgehend vernachlässigt. Denn die Jugendlichen erwarten von ihren Betreuer(inne)n eine „zentrale Rolle der Vermittlung, Beratung und Stützung" (Baur 1998b, S. 602), sie sind mit Recht enttäuscht, verzweifelt und sie fühlen sich alleine gelassen, wenn diese Rolle nicht oder nur im Ansatz wahrgenommen wird.

Pädagogische Aspekte und Konzepte der Heimaufnahme

Bei der Behandlung dieser Thematik gehen wir selbstverständlich davon aus, dass schon vor der Heimaufnahme die Aspekte der Betroffenenbeteiligung und der Lebensweltorientierung berücksichtigt wurden. Dieser

Sachverhalt wurde im Kapitel „Betroffenenbeteiligung/Hilfeplanung" ausführlich dargestellt.

Die Aufnahme eines Kindes oder Jugendlichen in ein Heim stellt für die Betroffenen immer einen entscheidenden Einschnitt im Lebensverlauf dar und ist in der Regel mit enormen negativen Erwartungen, mit Ängsten und Vorurteilen verbunden. Negative Entwicklung und Sozialisation begannen oft schon Jahre vor der Heimeinweisung, mit der jetzt auf abweichende Verhaltensweisen, auf Verwahrlosungstendenzen, auf Missstände innerhalb der Herkunftsfamilie, auf mangelnde Anpassung, auf Schulschwierigkeiten, auf vorliegende Delinquenz von Kindern und Jugendlichen reagiert wird.

In vielen Fällen gingen der Heimeinweisung andere Maßnahmen im Jugendhilfebereich voraus. Die Kinder, Jugendlichen und deren Familien hatten Kontakte mit Erziehungsberatungsstellen, mit Familienhelfer(inne)n, mit Sozialarbeiter(inne)n des Jugendamtes, mit heilpädagogischen Gruppen oder mit anderen sozialpädagogischen und therapeutischen Institutionen. Diese Berührungen mit ambulanten Maßnahmen erlebten manche als wenig hilfreich, als ineffektiv, als Zumutung und Belastung; letztlich reichten diese Interventionen nicht aus. Viele Jugendliche haben auch schon unliebsame Erfahrungen mit der Polizei und dem Jugendgericht gemacht. In den meisten Fällen waren neben anderen Auffälligkeiten lang andauernde Misserfolgserlebnisse im schulischen Bereich mit den entsprechend negativen Reaktionen der Lehrer, der Familie und der Umwelt zu verzeichnen. Andere Kinder und Jugendliche hatten zutiefst traumatische Erlebnisse erfahren, sie wurden physisch und psychisch misshandelt, litten unter negativen Beziehungsstrukturen innerhalb ihrer Familie, ihre Persönlichkeit und ihre Bedürfnisse wurden ständig missachtet.

Der Weg ins Heim bedeutet für die meisten Kinder einen Abschnitt auf ihrem Lebensweg. Dass das Heim die Chance zum Neubeginn darstellen könnte, ist kaum einmal im Bewusstsein anzutreffen. Dazu wird der kommende Heimaufenthalt mit zu vielen negativen Erwartungen verbunden und als Strafe, Schikane, als die letzte ungute Möglichkeit empfunden. Selbst Kinder und Jugendliche aus scheinbar unerträglichen Verhältnissen, misshandelte Kinder und solche, um die sich niemand gekümmert hat, sehen im Heimaufenthalt oftmals zunächst nicht eine Befreiung aus unzumutbarer unglücklicher Situation, eher eine Veränderung in eine andere ungute Lebenslage.

Wenn Kinder und Jugendliche aus anderen Heimen oder aus Pflegefamilien aufgenommen werden, liegen in der Regel pädagogische Misserfolge und Unzulänglichkeiten dem Wechsel zugrunde. Nach solchen Beziehungsabbrüchen sind sie häufig wegen ihrer Vorerfahrungen misstrauisch und skeptisch, sie erwarten selten vom neuen Heim etwas Gutes, sie fühlen sich abgeschoben. Freigang sieht daher Heimeinweisungen und -verlegungen als Wendepunkte an, die möglicherweise das Ende oder auch den Beginn von Identitätskrisen markieren (Freigang 1986, S. 27). In der gegenwärtigen Praxis deutet vieles darauf hin, „dass es sich bei der Heimeinweisung nicht um einen nach fachlichen Standards gesteuerten und kontrollierten Vorgang handelt und dass die Zuweisung nicht durch Merkmale der Betroffenen zuverlässig gesteuert wird oder werden kann" (Freigang 1999, S. 687).

Die Heimaufnahme aus der Sicht der Mitarbeiter(innen)

Für die Mitarbeiter(innen) des Heimes oder der Gruppe ist die Neuaufnahme von Kindern und Jugendlichen mit neuen Anforderungen und Aufgaben verbunden. Meistens kommen Neuaufnahmen überraschend; auch wenn sie erwartet wurden, scheint der Zeitpunkt ungünstig zu sein. Deshalb können sie als Störfaktoren erlebt werden, die neuen Arbeitsbelastungen treten in den Vordergrund. Es müssen Informatioen bei Eltern, Jugendämtern, Schulen und Behörden eingeholt werden; die Entscheidung steht an, ob ein Kind in die Gruppe passt, die Gruppe wiederum ist entsprechend vorzubereiten. Es sind Akten zu studieren, Abstimmungen unter den Mitarbeitern in Bezug auf Vorgehensweise und Arbeitsaufteilung bei der Neuaufnahme werden notwendig. Es können Zweifel aufkommen, ob man den zukünftigen Problemen und speziellen Anforderungen gewachsen sein wird (Augustin/Brocke 1979, S. 21).

> „Wichtig ist, daß der Gruppenerzieher von Anfang an dem aufzunehmenden Kind gegenüber eine annehmbare Haltung zeigt und nicht, was in der Praxis immer wieder – bei den oft viel zu großen Gruppen – vorkommt, mit Verärgerung reagiert, weil er vielleicht ‚in der Gruppe wieder ein Kind mehr' betreuen muß" (Fröhlich 1980, S. 143).

Diese schon vor etwa 30 Jahren getätigten Aussagen scheinen auch heute noch richtig zu sein.

„So muß es Erstaunen auslösen und zu kritischen Fragen Anlaß geben, wie wenig Aufmerksamkeit offensichtlich die Situation des Empfangs für ein neues Mädchen oder einen Jungen erfährt. Befragte Kolleg(inn)en in Heim- und Wohngruppen vermittelten zumeist den Eindruck, daß der Empfang eher von Zufällen als von geplanter pädagogischer Gestaltung bestimmt ist" (Gintzel 1998, S. 133f.).

„Die Praxis weist uns neben den ‚gelungenen Aufnahmen' in der Theorie auf die Schwierigkeiten und Fehlleistungen im Alltag hin. Kinder und Jugendliche werden nicht angemessen einbezogen und unterstützt, ihr Recht auf Betroffenenbeteiligung durchzusetzen" (Hansen 1998, S. 141).

Angesichts der Tragweite einer Heimeinweisung für das betroffene Kind/den betroffenen Jugendlichen müsste diese besonders sensibel arrangiert und methodisch optimal durchgeführt werden. „Tatsächlich aber ist Heimeinweisung, sowohl was die Kriterien betrifft als auch im Hinblick auf das Verfahren, ein weitgehend unbeachtetes Thema, auch in der Fachliteratur eher randständig" (Freigang 1999, S. 687).

Pädagogische Mitarbeiter(innen) betrachten Neuaufnahmen oftmals unter dem Aspekt der Mehrarbeit und dies bei ohnehin eingeschränkten personellen Ressourcen. Sie bringen außerdem Verunsicherungen und Veränderungen mit sich, denn durch die Neuaufnahme werden sich die Struktur und die Dynamik der Gruppe verändern (Kibben 1998, S. 143). Der Prozess der Aufnahme kann leicht bei den Mitarbeiter(innen) mit negativen Gefühlen und Einstellungen einhergehen, die – wenn auch nicht direkt – unbewusst und stimmungsgemäß ungünstig auf das pädagogische Verhältnis gegenüber neu aufzunehmenden Kindern und Jugendlichen Einfluss nehmen können.

Die Art und Weise der Zusammenarbeit der Mitarbeiter(innen) untereinander, die je nachdem durch Kooperation, Hierarchie oder Konkurrenzkampf gekennzeichnet sein kann, wirkt sich zweifellos atmosphärisch auf den Heimalltag aus und gewinnt schon am Aufnahmetag pädagogische Bedeutung. Jedoch macht Freigang drauf aufmerksam, dass innerhalb der Praxis die eigentlich betroffenen Gruppenmitarbeiter(innen) am Aufnahmeprozess oftmals nicht oder nur ungenügend beteiligt werden (Freigang 1999, S. 693).

Die Heimaufnahme aus der Sicht der Gruppe

Die Aufnahme eines neuen Kindes oder Jugendlichen kann für die Gruppe eine Bewährungs- und Belastungsprobe darstellen. Unter Umständen ist der Verlust des Kindes, dessen Platz nun wieder besetzt werden soll, noch nicht verschmerzt und schon sollen sich die Gruppenmitglieder auf einen „Neuen" einstellen. Dies bringt auch die erneute Aufteilung der Bezugspersonen mit sich, die Rangfolge innerhalb der Gruppe wird neu zu klären sein, eventuell muss die Zimmeraufteilung neu geregelt werden. Gerade für unsichere „haltlose" Heimkinder können diese Vorgänge zu einer weiteren Verunsicherung ihrer persönlichen Situation führen; Resignation, Aggression und kleinkindhafte Verhaltensweisen könnten die Folgen sein.

Je nach der Ausgangslage der aufnehmenden Gruppe können unterschiedliche Gruppenreaktionen angetroffen werden. Eine Gruppe ohne festen Zusammenhalt kann sich gegen das neue Kind „zusammenrotten", sieht in ihm einen gemeinsamen Feind und lässt es zum Außenseiter werden. Die Kinder einer besser integrierten Gruppe zeigen bisweilen erstaunliche Bemühungen, um neuen Kindern das Hineinwachsen in die Gruppierung zu erleichtern. Die oftmals übersteigerte Aktivität ist jedoch nicht unbedingt das Resultat eines ausgeprägten sozialen Bewusstseins, vielmehr können Angst um die Integration, Angst vor dem Verfall der von der Gruppe ausgehenden Sicherheit zu scheinbar sozial günstigen Verhaltensweisen Anstoß geben.

> „Eine wirklich gut integrierte Gruppe begegnet dem Neuling mit freundlicher Gleichgültigkeit. Die Kinder, die eine solche Gruppe bilden, fühlen sich so geborgen, daß sie den Neuling aufnehmen können oder auch nicht. Wenn er sich ihnen anschließen will, gut und schön; wenn nicht, ist ihnen das auch recht" (Bettelheim 1983a, S. 56).

Nur selten werden in Heimen Gruppen mit einer solch ausgeprägten guten Integration anzutreffen sein. Dies wird zu oft durch die Fluktuation der Kinder und Jugendlichen sowie durch andere ungünstige Rahmenbedingungen von vornherein erschwert. Die Neuaufnahme bedeutet deshalb für die meisten Gruppen „eine echte Unannehmlichkeit, und man kann nicht von ihnen erwarten, daß sie über sein Kommen froh sein sollen, gewissermaßen, weil es ihnen aufgezwungen wird" (Bettelheim 1983a, S. 57f.). Die Gruppe, deren Gesamtsituation, die von ihr ausgehende freundliche, neutrale oder feindselige Haltung gegenüber dem

Neuaufgenommenen, wird zum wichtigen Kriterium bezüglich einer günstig oder ungünstig zu beurteilenden Ausgangsposition. Insbesondere dem oftmals in den ersten Tagen aufkommendem Gefühl des Verlassenseins kann auch die Gruppe entgegenwirken, wenn sich hier neue Beziehungen allmählich entwickeln.

Pädagogische Methoden der Heimaufnahme

Die Aufnahme ins Heim ist eine für das Kind, den Jugendlichen, die Mitarbeiter(innen) und für die Gruppe neue Situation, in der Ängste, Unsicherheiten, Verärgerungen, Skepsis und Mehrbelastungen eintreten. Dennoch gilt gerade jetzt die Zielsetzung der positiven Veränderung in der bislang ungünstig und gestört verlaufenden Sozialisation eines jungen Menschen. Es geht hierbei nicht lediglich darum, die ersten Tage der neuen Lebenssituation aus der subjektiven Empfindung heraus zu verbessern. Heimerziehung kann insgesamt als „kritisches Lebensereignis" bewertet werden, bei der Heimaufnahme könne es „sich lohnen, hieraus ein Handlungskonzept für den Lebensfeldwechsel Heim zu gewinnen" (Lambers 1998, S. 308). Die ersten Tage im Heim können neben anderen Faktoren die Qualität und damit den Erfolg des Heimaufenthaltes entscheidend beeinflussen, denn:

> „Je intensiver das Gefühl der Annahme durch die Erzieher und Erzieherinnen bei den Heimkindern ausgeprägt ist, desto vertrauensvoller gestaltet sich die Beziehung, und der Einfluß der Heimerziehung ist bedeutend dauerhafter und eindringlicher" (Gehres 1997, S. 202).

Auch die räumliche Lage und Größe eines Heimes, seine Architektur und Innengestaltung haben wichtigen Anteil am Stellenwert einer milieutherapeutischen Arbeit innerhalb der Heimerziehung. Die beschriebenen Rahmenbedingungen einer Milieutherapie sind als wichtige und unterstützende Elemente beim pädagogischen Prozess der Aufnahme zu werten.

Dieses Vorbereiten des Kindes meint vor allem auch seinen Besuch mit Angehörigen im Heim vor dem Aufnahmetermin, damit beim ersten, noch unverbindlichen Kennenlernen, unbegründete Ängste abgebaut werden und damit auch das Kind bei der Auswahl des Heimes beteiligt werden kann. Hierzu können auch Aufnahmegespräche dienen, in denen das Kind oder der/die Jugendliche zusammen mit Angehörigen einen ersten Eindruck von dem vielleicht zukünftigen Zuhause bekommen können. Je nachdem wie die äußere Atmosphäre gestaltet sein wird und die inhaltlichen Bestandteile gut vorbereitet und strukturiert sind, kann der Eindruck vermittelt werden, dass man hier wirklich erwartet wird. In bestimmten Fällen – etwa wenn besonders große Ängste, Bedenken und Vorurteile vor einer Heimaufnahme bestehen – kann ein solches Aufnahmegespräch/Hilfeplangespräch auch vor Ort innerhalb der Familie stattfinden.

Gelegentlich praktiziert wird das sogenannte Probewohnen. Durch probeweises Wohnen im Heim, beispielsweise am Wochenende, können Kinder und Jugendliche, das Heim, seine Bewohner(innen) und die Rahmenbedingungen kennen lernen, ohne den endgültigen Schritt ins Heim bereits getan zu haben. Gleichzeitig erwerben auch die Erzieher(innen) und die Gruppenmitglieder Erfahrungen im Umgang mit dem „Neuen"; auch hierbei erweist sich die Unverbindlichkeit im Umgang und das Aufeinanderzugehen als Vorteil. Fehlentscheidungen in der Heimauswahl können so von beiden Seiten ohne schwerwiegende Probleme, ohne große Bürokratie rückgängig gemacht werden.

Die Heime sind äußerst interessiert, vor der Aufnahme möglichst umfassende Informationen über den jungen Menschen, seine bisherige soziale Umwelt, über seine familiäre Situation, schulische Leistungen und Eindrücke von Lehrern, Schwierigkeiten im bisherigen Entwicklungsverlauf und die verursachenden Gründe und über bereits erfolgte pädagogisch-therapeutische Maßnahmen zu erhalten. Die Heime wollen eine detaillierte und genaue psychosoziale Diagnose aus den unterschiedlichen Detailinformationen zusammenstellen, um zukünftige Bedürfnisse, Gefährdungen, Möglichkeiten und Grenzen aktuell und treffsicher einzuschätzen. Zur Erstellung dieser psychosozialen Diagnose werden vielfältige Aktenstudien betrieben, bereits vorliegende Berichte und Hilfepläne werden angefordert, Stellungnahmen der Schulen eingeholt, ärztliche und psychologische Untersuchungen durchgeführt. Es hat sich weitgehend durchgesetzt, dass im Normalfall kein junger Mensch ohne schriftliche Vorberichte und ohne festgelegte diagnostische Daten in ein Heim aufgenommen wird.

Die allumfassenden Informationen über die Kinder und Jugendlichen, die zur Aufnahme anstehen, sollen dazu verhelfen, dass Fehlbelegungen vermieden werden; die Bedürfnisse und Möglichkeiten der Gruppe und deren Mitarbeiter(innen) können gebührend Berücksichtigung finden, zum anderen will man die bestmöglichen Chancen zu einer verbes-

serten Entwicklung bieten. Der junge Mensch ist insofern, wenn er ins Heim kommt, als Person vielleicht noch nicht bekannt, man weiß allerdings schon sehr viel über ihn.
Doch die totale Information bis ins kleinste Detail, die vollkommene Orientierung über aufzunehmende Kinder und Jugendliche kann in bestimmten Konstellationen pädagogisch fragwürdig werden und sich zum Nachteil der jungen Menschen auswirken. Zunächst wäre zu berücksichtigen, dass in Akten, in Berichten und in psychologischen Untersuchungsbefunden auch unrichtige Einschätzungen, Daten und Diagnosen enthalten sein können, die wiederum zu falscher Prognose Anlass geben. Häufig sind es die Negativeindrücke, die vom Beobachter subjektiv überbewertet werden und damit einen zu großen Stellenwert einnehmen.
Auch wenn alle Befunde und Erhebungen objektiv richtig sein sollten, bleibt doch die Frage, wie die Informationen genutzt werden: Bleiben sie bei der Heimleitung, werden sie allen Mitarbeiter(inne)n der Gruppe mitgeteilt? Wie groß wäre dann die Gefahr von Vorurteilen?
Es ist innerhalb der Heimerziehung die Ansicht weit verbreitet, dass man zum Wohle des Kindes nur in der beschriebenen Art und Weise vorgehen könne. Es müssen jedoch Zweifel angemeldet werden, ob dieses Verfahren grundsätzlich immer richtig sein muss. Je größer die Anzahl und Intensität von Negativinformationen, desto größer wird bei den Heimmitarbeitern und der eventuell informierten Gruppe auch die Wahrscheinlichkeit von Voreingenommenheit sein. Wir haben es in der Heimerziehung nicht mit lehranalytisch geschulten Mitarbeiter(inne)n zu tun, von denen man annehmen müsste, dass sie überwiegend in der Lage wären, auch unbewusste Stimmungs- und Übertragungsmechanismen unter Kontrolle zu haben. Da dies nicht so ist, liegt die Gefahr einer Festschreibung der negativen Symptome nahe.

Die Gefahr der Festschreibung von Negativsymptomen

Die 13-jährige Silke kam wegen wiederholter Kaufhausdiebstähle mit der Polizei in Berührung. Diese wandte sich an das Jugendamt. Die zuständige Bezirkssozialarbeiterin fand bei einem Hausbesuch folgende Situation vor: Silke lebt mit einem jüngeren Bruder bei der Mutter, der Vater sitzt wegen verschiedener Eigentumsdelikte im Gefängnis. Die Mutter berichtete, dass Silke auch zu Hause und in der Nachbarschaft gestohlen habe; sie käme mit ihrer Tochter nicht mehr zurecht, es gäbe erhebliche Schulschwierigkeiten, Silke halte sich an keine Ordnung mehr; sie komme und gehe, wann sie wolle, und lasse sich gar nichts mehr sagen. Die Sozialarbeiterin gewann schnell den Eindruck, dass die äußerst Ich-schwache Mutter in der Tat den Problemen ihrer Tochter nicht gewachsen war und dass sie keinerlei positive Orientierung für Silke darstellen konnte. Im Rahmen einer umfangreichen Hilfeplanung wurde deshalb eine Heimeinweisung für erforderlich gehalten; die Mutter war damit sofort, Silke nach anfänglichem Zögern einverstanden.

Die Sozialarbeiterin rief bei einem kleineren Heim an und bat um die Aufnahme von Silke. Der dortige Heimleiter verlangte zunächst einen ausführlichen Bericht über den Fall, danach wolle er sich wieder melden. Die Sozialarbeiterin schickte die Unterlagen der Hilfeplanung und den Untersuchungsbefund einer Psychologin des Jugendamtes dem Heim zu. Darin stand unter anderem als Diagnose, dass Silke „dissoziale Tendenzen" habe.

Nach Erhalt der Unterlagen wurde der Fall im Mitarbeiter(innen)team des Heimes ausführlich besprochen. Es kamen Zweifel auf, ob die Gruppe ein Kind, das so intensiv stehle und sich an keinerlei Ordnung halte, verkraften könne. Dennoch entschied man, dass Silke zu einem Vorstellungsbesuch eingeladen werde.

Dieser Besuch fand zusammen mit der Sozialarbeiterin statt. Silke wurde durch das Heim geführt, bei einem gemeinsamen Kaffee ergaben sich erste Gespräche. Silke wollte zum Beispiel wissen, wie der Ausgang im Heim geregelt sei. Vom Heimleiter wurde die Problematik des Stehlens angesprochen, er wollte von Silke wissen, warum sie sich so verhalten habe. Das Mädchen äußerte sich nicht hierzu, gab aber im weiteren Verlauf des Gespräches zu erkennen, dass ihr das Heim ganz gut gefalle.

Es wurde nun noch ein zweiter Besuchstermin zusammen mit der Mutter vereinbart. Bei diesem Besuch wurde im Beisein von Silke die ganze Lebensgeschichte des Mädchens aufgerollt. Die Mutter hob vor allem das ständige Stehlen hervor und war auf der Suche nach Gründen für das ihr unerklärliche Verhalten. Bei der Verabschiedung von Mutter und Tochter wurde mit Silke ein Wochenende zum Probewohnen vereinbart. Unmittelbar vor diesem Wochenende wurden die anderen Kinder der Gruppe und auch die hauswirtschaftlichen Mitarbeiter(innen) angehalten, kein Geld oder Wertgegenstände offen herumliegen zu lassen, denn Silke habe hier Schwierigkeiten und man wolle sie doch nicht in Versuchung führen.

Das Probewohnen am Wochenende verlief ohne Probleme; Silke wurde vom Heimleiter mitgeteilt, dass sie aufgenommen werden könne, allerdings nur unter der Voraussetzung, dass sie vom Stehlen ganz ablasse, denn: „Wir können hier in unserem Heim niemanden brauchen, der stiehlt!"

Bei einer nachfolgenden Erzieher(innen)besprechung wurde überlegt, wie mit der Symptomatik des Mädchens umzugehen sei, man glaubte, es sei günstig, wenn die Möglichkeiten zum Stehlen von vornherein möglichst ausgeschlossen wären. Es sollte deshalb zukünftig im Heim nichts herumliegen; in die Stadt könne Silke vorerst nur unter Begleitung einer Erzieherin gehen, damit sie dort nicht in Versuchung komme.

Silke verhielt sich in den ersten Tagen im Heim still und zurückgezogen, die Erzieher(innen) waren hoffnungsvoll. Nach etwa zwei Wochen kam aber von einem Geschäft die Mitteilung, dass das Mädchen beim Stehlen von Schallplatten erwischt worden sei. Silke nutzte eine Freistunde in der Schule zu dieser Gelegenheit aus. Wenige Tage später wurde ein verschlossener Schrank aufgebrochen und die Taschengeldkasse entwendet. Es stellte sich heraus, dass Silke die Täterin war.

Die von den Erzieher(inne)n so gefürchtete Symptomatik kam wieder voll zum Ausbruch. Bei näherer Betrachtung des Fallbeispiels fällt auf, dass im Vordergrund die Angst und Vermeidung eines Symptoms stand. Die Persönlichkeit von Silke, die Ursachen ihres Verhaltens blieben dahinter verborgen; allerdings wurde auch nichts getan, um sie aufzudecken.

Silke hatte sich genau so verhalten, wie man es negativ von ihr erwartet hatte und wie ihr die verschlossenen Schränke und die geäußerte Befürchtungen der Erzieher(innen) nur zu deutlich offenbarten. Es stellt sich die bange Frage, ob Kinder und Jugendliche überhaupt eine realistische Chance haben, sich anders zu entwickeln, als man es von ihnen erwartet.

Das pädagogische Prinzip des Neubeginns

Kinder und Jugendliche kommen mit Problemen und Symptomen beladen ins Heim. Vom Tag der Aufnahme an – noch besser schon in der Heimvorbereitungsphase – müsste die Heimerziehung dazu verhelfen, dass Schwierigkeiten abgebaut, positive Entwicklungen gefördert und günstige Rahmenbedingungen geschaffen werden. Leider ist oft genau das Gegenteil der Fall. Zu den bereits vorhandenen Problemen des Kindes kommt die Institution Heim als neues Problem hinzu, die Schwierigkeiten multiplizieren sich; der junge Mensch nimmt, wie geschildert, bisweilen genau die Konflikte und Verhaltensstörungen an, die in negativer Prophezeiung von ihm erwartet werden.

Die Verengung des Blickfeldes auf Symptome und Auffälligkeiten, die Versuche, diese zu unterdrücken, zu vermeiden, anzugehen und zu therapieren, verursachen ihrerseits Festschreibungen. Der gewünschte Veränderungsprozess wird – ganz im Gegensatz zur erklärten Absicht – eher behindert oder auch gänzlich ausgeschlossen als unterstützend eingeleitet.

In der Anfangsphase im Heim darf nicht das Konglomerat persönlicher Defizite, Probleme und Auffälligkeiten den Mittel- und Ausgangspunkt des pädagogischen Handelns bilden. Dies führt nicht nur zu einer fatalen Einengung der pädagogischen Ausgangsbasis; die hinter allen Schwierigkeiten stehende Persönlichkeit würde verdrängt und kaum noch wahrgenommen. Gerade aber die Orientierung an der Gesamtpersönlichkeit, die zunächst vorbehaltlos anzunehmen und anzuerkennen ist, ist die unabdingbare Grundvoraussetzung für spätere positive Veränderungen.

Es gilt daher, dem jungen Menschen in der Aufnahme- und Anfangsphase gute Bedingungen für einen Neubeginn zu geben. Dieser Neubeginn setzt bisweilen die Ignorierung der defizitär erlebten Vergangenheit und ihrer Symptome voraus. Dieses Prinzip ist innerhalb der Heimerziehung nicht neu, wird aber unter dem Eindruck eines falsch verstandenen Erfolgs- und Handlungsdruckes bisweilen kaum beachtet. Verschiedene „Klassiker" der Heimerziehung haben dieses Prinzip wie selbstverständlich praktiziert:

In Johann Hinrich Wicherns Rettungshauserziehung im „Rauhen Haus" in Hamburg wurde die Heimaufnahme zum Wende- und neuen Ausgangspunkt von vielen Kindern und Jugendlichen. Die verelendeten

Kinder wurden mit Kleidung versehen, die Mädchen des Heimes sorgfältig genäht hatten, sie nahmen in der neuen „Familie" ein besonders schönes erstes Mahl ein; der ritualisierte Vorgang war ein Aufnehmen in die Gruppe im echten Sinne des Wortes.

Die jungen Menschen, die ins „Rauhe Haus" kamen, gehörten zu den Ärmsten der Armen, lebten in tiefster Not; die meisten waren kriminell gewesen, um sich überhaupt am Leben zu halten. Für die Kinder und Jugendlichen war es nur ein Zufall, ob sie in eine Strafanstalt eingesperrt oder ins „Rauhe Haus" eingewiesen wurden. Die total unterschiedliche Methode kam schon im Moment der Aufnahme zum Vorschein, denn die jungen Menschen, die eigentlich Strafe und Vergeltung erwarteten, erlebten eine Annahme ihrer Person in unerwarteter Weise: „Mein Kind, dir ist alles vergeben! Sieh um dich her, in was für ein Haus du aufgenommen bist! Hier ist keine Mauer, kein Graben, kein Riegel; nur mit einer schweren Kette binden wir dich hier, du magst wollen oder nicht; du magst sie zerreißen, wenn du kannst; diese heißt Liebe und ihr Maß ist Geduld" (Wichern nach Busch 1957, S. 48).

Christliches Grundverständnis und christliche Prägung der Heimerziehung führten mit Grundwerten der Liebe und Barmherzigkeit zu einem weiten christlich motivierten Prinzip: der Vergebung des Vorausgegangenen. Diese Vergebung stellt den Menschen in seiner momentanen Situation in den Mittelpunkt und wird zum Ausgangspunkt pädagogischen Handelns, somit zum pädagogischen Prinzip. Vergangene Taten und Schuld geraten vollends in den Hintergrund; was zählt, ist die von der aktuellen Ausgangslage ausgehende zukunftsgerichtete pädagogische Perspektive, deren Werte durch die christliche Grundhaltung innerhalb der alltäglichen Pädagogik, als auch ihrer Zielsetzung, bestimmt wird.

Einen noch sehr viel weiter gehenden, geradezu brutal anmutenden, vollendeten Bruch mit der Vergangenheit praktizierte Anton Semjonowitsch Makarenko in bewusster pädagogischer Methodik:

Makarenkos „Explosionstheorie" zeigt sich überaus deutlich am Beispiel eines Aufnahmevorgangs in seine Kolonie für jugendliche Rechtsverletzer. Im Sommer wurden eines Tages fünfzig vagabundierende, zerlumpte und verlauste, heimatlose Jugendliche von den Dächern eines Güterzuges heruntergeholt und auf dem Bahnhofsvorplatz versammelt. Tausende von Zuschauern sahen, wie die „Neuen" feierlich und mit wehenden Fahnen in den Zug der in Paradeuniformen gekleideten Kolonisten eingereiht und aus der Stadt zur Kolonie geführt wurden. Nachdem sie dort geduscht und die Haare geschnitten hatten, wurden sie ebenfalls in Paradeuniformen eingekleidet und auf dem Platz innerhalb der Kolonie versammelt.

Die bislang äußere Verwandlung vervollständigte sich nun zu einer inneren Wandlung, zu einem schockartig erlebten Bruch mit der Vergangenheit und Identität. Denn die zerlumpte „Reisekleidung" lag auf einem Haufen zusammen, wurde mit Benzin übergossen und angezündet. Ein älterer Kolonist kehrte die Asche zusammen und rief einem in seiner Nähe stehenden Neuen zu: „Deine ganze Biographie ist verbrannt" (Makarenko 1962, S. 149).

Der auf den Betrachter unmenschlich wirkende Vorgang war bewusst so inszeniert, um den eltern- und obdachlosen und größtenteils kriminellen Jugendlichen infolge des erlebten Bruchs mit ihrer Vergangenheit die Möglichkeit zu Veränderungen einzuräumen. Makarenko ist aufgrund jahrelanger praktischer Erfahrungen im Umgang mit schwierigen Jugendlichen zu der Ansicht gekommen, dass Verhaltensveränderungen nicht langsam und allmählich, sondern, wenn überhaupt, sofort und plötzlich – explosionsartig – vonstatten gehen. Die Explosionsmethode sorgt durch entsprechende äußere Bedingungen und Anlässe für den inneren Ausbruch der plötzlich eintretenden Veränderung. „Denn nicht auf ein Schauspiel kommt es Makarenko an, sondern auf das Gewinnen einer neuen Ausgangsposition für die charakterliche und sittliche Entwicklung" (Feifel 1963, S. 151).

Das Beispiel wurde nicht angeführt, um zur unkritischen Nachahmung aufzufordern. Makarenko erkannte selbst die Gefahr seiner Methode, die eine Gratwanderung zwischen pädagogischem Erfolg und totaler Orientierungslosigkeit und Abgleiten des Individuums darstellte. Das pädagogische Ziel, das Kollektiv, sollte durch die Explosion erreicht werden. Sie „besteht in dem Versuch, den Konflikt zwischen Persönlichkeit und Gesellschaft derart auf die Spitze zu treiben, dass nur noch die Wahl bleibt, entweder beugt sich die Persönlichkeit dem Kollektiv, oder aber sie scheidet aus" (Feifel 1963, S. 150). Makarenko konnte dieses Ziel nur erreichen, wenn innerhalb seiner Erziehungsform des „diktatorischen" Kollektivs andere Werte, wie vor allem die Disziplin und die pädagogische Perspektive, Platz griffen. Makarenko gelang es als große Erziehungspersönlichkeit, Rahmenbedingungen zu schaffen, die dem Vergangenheitsverlust der Jugendlichen neue Orientierungspunkte gegenüber setzten.

Ungeachtet der Nichtübertragbarkeit der Explosionsmethode auf die heutige Praxis der stationären Erziehungshilfe bleibt dennoch festzuhalten, dass durch das bewusste Prinzip des neuen Anfangs in der Pädagogik Ziele zu erreichen sind, die man ansonsten für illusionär gehalten hatte. Die Vorgehensweise muss nun keinesfalls so radikal sein.

Das positive Prinzip des Neubeginns kennt man auch aus anderen Alltags- und pädagogischen Situationen. Unzählige Beispiele belegen, dass permanent schlechte Schüler(innen), die innerhalb ihrer Klassen- und Schulgemeinschaft keinen Boden mehr gewinnen konnten, zu besseren, sogar zu guten Schüler(inne)n wurden, wenn sie – etwa wegen eines Wohnortwechsels – die Schule wechselten. In der neuen Schulsituation waren sie plötzlich nicht mehr die immer Unfähigen, sie waren ein unbeschriebenes Blatt, konnten ihre Fähigkeiten neu unter Beweis stellen, wurden nicht durch negativen Erwartungsdruck in der Leistung und in der Gesamtpersönlichkeit gehemmt.

Es sind Fälle bekannt, wo Kinder, die jahrelang Bettnässer waren, plötzlich während eines Kuraufenthaltes „trocken" wurden. Dieser Erfolg war dann weniger einer speziellen pädagogisch-therapeutischen Methodik zu verdanken, sondern dem Umstand, dass mit dem Orts- und Milieuwechsel gleichzeitig auch negative Erwartungshaltungen sich zu neutralen oder gar positiven zu verändern vermochten. Es spricht für sich, dass viele dieser vom Bettnässen „geheilten" Kinder nach Rückkehr in das alte Milieu wieder rückfällig wurden.

Psychoanalytisch orientierten Erzieher(inne)n mag die Verleugnung und Ausschaltung der Vergangenheit als absurd vorkommen. Selbstverständlich kann die Vergangenheit von Heimkindern nicht auf Dauer verdrängt und vergessen werden; sie müssen auch lernen, negative Vorerfahrungen zu verarbeiten und auf positiven aufzubauen. Allerdings ist unter Berücksichtigung der Methode des Vergebens von Wichern und der explosionsartigen Veränderung bei Makarenko für die heutige Heimerziehung die pädagogische Erkenntnis abzuleiten, dass insbesondere in der Aufnahme- und Anfangsphase Kinder und Jugendliche zunächst einmal in Ruhe gelassen werden sollten. „Wir haben immer wieder festgestellt, dass es am besten ist, nicht sofort oder sehr früh den Versuch zu machen, mit dem Kind über seine dringlichen oder zentralen Probleme zu sprechen, oder ihm bei ihrer Bewältigung zu helfen oder es in bezug auf diese Probleme oder unsere Einstellung zu ihnen zu beruhigen ... Es ist immer am besten zu warten, bis das Kind die Initiative ergreift, das zu besprechen, was ihm am wichtigsten ist" (Bettelheim 1983a, S. 47f). Durch die anfängliche Nichtbeachtung der besonderen Schwierigkeiten und Probleme eines Kindes oder Jugendlichen, durch die zwar freundliche, aber nicht aufdringliche Haltung dem jungen Menschen gegenüber, steht dessen schlimmes Schicksal nicht im Mittelpunkt der pädagogischen und persönlichen Beziehung (Aichhorn 1957, S. 117f.). Es werden nun Entwicklungsverläufe wahrscheinlich, die nicht durch Voreingenommensein, durch symptomorientiertes Vorgehen und durch zu frühe Stellungnahme eingeengt oder verhindert worden sind.

Zu viele Vorinformationen, vor allem zu viele negative Informationen können diesen Prozess, bei dem die Gesamtpersönlichkeit des jungen Menschen ganz in den Vordergrund rückt, stark negativ beeinflussen. Es ist auch gar nicht notwendig, dass alle Mitarbeiter(innen) einer aufnehmenden Gruppe ausführliche Aktenstudien über die Kinder oder Jugendlichen betreiben. Psychologische Gutachten und Diagnostik können auch dann noch sehr dienlich sein, wenn sie erst angefertigt werden, wenn man ein Kind schon längere Zeit kennen und einschätzen gelernt hat. Sie nützen dann mehr der Bestätigung oder Erweiterung des eigenen Urteils als einem möglicherweise negativ verzerrten Fremdbild.

In bestimmten Fällen kann es pädagogisch äußerst sinnvoll sein, auch einmal ohne Vorinformation auszukommen. Gelegentlich werden Heimen Kinder und Jugendliche zur Aufnahme angeboten, die als Problemfälle angesehen werden, die unter Umständen schon mehrere Heime mit negativem Erfolg durchlaufen haben. Über solche Heimkarrieren könnte man stundenlange Aktenstudien betreiben. Man müsste ein pädagogisches Gespür dafür haben, ob es in dem einen oder anderen Fall nicht auch ohne die schlimmen Vorinformationen geht. Die Gruppensituation müsste dies zulassen; man müsste den pädagogischen Mut aufbringen, gerade sogenannten Problemkindern und -jugendlichen die echte, vorurteilsfreie Chance zum Neubeginn innerhalb einer neutralen Erwartungshaltung einzuräumen.

Aufnahmerituale

Der Aufnahmevorgang kann für Mitarbeiter eines Heimes leicht zur Routine, zur Alltäglichkeit werden. Der routinehafte Ablauf wäre für die Kinder oder Jugendlichen an diesem besonderen Tag aber vollkommen fehl am Platz, denn so bekommt der junge Mensch den Eindruck, dass er eigentlich gar nicht erwartet wurde. In vielen Einrichtungen werden die einfachsten und zugleich wichtigsten Grundsätze nicht beachtet. Da wird zum Beispiel erst wenn das Kind schon da ist, damit begonnen, sein zukünftiges Zimmer einzuräumen; es steht vor einem noch unbezogenen Bett, womit seine Heimatlosigkeit und Hoffnungslosigkeit noch unterstrichen werden.

Die Mitarbeiter(innen) müssen solche einfachen Vorrichtungen schon vor der Aufnahme erledigt haben; das Kind muss innerhalb einer angenehmen Atmosphäre wissen, welchen Platz es einnehmen, wo es sich einigermaßen wohl fühlen kann. Bettelheim berichtet, dass in seiner Orthogenic-School jedes neu aufgenommene Kind ein Geschenk auf seinem Bett vorfindet. Die Gruppenmitarbeiter(innen) haben nicht einfach wahllos etwas gekauft, sondern sie machten sich viele Gedanken, ließen die ersten Eindrücke über das Kind bei dessen Vorbesuchen einfließen, um zu einer Auswahl zu kommen, von der sie annehmen konnten, dass sie den Geschmack des Kindes trafen und ihm wirkliche Freude bereiteten (Bettelheim 1983b, S. 201f.).

Der so aufgenommene junge Mensch freut sich nicht nur über das unerwartete Geschenk; er wird auch merken, dass man sich Gedanken um ihn machte und ihn als Person ernst nimmt. Für Kinder und Jugendliche, die oftmals Strafe und Schikane erwarten, sind solche – wie Kleinigkeiten anmutende – Beachtungen erste ernst zu nehmende positive Erfahrungen in ihrem neuen Lebensumfeld. Rituale können sowohl dem Neuankömmling als auch der Gruppe dazu verhelfen, dass Neuanfang und Integration besser vonstatten gehen (Kibben 1998, S. 145). „Das Ritual, in den Tiefen archaischen Wesens wurzelnd, ist ein Symbol für die weitgehend durch den Instinkt bestimmte Art und Weise, wie man sich bei gewissen Gelegenheiten verhält. Rituale sind Bestandteile des Kultes" (Wipf 1982, S. 115).

Aufnahmerituale können beispielsweise sein:

- die gemeinsame Übergabe eines Geschenkes für das neue Kind,
- ein festliches Kaffeetrinken oder Abendessen in der Gruppe,
- eine Willkommensparty,
- ein Spieleabend zum besseren Kennenlernen,
- Vorlesen in der Gruppe,
- Rollenspiele, in denen Gruppenmitglieder jeweils andere dem/der Neuen vorstellen,

- das gemeinsame Planen einer besonderen Aktivität für das nächste Wochenende, wobei insbesondere die Wünsche des neuen Kindes/ Jugendlichen Berücksichtigung finden etc.

Solche positive rituelle Handlungen sind in der Heimerziehung weitgehend in Vergessenheit geraten, sie können jedoch Sicherheit und Geborgenheit vermitteln. Dalferth führt die Entritualiserung der heutigen Heimerziehung zurück auf die Kritik und Skandalisierung an ihr zu Beginn der 70er Jahre. Formalisierte Abläufe, verbindliche Regelungen und Maßnahmekataloge bei Regelübertretungen wurden als inhumane Erziehungsmethoden in Abseits gestellt. Der Verzicht darauf ging jedoch innerhalb der Praxis vielfach einher mit dem Verlust von Orientierungen und Strukturen. Dalferth nennt Beispiele solcher Entritualisierungsprozesse: auf gemeinsame Mahlzeiten wird verzichtet, Geburtstage von Heimkindern werden vergessen, Weihnachten wird aus pragmatischen Gründen vorverlegt etc. (Dalferth 1999, S. 387f.).

„Indem kollektiv inszenierte Rituale einem Menschen bei der Bewältigung seiner Statuspassagen helfen, können sie ihm Energie zur Bewältigung eines krisenhaften Ereignisses geben. Im rituellen Wissen, das dabei erworben wird, tradiert sich kulturelles Leben" (Friebertshäuser 2001, S. 504).

Bei den schon länger im Heim lebenden Kindern und Jugendlichen können Rituale die Erinnerung an die eigene Heimaufnahme wecken. Dies wird zu einem besseren Verständnis und einer größeren Sensibilität für die Situation des neu aufgenommenen Kindes/Jugendlichen führen können. Bei geplanten Aufnahmen sollte immer vorgesehen werden, dass mindestens zwei Erziehungspersonen im Dienst sind, damit sich eine wirklich ganz intensiv dem Aufnahmeverfahren widmen kann. Bei plötzlichen Notaufnahmen können vielleicht auch Geschenke und Rituale gewissermaßen „aus dem Hut gezaubert" werden. Zumindest sollte aber auf einen bevorstehenden Willkommenstag in allernächster Zeit hingewiesen werden.

Am Tag der Aufnahme und in den ersten Tagen danach sind die meisten Kinder und Jugendlichen noch sehr zurückhaltend, sie kommen noch nicht richtig aus sich heraus und zeigen damit auch nicht ihre auffälligen Verhaltensweisen und ihre Probleme. Diese sind dann erst nach einer mehr oder weniger kurzen Orientierungs- und Eingewöhnungsphase zu erwarten, entweder in ansteigender oder in plötzlich ausbrechender, ungeahnter Intensität.

Alles kommt nun darauf an, wie die Erzieher mit diesen Problemen und Schwierigkeiten umzugehen vermögen.

Das Recht auf Schwierigkeiten

Viele Heimerzieher(innen) klagen, dass neu aufgenommene Kinder- und Jugendliche so schwierig seien, dass sie mit ihren Auffälligkeiten den ganzen Tagesablauf störten und für die Gruppe eine große Belastung darstellten.

> Hans kam in ein Kinderheim wegen permanenten Schulschwänzens. Der 12-jährige Junge lebte in sozial ungünstigen Verhältnissen; die Erziehungsmethoden seiner Eltern waren rabiat, von aggressiver Impulsivität. Seit etwa einem Jahr schwänzt Hans in ansteigender Tendenz die Schule. Er geht zwar morgens aus dem Haus, kommt aber in der Schule nicht an; er treibt sich irgendwo in der Stadt herum. Alle Versuche der Schule, dieses Verhalten einzustellen, sind fehlgeschlagen; die Eltern von Hans reagierten mit brutaler Härte, die Schulversäumnisse nahmen aber eher noch zu. Das Jugendamt wurde eingeschaltet; aufgrund der Einschätzung der Gesamtsituation wurde ein Heimaufenthalt für notwendig gehalten.
> Nach der Heimaufnahme wird Hans von seinem Gruppenerzieher mitgeteilt, dass er morgen zur Schule zu gehen habe. Man wisse zwar, dass er nicht gerne zur Schule ginge, aber da könne man nichts machen, denn es bestünde nun einmal die Schulpflicht, und außerdem müsse Hans etwas lernen. Der Junge geht auch am nächsten Tag in die Schule, am darauffolgenden ruft sein Lehrer an und teilt mit, dass der Junge nicht zur Schule gekommen sei. Hans wird nun im Heim vermahnt, ihm wird eine Ausgangssperre angedroht; er wird dringend angehalten, seiner Schulpflicht nachzukommen. Aber all dies nützt nichts, die Schulversäumnisse werden immer größer, so dass die Schule sich veranlasst sieht, das Jugendamt zu informieren. Dort ist man erstaunt und verärgert, weil die Erzieher(innen) mit dem Kind nicht fertig werden, schließlich bezahle man nicht monatlich einen hohen Pflegesatz, um dann doch die gleiche Situation zu erzielen wie im Elternhaus.

Das Fallbeispiel zeigt ein in der Praxis sehr häufig anzutreffendes Missverhältnis zwischen pädagogischem Anspruch und realistischen Möglichkeiten auf. Kinder und Jugendliche kommen mit Schwierigkeiten und Problemen beladen in Heimerziehung. Die Erzieher(innen) beklagen die anzutreffenden auffälligen und unguten Verhaltensweisen. Dies ist schon das erste Missverständnis. Denn die Kinder und Jugendlichen sind ja gerade wegen ihrer vorhandenen Probleme in Heimerziehung gekommen; sie wären nicht dort, wenn sie lieb, nett und angepasst wären. Wäre dies nicht so, gäbe es keine Existenzberechtigung für Heime und deren Mitarbeiter(innen).

Das zweite Missverständnis liegt da vor, wo erwartet wird, dass die jungen Menschen im Heim von ihren auffälligen Symptomen sofort ablassen werden. Der Milieuwechsel mag hier und da einmal zur schnellen Beseitigung von Auffälligkeiten beitragen, es wäre aber vermessen anzunehmen, dass mit dem Eintritt ins Heimleben die Kinder und Jugendlichen schon problem- und konfliktfrei leben könnten.

Bei dem angeführten Beispiel von Hans überlegten die Erzieher(innen) gar nicht, wie man dem Jungen bei der Überwindung seiner Schulangst helfen könnte. Er wurde massiv aufgefordert und gedrängt, sich sofort zu ändern; diese Vorgehensweise stellte für Hans klar unter Beweis, dass er mit seinen Verhaltensweisen hier so nicht angenommen werde. Diese erfahrene Ablehnung der eigenen Person kann vorhandene Fehlhaltungen noch vertiefen und neue hinzukommen lassen. Eine pädagogisch sinnvolle Alternative wäre gewesen, mit der Schule zu vereinbaren, dass Hans für etwa zwei Wochen nicht zur Schule gehen muss. In dieser Zeit hätte man dem Jungen Gelegenheit gegeben, erst einmal zur Ruhe zu kommen; man wäre vielleicht den Ursachen seines Verhaltens auf die Spur gekommen. Vor allem wäre aber der Junge so angenommen worden, wie er ist, mit all seinen Problemen und Schwierigkeiten. *Diese vollkommene Annahme und Akzeptanz als Person stellt die wichtigste pädagogische Grundlage für spätere Verhaltensveränderungen dar.*

Andreas Mehringer hat diesen in der Alltagspraxis der Heimerziehung zu gering reflektierten Sachverhalt in der ersten und zweiten Regel seiner „kleinen Heilpädagogik" beschrieben (Mehringer 1998, S. 27-39):

REGEL 1: „Das Kind in seiner Eigenart wahrnehmen und so akzeptieren, wie es ist."

REGEL 2: „Ausverwahrlosen lassen."

Ein Kind in seiner Eigenart wahrzunehmen und es so zu akzeptieren, wie es ist, heißt, es trotz all seiner Schwächen und Verhaltensstörungen als Gesamtpersönlichkeit vorbehaltlos anzunehmen und ihm das Gefühl des Akzeptiertseins zu vermitteln. Bislang sind diese Kinder immer angeeckt, sie sollten sich ständig ändern. In den ersten Tagen und Wochen im Heim müssen sie nun die Gelegenheit nutzen können, zur Ruhe zu kommen, um sich selbst zu finden, ihre Person auszuleben und dies ohne ständige Ermahnungen und Änderungswünsche bezüglich ihres Verhaltens. Das störende Verhalten, das innerhalb der Heimerziehung häufig als Anlass zur Opposition, Verärgerung und Gegenreaktion gesehen wird, sollte zunächst hingenommen und „zur Freundschaft, Milde und Güte" (Aichhorn 1957, S. 131) veranlassen. Ganz bewusst sollten anfänglich den defizitären und unangepassten Verhaltensweisen der Kinder und Jugendlichen keine Widerstände entgegengestellt werden. Denn die Auffälligkeiten sind im Verlauf von Jahren entstanden, die jungen Menschen erleben sie aus ihrer Sichtweise möglicherweise als natürliche Reaktionen auf die feindliche Umwelt. Solche gestörten Kinder und Jugendlichen handeln nicht schuldhaft, sondern weil mannigfache ungünstige Sozialisationsbedingungen sie zu Reaktions- und Verhaltensweisen führten, die wiederum von der Umwelt als unangemessen und störend und zu verändernd erlebt werden.

Es wäre widersinnig, solche jungen Menschen mit Heimerziehung zu bestrafen, ihre Persönlichkeit beugen zu wollen. *Sie müssten zunächst die grundlegende Erfahrung verinnerlichen, dass das Leben angenehm und schön sein kann.* Diese Erfahrung wird verhindert, wenn von Beginn an die Verhaltensveränderung im Mittelpunkt des pädagogischen Geschehens steht. Kinder und Jugendliche sollten sich daher in der Anfangsphase der Heimerziehung innerhalb eines entspannten, freundlichen und wohltuenden Milieus entfalten, zu sich selbst finden und einfach wohl fühlen können. „Wenn wir helfen wollen, Ordnung in die Persönlichkeit des Kindes zu bringen, stützen wir uns hauptsächlich auf seinen Wunsch, mit aller Welt auszukommen, die ihm reichliche Befriedigung all seiner Bedürfnisse oder fast aller Bedürfnisse bietet, und nicht nur derjenigen, die gewöhnlich von Erwachsenen als legitim anerkannt werden. Wir sind der Ansicht, dass vor allem anderen ein Kind zutiefst davon überzeugt sein muss, dass – im Gegensatz zu seinen früheren Erfahrungen – diese Welt angenehm sein kann, bevor es irgendeinen Antrieb verspüren kann, in ihr weiterzukommen. Wenn ein solcher Wunsch aufgekeimt ist und wirklich Teil seiner Persönlichkeit gewor-

den ist, dann – und erst dann – können wir auch von dem Kind erwarten, die weniger angenehmen Aspekte des Lebens zu akzeptieren und mit ihnen zurechtzukommen" (Bettelheim 1983a, S. 36).
Ganz im Gegensatz zu Makarenkos Explosionsmethode lässt Bettelheim im Prinzip des Neubeginns den Kindern sehr viel Zeit, damit sie ganz allmählich, infolge der Orientierung an reifen Erwachsenenpersönlichkeiten, sich selbst einen neuen besseren Weg suchen können. Wichern versucht dieses Ziel mittels seiner Vergebungsmethodik wiederum etwas schneller zu erreichen. Gemeinsam ist allen eine Grundhaltung, die als Schlüssel des pädagogischen Erfolges zu werten ist.
Bettelheim stellt die Würde der Kinder über alles andere. Makarenko begründet seine diktatorische Forderung mit der großen Achtung, die er vor den Jugendlichen habe. Wichern spricht – vom Christentum ausgehend – von einem geradezu „unendlichen Wert der einzelnen Persönlichkeit". Mehringers Position drückt sich aus in der Forderung, das Kind wirklich zu mögen und dann auch bereit zu sein, den sicher kommenden Herausforderungen standzuhalten.
Positive Grundhaltungen zu schwierigen Kindern und Jugendlichen sind die unverzichtbare Grundlage, wenn es nach der Anfangsphase wirklich darauf ankommt, das Verhalten zu ändern. In der Heimerziehung geht es nicht um Schuld oder Strafe, deshalb können alle Vorgänge innerhalb einer positiven Gesamtatmosphäre ablaufen. Diese kann gegebenenfalls auch als eine Entschädigung für schlimme Vorerfahrungen erklärt werden. Das pädagogisch/therapeutische Vorgehen ist integriert und ganzheitlich auf die Persönlichkeit des Kindes oder Jugendlichen ausgerichtet. Die nun gewünschte Neuorientierung gelingt am besten dann, wenn der junge Mensch im Heim es als vorteilhaft erkannt hat, sich zu verändern, und wenn beständige Identifikationen mit Bezugspersonen innerhalb der Gruppe angestrebt werden.

„Wie in der Erziehungsberatung, so kann auch in der Fürsorgeerziehung die individuelle Heilerziehung erst beginnen, wenn die Übertragung da ist. Erzogen wird aber nicht durch Worte, Reden, Ermahnen, Tadel oder Strafen, sondern durch Erlebnisse. Durch das bei uns geschaffene Milieu und durch die Art der Führung ergaben sich für jeden einzelnen täglich so viele Gelegenheiten zu großen, kleinen und kleinsten Erlebnissen, deren tiefgehende Wirkung die Verwahrlosung behoben. Wie oft benutzten wir auch vorhandene Stimmungen oder schufen Situationen, um die gerade notwendige Stimmung herzustellen, und verwendeten die im Dissozialen so stark betonte Räuberromantik als Anknüpfungspunkte zur Einleitung von Erziehungsmaßnahmen. Ein allgemein gültiges Rezept kann ich dem Erzieher nicht geben. Jeder muß versuchen, aus seiner Persönlichkeit heraus das Richtige zu treffen. Er kann dies, wenn die Befähigung vorhanden ist, durch vieles Beobachten, fleißige Arbeit und ernstes Studium erlernen. Allerdings läßt sich nicht auf jede beliebige Persönlichkeit die des Erziehers aufpfropfen, und durch Dilettantismus wird in der Erziehung des Dissozialen ebenso viel Schaden angerichtet wie durch Berufserzieher, die zum Erzieher nicht berufen sind" (Aichhorn 1957, S. 141).

Strafen in der Heimerziehung

In unserer Untersuchung war das Thema „Strafen" eigentlich nicht vorgesehen gewesen. Die jungen Menschen äußerten sich hierzu dennoch und zwar bei der Erörterung der Fragestellung, wie sie die vorgefundenen Regeln in der Einrichtung empfunden haben und wie sie damit umgegangen sind. Die Äußerungen zu dieser Thematik zeigen auf den ersten Blick scheinbar eine Diskrepanz auf. Denn die vorhandenen Regeln werden nahezu von allen akzeptiert und als wichtig für das persönliche Leben beziehungsweise das Gruppenleben gewertet. Viele sind der Ansicht, dass ihnen klare Strukturen durchaus einen notwendigen Halt geben können. Die im Zusammenhang mit Regelübertritten erlebten Strafen werden jedoch oftmals als wenig sinnvoll, als lächerlich oder als Schikane empfunden. Dies gilt insbesondere für pauschalierte Strafandrohungen oder für regelmäßig verhängte Strafen bei bestimmten Verstößen. Zu erinnern sei hier beispielsweise an die genannten Geldstrafen. Manche fühlen sich auch in geradezu ohnmächtiger Abhängigkeit, weil sie Strafen als unangemessen oder ungerecht empfinden. Nicht selten löst dies Wut und Aggressionen aus. Insbesondere gravierende Strafandrohungen, aus der Einrichtung zu „fliegen" oder gegen den eigenen Willen nach Hause entlassen zu werden, können langandauernde Gefühle der Unterlegenheit und des Ausgeliefertseins bewirken. Wolf weist darauf hin, dass Sanktionen von Kindern, die sie im Heim erleben, von ihnen als selbstverständlich eingestuft wurden und insbesondere ein systematischer Zuwendungsentzug von ihnen schwer ertragen werden konnte (Wolf 2000, S. 28).

Im Rahmen des Forschungsprojekts „Aggressionen in der stationären Erziehungshilfe" (Günder/Reidegeld 2006) wurden die 367 Fachkräfte auch nach Strafen und Sanktionen, welche auf aggressive Verhaltensweisen der Kinder und Jugendlichen folgen, gefragt.

Die Gesamtauswertung (Mehrfachnennungen waren zugelassen) zeigt folgendes Bild:

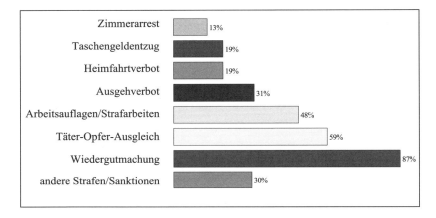

Einige Strafformen erscheinen nicht nur pädagogisch fragwürdig, sie sind teilweise auch rechtlich unzulässig. Auf ihr Taschengeld haben die jungen Menschen einen „unabdingbaren Rechtsanspruch". In einer solchen Strafe drückt sich auch die Wertschätzung bzw. die Minderwertschätzung ihnen gegenüber aus, wenn man die freie Verfügungsmöglichkeit des Taschengeldes einschränkt. Eine solche Strafe kann als eine von der Institution ausgehende strukturelle Gewalt verstanden werden (Busch/Fieseler 2004, S. 7).

Welchen Sinn, welchen Stellenwert können Strafen in der stationären Erziehungshilfe einnehmen? Von den jungen Menschen wurde vielfach das Machtverhältnis beklagt: „Wir da unten, die da oben". Drastisch erlebt wurde dies am Beispiel der angedrohten Zwangsausweisung. Überwiegend aus den Machtverhältnissen resultierende Interventionen oder Drohungen stellen im eigentlichen Sinn aber keine Strafen dar. Sie dokumentieren eher die pädagogische Ohnmacht und Unzulänglichkeit von Erziehungspersonen. Strafen im Bereich der stationären Erziehungshilfe müssen pädagogisch begründet sein und pädagogische Zielsetzungen verfolgen. Moralisch gesehen kann eine Strafe als mögliche Folge einer subjektiven Schuld und daraus entstandenen Unrechts verstanden werden. Schuldhaft kann allerdings nur handeln, wer auch einsichtsfähig ist und insofern Verantwortung übernehmen kann. Die

Straffähigkeit setzt daher schon eine gewisse Mündigkeit, eine persönliche Freiheit voraus. Solche Bedingungen dürften bei den jungen Menschen in Einrichtungen der stationären Erziehungshilfe oftmals nur defizitär oder rudimentär vorliegen. Man denke hier beispielsweise an Kinder mit schwerwiegenden Verhaltensstörungen.

Wird Strafe als gewohnheitsbildendes Lenkungsmittel verstanden, dann spielt weniger die persönliche Schuld oder Verantwortung eine Rolle, sondern verschiedene Interessenbereiche geraten in Konflikt. Strafe hat nun die Funktion, eine Disziplin und Ordnung (wieder) zu erstellen, dies wird durch Sanktionen, die mit Unlust verbunden sind, durch Strafleid zu erreichen versucht.

Strafen können auch im Einzelfall dazu verhelfen, das psychische Gleichgewicht wieder zu stabilisieren, etwa wenn die Annahme einer akzeptierten Strafe Schuldgefühle und Gewissensbisse zu verarbeiten hilft.

Kinder und Jugendliche, die heute in Heimen und Wohngruppen leben, haben bereits in ihrer Herkunftsfamilie höchst unterschiedliche Strafpraxen erfahren. Vielfach mögen es auch innerhalb einer Familie gegensätzliche Erfahrungen gewesen sein. Einige wurden ständig und sehr hart bestraft, andere brauchten vielleicht kaum einmal Sanktionen zu befürchten. Wichtiger noch als der individuell erlebte Umgang mit Strafen ist jedoch die Ausgangsbasis von Heimkindern aufgrund deren früherer Erziehung und Sozialisation. Diese ist in der Regel gekennzeichnet durch:

- das Gefühl, häufig zu versagen,
- den Eindruck, abgelehnt und verstoßen zu werden,
- mangelnde Bewältigung von Anforderungen, insbesondere auch im schulischen Bereich,
- mangelnde tragfähige Beziehungen,
- Beziehungsabbrüche,
- eingeschränkte Fähigkeiten zur Einsicht,
- eine gering ausgeprägte Frustrationstoleranz.

Aus den vorgenannten Gründen konnten viele der Kinder und Jugendlichen keine integrierte Persönlichkeit entwickeln; sie haben Probleme bei der Identitätsfindung, es fehlt ihnen an Ich-Stärke.

Der Beziehungsaspekt hat auch bei Strafen eine grundlegende pädagogische Bedeutung. Werden Strafen von Personen ausgesprochen, zu denen die Kinder keine oder nur oberflächliche Beziehungen unterhalten, so werden die Sanktionen sehr leicht als vollkommen ungerecht und überzogen empfunden. Herrscht dagegen ein positives Beziehungsverhältnis vor, welches vonseiten der Erziehungsperson durch Wohlwollen geprägt ist, können berechtigte Strafen durchaus einen pädagogischen Sinn einnehmen. Pestalozzi hatte in diesem Zusammenhang von „Vater- und Mutterstrafen" (o.J., S. 103) gesprochen, die selten einen schlimmen Eindruck hinterlassen würden, „wenn man in ganz reinen Verhältnissen" mit den Kindern lebt. „Es geht also nicht um Strafe versus Beziehung, sondern um ein sinnvolles Instrument, Realitätsanforderungen dem Kind angemessen zu vermitteln, ohne hingegen die Beziehung aufzukündigen oder zu gefährden. Dabei muss die Strafe sich der Beziehung unterordnen und nicht die Beziehung der Strafe. Im Milieu einer spürbaren dem Kind vom Erzieher zugewandten Atmosphäre des Geborgenseinkönnens, in der das Kind Kontinuität von Vertrautsein nicht nur verbal, sondern auch leiblich spüren darf, wird Strafe stets nur als Mittel verwandt, in der Beziehung zu wachsen" (Lemfeld 1998, S. 58).

Wie kann nun aber erreicht werden, dass Strafen innerhalb der Heimerziehung den richtigen Effekt haben, dass sie letztlich dazu beitragen, den Kindern und Jugendlichen in deren Entwicklung zu helfen? Wenn wir in der Heimerziehung von vorgeschädigten und oftmals Ich-schwachen jungen Menschen ausgehen, so wird leicht einsichtig, dass generalisierte Strafkataloge für bestimmtes Fehlverhalten oder Übertretungen keinerlei pädagogischen Sinn einnehmen können. Die Gegenargumentation, dass doch alle Gruppenmitglieder gleich behandelt werden müssten und keine Bevorzugungen stattfinden dürften, ist zwar gut nachvollziehbar, sie ist dennoch eindeutig falsch. Denn, wenn Strafen pädagogische Interventionen darstellen sollen, dann kommt es primär darauf an abzuschätzen, wie die zu bestrafende Person mit eben dieser Strafe umgehen kann und wird, was die Strafe in seiner Psyche bewirken wird. Insbesondere muss der so oft vorgefundene Glaube an die abschreckende Wirkung von Strafen bezweifelt werden.

> „Es hängt von den Fähigkeiten des Ichs ab, ob es auf ein Erlebnis so reagiert, daß es ‚etwas daraus lernt'. Die schlichte Vorstellung, jedes beliebige Erlebnis genüge, um eine Wirkung zu erzielen, die über die augenblickliche

Situation hinausgeht, ist eine naive und völlig unrealistische Hoffnung und sollte, wie andere Ammenmärchen, wenigstens in therapeutischen Kreisen schon lange als überholt gelten" (Redl 1971, S. 219).

In der pädagogischen Arbeit mit in der Regel gestörten und Ich-schwachen Kindern und Jugendlichen erscheint es vor allem notwendig einzuschätzen, wie Betroffene auf eine Strafe reagieren werden. Dies ist wiederum abhängig von der individuellen Lebensgeschichte, von den unzähligen Facetten früherer und gegenwärtiger Erziehungs- und Sozialisationseinflüsse sowie der persönlichen Bewältigungs- und Verarbeitungsformen. Erzieher(innen) müssten die individuelle Persönlichkeit eines Kindes sensibel erfassen, um sich einigermaßen sicher zu sein, die individuell richtige Strafe anzuwenden. So wäre es beispielsweise wichtig, prognostizieren zu können, ob eine Strafe das Kind aggressiv werden lässt und ob die Aggression nach außen oder nach innen gerichtet sein wird. Bei einer nach außen gerichteten Aggression hätte die Strafe ihren pädagogischen Sinn verfehlt. Wendet sich hingegen die Aggression nach innen, so wäre es möglich, dass die Energie der Wut über sich selbst positiv umgewandelt werden kann und möglicherweise eine Einsicht hervorbringt. Doch der Zustand der nach innen gerichteten Aggression darf auch nicht zu lange andauern, denn: „Ein Kind kann nur eine gewisse Zeitlang aus der ‚Internalisierung' seiner Aggressionen Nutzen ziehen. Wenn es länger in einem ‚Zustand der Strafe' gehalten wird, als es ertragen kann, hört entweder die Internalisierung auf, und die Strafe wird von nun an einfach als feindlicher Akt vonseiten eines grausamen oder desinteressierten Tyrannen ertragen; oder: wenn das Kind fortführe zu ‚internalisieren', würden wir es in eine seelische Verfassung hineintreiben, die nicht einmal das erfüllt, was eine Minimaldefinition von seelischer Gesundheit vorschreibt" (Redl 1971, S. 218).

Wenn Strafen innerhalb der Heimerziehung pädagogische Ziele verfolgen, dann müssen diese so angelegt sein, dass sie Ich-schwachen jungen Menschen auch mittels der Strafe dazu verhelfen, das Ich zu formen und kontinuierlich aufzubauen. Strafen, die in der Hauptsache unterdrücken oder so empfunden werden, können das Gegenteil hervorrufen, nämlich die ohnehin noch verkümmerte oder beeinträchtigte Identitätsbildung weiterhin behindern.

Es wurde erörtert, dass pädagogisch angelegte Strafen ein gutes Beziehungsverhältnis voraussetzen. Die Beziehung selbst sollte weder im Mittelpunkt des Strafgeschehens stehen noch in Frage gestellt werden.

Abbrüche von Beziehungen können im Einzelfall eine notwendige pädagogische Realität darstellen, dies hat dann aber keinesfalls etwas mit einer Bestrafung zu tun. Gewissermaßen automatisierte Strafandrohungen und Sanktionen wie beispielsweise Geldabzug, Strafspülen oder Hausarrest, von denen alle Gruppenmitglieder gleich betroffen sein könnten, erweisen sich als pädagogisch obsolet. Strafen, die individuell eine positive Wirkung erzielen sollen, müssen auf den jeweiligen Einzelfall individuell abgestimmt und angepasst sein.

Räumliche Merkmale in ihrer Auswirkung auf pädagogische Prozesse

Die Frage der Angemessenheit

Nicht wenige der Befragten in unserer Untersuchung waren mit der räumlichen Ausstattung und mit der Wohnatmosphäre ihrer Einrichtung unzufrieden.

In der Tradition der Heimerziehung finden sich oft Argumente für eine einfache Erziehungsform innerhalb bescheidener Rahmenbedingungen. Schon Pestalozzis „Stanzer Brief" enthält eine Bemerkung, die einen Zusammenhang zwischen Heimerziehung und milieunaher Erziehung aufweist:

> „Die größtmögliche Wirkung der Volksbildung könnte durch die vollendete Erziehung einer merklichen Anzahl von Individuen aus den ärmeren Kindern im Lande erzielt werden, wenn diese Kinder durch ihre Erziehung nicht aus ihrem Kreis gehoben, sondern durch dieselbe vielmehr fester an denselben geknüpft würden" (Pestalozzi o.J., S. 89).

Noch direkter drückt sich Wichern in dieser Frage aus. In seiner 1883 gehaltenen Rede zur Begründung des Rauhen Hauses wird die Hausordnung erwähnt, in welcher der Grundsatz gelte, „daß in den Kindern das Bewußtsein, zum Stand der Armen zu gehören, durch das Leben in der Anstalt nicht aufgehoben werden darf; daß die Kinder hingegen erkennen sollen, daß die Armut als solche kein Übel ist, daß es vielmehr nur darauf ankommt, in welcher Gesinnung der Arme die Armut erträgt" (Busch 1957, S. 44). Unterricht, Kleidung, Speisen, Mobiliar und gesamte Lebensweise der Kinder sollen daher im Rauhen Haus einfach sein, an der Herkunft der Kinder orientiert (Busch 1957, S. 28).

Während Pestalozzis Heimerziehung unter enormen finanziellen Nöten stattfand und somit die ständisch gegliederte Gesellschaft einen Aufstieg verarmter Kinder in der Regel nicht zugelassen hätte, kamen bei Wichern eine ausgeprägte christliche Grundhaltung und ein christliches Verständnis von Armut hinzu. Bedürftigkeit kann so zu einer „Ursache vielfachen Segens" werden (Busch 1957, S. 28), letztlich geht es nicht um das irdische Lebensglück, sondern um jenseitiges Leben nach der Wiedergeburt.

In der Praxis der gegenwärtigen Heimerziehung spielt bei der Konzeption der Gebäude und Einrichtungsgegenstände von Heimen die reale Orientierung von Kindern und Jugendlichen oft eine Rolle; denn in der Entfremdung vom Herkunftsmilieu während des Heimaufenthaltes wird die Gefahr übersteigerter Erwartungen für das Lebensmilieu und damit Anpassungsschwierigkeiten nach der Entlassung gesehen. Deshalb wurde und wird auch oftmals davor gewarnt, Heime zu „luxuriös" zu gestalten, die Enttäuschung der jungen Menschen nach deren Entlassung sei umso größer, wenn sie dann in eher bescheidenen Wohnverhältnissen leben müssten.

Solche Argumentationsweisen erscheinen einleuchtend, zugleich kann ihre Wirkung aber Gefährdungen beinhalten. In vielen Heimen bedient man sich, wenn unzureichende Rahmenbedingungen vorliegen, solcher Argumentationshilfen. Wenn Gebäude und Einrichtungen keine Atmosphäre mehr bieten, wenn die Intimsphäre des Einzelnen schon durch Bauweise und Ausstattung beschränkt wird, wenn Milieunähe sich in Kärglichkeit und Einfallslosigkeit ausdrückt, dann ist eher davon auszugehen, dass pädagogische Überlegungen bei der Planung der Rahmenbedingungen nicht ausschlaggebend oder gar nicht vorhanden waren und allenfalls später nachgeschoben wurden.

Die meisten Kinder und Jugendlichen kommen in Heime, weil ihr Milieu nicht stimmt, weil ihr Lebensumfeld entwicklungshemmend, abweisend, gefährdend, stigmatisierend, nicht behütend und ungeborgen war. Auch die häuslichen Rahmenbedingungen der Wohnung waren zumeist ungünstig: zu kleine Wohnungen, schlechte Wohngegenden, zu wenige Möglichkeiten für sinnvolle aktive Freizeitbeschäftigungen, kein geeigneter und ruhiger Platz, um Hausaufgaben zu machen, keine Rückzugsmöglichkeiten usw. Die im KJHG geforderte Lebensweltorientierung bedeutet nun keinesfalls, dass ungünstige Rahmenbedingungen und Benachteiligungen festgeschrieben werden sollten. Eine milieuorientierte

Heimerziehung müsste zunächst die vorliegenden ungünstigen Rahmenbedingungen als Ausgangsbasis für Veränderungen nehmen. Die Verhältnisse aus Entfremdungsängsten in etwa nachahmen zu wollen – damit würde sich Heimerziehung überflüssig und nutzlos machen. Viele Heimkinder sollen sich von ihrem Milieu entfremden, damit sie von ihren Störungen und Auffälligkeiten ablassen können. Milieunähe innerhalb der Heimerziehung müsste deshalb die aktive Beteiligung der früheren Lebensumwelt des Kindes und Jugendlichen in den Veränderungsprozess bedeuten. Eltern, Großeltern, Freunde und Nachbarn sollten miterleben und nachvollziehen, was sich ändern kann und geändert hat. Wer wollte außerdem mit Sicherheit voraussagen, in welchem Milieu das heutige Heimkind als erwachsene Person sein wird? Entsprechende Ausnahmen von der allgemeinen Prognose sind bekannt. Ist es nicht gerade die Festschreibung durch die Institution, die einen Negativverlauf in Kauf nimmt? Warum sollten Jugendliche nicht stehlen, wenn sie im Heim ständig mit verschlossenen Türen konfrontiert sind und ihnen von daher mehr als deutlich signalisiert wird, dass man dieses Verhalten im Grunde bei ihnen voraussetzt und von ihnen erwartet?

Heimerziehung ist nicht nur auf die pädagogische und therapeutische Situation zwischen Erzieher(inne)n und Kindern und Jugendlichen begrenzt. Heimerziehung wirkt mit allen Rahmenbedingungen positiv oder negativ den ganzen Tag über. Deshalb ist das Hauptinteresse zu lenken auf jene „23 Stunden, die außer der psychotherapeutischen Sitzung vom Tag noch verbleiben – denn es ist dann und dort, daß das Milieu am stärksten zur Wirkung kommt" (Trieschmann 1977, S. 23).

Wir kennen alle die Erfahrung, dass wir uns in einer Umgebung, die uns gefällt, in der wir uns wohl fühlen, weil uns die Architektur und die Ausgestaltung anspricht, besser entwickeln können, als unter weniger günstigen Voraussetzungen. Dies ist nicht nur von der eigenen Wohnsituation her bekannt, sondern gilt ebenso beispielsweise für Tagungsgebäude, für Restaurant- oder Hotelbesuche.

Innerhalb der Heimerziehung sind die Wirkungsweisen der räumlichen Umgebung zwar nicht unbekannt, aber sie müssten noch insgesamt intensiver erforscht und praktiziert werden. Dabei handelt es sich gar nicht in erster Linie um eine Forderung nach Luxus, sondern um die nach einer Gesamtatmosphäre, die das menschliche Streben nach Geborgenheit und Sichwohlfühlen zulässt und unterstützt. Es ist durchaus nicht immer möglich, eine genaue Prognose darüber zu erstellen, wie die Lebensbedingungen von entlassenen jungen Menschen sein werden. Kargheit und Lieblosigkeit in der Ausgestaltung können nicht nur eine unterprivilegierte Ausgangsposition festschreiben, es würden gleichzeitig Entwicklungsmöglichkeiten sehr unreflektiert verpasst, während ausbleibende oder geringe pädagogische Erfolge zur Bestätigung allgemeiner Negativprognosen dienen würden. Zwischen den Räumen und den Verhaltensweisen seiner Bewohner besteht ein Zusammenhang – entsprechend der Erkenntnis, „daß Räume erzieherische Intentionen fördern, aber auch behindern können" (Heimerziehung – Heimplanung 1974, S. 81). Die auf Heimerziehung angewiesenen jungen Menschen zeigen aufgrund ihrer früheren ungünstig verlaufenen Sozialisation oftmals Defizite in ihrer emotionalen Befindlichkeit auf, weil sie in ihren bisherigen sozialen Beziehungsstrukturen enttäuscht wurden, weil sie vielleicht wenig Verlässlichkeit, Sicherheit und Geborgenheit verinnerlicht haben. Nun können die räumlichen Bedingungen auch kompensatorische Wirkung zeigen. „Wenn es schon nicht das Urvertrauen sein kann, so soll wenigstens die räumliche Geborgenheit eine Voraussetzung für Selbstannahme und Aufnahme sozialer Beziehungen werden" (Mahlke 1988, S. 27).

Räumliche Rahmenbedingungen und Ausstattungsmerkmale

Heime und Wohngruppen bilden für Kinder und Jugendliche zentrale Lebensorte, in denen sie vorübergehend oder auch für einen längeren Zeitraum wohnen. Eine Wohnung stellt üblicherweise für das Individuum das primäre Lebensumfeld dar, welches zugleich selbst gestaltet werden kann und mit den Rahmenbedingungen und Ausgestaltungsmerkmalen wiederum das Verhalten prägt. Die Wohnung ist der Ort zur Selbstentfaltung, zum Sichzurückziehen, zum Erholen, zum Zuhausesein. Hier finden die wesentlichen Kommunikationsformen mit den anderen Familienmitgliedern statt, hier ist ein relativ großer Schutzraum vor unangenehmen, störenden und damit negativen Einflüssen der außerhäuslichen Welt. Die Wohnung nimmt innerhalb der Gesellschaft eine so bedeutende Stellung ein, dass in Artikel 13 des Grundgesetzes der Bundesrepublik Deutschland ihre „Unverletzlichkeit" garantiert wird.

Vom philosophischen Seinsverständnis Heideggers ausgehend, stellt das Wohnen nicht lediglich eine Tätigkeit dar und es geht auch weit über die bloße Notwendigkeit hinaus, denn „Mensch sein heißt als Sterblicher auf der Erde sein, heißt: wohnen" (Heidegger 1959, S. 146).

Damit wird das Wohnen zur Daseinsform, die zum Wesen des Menschen gehört. Wohnen wird gestaltet und wirkt durch diese Gestaltung zugleich prägend auf den Menschen. Diese für die pädagogische Betrachtungsweise wichtige Erkenntnis unterstreicht der Schriftsteller Antoine de Saint-Exupéry in seinem Buch „Die Stadt in der Wüste":

> „Ich habe eine große Wahrheit entdeckt ... zu wissen, daß die Menschen wohnen und daß sich der Sinn der Dinge für sie wandelt je nach dem Sinn ihres Hauses" (1988, S. 21).

Wir gehen bei unseren weiteren Überlegungen davon aus, dass die Sozialisation mit durch die realen und atmosphärischen Bedingungen der vorhandenen Wohnform bestimmt wird. „Durch die Wohnung werde ich seßhaft; das Wohnen gewährleistet das Elementare: das Bett, den Herd und den Tisch. Das Wohnen ermöglicht Leben, nicht nur Überleben, es bietet Existenznischen, aus denen heraus sich leichter leben und miteinander leben läßt. Wohnen erleichtert und stabilisiert meinen Anspruch auf Lebensraum und die in ihm notwendigen Daseins- und Funktionsabläufe wie schlafen, essen, arbeiten, miteinander sprechen, sich zurückziehen und schützen, feiern u.a." (Floßdorf 1988a, S. 11).
Kinder oder Jugendliche, die aus ihrer Familie heraus in eine Institution der Fremderziehung eingewiesen werden, haben mit dem Eintritt in die Institution in der Regel ihre „eigene" Wohnung aufgegeben; die Realität dieses Verlustes wird von ihnen von Tag zu Tag mehr empfunden werden. Auch wenn viele der Heimkinder schlechten häuslichen Verhältnissen entstammen und sie eher in bescheidenen Wohnverhältnissen lebten, fehlt jetzt der neben den Familienmitgliedern wesentlichste Bezugspunkt im Leben. Sicherlich bekommen Kinder und Jugendliche in den Heimen und in den Wohngruppen formal gesehen ein neues Zuhause. Wahrscheinlich sind in vielen Fällen die Wohnverhältnisse hier auch besser als in der Herkunftsfamilie. Dennoch wäre ein entscheidender Qualitätsunterschied darin zu sehen, wenn die Merkmale der Institution die Wohnbedingungen mehr oder weniger weitgehend bestimmten.
Wenn junge Menschen in Heime oder Wohngruppen aufgenommen werden, so wird sich das Gefühl, hier zu Hause zu sein, erst allmählich entwickeln. Dies gelingt wahrscheinlich oft nur annäherungsweise, in anderen Fällen aber auch überhaupt nicht. Wenn wir uns an die frühere Heimerziehung erinnern, mit ihren großen Schlafsälen, den langen Korridoren und den großen Speisesälen, dann ist schnell begreifbar, dass eine Beheimatung der Bewohner unter diesen räumlichen Voraussetzungen

wohl kaum jemals erreicht werden konnte. Solche Bedingungen sind in der heutigen Heimerziehung nicht mehr vorzufinden. Denn die massenweise Unterbringung von Kindern und Jugendlichen in Großinstitutionen wich zugunsten gruppenstrukturierter Wohnformen, in denen sich durchschnittlich zwei Kinder ein Zimmer teilen. Die Gruppenküche sowie das Gruppenesszimmer sind überschaubar, weil sie nur von den vielleicht sieben bis zehn Gruppenmitgliedern benutzt werden. Diese verbesserten räumlichen Rahmenbedingungen sind zwar unabdingbare Voraussetzungen für ein positiveres Wohngefühl, sie alleine reichen jedoch nicht aus, um das Gefühl, wirklich zu Hause zu sein, entwickeln zu können. In vielen Heimen sind auch heute noch lange Flure anzutreffen, die Zimmer der Kinder und Jugendlichen wirken bisweilen sonderbar kahl, auch die Gemeinschaftsräume muten zwar oft funktionell an, aber sie strahlen selten eine heimelige Atmosphäre aus. Diese Situation ist in den Wohngruppen zumeist besser, zumal wenn Erzieher(innen) dort auch selbst leben. Allerdings ist auch hier der Ausgestaltung der Zimmer bisweilen deutlich anzumerken, dass es sich um eine Institution handelt. Zur Begründung werden verschiedene Argumente angeführt: Die schwierigen Kinder und Jugendlichen seien kaum in der Lage, eine bessere wohnliche Atmosphäre herbeizuführen; es würde vieles immer wieder zerstört, die Möbel müssten funktionell und robust sein, damit sie die großen Belastungen lange überstehen könnten. Für neue oder teuere Anschaffungen wären oftmals die finanziellen Mittel nicht vorhanden.

Milieutherapeutische Heimerziehung

Die Gebäude und Einrichtungsgegenstände vieler Heime berücksichtigen nicht die positiven Auswirkungen, die durch atmosphärisches Wohnen, durch die sinnhafte pädagogische Planung des unmittelbaren Lebensumfeldes entstehen. Die Ausstattung der Heime zeigt vielmehr, dass ihr Bedeutung zukommt im funktionalistischen Bereich; sie soll preiswert und robust sein, einen reibungslosen Ablauf gewährleisten, vor den Auswirkungen von Verhaltensauffälligkeiten schützen oder diesen standhalten. In solchen Einrichtungen laufen bewusste therapeutische Bemühung und Leben im Alltag nicht integriert, sondern isoliert nebeneinander her (Heimerziehung-Heimplanung 1974, S. 39). Im Umgang mit Räumen und mit deren Ausgestaltung drücken sich schließlich auch Machtverhältnisse aus (Sobiech 2003, S. 155).

KAPITEL VI: FOLGERUNGEN FÜR PÄDAGOGISCHE BEZIEHUNGSASPEKTE

„Wer Heime bauen will, muß sich damit auseinandersetzen, auf welche Weise Kommunikation und Interaktion der Bewohner gesteuert, d.h. für den pädagogischen Prozeß nutzbar gemacht werden sollen. Für den Planer stellt sich damit die Frage nach den Innen- und Außenbezügen, die Kommunikation fördern oder verhindern, die somit Integration oder Isolation zur Folge haben" (Heimerziehung-Heimplanung 1974, S. 111).

Als ein eindrucksvoller Vertreter auf dem Gebiet der Gestaltung hilfreicher Umwelten für Problemkinder gilt Bettelheim (1903–1990). Er machte während seiner Inhaftierung im Konzentrationslager die Erfahrung, wie leicht ein schlechtes Milieu in der Lage war, destruktive, bösartige und unmenschliche Verhaltensweisen sowohl bei den Wärtern, als auch bei den Gefangenen auszulösen. Gesunde Menschen konnten durch dieses Milieu verrückt werden. Bettelheims Analogieschluss war einfach und doch bestimmend und erfolgreich für sein späteres Lebenswerk. Wenn ein ungutes Milieu extreme negative Verhaltensweisen auslösen kann, so müsste ein grundlegend positiv gestaltetes Milieu alleine aufgrund des Milieueinflusses therapeutische Wirkung zeigen (Bettelheim/Karlin 1983, S. 111f.; Bettelheim 1983b, S. 281f.).

Bruno Bettelheim hat in seinen Büchern „Liebe allein genügt nicht" (1983a) und „Der Weg aus dem Labyrinth" (1983b, insbesondere S. 110–177) geschildert und überzeugend vertreten, welche Erfahrungen in der von ihm geleiteten „Orthogenic School" mittels milieutherapeutischer Ausrichtung gesammelt werden konnten, mit der bewussten pädagogisch/therapeutischen Planung und Einbeziehung von Gebäuden und deren Aufteilung, von Zimmereinrichtungen, Tapeten, Vorhängen, Geschirr etc.

Bettelheims Konzept sieht das gesamte Lebensumfeld der Kinder, die Wohnatmosphäre und den von Zimmern und Einrichtungsgegenständen ausgehenden Symbolgehalt als integrierten Bestandteil der Therapie an. Flure und Treppenhäuser sind so nicht mehr nur unter funktionellem Aspekt zu sehen, sie werden zu wichtigen „Zwischenräumen", welche die Kinder zum Leben brauchen, zum Ort für private Gespräche. Sie müssen deshalb in ihrer Gestaltung zu diesem Nutzen anregen (1983a, S. 119–121; 1983b, S. 119–122).

In Wohnzimmern soll nicht nur der Bequemlichkeit der Vorzug gegeben werden; Kinder wollen diesen Raum zu vielfältigen Zwecken nutzen, zum Musikhören, zum Spielen, zum Unterhalten, zum Allein- und Zusammensein, zum Ausruhen, zum Diskutieren etc. Erst eine entsprechende Ausgestaltung wird zu diesen unterschiedlichen Aktivitäten anregen können. Auch Toiletten und Badezimmer werden integrativer Bestandteil der Gesamttherapie. Es sind auch Orte zum Entspannen, zum Sichwohlfühlen, für Körpererfahrungen, zum Spielen und zum Ausgelassensein. Steril in weiß angelegte Bäder und Toiletten, nebeneinander gereihte Becken und Duschen können diesen Anspruch nicht erfüllen. Sowohl bei der Ausgestaltung der eigenen Zimmer als auch der gemeinsam benutzten Räume werden die Kinder, ihre Bedürfnisse und Wünsche berücksichtigt. Denn sie sind es, die sich den ganzen Tag über wohl fühlen sollten. Da schwierige Kinder in einer realistischen Auswahl von Einrichtungsgegenständen, Stoffen und Tapeten überfordert sein können, werden ihnen verschiedene Vorschläge der Mitarbeiter(innen) zur Auswahl vorgelegt. Die Betreuer(innen) haben bei ihrer Vorauswahl die Interessen und Vorlieben der Kinder und Jugendlichen berücksichtigt, so erfahren diese kaum eine Einengung, aber auch keine Überforderung (1983b, S. 116). Die Einrichtung muss die Möglichkeit von Distanz und Nähe bieten, deshalb sind die einzelnen Zimmer nicht zu klein, aber auch nicht zu groß zu halten.

Möbel, Bilder, Tapeten und Stoffe sind aus robusten, aber schönen, bisweilen auch wertvollen Materialien. Auch das sinnhaft Schöne und künstlerisch Wertvolle kann in seinem Gehalt, indem die Kinder Schönes erfahren, therapeutisch wirksam sein. Auch die Teller und Gläser sind aus guten Materialien. Damit wird die Bedeutung des Essens innerhalb der Milieutherapie unterstrichen; durch ansprechendes Porzellan wird eine bessere Stimmung bewirkt als durch weißes Einheitssteingut. Die übliche Heimerziehung benutzt aus Kostengründen gerne einfache Materialien, die preiswert sind, weil die Kinder ohnehin viel zerstören. Aus der jahrelangen Praxis der „Orthogenic School" kann Gegenteiliges berichtet werden: „Unsere Erfahrung hat bewiesen, daß Taten bewußter oder fahrläßiger Zerstörung in dem gleichen Maße zurückgehen, indem wir die Umgebung der Patienten hübsch und anziehend gestalten. Im Gegenteil, die Patienten hielten es sich bald zugute, ganz von sich aus behutsam mit den Dingen umzugehen (was man ihnen nicht nahe legen sollte, denn das würde ihren spontanen Wunsch zunichte machen, das, was ihnen gefällt, in Ordnung zu halten)" (1983 b, S. 101). Grundsätzlich sind alle Räume offen; es gibt keine verschlossenen Türen, wie dies auch in der Familiensituation üblich ist. Diese offenen Türen sind wiederum auch symbolisch zu sehen, sie machen die Offenheit unter den Bezugspersonen und innerhalb der Gesamtatmosphäre erst möglich.

"Ein therapeutisches Milieu im Sinne Bettelheims wird geschaffen, wenn die einzelnen Dimensionen im Kontext der pädagogischen und therapeutischen Ziele systematisch reflektiert, gezielt gestaltet und miteinander interpretiert werden. Medium der Milieutherapie ist ein tiefenpsychologisch interpretierter und gestalteter Alltag, d.h. alltägliche Handlungen wie Aufstehen, Essen, Lernen, Schlafengehen usw. bilden den Ausgangspunkt für Förderung und Therapie. Bezeichnend ist der spezifische Blickwinkel, unter dem Bettelheim das Milieu betrachtet. Es sind die symbolischen Mitteilungen und Gehalte, wie sie von Räumen, Ausstattungen, Situationen und Interaktionen im Heimalltag ausgehen, die im Mittelpunkt seines Interesses stehen. Bettelheims genuines Verdienst ist es, daß er das Heimmilieu systematisch hinsichtlich der stummen, symbolischen Botschaften analysiert hat" (Krumenacker 1994, S. 265f.).

Heimerziehung hat in besonderem Maße die Zielsetzung, eine Steigerung des Selbstwerts und des Selbstvertrauens bei den jungen Menschen zu erreichen. „Aus diesem Grund ist es auch zur Entlastung der PädagogInnen dienlich, ein weiteres Moment, das den Vertrauensaufbau unterstützen kann, mit in die Überlegungen einzubeziehen; ein Moment, das durch die Schaffung einer entspannten Atmosphäre zukünftige Begegnungen erleichtert: den Raum" (Stanulla 2004, S. 7).

Folgerungen für die Heimerziehung

Die heutige Heimerziehung ist bisweilen immer noch in Gebäuden beheimatet, deren Zustand und Ausstattung als nicht tragbar erscheint, wenn man sie unter dem Aspekt der milieutherapeutischen Vorgehensweise betrachtet, denn die „praktische Verwirklichung eines therapeutischen Milieus stellt aber bis heute eher eine Ausnahme dar" (Kumenacker 1999, S. 231), oder anders ausgedrückt: „Was in der Regel aussteht bei heutiger, modernisierter und mitunter apparativ hochwertig ausgestatteter Heimerziehung, ist dasjenige, woran Bettelheim gelegen war: das ‚therapeutische Milieu' ..." (Niemeyer 2004, S. 5). In einigen Heimen kommt daher der Aufenthalt eher einer Bestrafung als einer Chance zur Neuorientierung gleich. Die Heimerziehung müsste jedoch berücksichtigen, dass im Sinne einer ganzheitlichen Pädagogik der gesamte Ablauf des Heimalltags, mit allen Umständen und Bedingungen, zur Förderung oder zur Erschwerung der gewünschten Verhaltensveränderungen beiträgt.

In Heimen mit langen Korridoren und aneinander gereihten Zimmern ist keine Wohnatmosphäre zu verwirklichen. Viele Gebäude lassen sich

wohl auch mit gutem Willen nicht in eine milieutherapeutische Richtung hin verändern. Teilweise müssten ungeeignete Gebäude aufgegeben und an andere Institutionen oder Firmen verkauft, vermietet oder verpachtet werden.
Bei der Errichtung neuer, geeigneter Heime in neuen Gebäuden beziehungsweise in milieutherapeutisch nutzbaren kleineren, älteren Häusern käme es gar nicht auf Luxus an, sondern auf die pädagogische Einstellung, das Einfühlungsvermögen, das dem Werden des neuen Heimes zugrunde liegt. „Wir haben bei unserer Arbeit immer wieder festgestellt, daß nicht so sehr die harten Tatsachen zählen, sondern die Gefühle und Einstellungen, die mit ihnen verbunden waren" (Bettelheim 1983b, S. 17). Ein Heimleiter, der bei dem Neubau seines Heimes beim Träger den Wunsch nach einem offenen Kamin äußerte, argumentierte folgendermaßen: „Die gemeinsamen Stunden vor dem Kamin mit den Kindern, die Gespräche, die Stille und Geborgenheit, lassen die Lösung und Verminderung von Konflikten zu, die mir glatt viele teure Therapiestunden einsparen werden."
Bruno Bettelheim blieb nach seinem Tod als Person nicht unumstritten (z.B. Otto 1992; Krumenacker 1998, S. 24ff.). Der Praktiker Bettelheim befand sich teilweise im Widerspruch zu der von ihm aufgestellten Theorie und moralischen Forderung, dennoch bleibt seine Theorie der praktizierbaren Milieutherapie für die Heimerziehung richtungsweisend.

„Bruno Bettelheim liebte Kinder nicht, er verstand sie. Und er versuchte mit allen ihm zur Verfügung stehenden Mitteln, die Mauern ihres geistigen Gefängnisses niederzureißen, das sie nicht nur daran hinderte, ein ‚normales' Leben zu führen, sondern auch großes Leid für sie bedeutete, wie er es als einer der ersten feststellte" (Sutton 1996, S. 305f.).

„Mag auch die Person Bettelheim – zumindest partiell – versagt haben, so kommt ihm doch das Verdienst zu, die Möglichkeiten der stationären pädagogisch-therapeutischen Arbeit mit gestörten Kindern minutiös ausgeleuchtet und über Jahrzehnte hinweg entwickelt und erprobt zu haben. Aus diesem Grund bieten seine umfangreichen Beschreibungen ein hohes, bislang ungenutztes Anregungspotential" (Krumenacker 1988, S. 33).

„Von der Auseinandersetzung mit Bettelheims Konzept wäre nun mindestens zu lernen, daß Heimerziehung immer auch Erziehung und Sozialisation in und durch Räume(n) ist" (Kumenacker 1999, S. 236).

Die heutige Heimerziehung vollzieht sich in Gebäuden und in Räumen, die teilweise in ihrer Architektur und Ausgestaltung den Einfluss pädagogischer Erkenntnisse vermissen lassen. Räume und Gebäude sind jedoch glücklicherweise veränderbar. Wenn unter dem Wohnaspekt ungeeignete Institutionen durch neue Häuser zu ersetzen sind, deren Planung, Erstellung und Ausgestaltung in Kooperation zwischen Pädagogen und Architekten die Sozialisationsbedürfnisse junger Menschen berücksichtigen, so mag dies eine optimale Lösung darstellen. Praxiserfahrungen belegen jedoch auch, dass ungünstige Wohnsituationen in bestehenden Gebäuden durch relativ einfache Mittel veränderbar sind und ein heilendes Milieu erreicht werden kann, wenn die Einsicht und die Bereitschaft zu Veränderungen entwickelt wurde (Mahlke 1988, S. 22ff.).

Fazit

Die Ergebnisse unserer kleinen Studie lassen zahlreiche Parallelen und Übereinstimmungen zu Aussagen der einschlägigen Fachliteratur erkennen. Die jungen Menschen in den Einrichtungen der stationären Erziehungshilfe fühlen sich nicht wohl und benachteiligt, wenn sie eine fehlende Akzeptanz und Annahme spüren, wenn sie ein Desinteresse an ihrem Wohlergehen vermuten und wenn sie sich permanenten Überforderungssituationen ausgesetzt sehen. Solche Negativmerkmale der Institutionen können schon am Tag der Aufnahme konstatiert werden, sie setzen sich fort in den so genannten Standardsituationen sowie im erlebten Umgang mit Strafen, sie manifestieren sich vor allem in Ablöse- und Verselbstständigungsformen der Heimerziehung. Die Qualität der pädagogischen Beziehungsgestaltung wird aus der Sicht der Betroffenen zum Dreh- und Angelpunkt in der subjektiven Beurteilung ihres Aufenthaltes. Beziehungsaspekte spielen in allen untersuchten Bereichen eine übergeordnete Rolle, dies trifft auch bei der räumlichen Ausstattung zu, denn es sind einerseits die erwachsenen Bezugspersonen, denen Verantwortung zugeschrieben wird, und Beziehungen gestalten sich auch in Abhängigkeit von der vorhandenen Sach-Umwelt. Wenn in den vorgenannten Gebieten qualitative Verbesserungen erzielt werden sollen, so wird dies primär nur im Zusammenhang mit einer kritischen Analyse des beruflichen Selbstverständnisses der pädagogischen Mitarbeiter(innen) sowie der angewandten beziehungsweise nicht vorhandenen pädagogischen Konzepte und Methoden einhergehen.

Kapitel VII: Ausbildungsprobleme und Grundhaltungen der Heimerzieher(innen)

Die Ausbildung von Heimerzieher(inne)n in ihrem Stellenwert für die Praxis

Ausgangsfragestellungen der Untersuchung

Bieten Heime und Wohngruppen günstige Sozialisationsbedingungen, lohnt sich der oftmals langjährige Aufenthalt für die jungen Menschen? Können sie sich positiv verändern und weiterentwickeln, bleiben sie im Negativen verhaftet oder verschlechtert sich ihre Persönlichkeitssituation und -perspektive durch die Maßnahmen der stationären Erziehungshilfe?
Verschiedene aktuelle empirische Untersuchungen versuchen diese so häufig mit negativen Erwartungshaltungen verbundenen Fragen zu beantworten:

- Bürger schlussfolgert aufgrund der Daten seiner größer angelegten empirischen Erhebung, dass die Heimerziehung die sozialen Teilhabechancen bei dem weitaus größten Teil der problembelasteten Kinder und Jugendlichen verbessert. Er betont dabei insbesondere die Bedeutung der schulischen und beruflichen Qualifikation (Bürger 1990).

- Eine andere vergleichende empirische Untersuchung geht ebenfalls von einer belegbaren „überwiegend positiven Einschätzung der Sozialisationseinwirkungen" (Hansen 1994, S. 227) aus; insofern konnte die Ausgangsthese, „Schaden Erziehungsheime der Persönlichkeitsentwicklung?" verneint werden. Neben anderen Faktoren positiver Sozialisationsvoraussetzungen benennt Hansen ein „intensives" Erziehungsverhalten und eine stärkere Strukturierung des Heimalltags.

- In zwei anderen Arbeiten werden die Lebenssituationen ehemaliger Bewohner jeweils eines bestimmten Heimes begutachtet. Auch hier wird eine weitgehend erfolgreiche Heimerziehung vermutet. Die Erfolge werden in Verbindung gesehen mit der Notwendigkeit systematisch angelegter pädagogischer und therapeutischer Vorgehensweisen, so beispielsweise „eine intensive Schularbeitenbetreuung, Aufarbeiten von Defiziten, Therapie bei Teilleistungsstörungen (etwa Legasthenie, MCD) und Pflege von intensiven Schulkontakten" (Masurek/Morgenstern 1995, S. 16).

- An anderer Stelle wurde von den Ehemaligen als wichtigster persönlicher Gewinn aus dem Heimaufenthalt „Selbstvertrauen" genannt. Einen hohen Stellenwert nahm die jeweilige pädagogische Bezugsperson in der Rückerinnerung ein (Adam u.a. 1995, S. 24). Die Forschungsgruppe JULE kam zu dem Ergebnis, „dass gut 2/3 der Hilfeverläufe in stationären Erziehungshilfen eher als positiv einzuschätzen sind" (Hamberger 1998, S. 256).

Mit diesen Befunden kontrastiert die in der Heimpraxis oftmals vorzufindende berufliche Unzufriedenheit der Erzieher(innen), die ihre eigene pädagogische Arbeit häufig weniger erfolgversprechend einschätzen. Wir wollten durch eine Befragung von pädagogischen Gruppenmitarbeiter(inne)n ermitteln, wie stark diese Befindlichkeit vorhanden ist und insbesondere den Stellenwert der absolvierten Ausbildung für die Alltagspraxis einschätzen. Auch der in der Praxis nicht nur gelegentlich anzutreffende Mangel an konkreter systematisch-methodischer Vorgehensweise sollte in seinem Bezug zur Ausbildung untersucht werden.

Die Methodik der Untersuchung

Es wurde ein Interviewleitfaden entwickelt, der von Student(inn)en in Form eines Pretests mit acht Mitarbeiter(inne)n stationärer Institutionen der Jugendhilfe erprobt wurde. Aus der Praxis kamen gute Vorschläge zur Veränderung einzelner Fragen, insbesondere wurde auf mögliche Missverständnisse hingewiesen. Anhand des überarbeiteten Interviewleitfadens führten Student(inn)en 21 Interviews mit Gruppenmitarbeiter(inne)n in Heimen und Wohngruppen der Jugendhilfe durch. Bedingung war, dass die Befragten über mindestens zwei Jahre Berufserfahrung in der stationären Einrichtung verfügten, außerdem sollte pro Institution nur eine Person befragt werden. Die zu befragenden Heime und Wohngruppen wurden nach dem Zufallsprinzip aus einem Heimverzeichnis des Landesjugendamtes Westfalen-Lippe ermittelt. Sie wurden zunächst angeschrieben, über das Untersuchungsvorhaben unterrichtet und um aktive Mithilfe gebeten. In einem späteren Telefongespräch wurde dann ein Interviewtermin vereinbart. Alle Interviews wurden auf Band aufgezeichnet, die Transkription der Texte wurde von einer Sekretärin vorgenommen. Bei einer ersten Durchsicht der Interviews wurde die Unvergleichbarkeit unterschiedlicher Ausbildungsgänge deutlich, es wurden zwar in der Mehrzahl Erzieher(innen) befragt, aber auch Sozialpädagog(inn)en und Heilpädagog(inn)en.

Es kamen zunächst die 13 Interviews für die spätere Auswertung in Frage, die mit pädagogischen Mitarbeiter(inne)n in eindeutig stationären Einrichtungen der Jugendhilfe durchgeführt worden waren. Eine Sozialarbeiterin interviewte in der Folge – nach den gleichen Prinzipien vorgehend – 22 Mitarbeiter(innen) in 22 unterschiedlichen stationären Institutionen. Es lagen nun 36 Interviews für die Auswertung vor. Die Altersspanne reichte von 23 bis 46 Lebensjahren, das Durchschnittsalter der Befragten betrug 33 Jahre. Es waren 30 weibliche Mitarbeiterinnen beteiligt, dagegen nur sechs Männer. Die 36 niedergeschriebenen Interviews wurden vom Verfasser kategorisiert und qualitativ ausgewertet.

Qualitative Auswertung

Die große Mehrheit der Befragten hatte bislang ausschließlich in Heimen oder in Wohngruppen gearbeitet. Über Berufserfahrungen in Kindergärten verfügten einige der Interviewten, einzelne waren zuvor im Betreuten Wohnen, in der Behindertenarbeit, in einem Mutter-Kind-Heim, in einem Haus der offenen Tür, in einem Kurheim, in der Kinder- und Jugendpsychiatrie, in einem sozialpädagogischen Spielkreis und als Tagesmutter tätig gewesen.

Was bewerten die Erzieher(innen) im Nachhinein ihre Ausbildung?

Die meisten der Befragten hatten während der Ausbildung Praktika in Kindergärten und in Heimen absolviert, wobei der zeitliche Umfang der Kindergartenpraktika dominierte. Andere leisteten ihre Praktika in Kindergärten und in anderen sozialpädagogischen Einrichtungen ab, aber nicht in der Heimerziehung. Nur eine Minderheit war ausschließlich in Heimen oder in Wohngruppen gewesen. Insgesamt äußerte die große

Mehrzahl der Befragten, dass die Praktika viel zu sehr auf den Kindergartenbereich zentriert gewesen wären.

Gut, ausgezeichnet, ausgewogen, recht positiv, so beurteilten nur sehr wenige Erzieher(innen) das Verhältnis von Theorie und Praxis während der Ausbildung in ihrer Rückerinnerung. Teilweise gut, teilweise schlecht und andere eher neutrale Äußerungen kamen von einer anderen Minderheit. Negative, teilweise sehr negative Meinungen äußerten zwei Drittel der Interviewten. Vor allem sei die Theorie viel zu sehr auf Kleinkinder ausgerichtet gewesen, es habe keinen Bezug zur Heimpraxis gegeben, die Lehrer(innen) hätten keinen Bezug zur realen Praxis gezeigt.

Uneingeschränkt zufrieden mit ihrer Ausbildung war lediglich eine kleine Gruppe der Erzieher(innen). Ein etwas größerer Teil war nur teilweise zufrieden. Hier wurde vor allem geäußert, dass die Inhalte der Ausbildung nur sehr eingeschränkt im Alltag der Heimerziehung umgesetzt werden könnten. Sehr unzufrieden äußerte sich weit mehr als die Hälfte der Befragten zu den Inhalten ihrer Ausbildung. Sie gaben an, dass die Ausbildung viel zu praxisfern gewesen sei, erst die Erfahrung in der Praxis habe mit der Zeit eine Basis geschaffen, die Ausbildungsinhalte seien in der Heimerziehung einfach nicht anwendbar. Eine Aussage lautete: „Ich habe nie auf Ausbildungsinhalte zurückgegriffen."

Der Bereich der Heimerziehung war der Inhalt, der nach Meinung der Erzieher(innen) primär in der Ausbildung fehlte. Außerdem wurden Ausbildungsinhalte zur Förderung der eigenen Persönlichkeit genannt, welche gefehlt hätten; vor allem Aspekte der Selbsterfahrung und Selbstreflexion sowie das Lernen, den eigenen Standpunkt zu vertreten. Weiterhin vermissten viele den Bereich Verwaltung und Organisation, weil sie heute in ihrer täglichen Praxis Schwierigkeiten im Umgang mit Behörden erlebten. Relativ oft genannt wurde auch die Unsicherheit im Umgang mit sexuellem Missbrauch. Hierauf sei die Ausbildung überhaupt nicht eingegangen. Zwei der Befragten waren der Meinung, dass „alles" an für sie wichtigen Inhalten in der Ausbildung gefehlt habe.

Fortbildungen scheinen bei den befragten Erzieher(inne)n einen relativ hohen Stellenwert einzunehmen. Denn fast die Hälfte ist der Ansicht, durch wahrgenommene Fortbildungsveranstaltungen fehlende Kenntnisse in bestimmten Bereichen vervollständigt zu haben. Eine etwas kleinere Gruppe bejahte diese Frage nur eingeschränkt. Es sei insbesondere aufgrund des Schichtdienstes schwierig, an Fortbildungen teilzunehmen, es sei einfach zu wenig Zeit vorhanden, die Heimleitung oder der Träger würden das nicht unterstützen. Viele der Interviewten, die an Fortbildungen teilgenommen hatten, erwähnen, sie würden insbesondere von dem Austausch mit anderen Teilnehmer(inne)n profitieren. Nur eine Minderheit der Erzieher(innen) gab an, sie hätten an keinen Fortbildungsveranstaltungen teilgenommen oder die Teilnahme habe für sie nichts gebracht.

Auch die Supervision hat einen recht hohen Stellwert in den befragten Gruppen. Fast die Hälfte hatte ziemlich regelmäßig Supervision in Anspruch nehmen können und war mit ihr auch relativ zufrieden. Viele andere hatten nur zeitweise Erfahrungen mit Supervision. Es wurde bedauert, dass in einigen Einrichtungen aus Spargründen die Supervision gestrichen wurde. Etwa ein Viertel der Befragten hatte bislang keinerlei Berührungen mit Supervision gehabt, teilweise hätte man sich im Team darüber nicht einigen können oder es würden keine Mittel dafür bereitgestellt.

Wie erleben die Erzieher(innen) momentan ihren persönlichen beruflichen Alltag?

An erster Stelle wurden hier Probleme des Schichtdienstes genannt, man habe einfach zu wenig Zeit für die Bedürfnisse der Kinder und sei viel zu oft allein im Dienst. Von vielen wird die Arbeit als anstrengend und stressig empfunden, es seien oft zu geringe oder auch keine Erfolgserlebnisse zu verzeichnen. Die Arbeit mit schwierigen Jugendlichen wird als großes Problem gesehen; hier wurden insbesondere Unsicherheiten im Umgang mit sexuell Missbrauchten erwähnt, aber auch Alkohol- und andere Drogenprobleme. Nur eine Minderheit drückte aus, dass sie den beruflichen Alltag überwiegend positiv erlebe.

Die Arbeit mit schwierigen Kindern und Jugendlichen wird auch als die Problematik angegeben, die von den meisten Befragten als besonders intensiv im Alltag der Heimerziehung erlebt wird. Viele würden zu spät und mit massiven Problemen beladen in die stationäre Einrichtung kommen. Schwierigkeiten würde der Umgang mit pubertären Jugendlichen bereiten. Auch wurde wiederum auf die Unsicherheit im Umgang mit sexuell missbrauchten Kindern und Jugendlichen verwiesen. Viele beklagten, dass zu wenig Mitarbeiter(innen) in den Gruppen vorhanden seien und man daher nicht genügend Zeit habe, die Probleme der jungen

Menschen anzugehen. Auch wurde auf den komplizierten Umgang mit Behörden und auf finanzielle Einsparungen aufmerksam gemacht.

Besonders aufschlussreich erscheint die Frage, ob in der Gruppe nach einem bestimmten pädagogischen/ methodischen Konzept gearbeitet wird?

Nur ein kleinerer Teil der Befragten bejahte dies eindeutig. Als Methoden und Konzepte wurden beispielsweise angeführt: Orientierung an den Bedürfnissen der Kinder, sie da abholen, wo sie momentan stehen, Echtheit in der Erziehung, intensive Elternarbeit bis hin zu familientherapeutisch orientierten Vorgehensweisen. Eine etwas größere Gruppe gab zwar an, nach einem Konzept zu arbeiten, konnte dieses aber nicht oder nur diffus benennen. Es wurde beispielsweise geäußert: „Da arbeiten wir gerade dran" oder „das ist irgendwo aufgeschrieben". Viele verstanden unter Konzept die Verselbstständigung der Kinder und Jugendlichen. Dieser Begriff kann bei genauerer Betrachtung für sich alleine genommen jedoch noch kein eigentliches Konzept oder eine Methode ausmachen. Etwas weniger als die Hälfte der Interviewten verneinte diese Fragestellung. Teilweise wurde das Arbeiten ohne Konzept begründet: „Das verändert sich doch immer wieder." „Wir arbeiten hier mehr aus dem Bauch heraus."

Nur eine Minderheit der Befragten gibt an, dass sie mit den wesentlichen Inhalten der Ausbildung in konkreten Praxisproblemen etwas Positives anfangen könne. Es wurde hier beispielsweise von einem „pädagogischen Fundament" gesprochen oder von bestimmten heilpädagogischen und psychologischen Aspekten der Ausbildung. Ein etwas größerer Teil glaubt, nur eingeschränkt auf vermittelte Methoden in der Alltagspraxis zurückgreifen zu können. Aber fast die Hälfte der Befragten verneint diese Frage absolut. Dies wird einerseits mit der nicht an der Praxis der Heimerziehung ausgerichteten Ausbildung begründet. Andererseits kamen Argumentationen, wonach die Ausbildung schon zu lange zurückliege, man müsse mehr auf eigene Erfahrungen und Gefühle zurückgreifen oder man habe vor dieser Situation noch nicht gestanden.

Unbedingt einen größeren Praxisbezug und eine bessere Reflexion der Praxis, dies sehen fast alle Interviewten als vordringliche und notwendige Veränderung der Fachschulausbildung an. Die Ausbildungsinhalte müssten viel stärker auf die Inhalte der Heimerziehung eingehen, gegebenenfalls sollte schon eine recht frühe Spezialisierung auf ein bestimmtes Arbeitsfeld hin möglich sein. Man sollte während der Ausbildung auch lernen, wie man mit den Folgeproblemen des sexuellen Missbrauchs pädagogisch umgehen könne. Weiterhin wurde genannt, dass man auf Extremsituationen vorbereitet werden müsse und Methoden für die tägliche pädagogische Arbeit mit Jugendlichen und jungen Erwachsenen benötige. Außerdem sollten elementare Kenntnisse in Verwaltung und Organisation vermittelt werden.

Diskussion der Ergebnisse

Der übergroße Teil der an der Untersuchung beteiligten Erzieher(inne)n war mit der erfahrenen Ausbildung in den Fachschulen für Sozialpädagogik nicht besonders zufrieden oder sogar sehr unzufrieden. Dies verwundert nicht, wenn bedacht wird, dass die große Mehrzahl der Fachschulen sich auf das spätere Arbeitsfeld Kindergarten spezialisiert hat und die Bereiche Heimerziehung oder Erziehungshilfen eher randständig behandelt werden oder so gut wie überhaupt keine Berücksichtigung finden (Trede 1999, S. 802). So gesehen sind „Erzieher(innen) auf die Aufgabe der Erziehung verhaltensauffälliger und massiv gestörter Kinder und Jugendlichen in Einrichtungen der Erziehungshilfe ungenügend vorbereitet" (Junge 1990, S. 426).
Besonders gravierend empfunden wurde die kaum vorhandene Verbindung theoretischer und praktischer Ausbildungsinhalte sowie der Mangel an berufsbezogener Persönlichkeitsbildung während der Ausbildungsphase. Diese Kritik korrespondiert mit den Ergebnissen einer empirischen Untersuchung aus Hessen. Hier wurden Leiter(innen) und Lehrer(innen) von Fachschulen, welche schwerpunktmäßig auf das Berufsfeld Heimerziehung vorbereiten, zu den heutigen Ausbildungsbedingungen und Reformansätzen befragt. Auch diese Lehrkräfte beklagen die nicht ausreichende Verknüpfung von Theorie und Praxis und die geringen Möglichkeiten persönlichkeitsbildender Aspekte der Ausbildung. Die Mehrzahl der Lehrkräfte vertrat die Meinung: „Die Ausbildung der Erzieher(innen) ist heute weitgehend veraltet, sie entspricht in weiten Teilen nicht mehr den Anforderungen, die heute an eine/einen Erzieher(in) gestellt werden und muß deshalb umfassend reformiert werden" (Almstedt 1998, S. 367). In dieser Studie hielt die große Mehrheit der befragten Lehrkräfte „den Anteil der für den Heimbereich rele-

vanten Themenstellungen auch im Rahmen der gesamten Ausbildung für ‚nicht ausreichend', um den Anforderungen des Arbeitsbereiches gerecht werden zu können" (Almstedt 1996, S. 126). Die Ausbildung muss also mehr an die beruflichen Anforderungen angeglichen werden (Herrenbrück 1999, S. 833), damit nicht länger zu beklagen ist, „dass die Fachschulausbildung für Erzieher(innen) an vielen Stellen an ihre Grenzen stößt" (Schilling 2001, S. 458).

Wenn als wichtigstes Ausbildungsziel die Förderung der beruflichen Identität angesehen wird, dann kann dies nicht von Ausbildungsstätten geleistet werden, die das spätere Berufsfeld in ihren Curricula kaum berücksichtigen. Erschwerend kommt hinzu, dass immer wieder von den Befragten eine Förderung der eigenen Persönlichkeitsentwicklung in der Ausbildung vermisst wurde.

Die pädagogischen Mitarbeiter(innen) beklagen den Umstand, viel zu oft alleine im Dienst zu sein. Hierdurch bedingt, könnten sie sich den Problemen der ihnen anvertrauten Kinder und Jugendlichen viel zu wenig widmen und es würden nur geringe oder auch keine Erfolgserlebnisse auftreten. Mangelnde Erfolge müssen in ihrer Verursachung jedoch besonders auf die oftmals fehlende Konzeption, auf den erheblichen Mangel an methodischen und systematischen Vorgehensweisen innerhalb der Praxis zurückgeführt werden. Möglicherweise sind einige Erzieher(innen) auch (ausbildungsbedingt?) nicht in der Lage, ihr eigenes pädagogisches Handeln zu reflektieren und darzustellen. Schwierige junge Menschen können sich nicht nur aufgrund (eventuell) vorhandener günstiger Rahmenbedingungen und persönlicher Bezüge zu Erwachsenen positiv verändern. Sie benötigen in ihrer Erziehung und Sozialisation eindeutige und nachvollziehbare pädagogische Handlungen über längere Zeiträume hinweg und mit klarer Zielsetzung; eben pädagogische Konzeptionen und Methoden. Dass dies in der Praxis vielfach nicht so angetroffen wird, kann nicht nur der Ausbildung angelastet werden. Hier sind sehr stark die Leitungskräfte und auch die Träger gefragt. Denn diese sind für die pädagogische Ausrichtung eines Heimes oder einer Wohngruppe in erster Linie zuständig. Sie müssen daher dafür Sorge tragen, dass in den Gruppen klare Konzepte und Methoden entwickelt werden und zur Anwendung kommen. Um diese Vorgänge zu unterstützen, müsste die Inanspruchnahme von Supervision für alle pädagogischen Mitarbeiter(innen) selbstverständlich sein und gefördert werden. Weiterhin wäre für eine regelmäßige Beteiligung aller Erzieher(innen) an Fortbildungsveranstaltungen zu sorgen. Dies darf nicht in die Beliebigkeit einzelner Personen gestellt sein.

Die Fachschulen für Sozialpädagogik müssten neben anderen Arbeitsfeldern den Schwerpunkt Heimerziehung eindeutig in ihre Ausbildungsinhalte aufnehmen. Der fehlende Praxisbezug wurde als ein ganz eklatanter Mangel von nahezu allen Interviewten genannt. Aufgenommen werden müssen in die Ausbildungsbereiche auch Themen, die erst seit wenigen Jahren aktuell und dringend notwendig erscheinen, wie beispielsweise der Umgang mit Gewalt und vor allem mit den Folgewirkungen des sexuellen Missbrauchs. Außerdem wäre es wichtig, sich im Rahmen der Ausbildung verstärkt mit den Bereichen Hilfeplanung, Betroffenenbeteiligung, Eltern- und Familienarbeit sowie mit anderen pädagogisch relevanten Methoden stationärer Erziehungshilfen zu befassen.

Heimerzieher(innen) brauchen (pädagogische) Grundhaltungen

Wenn wir bei Heimerzieher(inne)n pädagogische Grundhaltungen voraussetzen, dann sind damit Wertvorstellungen und Ideenlehren gemeint, die innerhalb der Heimerziehung pädagogische Handlungen und Einsichten legitimieren und die letztlich dazu verhelfen können, dass erzieherische Vorgänge nicht primär aus spontanen – oft krisenhaften – Situationen erwachsen, sondern systematische und methodische Anwendung finden. Zielorientierung und Reflexionsvermögen sind weitere Kennzeichen der professionellen Heimerziehung.

Pädagogische Grundvoraussetzungen

In der Regel sind Kinder und Jugendliche von Heimerziehung betroffen, die zuvor nicht oder falsch erzogen wurden, unter schwierigen Lebensbedingungen aufwuchsen und sich daher weniger gut entwickeln konnten. Solche jungen Menschen haben ein ausgeprägtes Bedürfnis nach einer planvollen Erziehung, nach individueller Förderung und Entwicklung. Paul Moor, der Begründer der modernen Heilpädagogik kann hierzu grundlegend beitragen. Nach seiner Theorie benötigt jeder Mensch zur Erfüllung seines Lebens die Gemeinschaft, in der er lebt.

Der innere Halt des Menschen wird erst vollkommen durch den äußeren Halt an der Umgebung. Bei entwicklungsgehemmten Kindern sei der innere Halt gefährdet und müsse durch den Aufbau eines äußeren Haltes besonders gefördert werden (Moor 1969). Wenn wir diese heilpädagogische Auffassung auf den Heimbereich übertragen, dann bedeutet dies, dass die allgemeinen Rahmenbedingungen der Institution und die in ihr stattfindenden erzieherischen Prozesse einen solchen äußeren Halt bilden müssten, der die Entwicklung des inneren Haltes begünstigt. Ähnlich hat es Kraiker ausgedrückt, der den Wert von therapeutischen Vorgängen in Institutionen in der „Gestaltung von hilfreichen Umwelten" (Kraiker 1981, S. 196) sieht. Aber können wir überhaupt die Heimerziehung zum Bereich der Therapie oder der Heilpädagogik zählen? Nur wenige Heime führen das Etikett „therapeutisch" oder „heilpädagogisch" in ihrem Namen; andere verzichten ganz bewusst darauf, weil sie Ausgrenzung und Stigmatisierung befürchten. Außerdem sind in vielen Heimen weder Therapeut(inn)en noch Heilpädagog(inn)en zu finden. Beide Argumente sollten jedoch nicht dazu führen, Heilpädagogik und Therapie außer Acht zu lassen. Die Beeinflussung der allgemeinen und speziellen Erziehung innerhalb des Heimes durch Erkenntnisse aus Heilpädagogik und Therapie erscheint wegen der vorhandenen Bedarfslage unumgänglich. Es geht hierbei nicht um einen vordergründigen Ruf nach Spezialisten, sondern um die Integration dieser Erkenntnisse in die Erziehungsvorstellung und Erziehungsrealisierung eines(r) jeden Heimerziehers(in).

Daher müssen zunächst einmal die unverzichtbaren pädagogischen beziehungsweise heilpädagogischen Grundhaltungen angesprochen werden, die als Basis einer methodischen Erziehung und Förderung anzusehen sind. Wir gehen wie selbstverständlich davon aus, dass alle, die sich zu einer pädagogischen Arbeit auch mit schwierigen Kindern und Jugendlichen berufen fühlen, echtes Interesse an einer solchen Arbeit zeigen und positive Einstellungen zu jungen Menschen besitzen. Falls nicht, dann werden die Betroffenen hoffentlich schnell feststellen, wie dringend notwendig ein Berufswechsel ist, oder es sind verständnisvolle Kolleg(inn)en und Vorgesetzte vorhanden, die eine vorliegende Fehlentscheidung verdeutlichen. Mit einer positiven Einstellung allein ist es aber noch lange nicht getan, denn für die Arbeit mit Kindern und Jugendlichen – zumal, wenn diese sich in schwierigen Situationen befinden – sind noch ganz andere Anforderungen an Grundhaltungen vorhanden. Bruno Bettelheim weist in seinem Buch „Ein Leben für Kinder" sehr deutlich darauf hin, dass Eltern, die ihre Kinder erziehen, sich über die eigenen Gefühle, die sie bei den Erziehungsvorgängen einnehmen, Klarheit verschaffen sollten (Bettelheim 1987). Denn wer sein Kind mit lachender Miene zu erziehen versucht, innerlich aber Momente der Angst oder Wut hegt und sich dessen nicht einmal bewusst ist, wird auch keinen nachhaltigen Erziehungserfolg erreichen können. Es fördert zwischenmenschliche Verhältnisse nicht, weil es den echten Gefühlen nicht entspricht und weil die negativen (unbewussten) Gefühlsregungen übertragen werden. Was im normalen alltäglichen Erziehungsvorgang als wichtig erscheint, nämlich seine eigene Gefühlswelt zu kennen, wird bei der Erziehung fremder Kinder, die einem zudem noch Schwierigkeiten und Ärger bereiten können, zur unbedingten Notwendigkeit. Wenn Kinder gegenüber ihren eigenen Eltern frech und ungezogen sind, sie ärgern und lästige Verhaltensweisen an den Tag legen, kann man üblicherweise zwei verschiedene Reaktionsweisen der Eltern beobachten:

- Die Eltern ärgern sich über ihr Kind, hadern aber mit sich selbst, weil sie es so weit haben kommen lassen. Vielleicht schäumen sie über vor Wut oder sind tief enttäuscht, dass alle Liebe und Sorge so abgegolten wird.
- Eine andere Reaktionsweise ist, sich gar nicht beeindrucken zu lassen. Der Ärger, die Auffälligkeiten können einem scheinbar nichts anhaben. Dies geschieht nicht immer aus Großzügigkeit, sondern auch, weil man vorgibt, am Kind und seinem Verhalten momentan gar nicht so sehr interessiert zu sein; man lässt es links liegen.

Beide Verhaltensweisen sind für die weitere Entwicklung des Kindes ungünstig: Wenn es mit seinen Verhaltensweisen neuen Ärger heraufbeschwört, kann es leicht in einen Strudel negativer Verfestigung geraten. Wenn es mit seinen provozierenden Verhaltensweisen aber keine Reaktion bewirkt, kann sich bei ihm der Eindruck festsetzen, nicht ernst und wichtig genommen zu werden. Glücklicherweise können im Normalfall beide ungünstigen Reaktionsweisen überwunden werden, weil die Einmaligkeit der emotionalen Beziehung zwischen Eltern und Kindern Ärger und Enttäuschungen überwinden kann.

Innerhalb der Heimerziehung fehlt das in der üblichen Erziehung so wichtige Moment der Eltern-Kind-Bindung jedoch vollkommen. Selbstverständlich sind auch zwischen Erzieher(inne)n und Kindern positive emotionale Gefühle vorhanden; auch Heimerzieher(innen) werden für die ihnen anvertrauten Kinder und Jugendlichen wichtige Bezugspersonen sein. Aber selbst innerhalb der engen emotionalen Vertrautheit einer kleinen Wohngruppe kann dieser Bezug nicht mit der Eltern-Kind-Beziehung gleichgesetzt werden. Dies ist für die Kinder nicht nur zum Nachteil, weil die anders gelagerte Emotionalität in vielen Fällen eine Entwicklungsförderung eher zulässt. Die negativen Verhaltensweisen von den jungen Menschen innerhalb der Heimerziehung brauchen nicht nur, vielmehr dürfen sie nicht so persönlich genommen werden wie in der Beziehung zwischen Eltern und Kindern. Wir orientieren uns hierbei an den heilpädagogischen Regeln von Andreas Mehringer und muten den Erzieher(inne)n zu, dass sie Kinder zunächst ganz so annehmen, wie sie sind, und dass diese ihre Symptome ganz ausleben können; zumindest in der Anfangsphase gilt das Prinzip des „Ausverwahrlosenlassens" (Mehringer 1998).

Gerade schwierige Kinder brauchen solche Voraussetzungen. Wenn sie nicht sofort genötigt werden, sich zu ändern, wenn sie trotz ihrer auffallenden und lästigen Symptomatik als Person vollkommen angenommen und ernst genommen werden, dann erst können allmählich auch günstige Voraussetzungen, die nachhaltige Verbesserungen zu bewirken imstande sind, Raum greifen. Auch in dieser Anforderung unterscheidet sich die Erziehung im Heim merklich von dem ansonsten üblichen Erziehungsgeschehen. Üblicherweise reagiert man auf schwierige Verhaltensweisen entsprechend und verlangt Änderungen oder verhängt Sanktionen. Dies geschieht wohl vor allem auch deshalb, weil zu wenig nachgedacht und weil man sich persönlich betroffen fühlt.

Heilpädagogisch orientierte Erzieher(innen) müssen nicht so leicht in die Lage kommen, sich persönlich betroffen zu fühlen und zu verzweifeln. Sie kennen die mannigfaltigen Möglichkeiten in der Entstehung von Auffälligkeiten mit individuell unterschiedlichen Bedingungsfaktoren. Auch wenn sie persönlich angegriffen werden, können daraus folgernde Gefühle, wie Betroffenheit, Ärger, Wut oder Verzweiflung relativiert werden. Wer in diesem Erziehungsfeld professionell arbeitet, muss einfach anerkennen, dass Schwierigkeiten, die Kinder bereiten, betroffen machen in Richtung einer großen pädagogischen Bedürfnislage für die nicht gefestigte Persönlichkeit. Wenn normalerweise ein Kind oder ein Jugendlicher während eines Wutanfalles einem Erwachsenen Obszönitäten an den Kopf wirft und mit oft unwahrscheinlicher Treffsicherheit auch die wundesten Stellen berührt, wird zumeist entsprechend ungehalten reagiert. Für den weiteren Fortbestand einer positiven zwischenmenschlichen Beziehung stellen solche Momente eine ernsthafte Belastung dar.

Aus der heilpädagogischen und therapeutischen Sichtweise aber wissen wir, dass während den Phasen eines Wutanfalles grandiose Beschimpfungen und verbale Verletzungen oftmals den verzweifelten Versuch eines momentan völlig haltlosen Egos darstellen, das eigene nicht mehr integrierte Ich doch noch zu retten, und dass große Angst- und Unsicherheitszustände den Anfall auslösten und jetzt weiterhin begleiten (Trieschmann 1977, S. 190ff.). Die Einbeziehung solcher theoretischen Begründungen – besser noch deren Verinnerlichung – während der Beschimpfungsphase im Ablauf eines typischen Wutanfalles könnten für die Erzieher(innen) hilfreich sein, überlegt zu reagieren, so dass spätere pädagogische Prozesse nicht erschwert werden.

Die jungen Menschen, die in der heutigen Heimerziehung leben, haben ein Anrecht auf die adäquate Einflussnahme bezüglich ihrer Schwierigkeiten, denn die meisten von ihnen wären nicht im Heim, wenn sie nicht so wären, wie sie nun einmal sind. Solche pädagogischen Grundhaltungen können für die Heimerziehung aus vielen pädagogischen Modellen abgeleitet werden. Sie sind unerlässlich, weil sie den Rahmen des gesamten pädagogischen Vorgehens bilden; ohne sie könnten effektive differenzierte Interventionen kaum vorstellbar sein.

Wir können innerhalb der Mitarbeiterschaft von Heimen häufiger beobachten, dass pädagogische Erfolge auch deshalb nicht eintreten, weil es an diesen Grundhaltungen fehlt und weil weitergehende Konzeptionen dann auch nicht verinnerlicht werden können. Zu oft wird spontan gehandelt, weil aktuelle Situationen dies erfordern, ohne auf die Sicherheit eines Grundkonzeptes zurückgreifen zu können.

Somit erkennen wir: Es reicht nicht aus, den in Heimen lebenden Kindern und Jugendlichen positive Gefühle und Absichten entgegenzubringen. Um Absichten zu verwirklichen, bedarf es pädagogischer Einsichten und Qualifikationen. Um zu Beispielen solcher pädagogischer Qualifikationsmerkmale zu gelangen, wenden wir uns unterschiedlichen Modellen und Interventionsmöglichkeiten zu.

KAPITEL VII: AUSBILDUNGSPROBLEME UND GRUNDHALTUNGEN

Nicht das Symptom, sondern die Person steht im Mittelpunkt

Im üblichen Erziehungsgeschehen zwischen Eltern und Kindern sind, auch wenn es sich um bewusste und gezielte Maßnahmen handelt, sehr häufig Merkmale der Verhaltenspädagogik oder spezieller d*er Erziehung durch Verstärkung* vorzufinden. Ein Kind, das sich angepasst verhält, den Erwartungen entspricht und gute Leistungen erbringen kann, wird in der Regel dafür belohnt: durch Lob, Anerkennung, liebevolle Zuneigung oder durch andere in Aussicht gestellte oder realisierte Verstärker. Je mehr das Kind den Vorstellungen seiner Eltern entspricht, desto besser wird es ihm gehen, wenn wir es nicht beispielsweise mit neurotischen Familienmitgliedern zu tun haben. Aber auch je weniger das Kind den elterlichen Vorstellungen entspricht, desto schlechter und unglücklicher wird seine momentane oder gar permanente Position als zu erziehendes Kind sein. Sanktionierende Erziehungsmaßnahmen vom Liebesentzug über Fernsehverbot bis zur körperlichen Bestrafung können die Folge der Fehlanpassung darstellen. Das einigermaßen integrierte und in sich selbst gefestigte Kind wird in solchen Situationen einen Mittelweg finden können zwischen dem notwendigen Maß der Anpassung und dem Durchsetzen der eigenen Motive, um so seine Selbstständigkeit zu wahren und auch weiterentwickeln zu können. Bei Kindern mit nicht integrierter Persönlichkeit, bei solchen mit größeren Auffälligkeiten im Verhaltensbereich, also bei relativ unangepassten Kindern, kann eine nach verhaltenspädagogischen Maßnahmen ausgerichtete Erziehung zu schwerwiegenden weiteren Störungen im Persönlichkeitsbereich führen. Denn sie können, wenn sie dem Anpassungswunsch entsprechen wollen, kaum noch eigene Triebe und Motive verwirklichen und geraten so in die Gefahr einer völligen Unselbstständigkeit. Wenn sich solche Kinder nicht anpassen und weiterhin ihren eigenen Willen durchsetzen und ihre Auffälligkeiten ausleben, können die negativen Reaktionen der Umwelt schnell zu einer Verschärfung der schon bestehenden Problematik führen. Das Kind verhält sich nun vielleicht auch angepasst, indem es eher den negativen Erwartungshaltungen entspricht, sich also schlecht benimmt, weil es von aller Welt zu hören und zu spüren bekommt, dass es eben so ist. Möglicherweise möchte das Kind sich auch verändern, vermag dies aber nicht, weil es zu tief im Strudel des Negativen verhaftet ist, sich mit eigener Hilfe hieraus nicht mehr befreien kann und echte Hilfe von außen nicht vorliegt.

Innerhalb der Heimerziehung begegnen wir häufig Kindern und Jugendlichen, die in dieser Hinsicht schon sehr viele leidvolle Erfahrungen vor der Heimaufnahme erleben mussten; sie sollten sich laufend ändern, konnten dem äußeren Erwartungsdruck aber nicht adäquat oder überhaupt nicht entsprechen. Auch die Erzieher(innen) im Heimbereich orientieren sich sehr häufig wie selbstverständlich an verhaltenspädagogischen oder verhaltenstherapeutischen Merkmalen innerhalb ihrer praktizierten Alltagspädagogik.

"Unter Verhaltenstherapie versteht man eine Vielfalt von therapeutischen Methoden, deren Gemeinsamkeit darin besteht, daß sie ihre Entstehung lernpsychologischen Überlegungen verdanken. Es wird nämlich mittels verhaltenstherapeutischer Methoden versucht, unangepaßtes Verhalten verlernen und/oder erwünschtes Verhalten erlernen zu lassen. Dies geschieht durch Methoden, die entweder dem Modell des operanten Konditionierens, dem des respondenten Konditionierens oder dem des Modellernens nachgebildet wurden. Diesem Vorgehen liegt ein Krankheitsmodell zugrunde, das unerwünschtes Verhalten nicht als Symptom einer ‚tiefer' liegenden Störung ansieht (medizinisches Modell). Vielmehr wird gestörtes Verhalten als erlerntes Verhalten angesehen, wobei die Gesetzmäßigkeit des Erlernens solchen Verhaltens dieselben sind wie diejenigen aller anderen (sogenannter ‚normaler') Verhaltensweisen" (Jaeggi 1994, S. 1418).

Die *Verhaltenstherapie* als klinische Methode basiert in ihrer Anwendung auf einer genau analysierten Betrachtung der bisherigen Lerngeschichte. Ihre Realisierung setzt Eindeutigkeit, unbedingte Konsequenz und klare Zielperspektiven voraus. Weder innerhalb der Familie noch im Alltag der Heimerziehung sind solche grundlegenden Voraussetzungen in der Regel gegeben. Sie können nur in seltenen Fällen unter großer Anstrengung und mit peinlich genau einzuhaltenden Absprachen erreicht werden. Somit erscheint die Orientierung an verhaltenstherapeutischen oder -pädagogischen Verfahrensweisen hinsichtlich des zu erzielenden Erfolges dann bedenklich, wenn entsprechende Rahmenbedingungen nicht existent wären. Wie im Rahmen der stationären Erziehungshilfe verordnete Verstärkerpläne langfristig erfolgreich realisiert werden konnten, zeigt der Praxisbericht über eine Wohngruppe auf: „Die Verhaltensbewertung hat sich als Methode zur Anregung von Selbstreflexion bei Jugendlichen bewährt und gehört nun fest zum pädagogischen Gesamtrepertoire" (Mauthe u.a. 2005, S. 344).

Wie in jedem Erziehungsfeld sind auch innerhalb der Gruppenpädagogik und innerhalb der individuellen zwischenmenschlichen Einflussnahme die jungen Menschen im Heim auf Bestätigung und Lob angewiesen. Dies ist vom Grundsatz her nicht anzuzweifeln. Anzusprechen ist jedoch die Problematik, die bei Heimkindern mit unerwünschten Verhaltensformen und Eigenschaften zu beachten ist, wenn Veränderungen durch mehr oder weniger bewusste und gezielte verhaltenspädagogische Vorgehensweisen zu erreichen versucht werden. Dies wird wahrscheinlich auch weniger als wohlüberlegte Pädagogik, denn als natürliche Reaktion im erzieherischen Handeln verstanden.

Neben den schon beschriebenen Merkmalen der negativen Festschreibung geraten die Erzieher(innen) so leicht in die Gefahr, ihr eigenes Verhalten in der Pädagogik vom jeweiligen Verhalten des Kindes abhängig zu machen; dadurch wird auch das erzieherische Handeln manipulierbar. Das Kind wird nun in erster Linie symptomorientiert wahrgenommen; es fehlt zwangsläufig die vorbehaltlose Annahme seiner Gesamtpersönlichkeit. Selbst wenn sich durch systematische Anwendung solcher verhaltensmodifizierender Praktiken positive Veränderungen einstellen, ist dennoch daran zu erinnern, dass zwar das Symptom verschwunden, die Ursache des Konflikts aber unbehandelt geblieben ist. Die Verhaltenstherapie ist wegen der mit ihr verbundenen Gefahrenmomente daher nur bei ganz spezifischen Symptomen anzuwenden, etwa bei ausgeprägten phobischen Reaktionsweisen. Deren Behandlung wäre dann aber nicht Aufgabe der Gruppenerzieher(innen), sondern die von speziellen Therapeut(inn)en. Angebracht scheinen verhaltenspädagogische Vorgehensweisen dann zu sein, wenn es sich um Kinder oder Jugendliche mit starker intellektueller Beeinträchtigung handelt und das fehlende intellektuelle Vermögen durch Trainingsprogramme kompensiert wird. Oft verblüffende Erfolge der Verhaltenstherapie können auch bei Bettnässern beobachtet werden, zum Beispiel durch die Inanspruchnahme der sogenannten Klingelmatratze. Vor allem bei Jugendlichen mit diesem Symptom erscheint dieses Vorgehen oft als Mittel der Wahl. Man müsste sich allerdings eingestehen, dass die grundlegende Ursache in jüngeren Jahren besser mit anderen Methoden hätte aufgearbeitet werden müssen, und man wird auch an spätere Symptomverschiebungen denken.

Die Praxis der Heimerziehung scheint sich zu sehr an den gesellschaftlich vorgegebenen Realitäten und Gepflogenheiten der Erziehung zu orientieren. Verschiedene pädagogische Modelle konnten jedoch den Gegenbeweis antreten; die Einbettung sogenannter Realitäten ist bisweilen eher hinderlich als förderlich.

Als klassischer Vertreter der *institutionellen Therapie* schwierigster Jugendlicher wird August Aichhorn angesehen. Ausgehend von der Tiefenpsychologie erkannte er die Ursachen von Störungen und Auffälligkeiten in falschen Erziehungs- und Milieueinflüssen während der frühen Kindheit. Besonders deutlich hob er die Notwendigkeit des Realitätsprinzips für das soziale Handeln in der Erziehung hervor. Die Auseinandersetzung mit der Realität, realitätsfähig zu werden; dies bedeutet, letztlich Triebeinschränkungen hinzunehmen. Aichhorns pädagogisches Konzept beinhaltete nun aber nicht, die Jugendlichen mit Realitäten zu konfrontieren. Im Gegenteil – diesen an ihren Vorgeschichten gescheiterten jungen Menschen begegnete er in der Anstalt mit Sympathie und Freundschaft, mit Milde und Güte, weil der Verwahrloste „gerade die entgegengesetzten Bedingungen finden muß, als er sie in seiner früheren Umgebung hatte" (Aichhorn 1957, S. 180). „Mit der Devise ‚absolute Milde und Güte' wurde den Zöglingen keinerlei Widerstand geboten, um damit zunächst den Teufelskreis der gewohnten Erlebnis- und Verhaltensweisen zu durchbrechen" (Adam 1999, S. 270). Hierzu werden positiv eingestellte Erzieher(innen) benötigt, die in der Lage sind, positive Übertragungsverhältnisse herzustellen. Nicht äußerer Zwang, sondern neuartige, unverhofft positive Lebensumstände ermöglichen die realistische Einstellung zum Leben.

Die Milieutherapie Bruno Bettelheims war geprägt von dem außerordentlich großen Respekt vor der Person und Würde eines jeden Kindes. „Dieser Respekt stellt eine Revolution nicht nur für die Psychotherapie, sondern für die Pädagogik überhaupt dar" (Becker 1994, S. 237f.). Damit verbunden ist eine unbeirrte Annahme und Akzeptanz des Kindes. „Den Kindern Sicherheit geben. Ihnen beweisen, daß man sie liebt, wie sie sind. Dass niemand sie für Monster hält, auch wenn sie brüllen, beißen, treten, stehlen (dagegen war Bettelheim gnadenlos gegenüber den bestohlenen Erwachsenen und warf ihnen die Versuchung der Kinder durch unachtsame Verwahrung ihrer Börsen vor). Ihnen deutlich machen, daß ihr Verhalten zwar akzeptiert wird, weil es ihnen offenbar Erleichterung verschafft, daß es aber nicht unbedingt geeignet ist, sie aus ihrer Einsamkeit herauszuführen. Und sie schließlich nach und nach überzeugen, dieses Verhalten als unnötige Abwehrmaßnahme aufzugeben und in die Gesellschaft zurückzukehren" (Sutton 1996, S. 320f.). Innerhalb der Milieutherapie von Bettelheim sollen die Kinder zunächst einmal erfahren, dass es sich lohnen kann zu leben. Insbesondere zu Beginn der Milieutherapie spielt deshalb die Bedürfnisbefriedigung eine ungemein wichtige Rolle, zumal durch sie – ähnlich wie im Säugling-Mutter-Verhältnis – sich eine Identifikation mit der erwachsenen Bezugsperson herstellen lässt, die Bedürfnisse zulässt und deren Befriedigung fördert (Bettelheim 1983a und b) unterscheidet sich auch diese – oft jahrelang andauernde Therapie – deutlich von gewöhnlichen Lebensumständen. Dennoch kann keineswegs von unrealistischen Einzelsituationen ausgegangen werden. Hier wird Wert gelegt auf die Klarheit und die Durchschaubarkeit der erlebten Handlungen; insbesondere sind die Beziehungen zwischen Kindern und Erwachsenen durch die Echtheit der Gefühle gekennzeichnet.

„Indem Bettelheim Einheitlichkeit und Widerspruchsfreiheit als wesentliche Kriterien des therapeutischen Milieus herstellte und bewahrte, ist es ihm hervorragend gelungen, die Prinzipien der rational-emotiven Therapie zu verwirklichen. Aber auch denjenigen, die aufgrund äußerer Bedingungen gezwungen sind, in einer weniger rationalen Umwelt zu leben, empfiehlt er, sich durch rationale Gedanken von der Irrationalität zu befreien. Oft ist es nämlich nicht die Realität, sondern es sind die Gedanken über die Realität, die uns verrückt machen" (Otto 1993, S. 98).

Bettelheim selbst ist ein kategorischer Gegner der Verhaltenstherapie. Während diese als Grundstrategie die systematische Veränderung menschlichen Verhaltens auf ein bestimmtes Ziel hin meint, wählt Bettelheim einen ganz anderen Weg. Die kleinen Patienten sollen, wenn sie sich verändern, selbst vorher zu der Einsicht gelangt sein, dass es lohnenswert sein kann, das Verhalten, ja das ganze Leben zu verändern. Zu dieser Einsicht kann das Kind aber nur selbst kommen, vor allem durch die Orientierung an der reifen Erzieherpersönlichkeit, die ihr eigenes Erwachsensein bejaht und durch Einfühlungsvermögen und Echtheit im Verhalten Identifikationsprozesse fördert. Es werden daher keine Verhaltensziele in die Kinder hineinprojiziert; sie sollen selbst ihren Weg finden, die Erzieher(innen) unterstützen sie dabei mit vollem Engagement (Bettelheim 1983b, S. 310ff.). Aufgrund derselben Einsicht empfiehlt Bettelheim Eltern, bei der Erziehung ihrer Kinder von Strafen abzusehen. Nicht das schlechte Gewissen und die Angst vor Bestrafung sollte das Kind zu positiven Verhaltensformen bringen, sondern die Selbstdisziplin. Diese könne aber nur verinnerlicht vorliegen, wenn das Kind sich in seinem Handeln an Bezugspersonen orientieren kann, deren eigenes Verhalten nachahmenswert ist. „Daher sollten sich Eltern hinsichtlich der Disziplin zum Ziel setzen, die Selbstachtung ihres Kindes zu fördern und diese so stark und elastisch zu machen, daß sie das Kind beständig davon abhält, etwas Unrechtes zu tun" (Bettelheim 1987, S. 127). Innerhalb der Milieutherapie kommt der Persönlichkeit der Erzieher(innen) eine entscheidende Bedeutung zu. Zu den oft chaotisch anmutenden inneren Strukturen der Kinder bildet diese ein Gegengewicht. Denn deren innere Struktur hat nicht ungeordnet oder chaotisch zu sein, sondern geordnet, nachvollziehbar und vor allem für positive Übertragungen geeignet. In einem engagiert angelegten Forschungsbericht hat Peter Bieniussa den mangelnden Stellenwert tiefenpsychologisch orientierter Konzepte innerhalb der Heimerziehung beklagt und sieht hierin eine wesentliche Ursache für pädagogische Misserfolge. Trotz zahlreicher vorhandener psychoanalytischer Modelle sei bislang eine Übertragung auf den Heimbereich nur in Ausnahmefällen gelungen. Die Erzieher(innen) würden in ihrem Alltagshandeln den Verhaltensweisen der Kinder und Jugendlichen diffuse und unbewusste Reaktionen gegenüberstellen. Die Selbstreflexion sowohl der Minderjährigen als auch der Erzieher(innen) werde durch die Institution Heim und ihrer vor allem durch „Anpassung" geprägten Leitidee weitgehend verhindert. Damit könnten auch die unbewussten Motive nicht zur Erklärung von Störungen im Verhaltensbereich erkannt und zur weiteren Persönlichkeitsentwicklung genutzt werden (Bieniussa 1986).

Übertragung auf den Heimbereich

Wenn wir die Übertragbarkeit der hier kurz skizzierten Modelle auf den Heimbereich untersuchen, so müssen schon zu Beginn Einschränkungen gemacht werden. Denn die pädagogisch/therapeutischen Institutionen von Aichhorn und Bettelheim waren vor allem durch deren herausragenden Persönlichkeiten und Leistungen geprägt. Außerdem hat es die Heimerziehung nicht nur mit schwer gestörten Kindern und Jugendlichen zu tun, wie in den beschriebenen Institutionen. In Bettelheims Milieutherapie wird außerdem eine schier unbegrenzte Einsatzbereitschaft der Mitarbeiter(innen) vorausgesetzt. Zumindest auch ein Punkt in der inhaltlichen Seite des pädagogischen Vorgehens erschwert die Übertragung auf den allgemeinen Heimbereich. Denn innerhalb der Milieutherapie wird die Wirkung und Einbeziehung der Außengesellschaft vernachlässigt. Bettelheim „verläßt sich hier auf die eher symbolische

Interaktion, in der die Betreuer die Realität stellvertretend repräsentieren" (Colla 1981, S. 90). So klammert Bettelheim auch die Eltern der Kinder aus der Pädagogik und Therapie weitgehend aus; es findet keine Elternarbeit statt.

Der Versuch einer identischen Übertragung wäre zum Scheitern verurteilt. Es können dagegen aber sehr wohl allgemeine Ideen und Grundpositionen für die Arbeit mit schwierigen Kindern übernommen werden.

Die räumliche Ausgestaltung der Heime analog der Erkenntnisse und Erfahrungswerte der Milieutherapie sollte als Grundvoraussetzung gelten, als Rahmen, in dem pädagogische Prozesse sich förderlich auf die Entwicklung von jungen Menschen auswirken werden. Jedoch: „Die planvolle Reflexion und Gestaltung von Gebäuden und Räumen im Hinblick auf die jeweilige pädagogische Konzeption ist eine selten genutzte Möglichkeit der Heimerziehung. Gebäude und Räume werden in der Regel kritiklos als institutionell vorgegeben hingenommen" (Krumenacker 1999, S. 235).

Sowohl Aichhorn als auch Bettelheim beanspruchen die integrierte Erzieher(innen)persönlichkeit, deren Vorbildfunktion und ein pädagogisches Handeln, welches auf verinnerlichten Werten beruht. Dies müsste auch innerhalb der Heimerziehung betont werden. Denn erst solche Haltungen können die darauf beruhende systematische und methodische Erziehung effektiv werden lassen.

Kapitel VIII: Methodisches Vorgehen in der Heimerziehung

Die Ausgangslage

Kinder und Jugendliche, die heute in Heimen leben, weisen mehr oder weniger umfängliche Schwierigkeiten, Störungen, Auffälligkeiten und Abweichungen auf, die sich auf ihren Verhaltens- und Erlebensbereich erstrecken. Diese Schwierigkeiten resultieren in der Regel aus den besonderen Biographien der jungen Menschen, aus ihren ungünstigen frühen Sozialisationsbedingungen. In zahlreichen Institutionen der Heimerziehung stehen spezielle Therapeut(inn)en, Psycholog(inn)en, Heilpädagog(inn)en zur Verfügung oder es besteht die Möglichkeit, in anderen Institutionen und freien Praxen eine ambulante Therapie stattfinden zu lassen.

Solche spezielle Therapieangebote finden allerdings in der Regel nur an ein bis zwei Stunden pro Woche statt. Es wird daher leicht einsehbar, dass der Erziehung innerhalb der Gruppe ein ganz besonders wichtiger Stellenwert beigemessen werden muss, denn hier haben die jungen Menschen ihren Lebensmittelpunkt.

In den vorausgehenden Kapiteln wurde aufgezeigt, dass das Rollenverständnis der Erzieher(innen), ihre berufliche Identität und die damit in Zusammenhang stehenden pädagogischen Grundhaltungen die Basis einer effektiven pädagogischen Arbeit bilden. Diese Grundlage erscheint unverzichtbar, sie reicht allerdings isoliert allein nicht aus, um erfolgversprechend arbeiten zu können. Der Basis müssen sich konkrete Handlungsschritte anschließen, die ihrerseits auf einer sorgfältigen Planung gründen. Auch das Erkennen pädagogisch notwendiger Vorgehensweisen wäre für sich allein betrachtet wertlos, wenn nicht Möglichkeiten und Wege einer konkreten Umsetzung der gefundenen Ziele erarbeitet und praktiziert werden. Die Umsetzung schließlich müsste durch Kontrollmechanismen verifiziert und verändert werden können.

Die Fragestellung, inwieweit der Erfolg oder Misserfolg von Lebenswegen in Institutionen der öffentlichen Erziehung auf erzieherische Methoden und Rahmenbedingungen zurückzuführen sei, wurde bislang in der Regel als kaum lösbar beziehungsweise als äußerst schwierig, weil mit

vielen unbekannten und kaum zu bestimmenden Faktoren verbunden, angesehen. Ob und in welchem Ausmaß die Anwendung pädagogischer Methoden den Erziehungserfolg wirklich und nachhaltig herbeiführt oder zumindest beeinflusst, wurde kontrovers diskutiert und von vielen als äußerst unklar empfunden. Insofern konnten die offenen Fragen und ungeklärten Positionen als (Schein-)Legitimation dienen, wenn pädagogische Methoden und Modelle in den Institutionen der Erziehungshilfe nicht, kaum oder nur gelegentlich zur Anwendung kamen.
Eine Arbeitsgruppe der Universität Tübingen evaluierte das Leistungsspektrum und Qualitätsmerkmale in teilstationären (Tagesgruppe) und stationären Bereichen (Heimerziehung, sonstige betreute Wohnform) unter Berücksichtigung der Hilfe für junge Volljährige, Nachbetreuung (§§ 32, 34 und 41 KJHG). Für die Zusammenhänge zwischen den Entwicklungen der jungen Menschen und professionellem Handeln der Fachkräfte gewinnt die Evaluationsstudie elementar wichtige Erkenntnisse: „Sechs von sieben Hilfeverläufe werden mit positiver Bilanz beendet, wenn im Jugendamt mit hoher Fachlichkeit gearbeitet wird. Einer von zwei Hilfeverläufen scheitert, wenn die grundgelegten Standards im Jugendamt nicht eingehalten werden. Für die Einrichtungen zeigt sich noch ein deutlicherer Zusammenhang. Einer von vierzehn Hilfeverläufen scheitert, wenn die Einrichtung fachlich qualifizierte Hilfe anbietet. Dahingegen scheitern zwei von drei Hilfeverläufen, wenn die Einrichtung wesentliche Standards nicht einhält" (Baur u.a. 1998, S. 36/Baur/Hamberger 1998, S. 163). Der wissenschaftlich abgesicherte Beweis, dass sich qualifizierte Vorgehensweisen in den Jugendämtern und in den Institutionen für die betroffenen jungen Menschen positiv auswirken werden, muss zu einer stärkeren Suche nach und einer Orientierung an Qualitätsmerkmalen führen.
Auch die Ergebnisse der EVAS-Studie zeigten deutlich auf, dass Heimerziehung dann besonders erfolgreich sein kann, wenn „spezifische Methoden" angewandt werden, die den individuellen Bedürfnislagen der Kinder und Jugendlichen entsprechen (Macsenaere/Hermann 2004, S. 37).

Methoden in der Heimerziehung

Gegenwärtig kann innerhalb der Heimerziehung bisweilen beobachtet werden, dass zwar anlässlich der regelmäßig stattfindenden Hilfeplanung individuelle pädagogische Vorgehensweisen abgestimmt und geplant werden, deren Umsetzung sich aber häufig als schwierig gestaltet. Wenn wir von methodischer Vorgehensweise im sozialpädagogischen Arbeitsfeld Heimerziehung sprechen, dann sind damit Erkenntnisse aus den Bereichen der Pädagogik, Psychologie, Heilpädagogik und aus anderen Sozialwissenschaften gemeint, deren Anwendung aufgrund der Erfahrungswerte erfolgversprechend sein können und die dem Ziel einer Entwicklungsförderung bei Kindern und Jugendlichen mit oftmals abweichenden Verhaltensformen dienlich sind.

Wir sind uns bewusst, dass spontanes erzieherisches Verhalten im alltäglichen Umgang mit jungen Menschen immer auch notwendig bleiben wird, vor allem dann, wenn die aktuelle Situation dies erfordert. Wir wissen aber gleichzeitig, dass die Spontaneität innerhalb der Pädagogik keinesfalls immer zu angemessenen oder gar günstigen Resultaten führt. Notwendiges spontanes erzieherisches Verhalten könnte möglicherweise zu besseren Resultaten führen, wenn die Spontaneität aus einer reichlich vorhandenen pädagogisch-methodischen Denkweise schöpfen kann. Die Planbarkeit sozialpädagogischer Handlungsabläufe wird als grundlegende Voraussetzung methodischen Vorgehens verstanden. Methodisches Handeln geht über intuitives hinaus und wird zum professionellen Handeln, der Hilfeprozess wird planbar, er lässt sich nachvollziehen und damit kontrollieren (Ehrhardt 2002, S. 639). Außerdem bieten Methoden Handlungssicherheit und die Möglichkeit, das professionelle Handeln selbstkritisch und selbstreflexiv zu überdenken (Müller 2001, S. 1200).

Methodische Vorgehensweisen innerhalb der Heimerziehung sind wie alle Elemente der Hilfeplanung lebensweltorientiert, sie werden deshalb nicht einfach vorgegeben, sondern ausgehandelt (Hansbauer 2001, S. 357f.) und sie bauen auf den Ressourcen der Betroffenen auf. Ebenso müssen sie Selbstdeutungsprozesse und eigene Lösungswege der jungen Menschen zulassen, fördern und berücksichtigen.

Welche Methoden werden in der Heimerziehung praktiziert? Ergebnisse einer Umfrage

Es wurde untersucht, welche Methoden in Institutionen der stationären Erziehungshilfe gegenwärtig vor allem praktiziert werden. Die hierzu notwendigen Informationen wurden durch Interviews erhoben.

Kapitel VIII: Methodisches Vorgehen in der Heimerziehung

Zur Methodik der Studie

In insgesamt 25 Institutionen konnten Interviews durchgeführt werden. Nach Möglichkeit sollten pro Einrichtung ein Interview mit einer leitenden Fachkraft und eines mit einem(r) gruppenpädagogischen Mitarbeiter(in) realisiert werden. Schließlich konnten 22 Interviews mit leitenden und 26 mit gruppenpädagogischen Mitarbeiter(inne)) durchgeführt werden, insgesamt also 48 Interviews.

Die Atmosphäre während der Befragung wurde von den Interviewern als „oftmals recht skeptisch, insbesondere zu Beginn der Interviews" empfunden. Die Heimleitung beziehungsweise die leitenden Fachkräfte wurden von ihnen in vielen Fällen als erheblich kompetenter eingestuft als die gruppenpädagogischen Mitarbeiter(innen). Allerdings vermittelten die leitenden Kräfte auch den Eindruck, dass es ihnen vor allem darauf ankam, ihre Einrichtung besonders günstig darzustellen, bisweilen sogar in übertriebener Art und Weise. In etwa zwei Dritteln der Fälle stimmten die Aussagen der leitenden mit denen der gruppenpädagogischen Mitarbeiter(inne)n inhaltlich im Wesentlichen überein.

Es wurden direkte Fragen nach den gegenwärtig praktizierten Methoden gestellt aber auch solche nach dem Leitbild der Einrichtung sowie nach der Literatur, welche als theoretische Grundlage der jeweiligen Methode angesehen werden kann.

Ergebnisse der Studie

Welches Leitbild haben die Institutionen?

Etwa die Hälfte der befragten Institutionen gibt ein christliches Leitbild an. Jeweils eine kleine Minderheit fühlt sich humanistischer Pädagogik, der Milieutherapie Bruno Bettelheims oder einer ganzheitlichen Pädagogik verbunden. Einzelne noch genannte „Leitbilder" waren zum Beispiel die Verhaltenstherapie, die Orientierung an Mutter Theresa oder an Johannes Falk, die klassische Sozialdemokratie, eine annehmende Wertschätzung. Sehr auffallend war, dass zwar die große Mehrzahl der Leitungskräfte Informationen zum jeweiligen Leitbild gaben aber signifikant viele gruppenpädagogischen Mitarbeiter(innen) hierüber keinerlei Angaben machen konnten.

Welche Methoden werden realisiert?

Zunächst legten die Interviewer eine Beschreibung ihres Methodenverständnisses vor. Wir verstehen unter Methoden in der stationären Jugendhilfe planmäßige, zielgerichtete und oftmals langfristige pädagogisch/therapeutische Interventionen, welche sich überprüfen lassen und Kinder und Jugendliche mit Verhaltensstörungen in ihrer Entwicklung fördern. Dieses Verständnis stimmt überein mit folgender Definition: „Methode (gr. Methodos: Weg, etwas zu erreichen) meint eine planmäßige, konsequente Verfahrensweise zur optimalen Verwirklichung theoretischer und praktischer Ziele. Wichtig sind die Zielorientierung, Konsequenz und Reflexion sowie Überprüfbarkeit des Handelns zum Zwecke der Problemlösung. Methodisches Handeln ist also eine Form der Problemlöse- und Bewältigungskompetenz, auf die theoretisches Wissen über die Bedingtheit der Situation zurückführt" (Maykus 2000, S. 162).

Die Interviewpartner sollten jeweils die drei Methoden nennen, die in ihrer Einrichtung als die wichtigsten gelten:
Die von allen Befragten am häufigsten genannte Methode ist die Strukturierung des Alltags. Dies meinten etwa ein Drittel der Leitungskräfte und etwas weniger als ein Drittel der gruppenpädagogischen Mitarbeiter(innen). An zweiter Stelle wird die Beziehungsarbeit als Methode genannt, direkt gefolgt von der Verhaltenstherapie beziehungsweise dem Verhaltenstraining. An vierter Stelle liegt mit knappem Abstand die Einzelfallorientierung und sofort danach die systemische Eltern- und Familienarbeit beziehungsweise die Familientherapie. Auch einige andere hatten die Elternarbeit an sich als Methode angeführt, jedoch war nicht zu erkennen, dass diese systematisch, planmäßig und mit speziellen Zielen erfolgt.

Eine im Vorfeld unserer Studie initiierte ähnliche Untersuchung in bayerischen Institutionen der stationären Erziehungshilfe kam zu folgenden Ergebnissen: Die Mehrzahl der zwölf interviewten Jugendhilfeeinrichtungen nannte tagesstrukturierende Maßnahmen zusammen mit Freizeitpädagogik an erster Stelle. In etwa drei Viertel der Institutionen wird der systemischen Familienarbeit beziehungsweise der Familientherapie ein großer Wert beigemessen. Ein erheblicher Teil der Befragten gab an, nach dem Bezugserzieher(innen)system zu arbeiten (Reicher 2002, S. 31–46).

In beiden Studien wird die Strukturierung des Alltags an erster Stelle genannt, die in den westfälischen Einrichtungen an dritter Stelle rangierenden verhaltenstherapeutischen Maßnahmen stehen hingegen in den bayerischen nicht so im Vordergrund. Die systemisch orientierte Familienarbeit liegt in Westfalen-Lippe an fünfter Stelle. Sie wird in den befragten bayerischen Institutionen wesentlich öfter als praktizierte Methode genannt. Auch das so genannte Bezugserzieher(innen)system wird von einigen Einrichtungen in beiden Studien als wesentlich angesehen, in Westfalen-Lippe haben dies überwiegend die gruppenpädagogischen Mitarbeiter(innen) benannt.

Jeweils einige der Befragten in Westfalen-Lippe nannten außerdem noch die folgenden pädagogischen Vorgehensweisen (in abnehmender Häufigkeit):

- Gruppenarbeit/Gruppenpädagogik (jedoch nur zusätzlich jeweils einmal von Leitungs- bzw. von gruppenpädagogischer Seite: gezielte Gruppenarbeit),
- heilpädagogisches Reiten/Reittherapie,
- Milieutherapie nach Bruno Bettelheim,
- Verselbstständigung,
- Ich-Stärkung,
- Ressourcenorientierung,
- Spieltherapie.

Doch sind die vorgenannten pädagogischen beziehungsweise therapeutischen Methoden auch wirklich solche im eigentlichen Sinne? Bei einigen müssen Zweifel angemeldet werden. So erscheinen das oft genannte Bezugserzieher(innen)system und die Beziehungsarbeit zwar eine sehr wesentliche Grundlage der pädagogischen Vorgehensweise darzustellen. So wichtig diese Grundlagen auch sind, sie stellen isoliert gesehen noch keine Methoden dar. Solche Grundlagen, Grundhaltungen und pädagogischen Rahmenbedingungen schon als Methoden zu betrachten, würde nichts als „Leerformeln" (Müller 2001, S. 1197) ergeben. Auf solchen pädagogischen Sichtweisen oder Grundhaltungen können allerdings pädagogische Methoden aufbauen.

Ähnlich verhält es sich wohl, wenn die „Strukturierung des Alltags" oder „die Elternarbeit" als Methoden genannt werden. Ein strukturierter

Alltag müsste als eine Grundvoraussetzung der stationären Erziehungshilfe angesehen und verstanden werden. „Ohne Strukturen vorzugeben, ist erzieherisches Handeln nicht denkbar" (Graßl u.a. 2000, S. 56). Eine besonders intensiv geplante und konsequent eingehaltene Strukturierung des Alltags kann jedoch beispielsweise dann zur Methode werden, wenn damit Kindern oder Jugendlichen in ihrer Entwicklung weitergeholfen werden kann, die in ganz besonderer Weise auf Strukturen angewiesen sind. Dies ist zum Beispiel der Fall, wenn es sich um junge Menschen mit Aufmerksamkeits-Defizit/Hyperaktivitäts-Syndrom (ADHS) handelt, bei denen Verhaltensstörungen auf der Grundlage von Schwächen in der Aufmerksamkeit und Konzentration in Verbindung mit Erregbarkeit, Unruhe und vor allem Impulsivität vorliegen. Solchen Kindern und Jugendlichen hilft es sehr, wenn sie einen klar strukturierten Tagesablauf mit festen Orientierungspunkten als Methode vorfinden. Auch die Eltern- beziehungsweise die Familienarbeit stellt keine eigentliche pädagogische Methode in der stationären Erziehungshilfe dar, sie ist Grundvoraussetzung und auch im KJHG vorgeschrieben. Sie wird erst dann zur wirklichen Methode, wenn sie planmäßig, regelmäßig, zielgerichtet und unter professionellen Inhalten und Rahmenbedingungen stattfindet, so wie dies zum Beispiel bei der systemischen Familienarbeit oder der Familientherapie der Fall ist.

Die Einzelfallhilfe oder die Gruppenarbeit werden zwar als klassische Methoden der sozialen Arbeit bezeichnet, sie erscheinen im Rahmen unserer Studie aber leicht als inhaltslos und unspezifisch, weil sie nicht als mit speziellen Zielen in Verbindung stehend angegeben wurden. „In der Sozialarbeit/Sozialpädagogik ist Soziale Gruppenarbeit oder Gruppenpädagogik kein ‚Konzept an und für sich'. Es handelt sich um ein ‚methodisches Setting' oder eine Form möglicher Erziehung und Bildung, deren Inhalte innerhalb eines Gesamtkonzepts, vorentschieden sein müssen" (Treeß 2002, S. 69).

Eine Minderheit der Interviewten, dies betrifft sowohl die Leitungskräfte als auch die gruppenpädagogischen Mitarbeiter(innen), war überhaupt nicht in der Lage eine pädagogische Methode auch nur im Ansatz zu benennen. Wenn beispielsweise gesagt wurde: „Wir erstellen Hilfepläne", „wir führen Teambesprechungen durch" oder „wir nehmen Supervision in Anspruch", dann konnten diese Aussagen nicht als Methode gewertet werden und dies zeigt wohl auch, dass in solchen Fällen kein Methodenverständnis vorhanden war.

Welche Literatur wird im Zusammenhang mit Methoden genannt?

Wir gingen in unserer Studie von der Annahme aus, dass immer dann, wenn kontinuierlich nach bestimmten pädagogischen Methoden gearbeitet wird, von den Praktikern auch entsprechende Literaturhinweise zu eben diesen Methoden genannt werden können.

Etwa jede siebte befragte Person verwies auf Literatur von Bruno Bettelheim zur Milieutherapie, einige nannten Fachbücher der Autoren Nienstedt und Westermann. Auch auf Standardwerke zur Verhaltenstherapie sowie zur Familientherapie wurde vereinzelt aufmerksam gemacht. Erwähnt wurden auch medizinische Lexika. Jeweils einmal wurde auf die Fachliteratur von folgenden Autoren hingewiesen: August Aichhorn, Andreas Mehringer, Paul Moor, Fritz Perls, Carl Rogers, Reinhold Weinschenk.

Weit mehr als ein Drittel aller Befragten war nicht in der Lage, Fachliteratur im Zusammenhang mit den von ihnen praktizierten pädagogischen Methoden zu nennen. Besonders deutlich zeigte sich bei den gruppenpädagogischen Mitarbeiter(inne)n (fast die Hälfte dieser Gruppe), dass hier häufig keine konkreten Angaben gemacht werden konnten.

Typische Antworten waren in solchen Fällen beispielsweise: „Meine Ausbildung ist schon so lange her", „das ist doch alles nur Theorie, die Praxis ist ganz anders", „ich mag keine Studierten" oder „das gehört doch in die Ausbildung".

Fazit der Studie

Die Auswertung der durchgeführten Befragung macht deutlich: In der Mehrzahl der beteiligten Institutionen sind pädagogische Prinzipien in die tägliche Praxis integriert, es liegen pädagogische Grundhaltungen vor, ein pädagogisches Setting ist vorhanden. Hier wären nochmals hervorzuheben:

- die Strukturierung des Alltags,
- die Beziehungsarbeit,
- das Bezugserzieher(innen)system,
- die Elternarbeit,
- die Ich-Stärkung.

Hierbei handelt es sich jedoch nicht um eigentliche Methoden, da „sozialpädagogisches Handeln nicht dasselbe ist wie die ‚Anwendung' sozialpädagogischer Methoden" (Müller 2001, S. 1200).
Als relativ unspezifisch, sehr global und ohne nähere Zielsetzung wurden genannt:

- die Einzelfallhilfe,
- die Gruppenarbeit.

Als eindeutig zu wertende pädagogische oder therapeutische Methoden wurden von den Heimen und Wohngruppen vor allem erwähnt:

- das Verhaltenstraining, die Verhaltenstherapie,
- die systemische Familienarbeit/Familientherapie,
- das heilpädagogische beziehungsweise therapeutische Reiten,
- die Milieutherapie nach Bruno Bettelheim,
- die Ressourcenorientierung.

Ein kleiner Teil der Befragten führte ziemlich unmissverständlich keine Bezeichnung ins Feld, welche als pädagogische Methoden zu werten gewesen wären. Relativ viele waren nicht in der Lage, Literatur zu den angewandten Methoden zu benennen. Unsere Untersuchung kann keinen Aufschluss darüber geben, ob die jeweils erwähnten Methoden innerhalb der Praxis kontinuierlich, effektiv oder überhaupt realisiert werden. Die vorgefundene „Literaturfeindlichkeit" lässt allerdings vermuten, dass ein nicht unerheblicher Teil der Institutionen nicht oder nur sehr wenig methodisch ausgerichtet ist, oder Methoden dort nur sehr unreflektiert zur Anwendung kommen. Die fehlende theoretische Basis wurde unterschiedlich begründet: „Wir haben kaum Zeit, ein Buch zu lesen oder eine Fortbildungsveranstaltung zu besuchen." „Ich arbeite mehr aus dem Bauch heraus, eben instinktiv." „Die Ausbildung ist schon so lange her, neben der täglichen Arbeit schafft man es nicht, sich auch noch um Methoden zu kümmern."

Andererseits wurde in der Studie auch deutlich: Wenn von einer Einrichtung konkrete Fachliteratur benannt wurde, dann waren in der Regel auch die Antworten zu den pädagogischen Methoden eindeutig und zutreffend. In der bereits erwähnten Untersuchung der Universität Tübingen wurden die Standards fachlichen Handelns in Einrichtungen der Jugendhilfe analysiert. Darunter fielen:

„(1) Situationsangepaßte Planung und Reflexion des Hilfeangebots,
(2) spezifische, einzelfallbezogene Angebote,
(3) verläßliches und tragfähiges Betreuungssetting,
(4) reflektierte Beteiligung des Kindes und der Eltern,
(5) begründete Kooperation mit den beteiligten Fachkräften,
(6) geplante Beendigung der Hilfe" (Finkel/Hamberger 1998, S. 101).

In 24,7% der untersuchten Einrichtungen gab es in einzelnen Standards Defizite und in 9,8% war kein fachliches Handeln zu erkennen (Hamberger 1998, S. 234). Werden jedoch die fachlichen Standards nicht eingehalten, dann verlaufen zwei von drei Hilfen negativ (Baur/Hamberger 1998, S. 163).

Auch in unserer Studie war in einigen Einrichtungen – vor allem in Verbindung mit dem nicht vorhandenen Wissen über die Fachliteratur – ein Mangel an methodischer Kompetenz zu erkennen. Wenn unterstellt wird, dass von den Heimen und Wohngruppen, die keinerlei pädagogische Methoden genannt hatten, vermutlich auch kein fachliches Handeln erwartet werden kann, dann ist unsere Quote noch etwas größer als jene in der Tübinger Untersuchung. Viele der Interviewten konnten keinerlei Angaben zu den theoretischen Hintergründen ihrer Methoden machen. Würde dies mit Defiziten im fachlichen Handeln gleichgesetzt, dann wäre die Quote noch erheblich größer. Professionelles und erfolgreiches Handeln innerhalb der stationären Jugendhilfe ist ohne den Einbezug methodischer Verfahren und ohne theoretische Absicherung kaum vorstellbar. Oftmals wurde als Entschuldigung angeboten, dass die Rahmenbedingungen so ungünstig seien und es wurde auf das Vorhandensein der pädagogischen Beziehungsarbeit aufmerksam gemacht.

„Die wirkliche Herausforderung für eine professionelle Jugendhilfe besteht ... nicht in einer steten Verfeinerung der Beziehungsarbeit mit dem Klienten. Sie liegt vielmehr darin, in sozialen Organisationsformen Lernen zu ermöglichen und Entwicklung durch systematische Problematisierung institutionell zu initiieren. An dieser Stelle wird deutlich, daß ein Sozialpädagoge seine Professionalität nicht nur aus seiner Ausbildung beziehen kann, sondern daß er vor allem auch geeignete institutionelle Rahmenbedingungen braucht" (Loh 2002, S. 328).

Die Umsetzung methodischer Vorgehensweisen

Wir können nicht selten feststellen, dass innerhalb des sozialpädagogischen Arbeitsfeldes Heimerziehung die Realisierung vereinbarter methodischer Vorgehensweisen und von Erziehungsaufgaben insgesamt schnell an Grenzen stoßen kann, wenn sie von den Erzieher(inne)n nicht konsequent genug verfolgt werden oder werden können.

Eine oft vorgetragene Erklärung hierzu besagt, dass die Heimerzieher(innen) zu einer planmäßigen Umsetzung ihrer Arbeit auch deshalb nicht gelangen, weil sie von den mannigfaltigen Aufgaben, die sich für die Bewältigung des Alltags ergeben, nahezu „aufgefressen" würden. Die Erzieher(innen) müssten immer spontan reagieren, sich auf Unvorhergesehenes gefasst machen, die reibungslose Bewältigung des Alltags sei kaum zu schaffen, eine systematisch vorgehende Pädagogik daher oft undenkbar.

Oft fühlen sich die Gruppenmitarbeiter(innen) von der Heimleitung und der Verwaltung zu wenig unterstützt oder gar behindert in ihren zielstrebigen Vorgehensweisen.

Erzieher(innen), die mehrmals erleben müssen, dass ihre konkrete pädagogische Planung nicht mit den Realitäten in Einklang zu bringen ist, werden ihre Misserfolge als solche deuten: Frustration, professionelle Selbstunsicherheit und mangelnde Einsatzbereitschaft können die Folge sein. Vielfach werden die pädagogischen Misserfolge aber nicht den vorhandenen Umständen, sondern den so schwierigen Kindern angelastet. Daraus ergibt sich ein folgenschwerer, für alle Beteiligten negativ besetzter Kreislauf. Wir wollen uns deshalb mit Methoden auseinandersetzen, die die Wahrscheinlichkeit erhöhen, dass notwendige Erziehungsziele in konkreten Erziehungsaufgaben zu bewältigen sind.

Wir vergessen hierbei nicht, dass außerdem konsequent allgemeinere Erziehungsziele verfolgt werden müssen, die innerhalb der Heimerziehung für alle dort lebenden jungen Menschen anzustreben sind. Wir denken beispielsweise an die Selbstständigkeitsentwicklung, welche durch die vorliegenden Rahmenbedingungen und durch das Gruppenmilieu gefördert oder gering gehalten werden kann.

Die besonderen Schwierigkeiten mancher junger Menschen in der Heimerziehung lassen jedoch auch besondere Bedürfnislagen erkennen, auf die nicht nur mit der Zielsetzung der allgemeinen Gruppenpädagogik zu antworten ist. Auch wenn das konsistente und langfristige Anstreben

individueller pädagogischer Ziele angesichts der ohnehin vorhandenen Probleme des normalen „schmuddeligen" Heimalltags (Planungsgruppe Petra 1988, S. 31f.) nicht einfach ist, kann auf die individuell bezogene Erziehungsweise nicht verzichtet werden. Die individuelle Ausrichtung wird in vielen Fällen zu Erfolgen führen, die der allgemeinen Gruppenpädagogik in alleiniger Anwendung versagt bleiben würden.
Solche individuellen erzieherischen Aufgabengebiete umfassen eine große Bandbreite pädagogischer Handlungsmöglichkeiten. Diese erstrecken sich von relativ einfachen, aber möglicherweise zeitaufwendigen und konsequent zu verfolgenden Erziehungsaufgaben (z.B. regelmäßige Unterstützung bei den Hausaufgaben, gezielte gemeinsame Planung und Ausübung von Freizeitaktivitäten durch Erzieher[innen] und Kind) über das Sich-zur-Verfügung-Stellen als mitfühlende und verständnisvolle Bezugsperson (Ansprechpartner bei Problemen und Konflikten, abendliches Vorlesen) bis hin zu methodisch abgesicherten und vereinbarten pädagogischen Einzelförderungen. Zur individuellen Pädagogik im Heim gehören beispielsweise auch die pädagogische Begleitung von Therapien bei Expert(inn)en, die gezielte Elternarbeit im Interesse eines bestimmten Kindes und vor allem die Vermittlung des echten Gefühls, Zeit für das Kind und seine Probleme zu haben. Insgesamt gesehen stabilisieren die Erzieher(innen) innerhalb der individuellen Entwicklungsförderung den gefährdeten inneren Halt durch den Ausbau eines erkennbaren äußeren Halts.

Zuständigkeiten abstimmen

Grundsätzlich ist die Realisierung der individuellen Erziehung sowie der als notwendig und sinnvoll erachteten pädagogischen Methoden die Angelegenheit aller Gruppenmitarbeiter(innen). Es wurde deshalb auch die Notwendigkeit der Abstimmung innerhalb des Teams bezüglich der globalen Erziehungsziele und hinsichtlich der erzieherischen Feinziele betont. Da die erzieherische Einflussnahme immer auch in Zusammenhang mit der Ausgestaltung des pädagogischen Milieus innerhalb der Gruppe steht, sind alle Mitarbeiter(innen) zu beteiligen, da sie zu den jeweils unterschiedlichen Dienstzeiten personenbezogen das Milieu prägend mitbestimmen.
Bei der individuellen Realisierung pädagogisch-fördernder Zielstrategien hat es sich demgegenüber allerdings aus allen Erfahrungswerten

heraus als notwendig erwiesen, dass eine Erziehungsperson die Hauptverantwortung für spezielle Aufgabenbereiche bei einem bestimmten Kind übernimmt. Denn der arbeitsteilige Erziehungsprozess im Heim hat auch seine Grenzen. Kinder und Jugendliche benötigen Beziehungen, die insbesondere durch einfühlendes Verstehen und Vertrauen auf beiden Seiten geprägt sind. Dies kann in der Regel nur in einer dualen Beziehung innerhalb der Gruppe gewährleistet sein (Liegel 1992). Im idealen Fall ist dies die Person, die zu dem Kind den besten Bezug hat, wenn die zwischenmenschlichen Beziehungen auf beiden Seiten von Wohlwollen und Sympathie gekennzeichnet sind. Lässt sich diese ideale Ausgangsposition nicht erzielen, so sollte die Erziehungsperson den Aufgabenbereich übernehmen, die zumindest eine neutrale Stellung zum Kind unterhält und sich – auch von ihrer emotionalen Beteiligung her gesehen – die Förderung zutrauen kann. Wenn alle Erziehungspersonen einem bestimmten Kind mit besonderen Erziehungsbedürfnissen negativ gegenüberstehen sollten, sind die Voraussetzungen für jegliche pädagogische Arbeit denkbar schlecht. Wenn sich dies nicht innerhalb kürzerer Zeit verändern lässt, wäre ein Gruppen- oder auch ein Heimwechsel des Kindes angezeigt, da es unter solchen Verhältnissen kaum positive Chancen zu einer Entwicklungsförderung zu verzeichnen hätte. Gewiss wird ein solcher Fall selten in der Praxis eintreten. Wenn er jedoch vorliegt, ist das Eingeständnis des eigenen Unvermögens im Interesse des Kindes zwingend erforderlich.

Die hauptverantwortliche Erziehungsperson, die besondere Aufgabenbereiche für ein bestimmtes Kind übernimmt, wird die Realisierung der pädagogischen Förderung, wann immer dies zeitlich möglich ist, selbst übernehmen. In der Hand dieses(r) Erziehers(in) liegt es aber auch, darauf zu achten, dass die vereinbarten pädagogischen Schritte während eigener Abwesenheit von den anderen Kolleg(inn)en übernommen werden. Dies setzt allerdings einen permanenten Informationsfluss voraus, in dem über den Ablauf der pädagogischen Bemühungen, über Entwicklungsfortschritte und -rückschritte berichtet wird. Die verantwortungsvolle Bezugsperson koordiniert die Arbeit der Kolleg(inn)en bei „ihrem" Kind und achtet darauf, dass vereinbarte Zeiten und Inhalte der individuellen Pädagogik und der Methoden eingehalten werden. In den regelmäßig stattfindenden Teamgesprächen lässt sie sich von den anderen Erzieher(inne)n über die Gestaltung der pädagogischen Arbeit berichten und wird ihrerseits Informationen über den Entwicklungsverlauf des Kindes weitergeben. Bei nicht erfolgter Einhaltung vereinbarter Zeiten und Inhalte können Begründungen erwartet werden. Die personengebundene Hauptzuständigkeit für ein bestimmtes Kind kann eine relative Gewähr dafür bieten, dass die Verfolgung individueller Erziehungsziele planmäßig und konsequent angestrebt wird.

Da Erzieher(innen) dienstplanbedingt nur zu gewissen Zeiten in der Gruppe anwesend sind und weil Urlaubszeiten und Krankheitszeiten zu beachten sind, empfiehlt es sich, dass jede(r) Hauptverantwortliche durch eine Person vertreten wird, die immer dann den Aufgabenbereich mit übernimmt, wenn andere öfter als routinemäßig abwesend sind.

Wenn wir eine durchschnittliche Gruppenstärke von acht bis zehn Kindern und Jugendlichen voraussetzen und gleichzeitig von vier Erziehungspersonen pro Gruppe ausgehen, so wären etwa zwei bis drei Kinder von jedem(r) Erzieher(in) als Hauptbezugsperson pädagogisch besonders zu betreuen. Dieses Verhältnis kann sich in besonderen Anspruchslagen auch ändern, es sollte jedoch darauf geachtet werden, dass nach Phasen der besonderen Belastung für eine(n) bestimmte(n) Erzieher(in) auch Zeiten der Entlastung eingeräumt werden können.

Wenn alle Gruppenerzieher(innen) sich für alle Bereiche der individuellen Erziehungsaufgaben gleichermaßen zuständig fühlen müssten, so wäre sehr leicht die Gefahr gegeben, dass das Gesamtarbeitsgebiet unübersichtlich erscheint und die Fülle von Einzelproblemen zur Demotivation beiträgt. Sind die Zuständigkeiten nicht abgeklärt, könnten sehr schwierige Erziehungsaufgaben vielleicht den Kolleg(inn)en überlassen werden, weniger massiv vorhandene Auffälligkeiten und Problembereiche könnten leicht in Vergessenheit geraten. Die relativ personengebundene Vorgehensweise bietet den Vorteil, dass eine Orientierung des Kindes an der Erwachsenenpersönlichkeit eher stattfinden kann und sich so Lernprozesse und Verhaltensänderungen durch Identifikationsprozesse sowie durch Modelllernen einstellen können.

Erziehungsziele und -aufgaben transparent machen

Die Wahrnehmung bestimmter pädagogischer Förderbereiche bei einzelnen Kindern kann auch dann ins Stocken geraten, behindert oder vorzeitig abgebrochen werden, wenn die Notwendigkeit der konsequenten und kontinuierlichen Vorgehensweise von Außenstehenden nicht erkannt oder akzeptiert wird oder wenn deren Form und Inhalt auf Ablehnung stößt. Besonders gravierende Störeffekte können dann auftreten, wenn andere Personen, die maßgeblich mit dem Kind in Berührung kommen, ganz andere oder gar gegensätzliche Ziele verfolgen oder wenn unterschiedliche pädagogische Handlungsabläufe sich gegenseitig behindern und bereits erreichte Erziehungserfolge wieder zunichte machen. Solche Außenstehenden sind vor allem die Heimleitung, aber auch Mitarbeiter(innen) aus anderen Gruppen, die Eltern des Kindes, seine Lehrer(innen) oder andere Personen, die auf seine Entwicklung maßgebend Einfluss nehmen können. Dass solche Schwierigkeiten entstehen, kann ganz oder zumindest teilweise verhindert werden, wenn die erarbeiteten Erziehungsziele und die sich stellenden Erziehungsaufgaben transparent gemacht werden.

Wir wollen beispielsweise annehmen, dass die emotionelle Orientierungslosigkeit eines Jungen in dessen zwiespältigem Verhältnis zu seinen Eltern begründet ist. Das Erziehungsteam sieht eine Lösungsmöglichkeit in einem intensiveren Kontakt zu den Eltern, wobei gleichzeitig eine ruhige und angstfreie Atmosphäre vorliegen müsste.

Es wird nun vereinbart, dass eine Erzieherin alle zwei Wochen mit dem Kind für zwei bis drei Stunden die Eltern zu Hause aufsuchen wird, um eine Ausgangsbasis für eine bessere emotionale Beziehung zwischen Eltern und Kind zu schaffen.

Diese Maßnahme erfordert einigen organisatorischen Aufwand. Es muss zum Beispiel sichergestellt werden, dass während der vereinbarten Besuchszeiten ein(e) andere(r) Erzieher(in) den Dienst in der Gruppe versieht, es muss die Fahrtkostenerstattung geregelt werden, die Eltern werden zukünftig vielleicht auch öfter Besuche im Heim vornehmen, dann sollten Gesprächspartner(innen) zur Verfügung stehen. Wenn erst unmittelbar vor dem ersten Besuch in der elterlichen Wohnung die Planung beginnt, sind vielfältige Schwierigkeiten der Durchführung vorprogrammiert. Möglicherweise ist die Heimleitung nicht einverstanden, weil die Fahrt zu teuer ist, weil nicht zwei Erzieher(innen) gleichzeitig Dienst haben sollten, weil das Jugendamt anderer Ansicht sein könnte oder weil sie von dem Wert der pädagogischen Maßnahme nicht überzeugt ist. Das mit solchen Schwierigkeiten verbundene Vorhaben steht nun von Anfang an unter einem schlechten Stern und droht möglicherweise zu scheitern, bevor es richtig begonnen hat.

Vor allem bei Erziehungsfragen, die mit organisatorischem Aufwand verbunden sind und die Zeit und Geld kosten, empfiehlt sich die rechtzeitige Absprache mit Personen und Institutionen, die im jeweiligen Einzelfall auch noch zuständig sind. Diese Offenlegung gemeinsam erarbeiteter pädagogischer Zielsetzungen und daraus entstandener Aufgabenbereiche ist nicht unter dem Charakter einer ständigen Rechtfertigung zu werten. Im Gegenteil wird den Gesprächspartner(inne)n bei routinemäßiger und rechtzeitiger Bekanntgabe beabsichtigter Handlungsstrategien die Professionalität der Gruppe und des einzelnen vermittelt. Vorgesetzte Stellen werden bei rechtzeitiger Einbeziehung in professionelle Überlegungen – in der Regel ohne akuten Zeitdruck – eher bereit sein zur aktiven Unterstützung und Förderung, als wenn Entscheidungen unter einem massiven Handlungsdruck abverlangt werden und keine Zeit zur überlegten Erörterung bleibt. Ebenso negativ kann es sich auswirken, wenn Vorgesetzte ganz gelegentlich nebenbei erfahren, was die Erzieher(innen) geplant haben oder bereits durchführen. Wenn in solchen Situationen das Einverständnis entzogen wird, ist es im Nachhinein oft sehr schwer oder unmöglich, trotz guter pädagogischer Argumentationen noch zu überzeugen.

Wir wollen mit dieser Forderung nach Transparenz nicht die Abhängigkeit der Gruppenerzieher(innen) unterstreichen. Vielmehr können infolge transparenter Vorgehensweisen auch neue Handlungsspielräume eröffnet und das Selbstverständnis erzieherischer Aufgaben gefördert werden, wenn Professionalität und Verantwortung im Handeln zu erkennen sind. Die Notwendigkeit der Transparenz liegt auch in anderen Situationen vor. Beispielsweise sollten die Kolleg(inn)en aus anderen Gruppen informiert werden, dass die aggressiven Handlungen eines Kindes momentan nicht stark eingeschränkt werden, weil man es erst einmal zur Ruhe kommen lassen will.

Eltern wird – nicht nur im Rahmen der Hilfeplangespräche – zu berichten sein und es sind entsprechende Abstimmungen notwendig, mit welcher Intention ein Kind gerade gefördert wird, damit sie nicht aus Unwissenheit Gegenteiliges tun und damit die Pädagogik unterlaufen. Lehrer(innen) können verständnisvoller reagieren, wenn sie wissen, dass ein Kind momentan viel Energie bei der Bewältigung von Problembereichen aufwenden muss und daher vorübergehend die Erledigung der Hausaufgaben nicht so wichtig erscheint.

Alle Transparenz im pädagogischen Geschehen erfolgt unter dem Gesichtspunkt, gestellte Erziehungsaufgaben möglichst konsequent und ohne äußere Störeinflüsse verfolgen zu können und damit dem Kind zu helfen. In bestimmten Fällen ist sehr wohl abzuwägen, wie weit die Offenheit gehen kann; Verpflichtung zur Verschwiegenheit und Datenschutz sind zu beachten und in der konkreten Situation der notwendigen Offenheit gegenüberzustellen. Zur erforderlichen Transparenz gehört schließlich, dass Außenstehende darüber informiert werden, wer verantwortliche(r) Erzieher(in) für ein bestimmtes Kind ist und damit gleichzeitig als Hauptansprechpartner(in) zur Verfügung steht.

Den Alltag analysieren – das Chaos ordnen

Die Bewältigung des Alltagsgeschehens stellt für viele Erzieher(innen) eine enorme Belastung dar. Im Zuge der Dezentralisierung der Einrichtungen und der Selbstversorgung der Gruppen sind die Arbeitsbelastungen in den alltäglich notwendigen Handlungen und Planungen eher noch größer geworden. Es müssen Haushalts- und Speisepläne erstellt, die Essenszubereitung gesichert, auf die Kleidung der Kinder geachtet werden. Termine mit Ärzt(inn)en, Schulen, dem Jugendamt und anderen Institutionen und Personen sind wahrzunehmen. Urlaubsreisen sind genau zu planen. Sommerfeste und Weihnachtsferien vorzubereiten, Reparaturen innerhalb des Gruppenhauses müssen veranlasst werden. Die Geburtstage der Kinder sind zu beachten, es müssen Geschenke gekauft, Elternabende in verschiedenen Schulen besucht werden, die Taschengeldkasse und die Gruppenkasse sind zu verwalten. Zwischendurch müssen schriftliche Arbeiten erledigt werden, die Hilfeplangespräche sind vorzubereiten und an ihnen ist teilzunehmen, Abrechnungen oder besondere Anträge sind zu schreiben. Auch Freizeit ist zu organisieren, Kontakte mit den Eltern sind zu halten, Kleidereinkäufe sind mit den Kindern zusammen vorzunehmen. Morgens werden die Kinder und Jugendlichen je nach Schul- und Ausbildungsbeginn unterschiedlich früh geweckt, abends muss dafür Sorge getragen werden, dass alle zu den ihnen angemessenen Zeiten wohl versehen zu Bett gehen. Dies soll in einer Atmosphäre stattfinden, die Ruhe und Geborgenheit ausstrahlt, ein gutes Gruppenklima soll die Grundlage pädagogischer Arbeit bilden. In der Praxis erleben wir aber oft das Gegenteil. Die Mitarbeiter(innen) fühlen sich überfordert, die Arbeit artet in Hektik und Betriebsamkeit aus, wenn nun noch ein(e) Kolleg(in) erkrankt, ist das Chaos perfekt. Es ist leicht nachvollziehbar, dass professionelle pädagogische Vorgehensweisen in diesem Klima als nicht mehr durchführbar gelten, denn die Mitarbeiter(innen) sind primär bestrebt, dass das Alltagsgeschehen relativ reibungslos funktioniert. Es kann in diesem Zusammenhang auch beobachtet werden, dass pädagogische Mitarbeiter(innen) einen Perfektionismus im Alltag anstreben, der dann allerdings ebenfalls weder Zeit noch Raum für gezielte pädagogische Prozesse zulässt.

Wenn in Anbetracht solcher zeitweise oder permanent vorliegender Verhältnisse gezielte pädagogische Entwicklungsförderungen als kaum durchführbar beurteilt werden, ist eine Analyse der Abläufe des Alltags erforderlich. Keine Lösung kann hierbei die Rückkehr zur zentralen Versorgungssituation darstellen, denn deren negative Auswirkungen, vor allem hinsichtlich der Selbstständigwerdung der Kinder, sind hinlänglich bekannt.

Untersucht werden muss, welche Faktoren die Erzieher(innen) daran hindern, den Tagesablauf geregelt in den Griff zu bekommen. Das Erziehungsteam wird sich zunächst bewusst machen müssen, mit welchen Haltungen es seinen Dienst versieht. Denn wer sich in den Routinearbeiten des Alltags verstrickt und keine Zeit mehr finden kann, pädagogische Vorstellungen konkret zu realisieren, sollte sich auch hinterfragen, ob damit unbequemen und möglicherweise schwierigen Aufgabenstellungen einfach ausgewichen wird. Die Erzieher(innen), die pädagogische Handlungsstrategien nicht mehr verwirklichen und damit auch nicht ein bestimmtes Ziel ansteuern, werden auch keine pädagogischen Misserfolge zu erwarten haben, die mit der personenbezogenen Handlung in Verbindung zu bringen sind. Dass letztlich diese allgemeine Einstellung und Handlungsunfähigkeit Misserfolge heraufbeschwört, kann entweder zu Schuldgefühlen und beruflicher Unzufriedenheit führen, verdrängt oder nur mit den ungünstigen Arbeitsbedingungen in Zusammenhang gesehen werden.

Erziehung im Heim geschieht zwar im Alltag, sie muss allerdings immer über die bloße Beherrschung des Alltags hinausgehen. Hektik und Chaos im Gruppenalltag hindern nicht nur die Vorgänge der gezielten pädagogischen Förderung, es werden als Folge neue Defizite und Auffälligkeiten bei den Kindern zu verzeichnen sein.

Die institutionalisierte Erziehung im Heim kann auf den funktionstüchtigen und damit relativ reibungslosen Tagesablauf aus zweierlei Hinsicht nicht verzichten: Einerseits basieren pädagogische Vorgehensweisen auf alltäglichen Handlungsebenen, andererseits sind sie im Alltagsgeschehen integriert vorzufinden. Wenn durch Überbelastungssituatio-

nen im Alltag die Pädagogik in der Regel kaum noch Beachtung finden kann, lassen sich häufig die folgenden Ursachen ausmachen, die entweder vereinzelt oder in Kombination vorliegen:
- mangelnde Planung des Alltagsgeschehens,
- mangelnde Absprachen,
- Nichterkennen des Wesentlichen,
- nicht vorhandene Handlungsstrategien in bestimmten Situationen,
- das Bestreben, alles perfekt machen zu wollen,
- mangelnde Transparenz berechtigter Ansprüche.

Eine vorausgehende Planung kann ganz wesentlich dazu verhelfen, dass alltäglich wiederkehrende Aufgabenbereiche geordnet wahrgenommen werden und das Auftreten von Überlastung und Hektik oft vermieden wird. Denn diese treten nicht nur in akuten unvorhersehbaren Anlässen und Situationen auf, sondern auch bei Arbeitsanforderungen, die lange vorher bekannt und terminlich festgelegt waren. So ist in der Regel klar, zu welchem Zeitpunkt Abrechnungen zu erstellen sind oder wann Hilfeplangespräche stattfinden werden. Die Urlaubstermine stehen schon lange im Voraus fest, es kann entsprechend früh geplant und vororganisiert werden. Auch Termine für den Einkauf von Bekleidung oder von Lebensmitteln im Großeinkauf lassen sich weitgehend festlegen. Wenn solche ständig wiederkehrenden Aufgaben zeitlich sinnvoll geplant übernommen werden, wenn nicht bis zum allerletzten Zeitpunkt mit der Erledigung gewartet wird, können Störeffekte im Alltag schon sehr viel geringer sein.

Bei einer demgemäßen sinnvollen Planung müssen auch verbindliche Absprachen darüber erfolgen, wer welche Aufgabenbereiche übernehmen kann. Innerhalb der Praxis zeigt es sich nur allzu oft, dass auch deshalb chaotische Verhältnisse entstehen, weil jeder vom anderen annimmt, er werde die Angelegenheit schon erledigen. Permanente und verbindliche Absprachen untereinander sind auch unter dem Gesichtspunkt zu führen, dass nicht eine Person durch zu viele Anforderungen überlastet wird und auch Vorlieben und besondere Fähigkeiten bei der Arbeitsteilung Beachtung finden können.

Auch die Orientierung auf das Wesentliche kann zu einer Entlastung im Alltagsgeschehen führen. Das Wesentliche stellt das dar, was getan werden muss, damit eine Gruppe harmonisch und gut funktionieren kann. Häufig erleben die Kinder und Erzieher(innen) lang andauernde Stresssituationen, wenn Weihnachtsfeiern für das ganze Haus, Sommerfeste oder dergleichen vorzubereiten sind. Wenn in solchen Situationen pädagogische Belange zu kurz kommen, ist kritisch zu überlegen, welchen Sinn solche Aktionen haben, ob sie nur aus Gründen der Tradition durchgeführt werden und vielleicht ganz darauf verzichtet werden kann.

In akuten Situationen, die unvorhergesehen und daher ungeplant auftreten, können vorhandene Handlungsstrategien das Aufkommen von hektischer Betriebsamkeit vermeiden helfen. Wie verhält man sich als alleinige Erziehungsperson in der Gruppe, wenn plötzlich ein Kind neu aufgenommen werden muss, wenn Eltern unvorhergesehen zu einem wichtigen Gespräch erscheinen, wenn plötzlich alle Kinder verrückt spielen? In Rollenspielen lassen sich meist adäquate Handlungsmuster für die Beherrschung solcher Situationen erkennen. Es empfiehlt sich auch, im Voraus zu vereinbaren, welche Umstände vorliegen können, damit es gerechtfertigt ist, andere Kolleg(inn)en aus ihrer Freizeit heraus um Mithilfe zu bitten.

Auch das Bestreben, dass alle Mitarbeiter(innen) alles gleich gut und perfekt erledigen wollen, kann zu häufigen Überlastungen führen. Wenn vier verschiedene Personen in einer Gruppe arbeiten, haben wir es mit vier unterschiedlichen Persönlichkeiten zu tun, mit verschiedenen Vorlieben, Fähigkeiten und Schwächen. Eine Erzieherin kann vielleicht sehr gut kochen, verabscheut aber schriftliche Arbeiten, bei einer anderen ist dies vielleicht umgekehrt. Die täglichen Arbeiten können auch so eingeteilt werden, dass die persönliche Vorliebe und Kompetenz Berücksichtigung finden kann. Wenn die Erzieherin, die nicht gerne kocht, nur für ein einfaches Essen sorgt, ist dies jedenfalls besser, als ein mit einem Überlastungsgefühl entstehendes pädagogisches Unvermögen. Auch den Kindern sollten die persönlichen Kompetenzbereiche und Schwächen deutlich werden, sie sollten die Erzieher(innen) als Persönlichkeiten mit echten Gefühlen und individuellen Gegebenheiten erfahren.

Bisweilen kommt es vor, dass Erzieher(innen) durch alltägliche Anforderungen überlastet sind, weil sie bislang nicht in der Lage waren, ihre eigenen Ansprüche und die der Gruppe transparent darzustellen. Wenn von der Seite der Verwaltung oder der Heimleitung zu starke Anforderungen in organisatorischer Hinsicht abverlangt werden, so ist diesen

Personen gegenüber klar aufzuzeigen, wann pädagogische Ansprüche gefährdet erscheinen. Auch die wohlüberlegte pädagogische Argumentation und das sichere Vertreten des eigenen Standpunktes können zu einer Verringerung sonstiger Belastungen führen und den Weg für erzieherische Handlungsfelder öffnen.

Individuelle Pädagogik und Alltag miteinander verbinden

Der Einwand, eine individuelle Pädagogik und Entwicklungsförderung im Heim sei wegen der ohnehin großen Belastung durch alltägliche Verrichtungen kaum möglich, impliziert, dass Alltag und gezielte pädagogische Förderung völlig unterschiedliche Angelegenheiten seien. Die einzelnen Handlungen im Alltag bestimmen das vorhandene Milieu, welches erst dann zum therapeutischen Milieu wird, wenn die eingebetteten Handlungen sich an pädagogischen Vorstellungen orientieren. So gesehen ist eine Gruppenpädagogik niemals losgelöst vom Alltagsgeschehen zu betrachten, sie ist im Alltag integriert. Ebenso verhält es sich mit vielen denkbaren Vorgehensweisen innerhalb der gezielten individuellen Förderung. Die bewusst eingesetzte emotional verständnisvolle Gesprächsbereitschaft für ein bestimmtes Kind ist beispielsweise kaum vorstellbar in einem, von Raum und Zeit abgetrennten, isolierten Erzieher(innen)-Kind-Gespräch. Gute Gespräche ergeben sich wie nebenbei bei alltäglichen Arbeiten, beim gemeinsamen Kochen oder beim Spaziergang. Obwohl das Kind keiner Beobachtungssituation ausgesetzt ist, können treffsichere Beobachtungen gemacht werden. Schwächen, aber auch bislang unbekannte Stärken werden entdeckt. Es kommt vordringlich darauf an, den Alltag zu gestalten, damit gezielte pädagogische Prozesse wirksam und gemeinsame Ziele angestrebt werden. Erzieher(innen) sollten daher eine Sensibilität entwickeln für das Aufspüren von Situationen, in denen individuelle Begegnungen zur pädagogischen Situation werden können. Individuelle Förderbereiche und -aufgaben werden im Alltag nicht einfach aufgesetzt, sie können in der Regel integriert ablaufen. Scheinbar belanglose Alltagshandlungen bekommen eine bewusstere, eine pädagogische Dimension. Selbst wenn besondere pädagogische Förderprogramme zunächst in einer vom Alltag abgehobenen Lage stattfinden müssen, können Übertragungen auf die üblichen Lebensbereiche beobachtet werden. Das Zeitproblem als Argument gegen gezielte pädagogische Entwicklungsförderungen erscheint aus dieser Sichtweise fragwürdig. Der Alltag ist ohnehin vorhanden; er muss nur mit besonders pädagogischer Intention organisiert und inhaltlich gestaltet sein.

Die Gruppe einbeziehen

Ein anderes Argument gegenüber individueller Erziehung ist die Befürchtung mancher Erzieher(innen), dass die übrigen Kinder und Jugendlichen der Gruppe sich zurückgesetzt fühlen und glauben könnten, zu kurz zu kommen, wenn pädagogische Bemühungen sich besonders intensiv an ein bestimmtes Kind wenden.
Die Reaktion der Gruppe kann die pädagogische Vorgehensweise sowie den pädagogischen Erfolg in der Tat nachhaltig beeinflussen. Es ist bekannt, dass es beispielsweise Kinder trotz pädagogischer Unterstützung schwer haben, aus einer Außenseiterposition herauszukommen, wenn die Gruppe den Positionswechsel nicht anerkennt. Negative Verhaltensweisen einzelner Kinder können durch ungünstige Gruppenbeeinflussung gefestigt oder potenziert auftreten. Die individuelle pädagogische Förderungsabsicht wird daher immer auch die Situation der gesamten Gruppe und die Reaktionen der verschiedenen Gruppenmitglieder beachten und die Beobachtungen zur weiteren Handlungsorientierung nutzen. Die Erfahrung zeigt, dass Kinder und Jugendliche sich auch als soziale Helfer verstehen können, wenn diese Erwartung nicht in fordernder Haltung, sondern aufklärend, verständnisvoll und ernstnehmend mit ihnen vereinbart wird (Mehringer 1998, S. 40ff.). Wenn Kinder demgemäß in den individuellen Förderungsprozess für ein anderes Kind einbezogen werden, sind auch die vorgenannten Befürchtungen nicht mehr so gravierend. Kinder werden es auch eher akzeptieren können und fühlen sich nicht zurückgesetzt, wenn sie die Gründe für die besondere emotionale Bezugsnähe und den momentanen Zeitaufwand gegenüber einem anderen Kind nachvollziehen können. Sie werden dafür Verständnis aufbringen, wenn sie sich daran erinnern können, dass sie selbst in ähnlich schwieriger Situation und Bedürfnislage eine Person hatten, die sich für sie eingesetzt hat, oder wenn sie von der sicheren Gefühlslage ausgehen, dass dies in Zukunft der Fall sein würde.

Konsequenz in der pädagogischen Realisierung

Wenn wir von einer notwendigen Konsequenz in der pädagogischen Bemühung ausgehen, so ist damit nicht die unbedingte konsequente erzieherische Haltung im Sinne einer unnachgiebigen Strenge im Verhältnis Erzieher(in)-Kind gemeint.

Konsequenz in der individuellen Entwicklungsförderung bedeutet zunächst, vereinbarte Handlungsstrategien auch unter schwierigen Bedingungen für einen längeren Zeitraum beizubehalten. Nur äußerst selten kann man in der Praxis erleben, dass positive Veränderungen nach kurzer oder gar nur einmaliger pädagogischer Bemühung eintreten. Pädagogische Prozesse sind in aller Regel langwierig. Auch die Defizite, Schwierigkeiten und Auffälligkeiten der Kinder sind zumeist unter dem Einfluss ungünstiger Sozialisationsbedingungen im Laufe von Jahren entstanden. Das Kind wird sich daher in der Regel nicht sofort ändern können und wollen, denn seine Reaktionsweise stellt es sich selbst als adäquat vor. Von seiner Gefühlswelt her gesehen reagiert nicht das Kind, sondern die Umwelt falsch. Wenn Erzieher(innen) vorschnell aufgeben, die pädagogischen Ziele zu verfolgen, weil sich noch keine Veränderungen ergaben, dann werden damit auch alle in die bestimmte Richtung erfolgten Handlungen als unnütz erklärt. Die Erziehungsperson gibt sich so teilweise selbst und die Methode, wie sie helfend einwirken wollte, auf. Mangelnde Konsequenz verursacht nun pädagogische Resignation und Unzufriedenheit, eine sehr schlechte Ausgangsbasis für weitere pädagogische Aufgabengebiete. Die pädagogische Haltung der Konsequenz wird einfacher, wenn es gelingt, auch kleinste Entwicklungsveränderungen sensibel als solche zu erkennen. Pädagogische Konsequenz bedeutet auch, nicht wahllos von einer Methode auf die andere überzuwechseln, sondern sich über die Auswirkungen der wohl überlegten und konsequent angewandten Methode Klarheit zu verschaffen. Eine Veränderung der pädagogischen Vorgehensweise ist erst dann angezeigt, wenn wirklich sichergestellt wurde, dass die individuelle Erziehung in der eingeschlagenen Richtung einem Kind nicht weiterhelfen kann.

Bewusste Kontrollen einplanen

Die individuelle Erziehungsplanung und die daraus abgeleiteten pädagogischen Handlungsmethoden werden nicht einmalig vereinbart, festgelegt und zu realisieren versucht. Aus unterschiedlichen Gründen bedarf der individuelle Erziehungsvorgang der Begleitung und Kontrolle. So kann beispielsweise eine Veränderung der Selbstdeutung sowie der eigenen Lösungsansätze der jungen Menschen eine Korrektur der Ziele und der Methoden erforderlich machen.

Es ist daher von vornherein zu vereinbaren, dass die einzelnen Handlungsschritte unter Berücksichtigung der Gesamtstrategie sowie der Reaktionen und Entwicklungen sowohl beim Kind als auch den Erzieher(inne)n beobachtet und begleitend ausgewertet werden und in regelmäßiger Abfolge in Teamgesprächen zur Reflexion führen. Mit dieser Vorgehensweise kann zunächst auch sichergestellt werden, dass vereinbarte methodische Prozesse angesichts anderer Beeinflussungen im Trubel des Alltagsgeschehens nicht in Vergessenheit geraten.

Wenn Entwicklungsveränderungen bis zu diesem Zeitpunkt nicht eingetreten sind, so ist rechtzeitig zu überprüfen, ob die spezielle Erziehung für dieses Kind richtig gewählt wurde und teilweise oder ganz zu korrigieren ist oder ob der eingeschlagene Weg voraussichtlich auf längere Sicht hin doch noch zu Erfolgen führen könnte.

Auch kleinere positive Veränderungen im Verhalten und innerhalb der Entwicklung sind in solchen gemeinsamen Gesprächen festzuhalten und in der Relation zur angewandten Pädagogik zu beurteilen. Die Erzieher(innen) erfahren in ihrer professionellen Handlungsweise eine wesentliche Unterstützung, wenn eingeleitete Erziehungsprozesse und Methoden rechtzeitig als falsch oder unangemessen erkannt werden und wenn gemeinsam neue Handlungsorientierungen zu erarbeiten sind. Andererseits wirkt die realistische Bestätigung und Anerkennung eines individuellen Hilfekonzeptes enorm motivierend auf die professionelle persönliche Haltung der Erzieher(innen) ein.

Erzieher(inne)n, die in der beschriebenen Weise methodisch-systematisch die Entwicklung einzelner Kinder fördern, benötigen inhaltliche Orientierungspunkte zur Weiterentwicklung ihrer Fachlichkeit. Die persönliche Fortbildung oder die von einem Team wahrgenommene Fortbildung kann genutzt werden, um einerseits Bestätigung und Hinweise für angewandte pädagogische Methoden zu erzielen; andererseits können neuere Erkenntnisse aus Pädagogik, Psychologie und anderen Sozialwissenschaften neue Sichtweisen bei und in der Anwendung pädagogischer Methoden eröffnen. Die Erzieher(innen) brauchen sich nicht nur auf ihre eigenen Erkenntnisse und auf die des Teams zu verlassen, sie sollten ebenso die Erfahrungen und Entwicklungen aus anderen vergleichbaren Arbeitsfeldern beurteilen können und auf ihre Übertragung hin untersuchen. Fortbildungskurse und -tagungen zu speziellen Themengebieten des Erziehungs- und Therapiebereiches für Kinder und Jugendliche bieten darüber hinaus auch die Gelegenheit zur fachlichen Diskussion mit Kolleg(inn)en aus anderen Institutionen. Gerade die ausführliche Erörterung verschiedener Praxiserfahrungen kann zur Bestätigung des eigenen pädagogischen Standpunktes oder zur Weiterentwicklung pädagogischer und organisatorischer Ideen genutzt werden. Die eigene professionelle Handlungsfähigkeit kann mit weniger organisatorischer Vorplanung und mit geringen Umständen relativiert und entwickelt werden, indem zum einen Fortbildungsveranstaltungen besucht, aber auch fachrelevante Beiträge in Büchern und in den zahlreichen Fachzeitschriften verfolgt werden.

Die Bedeutung der Supervision in der Heimerziehung

Supervision gilt als ein „verbindlich geregeltes Lehr- und Lernverfahren, das durch Erfahrungslernen die Fachlichkeit und die Persönlichkeit der Supervisanden sowie die Koordinationsfähigkeit von Arbeitsgruppen kontrolliert ..." (Retaiski 2002, S 956). Dieser Beratungsprozess wird durch eine(n) Supervisor(in) geleitet und zielt darauf ab, die Effektivität der Arbeit zu steigern, bestehende Konflikte zu erkennen und das komplexe Beziehungsgefüge für die Supervisanden besser greifbar zu machen. Die Supervision, als berufsbezogene Beratung mit Resonanz- oder Spiegelungseffekten (Belardi 2001), kann bei den personenbezogen Vorgehensweisen erkennen helfen, von welchen persönlichen Gefühlen, Ängsten und Vorurteilen die pädagogische Haltung und Handlung beeinflusst wird und zu einer entsprechenden Korrektur und größeren Objektivität Anlass geben.

In einer Untersuchung zur Thematik „Arbeitsplatz Stationäre Erziehungshilfe" (Günder/Reidegeld 2005a) wurden 53 Interviews mit Leitungskräften und Gruppenpädagogen(innen) durchgeführt. Die Befragung zur Thematik „Supervision" ergab, dass für mehr als ein Drittel der pädagogischen Mitarbeiter(innen) Supervision einen hohen Stellenwert hat. Gründe hierfür lagen z.B. in der Möglichkeit der Krisenaufarbeitung, der Qualitätssicherung oder der persönlichen Förderung.

Demgegenüber stehen mehr als ein Drittel der Befragten in unserer Untersuchung, die keine Supervisionserfahrungen innerhalb ihrer Einrichtung gemacht haben. Diese scheitert entweder aus finanziellen Gründen, oder es wird keine Notwendigkeit für die Durchführung von Supervision gesehen. In den Einrichtungen, in denen Supervision ein hoher Stellenwert zugemessen wird, spielt Kontinuität eine entscheidende Rolle. Knapp ein Drittel der befragten Gruppenpädagogen(innen) gab an, alle vier Wochen Supervision zu haben. In einzelnen stationären Einrichtungen fand Supervision entweder häufiger oder nur alle drei bis vier Monate statt. Das lässt zumindest vermuten, dass hier Supervision stetig und auf Dauer ausgerichtet ist.

Zusammenfassend lässt sich feststellen, dass die Supervision bei zwei Dritteln der befragten Einrichtungen ein angemessenes Instrument zur Förderung der Mitarbeiter(innen) und zur Qualitätssicherung ist. Die Auswertung ergab, dass in einem Drittel der Fälle Supervision in einem regelmäßigen Vier-Wochen-Turnus praktiziert wird. Eine Minderheit beauftragt eine(n) Supervisor(in) nur ein- bis fünfmal jährlich. Hinsichtlich der Bedeutung und der Zufriedenheit konnten wir feststellen, dass die Supervision in beiderlei Hinsicht einen hohen Stellenwert einnimmt; die Hälfte der interviewten Personen bestätigte dies.

Da Supervision als Instrument zur Qualitätsabsicherung und zur Mitarbeiter(innen)förderung als unbedingt erforderlich gilt, ist es jedoch sehr erstaunlich, dass in einem Drittel der befragten Fälle keine Supervision in Anspruch genommen wird oder werden kann. Gleichwohl wird Supervision aus fachlicher Sicht für dieses Praxisfeld als „unverzichtbar" (Münder u.a. 2006, S. 851) angesehen.

Die Notwendigkeit von Teamarbeit

Praxisbeispiele

Der 10-jährige Rudi muss sich gut auf seine nächste Mathematikarbeit vorbereiten, weil davon seine Versetzung abhängen kann. Die Erzieher(innen) seiner Gruppe beschließen deshalb, dass er in dieser Woche an jedem Nachmittag mindestens eine Stunde Übungsaufgaben bearbeiten soll. Eine Kollegin hat diese Verabredung nicht mitbekommen, weil sie einige Tage frei hatte. Während ihrer Dienstzeit erlaubt sie Rudi, ins Kino zu gehen und an einer Sportveranstaltung teilzunehmen. Die Vorbereitung auf die Mathematikarbeit findet an diesem Tage nicht statt. Rudi hat die Erzieherin gewissermaßen ausgetrickst. Die anderen Kolleg(inn)en sind sauer, weil sich Rudi und die Kollegin nicht an die Absprache gehalten haben.

Die 12-jährige Sandra ist eine Pferdenärrin. Jede verfügbare Freizeit verbringt sie auf einem Reiterhof, wo sie sich durch Pferdepflege das Reiten selbst verdienen kann. Am kommenden Sonntag plant der Reiterhof einen Tagesausflug, an dem auch Sandra teilnehmen soll. Am Samstagabend stört Sandra das Gruppenspiel, sie beteiligt sich nicht an gemeinsamen Gruppenarbeiten und stört mehrmals die Nachtruhe. Der an diesem Wochenende diensthabende Erzieher ist erst seit einigen Wochen in dieser Gruppe. Er verbietet Sandra, an dem Ausflug teilzunehmen, weil sie sich so schlecht verhalten habe. Sandra ist ungemein getroffen und unglücklich. Als die Kolleg(inn)en davon erfahren, sind sie über die Vorgehensweise des neuen Kollegen ungehalten. Für Sandra sei das Reiten das Wichtigste überhaupt, sie sei gut integriert in den Reiterhof und habe in ihrer Entwicklung sehr davon profitieren können.

Die beiden Beispiele zeigen auf, wie wesentlich eine gute Absprache unter den Erzieher(inne)n innerhalb der Heimerziehung ist. Aber auch unterschiedliche Erziehungsauffassungen und Wertvorstellungen können schnell zu Irritationen, Frustrationen und erheblichen Verärgerungen führen, wenn Fakten, Probleme und Haltungen nicht transparent offengelegt und über Unterschiedlichkeiten diskutiert wird.

Begründung der Teamarbeit

Warum kann Teamarbeit innerhalb der Heimerziehung in vielen Fällen gar nicht oder nur partiell erreicht werden, obwohl die meisten Mitarbeiter(innen) sie als eine günstige Form der Zusammenarbeit anerkennen und auch gerne realisieren möchten? Die Beantwortung dieser Frage soll schon jetzt als These vorgegeben werden: Anscheinend genügt es nicht, Teamarbeit lediglich zu bejahen, man muss zur Teamarbeit auch befähigt sein. Diese Fähigkeit resultiert nicht nur aus einer inneren Haltung, sondern auch aus Qualifikationen, die in einem Lernprozess erworben werden können. Es geht um das Kennenlernen von günstigen Bedingungen für die Zusammenarbeit im Team beziehungsweise um Faktoren, die Teamarbeit erschweren oder ganz unmöglich machen. Deshalb erscheint ein Qualifizierungsprozess notwendig, der die Mitarbeiter(innen) zur Einführung und zur dauerhaften Anwendung von Teamarbeit befähigt.

Teamarbeit wird vor allem dann als Methode angewandt, wenn es darum geht, durch kreative Beiträge und Handlungen schwierige Aufgaben zu lösen. Von diesem Verständnis her beurteilt, wäre im sozialpädagogischen Handlungsfeld *Heimerziehung* die Teamarbeit geradezu prädestiniert, um zum Abbau und zur Lösung von Alltagsproblemen zu verhelfen. „Teamarbeit erfolgt ergebnis- und prozessorientiert; sie dient der Erhöhung der Effektivität, der Verbesserung der Qualität der Arbeit und der Verbesserung der Arbeitsmotivation der Mitarbeiter(innen)" (Feldmann 2002, S. 965).

Nicht nur in größeren Einrichtungen mit zahlreichen Mitarbeiter(inne)n, auch in kleinen Kinderhäusern und Wohngruppen lassen sich mannigfaltige Probleme unter den Mitarbeiter(inne)n finden. Solche drücken sich in gegenseitigem Misstrauen, in Überheblichkeit, Unterwürfigkeit und Deprimiertheit aus; Kolleg(inn)en wollen nicht zur gleichen Zeit Dienst haben, andere machen bewusst das erzieherische Gegenteil, sind unzuverlässig; mangelnder Einsatz, Klatsch und Intrigen können beobachtet werden. Sicherlich ist nicht grundsätzlich in allen Heimen mit diesen oder ähnlich gelagerten Schwierigkeiten der Mitarbeiter(innen) untereinander zu rechnen. Die Feststellung, dass in vielen Einrichtungen ernsthafte und lang andauernde Teamprobleme angetroffen werden, dürfte in der gegenwärtigen Praxis aber kaum zu widerlegen sein.

Zweifellos kann nicht erwartet werden, dass schwierige Kinder und Jugendliche – und diese stellen nun einmal den Hauptanteil in der Heimerziehung – ihre Probleme verringern können, wenn sie ihrerseits Konflikte der Mitarbeiter(innen) ständig vor Augen haben. Hieraus ergibt sich eine erste wichtige Grundforderung: Im Sinne der Verantwortung für die Entwicklung der jungen Menschen sollten sich die Mitarbeiter(innen) der Heimerziehung zu einer guten und ungestört ablaufenden Zusammenarbeit aller verpflichtet fühlen. Was bedeutet dies nun für die tägliche Praxis?

Teamarbeit bedeutet, dass eine Gruppe mit gemeinsamer Aufgabenstellung und differenzierter oder ähnlicher Aufgabenverteilung unter vergleichbaren Bedingungen Projekte erarbeitet, Entscheidungen herbeiführt, gemeinsame Zielvorstellungen entwickelt und deren Erreichung verfolgt. Teamarbeit profitiert von den unterschiedlichen Qualifikationen und Beiträgen der Gruppenmitglieder.
Je nach Größe und Struktur des Heimes oder der Wohngemeinschaft werden unterschiedliche Mitarbeiter(innen)probleme anzutreffen sein. Wir haben es innerhalb der Heimerziehung mit Betreuungspersonen zu tun, die einen unterschiedlichen Ausbildungsstand aufweisen. Die Palette kann hier von kurzfristig tätigen Praktikant(inn)en über nicht ausgebildete – aber vielleicht pädagogisch sehr erfahrene – Erziehungshelfer(innen), Kinderpfleger(innen), Erzieher(innen), Sozialpädagog(inn)en bis hin zu Diplompädagog(inn)en und Diplompsycholog(inn)en reichen. Wir haben es mit Mitarbeiter(innen) unterschiedlichen Alters zu tun, mit unterschiedlichen Charakteren, Neigungen, Fähigkeiten und Eigenschaften. Schließlich sind unterschiedliche Aufgabengebiete mit unterschiedlicher Bezahlung vorhanden. Der Vielzahl von Erschwernissen für eine gute Zusammenarbeit stehen aber die gleichzeitig zu beobachtenden positiven Bedingungen gegenüber, denn es sind der Wille und die Voraussetzungen zu Verbesserungen anzutreffen.
Teamarbeit muss jedoch zunächst als das Ziel einer prozesshaften Entwicklung angesehen werden. Eine Teamarbeit kann nicht von heute auf morgen eingeführt werden, auch dann nicht, wenn alle Mitarbeiter(innen) an ihr interessiert sind und sie befürworten. Es sind daher zunächst wichtige Vorarbeiten notwendig, um die Faktoren und Voraussetzungen, die Teamarbeit bedingen, zu erarbeiten. Denn wie anfangs erwähnt, genügt nicht allein der Wille oder die positive Einstellung zur Teamarbeit. Es kommt für alle Beteiligten darauf an, sich notwendige Qualifikationen in Bezug auf Teamarbeit anzueignen und zu verinnerlichen, erst dann ist deren Verwirklichung möglich; und die Mitarbeiter(innen) werden erst dann in der Lage sein, sich argumentativ überzeugend für diese Form der Zusammenarbeit einzusetzen. Für die stationäre Erziehungshilfe kann Teamarbeit als „eigener wichtiger Beitrag zur Qualitätsentwicklung" (Hekele 2002, S. 33) angesehen werden.
Die Erfahrung, in einem Team zu arbeiten, hat eine enorme Bedeutung sowohl für die Qualität der Arbeit als auch für das Wohlbefinden der Mitarbeiter(innen). Der Arbeitsalltag ist häufig durch Scheitern und

Enttäuschungen geprägt, und in diesen Situationen braucht das Teammitglied Anerkennung, emotionalen Rückhalt und den unterstützenden und entlastenden Austausch durch seine Kollegen(innen), daher stellt Teamarbeit einen wichtigen Schutzfaktor gegen das Burn-out-Syndrom dar (Herriger/Kähler 2003, S.156).
Die Grundhaltung der Personen im Team bezieht sich grundsätzlich auf die persönliche Bereitschaft, gemeinsam Ziele erreichen zu wollen. Andererseits ergeben sich hieraus unterschiedliche Sichtweisen und Haltungen, die für ein besseres Verständnis hinterfragt werden müssen. Allerdings zeichnen sich besonders Pädagog(inn)en dadurch aus, dass sie auf derartige Auseinandersetzungen zunächst emotional und mit Betroffenheit reagieren. Die Folge davon ist, dass übervorsichtig miteinander umgegangen wird und es zu Störungen der Kommunikation kommt. Die eigene Arbeit kritisch zu bewerten, eine positive Streitkultur zuzulassen, stellt für pädagogische Mitarbeiter(innen) eine besondere Schwierigkeit dar. Die Folgen dieses Verhaltens sind vielfältig, es werden z.B. Themen einfach nicht angesprochen und regelrecht ausgesessen.
Als Ergebnis der bereits erwähnten Befragung (Günder/Reidegeld 2005a) zum Bereich „Teamarbeit" kann festgestellt werden, dass Teamsitzungen/-besprechungen in der Mehrzahl einmal wöchentlich stattfinden, wobei die Zeit, die für die Teambesprechung aufgewendet wird, vielen als nicht ausreichend erscheint. In den Teamsitzungen wird vor allem über organisatorische Dinge, Erziehungs- und Hilfeplangespräche sowie natürlich auch direkt über die Kinder und Jugendlichen gesprochen. Nur etwa ein Drittel der Befragten gab an, dass aktuelle Geschehnisse und deren Reflexion im Team thematisiert würden. Hierbei wird deutlich, dass Instrumente zur Teamreflexion, z.B. Supervision, zu wenig eingesetzt werden. Dennoch empfinden die meisten die Teambesprechungen als ausreichend. Auf die Frage, was in Teambesprechungen zu kurz kommt, antworteten erstaunlicherweise die meisten mit „alles wird abgehandelt". Einige wünschten sich in den Besprechungen mehr Teamreflexion, während es andere wiederum in der Teambesprechung gerne sehen würden, wenn persönliche Probleme der Mitarbeiter(innen) stärker angesprochen würden.
Ein gelingendes Konfliktmanagement und die Einübung produktiver Formen des Umganges mit Dissonanzen und Konflikten ist ein wesentliches Qualitätsmerkmal der Teamarbeit, nicht nur in der stationären Ju-

gendhilfe. Auch in anderen Bereichen Sozialer Arbeit erreicht die aktuelle Teamwirklichkeit diesen Anspruch jedoch nur in Annäherungswerten (Herriger/Kähler 2003, S. 104). Es besteht die Gefahr, dass durch die starken Belastungen im Bereich der pädagogischen Aufgaben, die Aufmerksamkeit für die Entwicklung der Arbeitsbeziehungen und Arbeitsstrukturen vernachlässigt wird. Diese Befürchtung findet durch die Ergebnisse unserer Befragung eine Bestätigung. Nur zu einem geringeren Teil waren Fragen der Zusammenarbeit im Team auch Thema in den regelmäßigen Teamsitzungen. Probleme in diesem Bereich werden im aktuellen Bedarfsfall bearbeitet, sie werden jedoch nicht oder nur selten als ein kontinuierliches Aufgabengebiet betrachtet. Die einzelne Kontroverse wird deshalb als „Störfall" für die Zusammenarbeit erlebt. Die Kontroverse steht zu selten für die Chance, die Methodenvielfalt mittels einer kollegialen Streitkultur zu einer komplexen Qualität in der Zusammenarbeit weiterzuentwickeln.

Die verschiedenen Aspekte der Teamarbeit

Die Teamarbeit im Heim wird geprägt durch

- die Emotionalität der Mitarbeiter(innen),
- die Zuverlässigkeit der Mitarbeiter(innen),
- die Bereitschaft, Verantwortung zu übernehmen,
- die Bereitschaft zur Zusammenarbeit,
- die differenzierte Zielerarbeitung,
- die Fragen der Organisation,
- den Einbezug hauswirtschaftlicher Mitarbeiter(innen),
- die fachliche Beratung/Supervision durch Außenstehende.

Teamarbeit im Heim bezieht sich sowohl auf die Gruppe als auch auf die Gesamtorganisation, somit auf alle Mitarbeiter(innen) einer Einrichtung. Teamprozesse und Gesamtabläufe beeinflussen sich wechselseitig.

Im Sinne einer prozesshaften Teamarbeit sind vor allem anzustreben:

- das bessere Kennenlernen der Mitarbeiter(innen) untereinander,
- die bessere Information aller Beteiligten,

- die bessere, differenzierte Abstimmung und Verfolgung gemeinsamer Ziele.

Teamgespräche, Teamsitzungen sind das vordringlichste Instrument, um die vorgenannten Qualifikationen zu erreichen und zu realisieren. Diese Teamgespräche müssen im Heim mindestens einmal pro Woche stattfinden, in Heimen mit mehreren Gruppen ist eine sinnvolle Aufteilung in Gruppen- und Gesamtteambesprechungen notwendig. Teamgespräche benötigen viel Zeit. In der Regel sind mindestens zwei bis drei Stunden dafür einzuplanen. Die hier eingebrachte Zeit kann an anderer Stelle mehr als wettgemacht werden, denn durch Teamarbeit können Störungen im Alltagsablauf verringert und wegen der besseren Abstimmung pädagogische Zielvorstellungen schneller und konfliktfreier in die Tat umgesetzt werden. Insofern ist es nur legitim, dass Teamgespräche selbstverständlich im Rahmen der Arbeitszeit stattfinden.

Teamgespräche im Heim sind zeitlich so anzusetzen, dass sie weitgehend ungestört ablaufen können. Im Heim bietet sich der Vormittag an, wenn die Kinder und Jugendlichen außer Haus sind. Wenn noch Kinder in den einzelnen Gruppen vorhanden sein sollten, kann eine Absprache zwischen den Gruppen deren Betreuung sichern.

Kooperation zwischen Heim und Schule

Neben der Familie ist für Kinder und Jugendliche im Schulalter die Schule der wesentliche Lebensort, in dem wichtige Sozialisationsprozesse stattfinden und über künftige Lebensperspektiven mitentschieden wird. Kinder und Jugendliche, die in Institutionen der Jugendhilfe leben, haben überwiegend auch ausgeprägte schulische Schwierigkeiten. Bei vielen spielten Schulversagen, schulische Leistungsverweigerung, permanentes Stören während des Unterrichts, Schuleschwänzen, Schulangst und -frustration eine Rolle bei der Entscheidung für die Heimunterbringung.

Heimerziehung und Schule haben als Institutionen jeweils das Wohl des Kindes als zentrale Aufgabenstellung. In beiden Institutionen sind professionelle Pädagog(inn)en tätig. Es liegt also nahe, davon auszugehen, dass Heim und Schule gut zusammenarbeiten, um in ihren Bemühungen um die einzelnen Kinder und Jugendlichen zu optimalen Ergebnissen zu gelangen. Wie sieht aber die Realität aus?

Vielfach ist eine Zusammenarbeit nicht zu erkennen, oftmals scheinen die Institutionen sogar gegeneinander zu arbeiten. So stellen beispielsweise Schulleiter(innen) bei der Aufnahme eines Heimkindes die Frage an das Heim, warum es nicht besser sofort in eine Sonderschule eingeschult werden könne. Lehrer(innen) sind empört, wenn Verhaltensauffälligkeiten von Heimkindern von den Heimerzieher(inne)n nicht abgestellt werden und vermuten mangelndes Engagement. Erzieher(innen) sind entsetzt, wenn die Kinder und Jugendlichen in der Schule einem zu starken Leistungsdruck ausgesetzt werden, sie können und wollen nicht nachvollziehen, weshalb bei verhaltensauffälligen Kindern als pädagogische Maßnahme ein vorübergehendes Schulbesuchsverbot verhängt werden kann und auch mit Schulausschluss gedroht wird.

> „Junge Menschen, die im Rahmen einer Hilfe in stationären und teilstationären Einrichtungen betreut werden, zeigen häufig sowohl Auffälligkeiten im Sozialverhalten als auch Probleme im Lern- und Leistungsbereich. Deshalb ist eine Zusammenarbeit der Jugendhilfe und der aufnehmenden Schule unverzichtbar" (Leitlinien zur Kooperation … 2005, S. 53).

Nach wie vor wird die Praxis der Kooperation zwischen Schule und Jugendhilfe insgesamt als „unzureichend" beklagt. Wenn diese allerdings gelingt, dann stellten sich in der Folge regelmäßig „Qualität, Entlastung und Nutzen für alle Beteiligten" (Gilles 2002, S. 423) ein. Schule und Heim entwickelten jedoch oftmals ihre jeweils eigenen Konzepte und Strategien und würden nicht beachten, dass der Hilfeplan die bindende Basis für Heim und Schule darstelle (Rumpf 2001). Der öffentliche Konsens über die Notwendigkeit einer Zusammenarbeit zwischen Jugendhilfe und Schule sei noch nie so groß gewesen wie gegenwärtig, aber es „fällt allerdings auf, dass es vor allem die Kinder- und Jugendhilfe ist, die die Zusammenarbeit einfordert" (Bundesministerium für Familie, Senioren, Frauen und Jugend 2002, S. 161). Doch trotz aller theoretischen Einsicht unterscheide sich die Praxis hiervon sehr, denn in vielen Einrichtungen stehe „die Zweckmäßigkeit von Kooperation – wenn überhaupt – nur in der Konzeption" (Rumpf 2001, S. 170).

Heimerzieher(innen) erleben sich häufig als „Erfüllungsgehilfe für schulische Forderungen" (Thimm 2000, S. 13) und damit in einer Abhängigkeitssituation. „Für die Schule machen Heimkinder nur einen Bruchteil im Rahmen der grundsätzlichen Themen- und Problempalette aus. Schule braucht Kooperation mit Heimen nicht zentral. Heime sind dagegen auf Schule angewiesen" (S. 15). Das Verhältnis zwischen Jugendhilfe und Schule ist belastet, da Heimerziehung an einer Zusammenarbeit beider sozialpädagogischer Arbeitsfelder interessiert sein muss, erscheint es klar, „dass es vorläufig eine Aufgabe der Jugendhilfe bleibt, sich für die Förderung der notwendigen Kooperation einzusetzen" (Kühn 2000, S. 198).

Von den Mitarbeiter(inne)n der Heime wird oftmals die Hausaufgabensituation als besonders belastend empfunden. Weil fast alle Heimkinder und -jugendliche Probleme im Lern- und Leistungsbereich aufzeigen, wird diese tagtägliche Belastung verstärkt, wenn die Schule die individuelle Problemlage nicht berücksichtigt. Allerdings hat eine Untersuchung der Planungsgruppe Petra in verschiedenen Heimen ergeben, dass Erzieher(innen) zwar fähig sind, die Hausaufgaben routinemäßig zu betreuen, sie sind aber überfordert, wenn Grundlagen, die versäumt wurden, nachgeholt werden müssen, und es fehlt ihnen an einer grundlegenden methodischen Anleitungsfähigkeit. In der Untersuchung traf nur ein knappes Drittel auf Bedingungen, „die insgesamt als förderlich angesehen werden konnten, also auf eine angemessene räumliche Situation, auf eine angemessene Atmosphäre, vor allem die Ruhe, die zur Konzentration notwendig ist, und auf eine angemessene methodische Betreuung" (Planungsgruppe Petra 1988, S. 60).

Über positive Erfahrungen in der Kooperation zwischen Heim und Schule wird am Beispiel der Evangelischen Jugendhilfe Ummeln berichtet. Das Mädchenheim konnte eine heiminterne Schulgruppe errichten, in der vorübergehend alle neu aufgenommenen Mädchen beschult wurden. Für das Modell waren zwei Lehrerplanstellen genehmigt worden. Ziele des Modellversuches waren:

- Schulängste abzubauen,
- das Selbstwertgefühl zu stärken,
- die Integrationsfähigkeit zu entwickeln und zu festigen

und damit ein wesentliche Voraussetzungen für den Besuch der Gesamtschule zu schaffen (van Gellekom/Jasper 1997, S. 172). Später wurde die heiminterne Schulgruppe in eine Gesamtschule als Integrationsgruppe eingegliedert. Die praktischen über sechs Jahre hinweg gewonnenen Erfahrungswerte zeigen auf, dass eine Integration der Mädchen in die Gesamtschule gelingt. Als Voraussetzungen hierfür werden eine kontinuierliche Kooperation zwischen Heim und Schule, ein regelmäßiger Austausch und direkte Rückmeldungen gesehen.

Einen anderen Erfahrungsbericht über ein Schulprojekt legte das Heilpädagogische Kinder- und Jugendheim Leibchel vor:
Weil sich die Anzahl der schulunlustigen und schulfrustrierten Kinder und Jugendlichen in den letzten Jahren verstärkt hatte, wurde in der Einrichtung ein heiminternes Schulprojekt realisiert. Neu aufgenommene Kinder und Jugendliche mit Schulproblemen – das betraf nahezu alle – wurden zwar in den Schulen angemeldet aber zunächst heimintern beschult. So war eine individuelle Förderung möglich. Nach und nach wird der Schüler auf die Reintegration in die Regelschule vorbereitet, die zumeist schrittweise, das heißt zunächst stundenweise, erfolgte und sich allmählich erhöhte. Auch nach erfolgreicher Wiedereingliederung in die Regelschule wird der Schüler während der Hausaufgabenzeit durch seinen Heimlehrer weiter unterstützt.
In dem Schulprojekt wird es als wichtig angesehen, „ein Lernumfeld zu schaffen,

- in dem weiteres Schulversagen und/oder Schulverweigerung unmöglich werden,
- in dem kein Konkurrenzdruck gegenüber anderen Schülern besteht und
- in dem jeder individuelle Fortschritt gewürdigt und anerkannt wird, ohne dass auf Forderungen verzichtet wird, deren Bewältigung zuallererst subjektive Erfolgserlebnisse bewirkt" (Prange 2000, S. 111).

In den Kleinstlerngruppen werden daher keine Zensuren verteilt, der Unterricht ist individuell auf jeden Schüler zugeschnitten, es findet kein Vergleich mit den Leistungen anderer Schüler statt und es wird regelmäßig mit jedem Schüler der individuelle Unterricht gemeinsam geplant und ausgewertet.
70% der Kinder und Jugendlichen, die dieses heiminterne Schulprojekt besuchten, konnten erfolgreich in die Regelschule reintegriert werden (Prange 2000, S. 112).
Im Bundesland Brandenburg wurden zwischen den Staatlichen Schulämtern und dem Landesjugendamt Leitlinien zur Kooperation von Einrichtungen der Hilfe zur Erziehung und Schulen vereinbart. Diese sehen unter anderem vor:

- eine strukturierte Erhebung der Lernausgangslage; Lern- und Leistungseinschätzung,

- Zielvereinbarungen,
- Individuelle Förderpläne in Abstimmung mit Jugendamt, Einrichtung und Schüler(in),
- Mitwirkung der Lehrkräfte bei der Aufstellung und Fortschreibung des Hilfeplans,
- fallübergreifende Kooperation (Leitlinien zur Kooperation ... 2005, S. 53ff.).

Kapitel IX: Eltern- und Familienarbeit in der Heimerziehung

Zur Situation

Das KJHG beinhaltet zwei wichtige Leitnormen und Prinzipien, die für die Notwendigkeit, Bedeutung und Ausgestaltung der Elternarbeit wegweisend sein sollten: Lebensweltorientierung und Beteiligung/Partizipation der Betroffenen.

> „Das Konzept Lebensweltorientierte Soziale Arbeit verweist auf die Notwendigkeit einer konsequenten Orientierung an den Adressat(inn)en mit ihren spezifischen Selbstdeutungen und individuellen Handlungsmustern in gegebenen gesellschaftlichen Bedingungen" (Grunwald/Thiersch 2001, S. 1136).

Ihr Ziel ist es, aufbauend auf Ressourcen, zu Selbstständigkeit, Selbsthilfe und sozialer Gerechtigkeit zu verhelfen.

> „Beteiligung in der Jugendhilfe muss sich mit dem Ziel verbinden, die Selbstverfügungskräfte sowohl von Kindern als auch von Erwachsenen wieder herzustellen" (Kriener, M. 2001, S. 135).

Unterschiedliche Studien zur Bewertung der Eltern- und Familienarbeit innerhalb der Heimerziehung (die zum Teil noch vor Inkrafttreten des KJHG durchgeführt wurden) belegen jedoch, dass diese Ansprüche innerhalb der Praxis oftmals nicht oder nicht weitgehend genug realisiert werden.

So stellt beispielsweise Hansen in einer empirischen Untersuchung zur Persönlichkeitsentwicklung von Heimkindern (489 Probanden) in Bezug auf die Elternarbeit eher resignierend fest: „Der hohe Stellenwert, der Elternarbeit in der Heimerziehung allseits zugewiesen wird, findet nur unzureichende Entsprechung in der Praxis. Nicht einmal die Hälfte der in die Untersuchung einbezogenen Heime bietet eine feste Sprechstunde an. In nahezu 30% werden Elterngespräche überwiegend intern (d.h. im Heim) durchgeführt. Eine Nachbetreuung der Eltern nach Rückführung der Kinder in die Familie findet sich nur in seltenen Ausnahmefällen" (Hansen 1994, S. 223).

Die in der Untersuchung vorgefundene Tendenz, die Eltern als störende Einflussfaktoren zu empfinden, spiegelt sich wider in der Beobachtung,

wonach „im Heimalltag viele die Kinder betreffende Angelegenheiten ohne Zuratziehen der Eltern geregelt und Arbeit mit den Eltern nicht selten als Überforderung und Last" (Hansen 1994, S. 224) gesehen werden.
Conen hat eine sehr differenzierte empirische Studie zur Elternarbeit in der Heimerziehung vorgelegt. Es wurden 335 Fragebogen, die an Einzelmitglieder der IGFH verschickt worden waren, ausgewertet. Dies entspricht einer Rücklauf- beziehungsweise Auswertbarkeitsquote von 30% (Conen 1996, S. 162).
Einige Ergebnisse der Untersuchung seien hier angeführt:

- 58,2% der Befragten glauben, dass Eltern sich nicht an Vereinbarungen und Absprachen halten,
- 72,2% nehmen an, dass Eltern durch die Herausnahme ihres Kindes Schuldgefühle haben,
- 68,7% geben an, die Eltern würden die Heimmitarbeiter(innen) als Konkurrent(inn)en ansehen,
- für 61,4% der Befragten schwanken die Eltern zwischen Fürsorge und Desinteresse an ihrem Kind (S. 196),
- als Hindernis für die Elternarbeit geben 76,3% eine mangelnde Bereitschaft der Eltern an, 64,9% die zu hohe Arbeitsbelastung der Gruppenmitarbeiter(innen), 46,5% die zu große räumliche Entfernung zwischen Wohnort der Eltern und Einrichtung (S. 221),
- 34,5% der Befragten fühlten sich für Aufgaben der Elternarbeit nicht qualifiziert (S. 250).

Wir werden uns zunächst damit auseinandersetzen, ob Elternarbeit im Interesse aller Heimkinder liegt oder nur eine bestimmte Gruppierung im Mittelpunkt der Bemühungen stehen kann und betrachten hierzu unterschiedliche Forschungsergebnisse:
Das Interesse an der Elternarbeit wurde in allen untersuchten Heimen als sehr groß angegeben. In der Untersuchung von Conen hielten 80% die Elternarbeit für wichtig oder für sehr wichtig (Conen 1996, S. 243). In einer empirischen Studie der Planungsgruppe Petra wurden zwei Fragestellungen zum Stellenwert der Elternarbeit mit 89% beziehungsweise 93% als wichtig bejaht (Thurau/Büttner 1987, S. 435). Die Studie der Planungsgruppe Petra ergab, dass mehr als die Hälfte aller Mitarbei-

ter(innen) ohne Konzept vorgeht, also mehr ad-hoc-orientiert arbeitet. Diese Ergebnisse müssen allerdings auch unter dem Gesichtspunkt sozial erwünschter Antworten gewürdigt werden; außerdem wird innerhalb der Praxis nicht zwangsläufig konzeptionell vorgegangen, auch wenn ein ausgearbeitetes Konzept vorhanden ist. Denn in einer neueren Studie des Forschungsprojekts JULE musste festgestellt werden, das in annährend 50% der stationären Erziehungshilfen „sich aus der Akte keinerlei Hinweise bezüglich einer Zusammenarbeit mit den Eltern herauslesen" (Hamberger 1998, S. 219) lassen. In fast 30% der Fälle war ein eindeutiges Fehlen der Elternarbeit zu konstatieren.

Lambers folgert aus seiner empirischen Untersuchung, „das auch in desolaten Familiensystemen Erfolgsbilanzen bei der Bewältigung kritischer Lebensereignisse vorhanden sein können. Solche antezendenten Merkmale der Lebensgeschichte werden im Bewältigungskontext subjektiv als Kompetenzen erlebt. Werden diese im Helfersystem nicht genutzt oder gar ignoriert, wird das Helfersystem als bedrohlicher, ordnungsrechtlicher Eingriff und Beschränkung eigener Autonomiebestrebungen erlebt, abgelehnt und bekämpft. Eine wichtige Ressource zur Entwicklung neuer Lebensperspektiven und damit auch zur Gestaltung von Erziehung im Heim geht verloren" (Lambers 1996, S. 184). In unserer bereits zuvor angeführten Studie zur „Bedeutung subjektiv erlebter Einflüsse für die persönliche Entwicklung" konnte die übergroße Mehrheit der Befragten keine besonderen Aktivitäten der pädagogischen Mitarbeiter(innen) bezüglich einer Eltern- und Familienarbeit erkennen lassen. „In der Fachdiskussion zur Elternarbeit in der Heimerziehung gewinnt man den Eindruck, daß nur die Kinder und Jugendlichen in den Genuß ihres Rechtsanspruches kommen, die zufälligerweise in einem Heim leben, das Elternarbeit in adäquater Weise entwickelt und praktiziert" (Lambers 1996, S. 189).

Der enorme Stellenwert einer Beteiligung der Eltern sowie einer vom Heim ausgehenden Eltern- und Familienarbeit wird durch folgende Erkenntnisse unterstrichen:

Eine gelungene Heimsozialisation ist unter anderem davon abhängig,

- inwieweit betroffene Eltern die Entscheidung einer stationären Erziehungshilfe nachvollziehen konnten und der Unterbringung zustimmten,
- dass regelmäßige Kontakte zwischen Kindern, beteiligten Erzieher(inne)n und Eltern bestehen,

Kapitel IX: Eltern- und Familienarbeit in der Heimerziehung

- wie sehr es den Mitarbeiter(inne)n des Heimes gelingt, die ursprünglichen familiären Ressourcen der Kinder zu mobilisieren und zu stabilisieren,
- ob die Beziehung eines aus dem Heim entlassenen jungen Menschen zu seiner Herkunftsfamilie sich durch eine reflektierte Grundeinstellung kennzeichnet und die Trennung akzeptiert wurde (Gehres 1997, S. 199–203).

Bevor wir uns jedoch den Fragestellungen der Konzeptionen und Methoden der Elternarbeit zuwenden, müssen wir abklären, mit welcher Zielsetzung die Elternarbeit vom Heim aus zu betrachten ist. In der folgenden Darstellung wird überwiegend der Begriff „Elternarbeit" verwendet werden, auch wenn es sich teilweise um alleinstehende Mütter und Väter von Heimkindern handelt oder um andere Angehörige.

Begründung der Elternarbeit

Rechtliche Grundlagen der Elternarbeit

In § 34 Abs.1 KJHG wird als ein Ziel der Heimerziehung angesehen, die Rückkehr des Kindes oder Jugendlichen in seine Familie zu erreichen. Noch differenzierter verdeutlicht § 37 (Zusammenarbeit bei Hilfen außerhalb der eigenen Familie) in Abs.1 den Stellenwert der Elternarbeit: „Bei Hilfen nach §§ 32 bis 34 soll darauf hingewirkt werden, dass die Pflegeperson oder die in der Einrichtung für die Erziehung verantwortlichen Personen und die Eltern zum Wohl des Kindes oder des Jugendlichen zusammenarbeiten. Durch Beratung und Unterstützung sollen die Erziehungsbedingungen in der Herkunftsfamilie innerhalb eines im Hinblick auf die Entwicklung des Kindes oder Jugendlichen vertretbaren Zeitraums so weit verbessert werden, dass sie das Kind oder den Jugendlichen wieder selbst erziehen können. Während dieser Zeit soll durch begleitende Beratung und Unterstützung der Familien darauf hingewirkt werden, dass die Beziehung des Kindes oder Jugendlichen zur Herkunftsfamilie gefördert wird. Ist eine nachhaltige Verbesserung der Erziehungsbedingungen in der Herkunftsfamilie innerhalb dieses Zeitraums nicht erreichbar, so soll mit den beteiligten Personen eine andere, dem Wohl des Kindes oder des Jugendlichen förderliche und auf Dauer angelegte Lebensperspektive erarbeitet werden."

Eine Partizipation steht den Personensorgeberechtigten auch im Rahmen der Hilfeplanung gemäß § 36 KJHG zu. Ihre Wünsche und Vorstellungen und Vorschläge sind sowohl vor der Entscheidungsfindung einer stationären Erziehungshilfe, aber ebenso bei den mindestens zweimal pro Jahr stattfindenden Hilfeplangesprächen, an denen die Eltern teilnehmen, zu berücksichtigen.
Die Arbeit mit Familien von Heimkindern wird verbindlich und damit nicht von Vorlieben oder anderen Zufälligkeiten abhängig. Sie wird primär begründet mit der anzustrebenden Rückkehr des Kindes oder Jugendlichen in die Herkunftsfamilie. Diese Begründung legitimiert Elternarbeit jedoch nur für einen bestimmten Teil aller Heimkinder. Doch auch, wenn eine Rückkehr in die Herkunftsfamilie nicht realisiert werden kann, soll mit den beteiligten Eltern beziehungsweise mit weiteren Angehörigen gemeinsam gearbeitet werden, vor allem, wenn es um wesentliche Entscheidungen und um Lebensperspektiven des jungen Menschen geht. Somit wird dieser gesetzliche Anspruch auf Elternarbeit von den Heimen und Wohngruppen immer dort einzulösen sein, wo die Beziehung des Kindes zu seiner Familie nicht konträr und gefährdend dem Kindeswohl entgegensteht. Die vom Kinder- und Jugendhilfegesetz als Leitnorm vorgegebene Lebensweltorientierung unterstreicht die Notwendigkeit einer permanenten und qualitätsorientierten Eltern- und Familienarbeit innerhalb der stationären Erziehungshilfe deutlich. Denn „Lebensweltorientierung bedeutet konsequente Hinwendung zu und Orientierung an den Lebenslagen und Lebensverhältnissen sowie den Deutungsmustern der Adressatinnen und Adressaten. Sie sind Ausgangspunkt und Angelpunkt der Angebote und Leistungen der Kinder- und Jugendhilfe. Damit werden, entgegen einem expertenhaft-distanzierten Handeln, verstärkt die Ressourcen der Beteiligten einbezogen und ihre Eigenverantwortung und ihre Teilhabemöglichkeiten gestärkt" (Bundesministerium für Familie, Senioren, Frauen und Jugend 2002, S. 63).
Trotz der eindeutigen theoretischen Begründungen, welche Eltern- und Familienarbeit als unabdingbar ausweisen, zeigen empirische Ergebnisse auf, dass es innerhalb der Praxis sowohl an der regelmäßigen Kooperation mangelt, wie auch an Strukturierung und Systematik (Adler 2001, S. 202). Hansen spricht diesbezüglich von einer diskrepanten Praxis, denn der Elternarbeit würde zwar eine hohe Bedeutung beigemessen, gleichzeitig würden jedoch „Eltern auf Einstellungsebene und

noch deutlicher auf Erfahrungsebene recht häufig als störender Einflußfaktor empfunden" (1999, S. 1024).

Ressourcenorientierung

Im Rahmen der Inanspruchnahme einer stationären Erziehungshilfe haben Eltern zahlreiche Rechte und Verpflichtungen zur Partizipation. Sie haben vor und während der Gewährung der Hilfe im Rahmen der Hilfeplanung ein Mitwirkungsrecht. Bezüglich der Einrichtung und des Trägers steht ihnen ein Wunsch- und Wahlrecht zu. Bei der Unterbringung eines Kindes in einem Heim oder in einer anderen betreuten Einrichtung sieht das Kinder- und Jugendhilfegesetz eine kontinuierliche Zusammenarbeit zwischen der Institution und den Eltern vor. Letztlich sollen die unterschiedlichen Formen der Partizipation dazu genutzt werden, die Erziehungsfähigkeit der Familie wieder herzustellen beziehungsweise zu steigern. Die Ressourcen der Familien sollen erkannt, auf ihnen aufgebaut werden. „Dabei geht es einerseits um die pragmatische Orientierung an den Leistungspotenzialen und den vorhandenen Stärken der Adressatinnen und Adressaten – im Gegensatz zu einer eher stigmatisierenden und problembezogenen Defizitorientierung. Andererseits bedeutet Ressourcenorientierung aber auch das Erkennen von oftmals verschütteten oder auch ungenutzten Ressourcen und Kompetenzen, über die Betroffene selbst verfügen beziehungsweise die in den informellen Netzwerken ihrer Lebenswelt vorhanden sind, sowie die gezielte Einbeziehung der Ressourcen, die von den Institutionen der Kinder- und Jugendhilfe bereitgehalten werden. Dies beinhaltet den Anspruch an die Fachkräfte, diese Ressourcen zu suchen und zu erkennen" (Bundesministerium für Familie, Senioren, Frauen und Jugend 2002, S. 65).
Alle nachfolgend vorgestellten Ansätze der Eltern- und Familienarbeit müssen sich folglich an den Ressourcen der Familien orientieren, diese aufspüren und fördern. Besonders deutlich wird die Ressourcenorientierung bei den familientherapeutischen Vorgehensweisen sowie bei den Programmen der Familienaktivierung.

Pragmatischer Ansatz

In der pragmatischen Begründung der Elternarbeit setzen wir voraus, dass Kontakte und Beziehungen zwischen Eltern und Heimkind vorhanden sind oder wünschenswert wären, möglicherweise auch dringlich notwendig erscheinen. Davon ist regelmäßig auszugehen, wenn die Rückkehr von Kindern und Jugendlichen in die Ursprungsfamilie bevorsteht oder beabsichtigt wird. Elternarbeit kann in dieser Hinsicht dazu verhelfen, dass die Voraussetzungen für die Wiederaufnahme innerhalb der Familie günstig beeinflusst werden. Der durch den Heimaufenthalt eingetretene Entwicklungsprozess kann durch entsprechende Bemühungen, durch das Abstimmen von Erziehungszielen, -aufgaben und -methoden mit den Eltern unterstützt werden. Auch bei Kindern und Jugendlichen, die voraussichtlich nicht in ihr Elternhaus zurückkehren werden, sind Aufgabenbereiche der Elternarbeit vorhanden, wenn weiterhin Kontakte zwischen den Eltern und ihren Kindern bestehen. Auch diese Kontakte und Beziehungen sollen im Einklang mit den Inhalten und Methoden der Heimerziehung stehen, diese nicht behindern, zu Fehlentwicklungen Anlass geben oder positive Verhaltensänderungen zunichte machen.

Wir können folgern: Aufgabenstellungen der Elternarbeit vom Heim aus sind immer gegeben, wenn der junge Mensch in Beziehung zu seinen Eltern steht. Wir können jedoch hiernach auch folgern, dass dieser Ansatz keine Begründung für eine Elternarbeit liefert, wenn keinerlei Kontakte zum Elternhaus vorhanden sind. Außerdem könnten die Heimerzieher(innen) den Schwierigkeiten der Aufgabenstellung ausweichen, wenn sie die Kontaktmöglichkeiten zwischen Kindern und Eltern nicht fördern, einschränken oder ganz unterbinden. Danach wäre auch keine Grundlage für die Notwendigkeit einer Elternarbeit mehr vorhanden.

Der systemische und familientherapeutische Ansatz

Die systemische und familientherapeutische Begründung der Elternarbeit innerhalb der Heimerziehung (Börsch/Conen 1987/Adler 2001, S. 200f.) basiert auf der Annahme, dass Verhaltensauffälligkeiten und Störungen im emotionalen Bereich und der Leistungsfähigkeit nicht ursächlich allein in der Person des Kindes und dessen defizitärer Entwicklung begründet sind und folglich eine fördernde Erziehung oder therapeutische Intervention die anderen verursachenden Faktoren mit einzubeziehen habe. Das personale Umfeld des Kindes, seine Rollenzuweisung und Rollenübernahme, alle familiären Interaktionen prägten entscheidend den gestörten Entwicklungsverlauf. Das Kind wird sich nur dann nachhaltig ändern können, wenn die Rollenerwartungen und -zuweisungen innerhalb der Familie korrigiert werden können, wenn die einzelnen Familienmitglieder Verhaltensänderungen nicht nur zulassen, sondern infolge eigener Einsicht diese fördern und auch ertragen können. Die systemische und familientherapeutische Orientierung impliziert eine sehr viel weitergehendere Aufgabenstellung der Elternarbeit als im pragmatischen Ansatz. Grundsätzlich richtet sich die Elternarbeit an alle vorhandenen Eltern von Heimkindern. Fraglich bleibt diese Strategie jedoch dann, wenn Eltern nicht vorhanden sind oder sie sich den Bemühungen hartnäckig widersetzen. So ist anzunehmen, dass auch bei Inanspruchnahme dieses Ansatzes für einen gewissen Teil der Kinder und Jugendlichen Aufgaben einer Elternarbeit als nicht praktizierbar anzusehen sind.

Der psychoanalytische Ansatz

Der psychoanalytische Begründungsansatz zur Elternarbeit im Heim umfasst sowohl die Grundlagen des pragmatischen als auch die des systemischen und familientherapeutisch orientierten Ansatzes; allerdings geht er über beide hinaus. Die Sozialwissenschaften reduzieren die menschliche Entwicklung schon seit langer Zeit nicht mehr auf ein bloßes Ineinanderwirken von Anlage und Reifung, sondern als „das Ergebnis einer Konvergenz innerer Angelegenheiten mit äußeren Entwicklungsbedingungen" (Stern 1967, S. 26). Aus den Erkenntnissen der Freud'schen Psychoanalyse und Neurosenlehre kam der frühen Kindheit eine ungeahnte Bedeutungsdimension innerhalb der Psychologie und Pädagogik zu. Die Ursachen vieler intensiver und zuweilen lebenslang bestehender psychischer Konflikte und Störungen scheint in der Konvergenz des kleinen Kindes, in der Verstrickung äußerer und innerer Einflüsse angelegt, die in späteren Lebensjahren mit unbewussten Motiven und Trieben zu Persönlichkeitsstörungen führen können.
Das Kind ist in seiner Entwicklung auf seine Eltern, namentlich auf die Mutter oder doch zumindest auf eine mütterlich wirkende Bezugsper-

son angewiesen. Jones sieht die Anlegung des menschlichen Charakters bis zum Alter von fünf Jahren als relativ abgeschlossen. „In diesen fünf Jahren muß das Kind eine komplizierte menschliche Entwicklung durchmachen, die zu vollbringen die Menschheit fünfzigtausend Jahre gebraucht hat – nämlich die Zivilisierung seiner Urinstinkte" (Jones 1967, S. 85). In dieser frühen Kindheitsphase, deren Begrenzung neuere Forschungen schon beim vollendeten dritten Lebensjahr vermuten, kann das Kind an seinen Eltern die Objektbeziehungen erfahren. Es ist auf die Fürsorge und Liebe der Eltern angewiesen und handelt sich für diese Sicherheit die „Angst vor dem Liebesverlust" (Freud 1970a, S. 55) ein. Hier wird nun auch die Grundlage für die Entstehung von Urvertrauen oder Urmisstrauen gelegt. Dies ist auch die Zeit der Identitätsentwicklung, wobei der Mutter als sekundärer Verstärker in allen Kulturen eine Schlüsselrolle zukommt (Oerter 1973, S. 108). Als Folge der frühen Kindheitserfahrungen sieht Freud schließlich die Herausbildung des Über-Ichs (Freud 1970a, S. 10).

Wenn wir annehmen, dass die frühen Beziehungsstrukturen, -inhalte und -qualitäten das Kind auch als Jugendlichen und Erwachsenen sein Leben lang begleiten und sich aus diesen oft unbewussten Erfahrungswerten psychische Dispositionen einstellen, die eine Person zu einer psychisch stabilen oder labilen, zu einer integrierten oder gefährdeten Persönlichkeit werden lassen, dann können auch alle späteren Lebenserfahrungen und Lebensumstände, seien sie nun positiver oder traumatischer Natur, stets nur in ihrer Einbettung und Beziehung zu den frühen Kindheitserlebnissen gewertet werden. „Wir dürfen ... daran festhalten, daß die Erhaltung des Vergangenen im Seelenleben eher Regel als befremdliche Ausnahme ist" (Freud 1970a, S. 71).

Da eben die Eltern in entscheidender Weise die frühesten Erfahrungen verursachen und prägen, kann eine Verarbeitung psychischer Konflikt- und Problemlagen bei Kindern und Jugendlichen nicht auf den Einbezug der Elternfiguren und -rollen verzichten. Dies bedeutet nun nicht, dass immer mit den Eltern in konkreter Zusammenarbeit die Konflikte zu bearbeiten wären. Es bedeutet jedoch immer, dass mit den betroffenen Kindern und Jugendlichen die Rolle ihrer Eltern bei der Entstehung von Auffälligkeiten und Schwierigkeiten einzubeziehen ist. Somit wäre eine Elternarbeit im Sinne einer Verarbeitung auch dann notwendig und möglich, wenn die Eltern als Ansprechpartner nicht zur Verfügung stehen.

Die Verhältnisse Eltern–Kind beziehungsweise Kind–Eltern bilden in allen Kulturen durch die Menschheitsgeschichte einen eigenen Wert an sich. Ohne diesen Wert, ohne die Bereitstellung von Pflege, Versorgung, Zuwendung und Liebe auf der einen Seite und dem Sicheinlassen und Suchen danach auf der anderen Seite, wären menschliches Leben und menschliche Entwicklung nicht vorstellbar. Wir schließen hieraus, dass das Sehnen des Kindes nach Pflege, Sicherheit, Zuwendung, Geborgenheit und Liebe einer Ursehnsucht gleichkommt, die beim Kind naturgemäß noch stärker ausgeprägt ist, aber auch die erwachsene Person niemals ganz verlassen wird. Die Trennung von Eltern und Kindern – wie dies bei der Heimunterbringung der Fall ist – wird demgemäß entweder bewusst oder unbewusst als äußerst traumatisches Ereignis erfahren.

Diese traumatische Dimension der Trennung dürfen wir keineswegs nur bei solchen Kindern und Jugendlichen vermuten, die mehr oder weniger offensichtlich von ihren Eltern verstoßen oder aufgegeben wurden. Sie dürfte auch bei den Kindern und Jugendlichen vorhanden sein, die scheinbar oder offensichtlich aus eigenem Antrieb von zu Hause fort wollten. Auch wenn sich viele dieser jungen Menschen dessen nicht bewusst sind oder sie es nicht wahrhaben wollen, das Trauma der Trennung ist vorhanden und besiegelt die Nichterfüllung der Ursehnsucht.

So gesehen bedeutet Elternarbeit auch, mit den Kindern und Jugendlichen zusammen eine Trauerarbeit zu leisten, die zur Verarbeitung des Traumas verhelfen kann. Diese Form der Elternarbeit als Trauerarbeit wird die Eltern einbeziehen, wenn dies möglich ist. Sie muss aber dringenderweise auch gerade besonders intensiv dann stattfinden, wenn die Eltern nicht einbezogen werden können, wenn sie weit weg oder unauffindbar sind, oder weil das Kind gar keine Eltern mehr hat. Insofern ist die Notwendigkeit und Möglichkeit der Elternarbeit bei wirklich allen Kindern und Jugendlichen im Heim ausnahmslos gegeben.

Aus psychoanalytischer Sicht ist der Ablösungsprozess von Jugendlichen in der Adoleszenz eine krisenreiche und gefährdete Zeit. Wenn dieser Ablösungsprozess nicht oder nur unvollständig gelingt, können weitreichende Störungen, vor allem hinsichtlich der Identitätsfindung, der Selbstsicherheit und des Selbstvertrauens, entweder Bekräftigung finden oder neu entstehen. Dabei ist die Situation von Jugendlichen, die in Heimen oder in Wohngruppen leben, also abgelöst vom Elternhaus, keinesfalls als identisch vorhandene innere Ablösung zu verstehen. We-

sentlich ist zunächst einmal zu beurteilen, durch welchen Beziehungsmodus das Verhältnis zwischen Eltern und Kind geprägt war und in welcher Intensität diese spezielle Beziehung beim Jugendlichen weiterhin vorhanden ist oder Nachwirkungen zeigt.
Stierlin unterscheidet diesbezüglich drei verschiedene Beziehungsmodi: Binden, Delegieren, Ausstoßen (Stierlin 1985, S. 49ff.).
Wenn innerhalb der Familie der Bindungsmodus vorherrscht, so erscheint nach Stierlin die Entwicklung der Jugendlichen gefährdet, weil sie als ewig Festgehaltene nicht zur Selbstentwicklung finden können. Solchen Jugendlichen ist es oft nicht möglich, Konflikte zu verbalisieren und aufzuarbeiten. Da die überstarke affektive Bindung interne Konfliktlösungen nicht zulässt, können Konfliktlagen möglicherweise als solche gar nicht erkannt werden. Die reaktive Entwicklung dieser Jugendlichen geht entweder in die Richtung einer infantilen Anpassung und Unselbstständigkeit, oder die Spannungszustände werden durch Flucht in Konsumhaltungen (Fernsehen, Video, Drogen) zu betäuben versucht beziehungsweise die Jugendlichen versuchen, durch den Aufbau einer Phantasiewelt die erdrückende Bindung zu ertragen.
Der Delegationsmodus wird demgegenüber als günstigere Voraussetzung für eine selbstständige Entwicklung von Stierlin beurteilt. Die Kinder und Jugendlichen erleben zwar den Zwiespalt zwischen Gebundensein und Weggeschicktwerden, können aber in der Regel doch wichtige alternative Lebenserfahrungen machen; sie werden in diesen Freiheitsbereichen selbstständig und erfahren gleichzeitig einen notwendigen Halt von den Eltern.
Beim Vorliegen des Ausstoßungsmodus innerhalb der Familie ist die Grundlage einer drohenden Verwahrlosungstendenz wegen der nicht erlebten Bindung gegeben. Zwar sind die Beziehungen zwischen Eltern und Kind oberflächlich, aber dennoch sehr konfliktreich, weil keinerlei Kompensation oder Verarbeitung durch liebevolle Zuwendung und Verständnis möglich wird. Weil die Ursehnsucht dieser Kinder vollkommen unbefriedigt blieb, sind sie oft hasserfüllt, können eine grandiose Brutalität entwickeln, sie benutzen ihre kognitiven Fähigkeiten nicht sozial, sondern um sich gerissen zu behaupten und in den Mittelpunkt zu stellen. Gerade weil sie sich so unangenehm verhalten, haben solche Personen kaum Chancen, durch andere Bezugspersonen die liebevolle Zuwendung zu erhalten, die ihnen von ihren Eltern versagt blieb.
Der Autor erinnert sich in diesem Zusammenhang an das Schicksal eines jungen Mannes, der schon als einjähriges Kind in ein Kinderheim

kam und dort bis zu seinem 16. Lebensjahr aufwuchs. Der Junge war von seiner alleinlebenden Mutter ins Heim gegeben worden. Obwohl sie in derselben Stadt lebte, hatte sie sich niemals mehr um ihn gekümmert oder ihn gesehen. Damals erlebte das Kind im Heim einen sehr häufigen Wechsel der Erzieher(innen), so dass seine weitere Entwicklung auch unter diesem Aspekt zu beurteilen ist. Der Junge wurde von seinen Erzieher(inne)n immer als enorm jähzornig und brutal beschrieben, er wollte immer im Mittelpunkt stehen und alle anderen beherrschen. Diese Tendenz wurde schlimmer während und nach der Pubertätsphase, da der Jugendliche auch dazu neigte, seine körperlichen Kräfte einzusetzen und mit einer verbalen Gerissenheit und Unaufrichtigkeit die Gruppenkameraden und die Erzieher(innen) zu beherrschen versuchte. Bei einer Begegnung sprach ich den damals 15-jährigen auf seine Mutter hin an und fragte ihn, was er von ihr wisse. Ich bekam als Antwort: „Mit meiner Mutter möchte ich niemals etwas zu tun haben, die alte Sau hat sich nie um mich gekümmert, ich will sie nie sehen!" Offenbar hatte während des langen Aufenthaltes im Heim nie jemand die Gelegenheit ergriffen, mit diesem Jungen gemeinsam den traumatischen Effekt des Verstoßenseins zu verarbeiten. Der Junge wurde übrigens mit 16 Jahren aus der Heimgruppe in ein ehemaliges Personalzimmer außerhalb des Heimes verlegt und nur noch lose betreut, weil sein hasserfülltes Verhalten unerträglich für die Gruppe wurde.

Wir haben es innerhalb der Heimerziehung wohl in der Mehrzahl der Fälle mit Kindern und Jugendlichen aus familiären Beziehungsstrukturen zu tun, die entweder durch überstarkes Binden oder durch Ausstoßen gekennzeichnet sind. Die ungünstigen Vorerfahrungen werden auch dann noch weiterhin Wirkung zeigen, wenn sie nicht im Sinne eines weiten Verständnisses von Elternarbeit verarbeitet werden können. Jugendliche müssen sich während der Pubertät und der Adoleszenz ablösen können, eigene Wege finden und Selbstständigkeit aufbauen. Dies kann nicht gelingen, wenn sie sich noch zu stark eingebunden fühlen, wenn die frühere zu starke Bindung die Selbstfindung und -verwirklichung behindert. Es kann aber auch nicht gelingen, wenn keinerlei Bindungen vorhanden waren oder aufgebaut wurden, denn wo keine Bindung ist, da ist auch keine Lösung und Neuorientierung möglich.

Es wurde aufgezeigt, dass aus psychoanalytischer Sicht eine Begründung der Elternarbeit für ausnahmslos alle Heimkinder vorhanden ist. Eine Elternarbeit ist mit, aber im speziellen Falle auch ohne Einbezug der Eltern notwendig, weil

- Konflikte und Störungen der Persönlichkeit oft ihren Ursprung in der frühen Kindheit, im Eltern-Kind-Verhältnis haben,
- die Ursehnsucht aller Kinder nach Geborgenheit und Liebe infolge der Trennung von den Eltern unerfüllt bleibt und dies die weitere Entwicklung gefährden kann,
- das Kind sich als Jugendliche(r) ablösen können muss, soll die Ausbildung einer selbstständigen Persönlichkeit nicht behindert werden.
- Dazu müssen fehlende oder ungünstige Bindungsverhältnisse aufgearbeitet werden.

Die unterschiedlichen Zielsetzungen der Elternarbeit

Bei der Betrachtung der unterschiedlichen Möglichkeiten und Verfahrensweisen einer Elternarbeit vom Heim aus werden differenzierte Zielsetzungen deutlich. Elternarbeit kann zunächst einmal verstanden werden und zur Anwendung kommen, weil dies im Interesse der Entwicklung der Kinder oder der Jugendlichen liegt. Die diesbezüglichen Bemühungen der Praxis werden vor allem von dem Grundgedanken geleitet, dass die Inhalte und Methoden der Elternarbeit primär den Minderjährigen selbst nützen. Dies kann so sein, weil, im Verhältnis zu den Eltern, die die Entwicklung behindernden Schwierigkeiten verringert werden können, weil aufgrund der Elternarbeit das Kind zu seinen Eltern zurückgeführt werden kann oder weil die Verarbeitung frühkindlich bedingter Konflikt- und Problemlagen ebenso Wege zur Neuorientierung eröffnen, wie Auseinandersetzung und Offenlegung der familiären Bindungsmodi die Ablösephase von Jugendlichen unterstützen können. Elternarbeit richtet sich hierbei zwar auch an die Eltern, meint aber in ihrer Wirkung vor allem die Kinder und Jugendlichen.

Andere Methoden der Elternarbeit berücksichtigen natürlich ebenso die Interessenlage des Kindes, haben aber noch stärker dessen familiäre Situation im besonderen Blickfeld. Denn nun konzentriert sich die Vorgehensweise darauf, dass sich das Kind in einem System entwickelt hat und weiterentwickeln wird, dessen Kommunikations- und Verhaltensstruktur Defizite und Erfolge prägend bestimmen. Unter diesem Verständnis richten sich die Bemühungen der Elternarbeit vor allem auf das ganze familiäre System; die Familie muss stabilisiert werden, soll es dem Kind gut gehen. Die derart unterschiedlichen Zielsetzungen und Methoden der Elternarbeit zeigen aber auf, dass je nach Vorgehensweise unterschiedliche Qualifikationen und Rahmenbedingungen vorauszusetzen sind.

Wir werden uns zunächst mit traditionellen Formen der Elternarbeit auseinandersetzen. Es fällt dabei auf, dass schon hierbei mannigfaltige Schwierigkeiten innerhalb der Praxis vorhanden sind.

Elternarbeit in der Form von Kontaktpflege

Die traditionelle Form der „Elternarbeit" vom Heim aus ist die Kontaktpflege; es werden Kontakte zwischen den Eltern, ihrem Kind und dem Heim entweder zugelassen, gesucht, gefördert oder intensiviert. Solche Kontakte können stattfinden in der Form von

- Telefongesprächen,
- Briefen,
- Besuchen der Eltern im Heim,
- Elternabenden und Elternwochenenden im Heim,
- Besuchen der Kinder und/oder Erzieher(innen) bei den Eltern,
- Sommerfesten, Weihnachtsfeiern und dergleichen.

Solche Kontaktmöglichkeiten zwischen Eltern und Heim können aber nur dann als eigentliche Elternarbeit angesehen werden, wenn sie zielgerichtet und methodisch planvoll orientiert sind. Diese Kontakte und ihre Förderung bilden andererseits jedoch eine wichtige Ausgangsbasis einer methodischen Elternarbeit. Die Planbarkeit sozialpädagogischer Handlungsabläufe wird als grundlegende Voraussetzung methodischen Vorgehens verstanden. Methodisches Handeln geht über intuitives hinaus und wird zum professionellen Handeln, der Hilfeprozess wird planbar, er lässt sich nachvollziehen und damit kontrollieren (Ehrhardt 2002, 639).

Grundsätzliche Schwierigkeiten im Zusammenhang mit Elternarbeit

Die besonderen Voraussetzungen und Bedingungen des sozialpädagogischen Arbeitsfeldes Heimerziehung bringen es mit sich, dass grundlegende Schwierigkeiten bei der Elternarbeit hier häufiger und auch intensiver anzutreffen sind als in anderen Bereichen. Zwar beklagen sich auch häufig Mitarbeiter(innen) aus Kindergärten darüber, dass es schwierig sei, die Eltern zur aktiven Mitarbeit zu gewinnen und Motivationen zur Unterhaltung ständiger Kontakte herzustellen. Im Kindergarten, aber auch in anderen pädagogischen Arbeitsfeldern (Hort, Schule, Erziehungsberatungsstelle, Kinderkurheim etc.) sind jedoch die negativen Vorbehalte und Ängste der Eltern lange nicht so intensiv wie gegenüber der Heimerziehung, welche sie emotional in der Regel doch als unfreiwillige Maßnahme, als Beschneidung ihrer elterlichen Rechte, als Eingeständnis ihres eigenen Unvermögens erleben. Hierbei spielen die traditionelle Sichtweise und das Selbstverständnis der Heimerziehung bei der Bevölkerung eine enorm große Rolle, da die Funktion der Heime als eine Wegnahme von Kindern und Jugendlichen aus schlechten Elternhäusern verstanden wird, während die pädagogischen Interventions- und Hilfemöglichkeiten durch Heimerziehung relativ unbekannt oder wenig anerkannt bleiben. Grundsätzliche Schwierigkeiten und Probleme, die im Zusammenhang mit einer Elternarbeit bei den Eltern selbst vorliegen können, sind beispielsweise:

- Die Eltern zeigen keinerlei Motivation und Bereitschaft zu einer Zusammenarbeit; sie empfinden den Heimaufenthalt ihres Kindes als Strafe und als Ungerechtigkeit. Jetzt sollen die Erzieher(innen) einmal sehen, wie sie selbst mit den Problemen des Kindes fertig werden.

- Die Eltern halten sich an keinerlei Termine und Absprachen, sie erscheinen immer dann, wenn sie wollen, und meist im ungünstigen Augenblick.

- Die Eltern sind mit anderen Problemen, mit sich selbst oder innerhalb ihrer Familie, auch durch die Berufsausübung so belastet, dass sie keine Möglichkeit einer Zusammenarbeit sehen.

- Die Eltern stellen bei Kontakten für ihre Kinder eine psychische Gefährdung dar; sie verringern dadurch pädagogische Erfolge oder werden als Ursache pädagogischer Rückschläge empfunden.

- Die Eltern sehen viele Erzieher(innen) als viel zu jung an, die selbst noch keine eigenen Kinder aufgezogen hätten und daher auch als Ansprechpartner(innen) nicht ernst zu nehmen seien.

- Die Eltern sehen in den Erzieher(inne)n bisweilen lästige Konkurrenten, die ihnen die Kinder weggenommen haben. Gefühle des Verletztseins und der Eifersucht können Kontaktaufnahmen behindern. Wenn sich nun durch die Heimerziehung auch noch bessere Entwicklungsverläufe bei den Kindern einstellen, dann ist dies von vielen Eltern nicht zu verkraften.

- Die Eltern wohnen zu weit weg vom Heim und scheuen möglicherweise den hohen Zeitaufwand und die Fahrtkosten.

Die Einstellungen und Schwierigkeiten, die Heimmitarbeiter(innen) in Bezug auf Elternarbeit haben, erscheinen für unsere weiteren Überlegungen besonders wichtig. In der Studie der Planungsgruppe Petra waren 89% der Heimmitarbeiter(innen) der Meinung, dass die durch die Elternarbeit hervorgerufenen störenden Einflüsse kontrolliert werden müssten (Thurau/Büttner 1987, S. 437). Negative Einstellungen und Vorurteile in Verbindung mit real auftretenden Störungen in Bezug auf Elternarbeit können aufseiten der Erzieher(innen) Elternarbeit nicht nur erschweren, diese könnten auch Gründe dafür sein, dass Elternarbeit überhaupt nicht in Angriff genommen wird.

Schwierigkeiten und Problemfelder, die Heimmitarbeiter(innen) in Verbindung mit der Elternarbeit sehen, können beispielsweise sein:

- Die Erzieher(innen) sehen aufgrund der ohnehin starken Arbeitsbelastung keinerlei Möglichkeiten, sich auch noch in der Elternarbeit zu engagieren.

- Jüngere Mitarbeiter(innen) können sich unsicher im Verhältnis zu den älteren und „erfahreneren" Eltern fühlen; außerdem sehen viele in ihrer Ausbildung einen Qualifikationsmangel für eine gute Elternarbeit.

- Die Kontakte mit Eltern werden von vielen Erzieher(inne)n als zusätzliche Störquelle, als weitere Belastung im Alltag empfunden.

- Die Erzieher(innen) wollen die Kinder möglichst abschirmen von ihren Eltern, die schließlich doch für deren ungünstige Entwicklung verantwortlich waren.

- Die Erzieher(innen) haben die Kinder in ihr Herz geschlossen und wollen sie nicht mit anderen teilen. Die Eltern können nun leicht als Konkurrenten angesehen werden. Aus der negativen Vorerfahrung schließen die Erzieher(innen), dass sie besser wissen müssten, wie sie dem Kind helfen könnten und dazu die Eltern nicht brauchten.
- Eine intensive Elternarbeit könnte dazu führen, dass das Kind zurückkehren kann in seine Herkunftsfamilie. Dann müssen die Erzieher(innen) das lieb gewordene Kind wieder hergeben. Wir gehen davon aus, dass dies oft unbewusste Vorgänge sind, welche die Möglichkeit einer effektiven Elternarbeit allerdings erheblich erschweren werden.
- Wenn infolge einer guten Elternarbeit mehr Kinder nach Hause entlassen werden, dann ist unter Umständen auch der eigene Arbeitsplatz gefährdet, wenn ohnehin weniger Kinder nachkommen.

Die hier mehr klischeehaft dargestellten Einstellungen und Haltungen der Erzieher(innen) zur Elternarbeit sollen an einigen Beispielen näher erläutert und Möglichkeiten zu Einstellungsveränderungen entwickelt werden. Die negativen Vorbehalte, die aufseiten der Eltern, des Jugendamtes, der Heimleitung und des Heimträgers gegenüber der Elternarbeit möglich sind, können wohl kaum beseitigt oder doch gemildert werden, wenn nicht von den Praktikern der Heimerziehung selbst ganz eindeutig positive Grundhaltungen und -einstellungen der Elternarbeit und den Ansprechpartner(inne)n gegenüber erbracht werden. Die Verhältnisse in der Praxis können sich nur ändern, wenn die Praktiker sich selbst zu ändern in der Lage sehen. Eine gesetzliche Verpflichtung zur Elternarbeit ergibt sich ganz eindeutig aus dem KJHG; die Qualität der Heimerziehung wird unter anderem auch davon abhängen, wie ernst dieser Verpflichtungsgrad in der Praxis genommen wird.

Einstellungen und Haltungen der Erzieher(innen) zur Elternarbeit

Die Arbeitszeitbelastung durch die Wahrnehmung von Aufgaben der Elternarbeit

Ein sehr häufig von Erzieher(inne)n angeführtes Argument gegen die Durchführung einer Elternarbeit oder deren Intensivierung stellt die Arbeitszeitbelastung dar. Es sei ohnehin schwierig, mit der zur Verfügung stehenden Zeit den Alltag zu organisieren und auf die individuellen Einzelprobleme der Kinder und Jugendlichen einzugehen. Eine zusätzliche Zeitbelastung infolge der Elternarbeit ließe sich auch dienstplanorganisatorisch kaum realisieren. Es ist jedoch eine verkürzte Sichtweise, wenn die Elternarbeit vorwiegend unter dem Aspekt der zusätzlichen Arbeitsbelastung bewertet wird. Elternarbeit kann und wird auch zu Entlastungen bei der Wahrnehmung von erzieherischen Aufgaben verhelfen. Wenn im Zuge einer gekonnten Elternarbeit weniger Probleme bei Kindern und Jugendlichen auftreten und möglicherweise neu auftretende Schwierigkeiten weniger stark zu befürchten sind, dann können wir feststellen, dass Elternarbeit nicht eine zusätzliche Belastung, sondern eine Erweiterung des Handlungsfeldes bedeutet. Die Arbeit der Erzieher(innen) wird durch die Inanspruchnahme von Elternarbeit auch qualitativ hochwertiger und als professioneller anzusehen sein und so empfunden werden. Dies kann dazu beitragen, dass die Aufgaben der Elternarbeit nicht als Überlastung oder als zusätzliche Belastung aufgefasst werden, denn erfahrungsgemäß erscheinen vor allem solche Arbeitsbereiche als unangenehm und unnötig zeitraubend, die sich weder in der Notwendigkeit einer qualifizierten Handlungsweise, noch durch pädagogische Erfolgserlebnisse auszeichnen. Die Argumentation der zu geringen zeitlichen Möglichkeit trifft daher dann nicht so – oder weniger gravierend – zu, wenn Elternarbeitsaufgaben, methodisch-professionell angewandt, zur Entlastung in konkreten pädagogischen Bereichen Anlass geben. Wir können allerdings nicht übersehen, dass bei besonders intensiven Vorgehensweisen der Elternarbeit, wenn etwa kontinuierlich mit Familien von Heimkindern in systemischer und familientherapeutischer Intention gearbeitet wird, ein zusätzlicher Personalbedarf gegeben ist.

Die Eltern als Störfaktoren innerhalb der Heimerziehung

Es wurde bereits auf die Untersuchung der Planungsgruppe Petra verwiesen, wonach relativ viele Mitarbeiter(innen) (89%) aus Heimen die Ansicht vertraten, die Eltern würden die Erziehungsaufgaben im Heim als Störfaktoren behindern. Für Erzieher(innen), die überwiegend diese Meinung vertreten, wird es voraussichtlich ziemlich schwierig sein, dennoch eine erfolgreiche Elternarbeit zu leisten. Im Gegenteil, es ist anzunehmen, dass aus Angst vor den störenden Beeinflussungen der Eltern vieles oder gar alles versucht wird, um die Eltern vom Heim fernzuhalten. Wenn Eltern zudem kein sonderliches Interesse an einer Zusammenarbeit zeigen, sind noch nicht einmal Abwehrmaßnahmen erforderlich. In solchen Fällen könnten sich die Erzieher(innen) beruhigt auf die Position zurückziehen, sie seien für den mangelnden Einbezug der Eltern nicht verantwortlich, diese hätten eben einfach kein Interesse. Es wird für Erzieher(innen), die Elternarbeit aus Angst vor möglichen negativen Folgen innerlich ablehnen, auch geradezu unmöglich sein, Eltern zur aktiven Mitarbeit zu motivieren. Bei dennoch vorhandener Motivation der Eltern kann die entgegengebrachte Einstellung der Erzieher(innen) diese untergraben. Die Eltern werden sich vielleicht künftig mehr fernhalten oder an den Erzieher(inne)n vorbei weiterhin Kontaktmöglichkeiten zu ihrem Kind suchen. So gesehen kann die Angst der Erzieher(innen) vor Störfaktoren genau das bewirken, was sie befürchten, nämlich Störungen.

Es wurde schon mehrfach begründet, dass der Einbezug der Eltern in die Heimerziehung wichtig für die positive Entwicklung der Kinder und Jugendlichen ist. Da die Eltern der Heimkinder in der Regel nicht problemlose Personen sind, muss natürlich auch an Schwierigkeiten gedacht werden, die durch die Hineinnahme der Eltern in der Praxis eintreten könnten. Eltern haben und machen aber keineswegs nur Schwierigkeiten, sie sind zwar in vielen Aufgabenstellungen des Alltags überfordert, aber doch eben nicht in allen. In der konkreten Zusammenarbeit mit Eltern wird es insbesondere anfangs wichtig sein, die Bereiche und Handlungsebenen bei ihnen aufzuspüren, in denen sie relativ problemlos oder positiv zu wirken in der Lage sind. Es gehört zur professionellen Haltung der Erzieher(innen), dass sie vorurteilsfrei sich den Aufgaben der Elternarbeit widmen. Dies bedeutet jedoch keinesfalls, vor Tatsachen die Augen zu verschließen, denn schließlich wären viele junge Menschen nicht in Heime gekommen, wenn sie Eltern hätten, die sich problemloser verhalten würden. Die Schwächen der Eltern werden in der Zusammenarbeit ebenso zu beachten sein, wie es gilt, ihre Stärken wahrzunehmen. Eine planvolle und überlegte Elternarbeit kann aber verhindern helfen, dass Störeinflüsse der Eltern die Erziehungsarbeit negativ begleiten. Die totale Ausklammerung der Eltern würde ihnen keinerlei Chancen einräumen, sie aktiv immer dort mit einzubeziehen, wo sie positiv auf ihr Kind wirken können. Dieser positive Einbezug ist einerseits wichtig, um die Beziehung zwischen Eltern und Kind zu erhalten und gegebenenfalls zu stabilisieren. Andererseits brauchen Eltern sich dann nicht als völlig Außenstehende, als teilnahmslose Beobachter zu verstehen. Ängstliche Gefühle, Desinteresse und Schuldgefühle der Eltern können verringert, Motivation, Verantwortungsgefühl und Selbstsicherheit können gesteigert werden, wenn sie in positiver Absicht und Wirkung sich aktiv an der Erziehung ihres Kindes beteiligen können. Die so verbesserte Gefühlslage und Einstellung der Eltern kann die Wahrscheinlichkeit von Störungen und Schwierigkeiten in der Zusammenarbeit wesentlich verringern.

Wenn Aufgaben der Elternarbeit als integrierte Bestandteile der Heimerziehung ernst genommen werden, dann ist die Argumentation der Abschirmung der Eltern wegen der zu erwartenden Störungen nicht mehr überzeugend. Die Erzieher(innen) müssen realistischerweise mit Schwierigkeiten rechnen; die entgegengebrachte Haltung und die professionelle Vorgehensweise entscheiden mit darüber, ob und in welcher Intensität die Beteiligung der Eltern negativere oder positivere Auswirkungen zeigen wird.

Die Eltern als Konkurrenten

Die Heimerziehung hat immer noch gegen das in der Bevölkerung herrschende negative Image anzukämpfen, dass die in Heimen lebenden Kinder und Jugendlichen keine Bezugspersonen hätten, zu denen sie intensive emotionale Beziehungen aufnehmen könnten. Auch die Orientierung am Familienprinzip oder das Verständnis der Heimerziehung als familienersetzende Institutionsform hat dieses Meinungsbild außerhalb der Fachwelt kaum beeindrucken können.

Gerade in kleineren Kinderhäusern oder in Wohngruppen liegen häufig sehr enge emotionale Bindungsverhältnisse zwischen Betreuer(inne)n und den Kindern und Jugendlichen vor, so dass es vielfach äußerst schwierig, wenn nicht gar unmöglich erscheint, den leiblichen Eltern und sonstigen Verwandten noch einen Platz einzuräumen. Wenn dennoch Besuchskontakte mit den Eltern stattfinden, erleben die Kinder nicht selten einen Zwiespalt, ein Hin- und Hergerissensein zwischen zwei Familien mit den möglichen Folgen von Orientierungslosigkeit und der Entstehung von Schuldgefühlen, wenn einer Familie Prioritäten eingeräumt werden. Nicht nur in Kinderdörfern, in Kinderhäusern und

Wohngemeinschaften ist die Möglichkeit und Gefahr einer zu einnehmenden Erzieher(in)-Kind-Beziehung gegeben, sie ist ebenso zu beobachten innerhalb der traditionellen Form der Heimerziehung.
Eltern scheinen bisweilen erfolgreich arbeitende Erzieher(innen) nicht ertragen zu können, denn so kann ihnen der subjektiv empfundene, eigene pädagogische Misserfolg noch deutlicher vor Augen stehen.

„Oftmals kompensieren Eltern dieses Gefühl, indem sie ungerne ins Heim kommen, um gar nicht erst mit den ‚besseren Eltern' konfrontiert zu werden. Oder sie beginnen endlose Gespräche und Diskussionen mit den Betreuern, entwickeln Überbesorgtheit in bezug auf Sauberkeit und Ordnung, fordern mehr Strenge beziehungsweise wohlwollendes Verständnis, trachten danach, sich selbst wie den Betreuern zu beweisen, das Erzieher auch nur – fehlerhafte – Menschen sind" (Neumeyer 1996, S. 123).

Erzieher(innen), die den Lebensweg eines Kindes über einen längeren Zeitraum begleiten, sich für das Kind einsetzen, Höhen und Tiefen miterleben, können allmählich oder unversehens emotionale Bindungsgefühle zu dem Kind entwickeln, die dem üblichen Eltern-Kind-Verhältnis sehr ähnlich sind. Erzieher(innen) sind hier vor eine äußerst schwierige berufliche Aufgabe gestellt.
Sie sollten einerseits den Kindern Gefühle der Geborgenheit, der menschlichen Anteilnahme und der Sicherheit vermitteln, ihnen also eine echte Bezugsperson sein und ihre eigene Emotionalität in die Beziehung einbringen. Andererseits sollten sie als professionelle Erzieher(innen) nicht die Rolle von Mutter oder Vater übernehmen, weil dies zum Nachteil für die ihnen anvertrauten Kinder und Jugendlichen werden kann. Denn Gefühle und Haltungen müssen – wenn sie positiv wirken sollen – vor allem durch Echtheit gekennzeichnet sein. Bei der Übernahme einer Elternrolle wäre die geforderte Echtheit des Verhaltens fragwürdig, denn berufsmäßige Erzieher(innen) werden erfahrungsgemäß diese Rolle nicht in allen Lebenslagen übernehmen. Sie werden ohne die Kinder ihre Freizeit verbringen, alleine in Urlaub fahren und möglicherweise einmal den Arbeitsplatz wechseln.
So benutzte beispielsweise Aichhorn innerhalb seiner pädagogischen Arbeit mit verwahrlosten Jugendlichen das psychoanalytische Mittel der Übertragung; doch sollte dies nicht all die Konflikte wieder aufleben lassen, die in der Eltern-Kind-Beziehung vorhanden waren. „Der Fürsorgeerzieher wird der Vater, die Mutter sein und doch nicht ganz, er wird deren Forderung vertreten und doch nicht so wie diese; er wird

im richtigen Augenblick dem Verwahrlosten zu erkennen geben, daß er ihn durchschaut hat, und doch nicht dieselben Konsequenzen ziehen wie die Eltern; er wird dem Strafbedürfnis entgegenkommen und es doch nicht ganz befriedigen" (Aichhorn 1957, S. 196). Aichhorn erkennt hier flexibel die Stellvertreterrolle an. „Stellvertretung ist mehr als bloßer Ersatz – und doch etwas anderes als reale Elternschaft. Das analytische Modell der Übertragung hilft dem Erzieher, sich ständig bewußt zu bleiben, das es sich um ein solches Verhältnis der Stellvertretung handelt" (Bittner 1967, S. 149).
Aufgrund ähnlicher Überlegungen wurden auch in Bettelheims Orthogenetischer Schule den Kindern keine Elternfiguren vorgesetzt, sondern Bekanntschaften angeboten, aus denen sich mit der Zeit emotionale Beziehungen entwickeln konnten. Vor einer Übernahme von Mutter- oder Vaterrolle durch die Erzieher(innen) warnte Bettelheim auch wegen der hieraus resultierenden kleinkindhaften Abhängigkeitsverhältnisse (Bettelheim 1983a, S. 27f.). Die unkritische Übernahme von Vater- und Mutterrolle übersieht auch den Tatbestand, dass die meisten Heimkinder noch echte Eltern haben. Wer sich innerhalb der Heimerziehung jedoch als Vater oder Mutter fühlt und sich so verhält, wird nahezu zwangsläufig die leiblichen Eltern des Kindes zurückdrängen müssen, da seine Rollenübernahme sonst erheblich gefährdet wäre. In einer solchen Situation Aufgaben der Elternarbeit und Elternberatung wahrnehmen zu wollen, würde sich als äußerst schwieriges Unternehmen erweisen, es wäre wahrscheinlich ein Konkurrenzkampf um die Kinder festzustellen und ein Verweisen der leiblichen Eltern auf ihren Außenplatz. Heimerzieher(innen) müssten diesen Sachverhalt intensiv reflektieren, hierbei können offene Gespräche innerhalb des Teams und die Inanspruchnahme von Supervision hilfreich sein. Emotionale Bindungen zwischen Betreuer(inne)n und Kindern sind unerlässlich notwendig; sie dürfen die Kinder in ihrer Entwicklung aber nicht einengen, sondern müssen sie fördern. Konkurrierende Gefühle im Verhältnis zwischen Heimerzieher(inne)n und Eltern können nicht nur dann vorhanden sein, wenn wegen einer zu einnehmenden emotionalen Bindung Kontakte der Eltern als unangenehm und störend empfunden werden. Konkurrenzsituationen können auch ohne diese besonderen Bindungsverhältnisse entstehen, wenn die Eltern sich am Erziehungsgeschehen beteiligen wollen, mitreden möchten und bisweilen andere Auffassungen über Erziehungsformen und -ziele vertreten. Wenn nun die elterlichen Kon-

taktmöglichkeiten bewusst oder auch unbewusst durch entsprechende Maßnahmen der Erzieher(innen) eingeschränkt werden, dann erscheinen Diskussionen und Absprachen mit den Eltern als kaum notwendig. Zur Verdeutlichung dieser Problematik soll ein kurzes Fallbeispiel dienen:

> Die 8-jährige Maria lebt seit drei Jahren in einem kleineren Kinderheim und besucht die zweite Grundschulklasse. Die Eltern des Mädchens wohnen in derselben Stadt und unterhalten relativ regelmäßige Kontakte zu ihrem Kind. Die schulischen Leistungen von Maria sind ziemlich schlecht. In einem Gespräch mit der Grundschullehrerin und dem Gruppenteam rät die Lehrerin dringend zu einer Überweisung des Kindes in die Sonderschule für Lernbehinderte, weil Maria dem Unterricht nicht folgen könne, total überfordert sei und nur Misserfolge in der Schule erlebe. Die Erzieher(innen) stimmen in ihren Beobachtungen mit denen der Lehrerin überein und befürworten daher den Wechsel zur Sonderschule. Nachdem die Eltern des Mädchens von dem beabsichtigten Schulwechsel erfahren haben, gehen sie ohne Absprache mit dem Heim zur Schule und bitten dort die Lehrerin, die Angelegenheit noch einmal zu überdenken und Maria für einige Monate auf der Grundschule zu belassen, um ihr noch eine Chance einzuräumen. Die Erzieher(innen) erfahren von diesem Gespräch, sie sind entsetzt und empört über das Verhalten der Eltern, die sich ihrer Meinung nach unverantwortlich gegen das Wohl des Kindes stellen. Die Gruppenleiterin ruft daraufhin bei dem zuständigen Sachbearbeiter des Jugendamtes an und sagt diesem, es sei wohl besser, wenn das Kind zu seinen Eltern nach Hause entlassen würde, denn mit den Eltern könne man nicht zusammenarbeiten, sie würden die Meinung des Heimes nicht akzeptieren und gegen das Interesse des Kindes handeln. Dabei haben Eltern ein verbrieftes Recht, beispielsweise im Rahmen der Hilfeplanung, an solch weitreichenden Entscheidungen mitzuwirken und ihre Wünsche und Vorstellungen zu äußern.

Dieses Fallbeispiel zeigt deutlich auf, dass unterschiedliche Ansichten über Erziehung und Entwicklungsmöglichkeiten zwischen Eltern und Erzieher(inne)n die Heimmitarbeiter(innen) in eine konkurrierende Gefühls- und Verhaltensweise versetzen. Gegensätzlich geäußerte Vorstellungen der Eltern können bei den Erzieher(inne)n die Reaktion hervorrufen, diese nicht ernst zu nehmen, denn schließlich weiß man als ausgebildete(r) Erzieher(in) besser, wie die Erziehung inhaltlich zu gestalten ist. Solche Überlegenheitshaltungen sind selbstverständlich einer guten Zusammenarbeit mit den Eltern keineswegs förderlich, entweder resigniert eine Partei und zieht sich zurück – meistens sind es dann die Eltern –, oder es folgen erbitterte Machtkämpfe und Streitigkeiten, in denen es scheinbar um das Wohlergehen des Kindes geht, während in der Realität häufig versucht wird, den eigenen Standpunkt unbedingt durchsetzen zu wollen.

Erzieher(innen), die sich solchen Situationen ausgesetzt fühlen, übersehen oft, dass unterschiedliche Auffassungen über Erziehungsvorgänge durchaus normal sind, wenn unterschiedliche Personen beteiligt sind. Außerdem zeigen die Eltern eines Heimkindes ihr Interesse an dem Kind, wenn sie sich in Erziehungsfragen einmischen.

Die konkurrierende Ausgangsstellung zwischen Erzieher(inne)n und Eltern kann der weiteren Entwicklung des Kindes nicht dienen, denn es fühlt sich hin- und hergerissen in seiner Gefühlswelt, und meistens kommen notwendige pädagogische Strategien in solchen Situationen entweder nicht oder total verhärtet zur Anwendung. Um zu einer guten Zusammenarbeit mit den Eltern zu gelangen, müssen diese als Partner in der Erziehung ernst genommen werden. Zum Ernstnehmen gehört wesentlich, auf unterschiedliche Auffassungen über Erziehungsbedingungen und Erziehungsziele aufmerksam zu machen, darüber sachlich zu diskutieren, um so das jeweilige erzieherische Verständnis und Verhalten sowohl für die Eltern als auch für die pädagogischen Mitarbeiter(innen) nachvollziehbar zu machen. Wenn derart offen und transparent die Meinungen und Absichten ausgetauscht werden, sind Unterschiede und Differenzen, aber sehr oft auch Gemeinsamkeiten festzustellen, es können Ressourcen erkannt und weiter entwickelt werden. Voraussetzung einer solchen, durch Partnerschaft und gegenseitiges Respektieren gekennzeichneten Zusammenarbeit wäre allerdings, dass die Erzieher(innen) von der Annahme ausgehen, dass auch Eltern im Grunde das Beste für ihr Kind wollen.

Folgerungen

Es wurde deutlich, dass die Elternarbeit innerhalb der Heimerziehung auf zahlreiche Schwierigkeiten stoßen kann, die bei allen Aktionspartnern angesiedelt sein können. Es ist auch davon auszugehen, dass die beteiligten Personen, die der Elternarbeit skeptisch gegenüberstehen und eigentlich keinen Sinn in einer Zusammenarbeit sehen, nichts unternehmen werden, um Schwierigkeiten abzubauen. Denn der Verweis auf unüberwindliche Probleme gestattet ja gerade scheinbar den Rückzug.

Wenn Erzieher(innen) zu einer konsequenten Elternarbeit bereit sind, dann müssen sie zunächst bei sich selbst und innerhalb des Teams die Voraussetzungen dafür schaffen. Das heißt vor allem, es sind negative Haltungen der vermeintlichen eigenen Inkompetenz, der Eifersucht und der Konkurrenz offenzulegen und abzubauen. Nur wenn die Erzieher(innen) die Aufgabe der Elternarbeit mit positiver Grundhaltung übernehmen, werden sie auch in der Lage sein, Schwierigkeiten in der Zusammenarbeit bei den Partnern zu verringern oder ganz zu beseitigen. Nur wer demgemäß Elternarbeit im Interesse des Kindes wirklich wahrnehmen will, kann sich auch effektiv bei Vorgesetzten und Institutionen für sie einsetzen und dort vorhandene Vorbehalte und Barrieren überwinden.

Elternarbeit ohne Eltern

Nicht für alle Kinder und Jugendlichen, die in Heimerziehung leben, lässt sich eine Elternarbeit in der Form realisieren, dass die Eltern als Personen konkret zum Gegenstand der Elternarbeit werden.
Gewiss ist der Anteil echter Waisenkinder in der heutigen Heimerziehung verschwindend gering. Es wird aber immer ein gewisser Teil von jungen Menschen in Heimen aufwachsen, die zu ihren Eltern keinerlei Beziehungen unterhalten können. Gründe hierfür wären beispielsweise:

- Die Eltern wohnen weit weg (eventuell auch im Ausland) und reagieren auf Kontaktversuche seitens des Heimes und der Kinder überhaupt nicht.
- Die Eltern haben ihr Kind schon sehr früh in ein Heim gegeben, leben jetzt in anderen Verhältnissen, möglicherweise auch mit anderen

Partnern und wollen von ihrem Kind wirklich nichts mehr wissen und können nicht davon überzeugt werden, wie wichtig Kontakte sind.
- In Einzelfällen könnte es sein, dass Eltern in desolatesten Verhältnissen leben, so dass permanente Kontakte zum Kind eine echte Gefährdung darstellen würden. Wenn solche Eltern kein Interesse an ihrem Kind zeigen, dürfte vom Heim aus auch kaum etwas unternommen werden, um Beziehungen aufzubauen.

Es handelt sich folglich um sogenannte Niemandskinder, die wegen völlig fehlender Beziehungen keiner Familie mehr zuzuordnen sind. Aber dieser Mangel, zu keiner Familie zu gehören, erscheint nur oberflächlich betrachtet richtig. Denn alle diese Kinder stammen aus familiären Verhältnissen. Die fehlende Orientierung und Identifikation an und mit diesen kann zu psychischen Fehlentwicklungen führen und die weiteren Entwicklungsmöglichkeiten negativ beeinträchtigen.

Trotz der fehlenden Elternbilder werden sich diese Kinder Vorstellungen von Vater und Mutter machen. Wir hatten schon auf die Ursehnsucht des Menschen nach familiärer Geborgenheit hingewiesen. Bei Kindern, die gar keine Bezugspartner mehr haben, um diese Ursehnsucht vielleicht teilweise zu befriedigen oder sich ihres Scheiterns bewusst zu werden, kann sich dieser Vorgang nur noch im Kopf abspielen, mit teilweise sehr unrealistischen Fantasiebildern.

Wir hören immer wieder von Adoptivkindern, die trotz günstig vorhandener emotionaler Beziehungsstrukturen und Bindungen innerhalb der Adoptivfamilie plötzlich beginnen, Nachforschungen über ihre leiblichen Eltern anzustellen. Dieses Suchen in der Vergangenheit und das Erkunden der eigenen Herkunft können zeitweise im Mittelpunkt des Lebens eines adoptierten Jugendlichen stehen. Es kann aus solchen Beobachtungen geschlossen werden, dass konkrete Anhaltspunkte der eigenen Geschichte notwendig sind, um die Geschichte fortschreiben zu können und um sich weiterzuentwickeln. Diese Situation ist nicht anders bei Heimkindern und -jugendlichen, die nichts oder nur wenig über ihre eigene Herkunft und über die Angehörigen wissen.

Wenn die Möglichkeit nicht besteht, sich ein klares realistisches Bild über die Herkunftsfamilie zu machen, dann bilden sich bei diesen Kindern zuweilen idealisierte oder zu negativ gefärbte Fantasiebilder von den Eltern. Ein solch verlassenes Heimkind kann unter Umständen sein

Leben lang davon träumen, dass eines Tages die idealen Eltern in Erscheinung treten, die früher wegen widriger Umstände und Zufälle sich nicht um es kümmern konnten, dieses Versäumnis jetzt aber mehr als gut machen werden. Diese ständig vorhandene unerfüllte Sehnsucht, die vielleicht der Umwelt gar nicht auffällt, kann das Kind in seiner realistischen Alltags- und Lebensbewältigung stark einschränken. Ein anderes Kind malt sich demgegenüber Horrorvisionen über die Schlechtigkeit seiner Eltern aus. Es hat zu diesen nur die Beziehung des Verstoßenseins, sucht vielleicht die Schuld dafür auch bei sich selbst und wird es so sehr schwer haben, mit dieser unbewältigten Vergangenheit tragfähige Beziehungen zu Mitmenschen aufzubauen und aufrecht zu erhalten. Mehringer hat in diesem Zusammenhang als Aufgabe der Heimerziehung gesehen, mit dem Kind zusammen nach dessen Lebensperspektive zu suchen. Es stellt sich nun nicht nur die Frage, welchen Weg das Kind gehen wird, sondern auch, woher es kommt, wie seine Vergangenheit war und wie diese verarbeitet werden kann (Mehringer 1998, S. 47ff.). Wenn Kinder und Jugendliche ihre eigene Vergangenheit und die früheren Beziehungsverhältnisse nicht einigermaßen realistisch zu beurteilen wissen, werden sie „auch anderen Bereichen der Außenwelt gegenüber blind sein oder sie verzerrt sehen" (Mitscherlich 1968, S. 247). Die in der Pubertät entwicklungsgemäße Neuorientierung und Ausbildung des Selbstwertgefühls benötigen die realitätsgerechte Einschätzung der Eltern, idealisierte Bilder oder Zerrbilder würden diesen Entwicklungsprozess behindern.

Was kann die Heimerziehung für solch verlassene Kinder tun? Es genügt sicherlich nicht, diesen jungen Menschen Ersatzeltern anzubieten, sie neu zu beheimaten. Denn Eltern und eine Heimat hat das Kind ja, es trägt seine Vorstellungen davon in sich, auch wenn die Erinnerung daran getrübt, unrealistisch oder unglücklich gefärbt ist (Moor 1969, S. 483f.). Pädagogisch unangemessen wäre es, diese Erinnerung des Kindes nicht wahrnehmen zu wollen, sie vielleicht sogar zu unterdrücken, weil es sich um unangenehme Erfahrungen handelt. Elternarbeit bedeutet hier, auf den vorhandenen Restwert des Heimat- und Beziehungsgefühls pädagogisch aufzubauen und das Kind bei der Suche in seiner Vergangenheit nachhaltig zu unterstützen; bei nicht erkennbarer Auseinandersetzung des Kindes mit seiner Herkunftsgeschichte, es dazu anzuregen. Einige Erzieher(innen) mögen befürchten, dass die reale Vergangenheit so schlecht und grausam gewesen sein könnte, dass es besser sei, das Kind damit nicht zu konfrontieren. Die Praxis belegt aber immer wieder, dass es Kindern und Jugendlichen leichter fällt, sich auch mit negativ besetzten Gewissheiten zu arrangieren, als permanent Fantasiebildern hinterherzujagen und in Ungewissheit zu leben.

Ein Heimjugendlicher wurde von seiner alleinstehenden Mutter wenige Wochen nach seiner Geburt in eine Pflegestelle gegeben. Der Junge wechselte bis zum Alter von drei Jahren noch die verschiedenen Pflegestellen, bevor er in ein kleineres Kinderheim aufgenommen wurde. Das Kind hatte bis zum fünfzehnten Lebensjahr keinerlei Kontakte zu seiner Mutter und selbstverständlich auch keine Erinnerung an sie. Hans erwähnte seine Mutter niemals und machte so auf Außenstehende den Eindruck, dass er sich für seine Vergangenheit nicht interessiere. Ab seinem 11. Lebensjahr bestand zwischen diesem Jungen und einem Erzieher des Heimes eine sehr positive emotionale Beziehung. Als nach drei Jahren dieser Erzieher wegen der Aufnahme eines Studiums das Heim verließ, befürchteten die anderen pädagogischen Mitarbeiter(innen) einen Rückschlag in der Entwicklung, ein Unglücklichsein aufgrund des Beziehungsverlustes. Scheinbar reagierte Hans auf den Weggang des Erziehers aber überhaupt nicht. Er verhielt sich wie immer und zeigte keinerlei Trennungsschmerz.

Man mag aus diesem Verhalten ableiten, dass die Beziehung bei dem Jungen nur von oberflächlicher Natur war und er möglicherweise aufgrund seiner Erfahrungen und gewissermaßen aus Selbstschutz tiefergehende emotionale Beziehungen nicht eingehen konnte und wollte, um sich so vor einem späteren schmerzlichen Verlust zu schützen. Bei näherer Betrachtung war durchaus festzustellen, dass dieser Junge Schwierigkeiten mit seiner Bindungsfähigkeit hatte.

Als Hans 15 Jahre alt war, wurde mehr durch Zufall die Anschrift seiner Mutter bekannt, die fast achthundert Kilometer entfernt wohnte. Der sonst eher träge und unentschlossen wirkende Jugendliche schrieb seiner Mutter augenblicklich einen Brief und setzte alles daran, sie besuchen zu können. Wenige Wochen später konnte der erste Besuch von Hans in Begleitung einer Erzieherin bei seiner Mutter stattfinden. Die Besuchssituation muss allerdings sehr ernüchternd gewesen sein. Die Mutter war inzwischen verheiratet, hatte zwei weitere Kinder und lebte in sehr bescheidenen Verhältnissen. Beide schienen in vollkommen unterschiedlichen Welten zu leben, sie fanden keine Gemeinsamkeiten und verspürten auf beiden Seiten keinerlei emotionale Zuwendung.

Nach seiner Rückkehr meinte der Jugendliche, er werde seiner Mutter vielleicht gelegentlich einmal schreiben, aber sie wieder zu besuchen, darin sehe er keinen Sinn, die Frau sei ihm vollkommen fremd. In den Jahren danach verlief die weitere Entwicklung von Hans sehr viel positiver als früher. Er hatte weniger schulische Probleme, konnte mit Erfolg seine Lehre absolvieren und auch intensivere Kontakte mit anderen Jugendlichen unterhalten. Mit 18 Jahren lernte Hans, der zuvor als bindungsunfähig eingestuft worden war, eine junge Frau kennen, mit der er sich nach einiger Zeit verlobte und noch heute (viele Jahre später) eine relativ harmonische Ehe führt.
Dieser Jugendliche konnte sich positiver entwickeln, sich selbst verwirklichen, weil er sich ablösen konnte. Diese Ablösung war aber auch möglich, da er nach dem Besuch bei seiner Mutter klar erkennen konnte, worin der Ablösungsprozess bestand.
Heimkinder, die keine Kontakte zu ihren Eltern haben, benötigen dennoch die Auseinandersetzung mit ihnen, um die Vergangenheit zu bewältigen und um zu einer eigenen Identifikation zu gelangen. Diese Auseinandersetzung kann auch in vielfältigen Gesprächen zwischen Erzieher(inne)n und Kindern stattfinden, beim gemeinsamen Lesen alter Briefe, beim Anschauen von Fotos aus früheren Zeiten, um so facettenhaft ein Bild der Vorgeschichte zu erhalten. Viele Kinder können in solcher Verarbeitung auch Verständnis finden für früher als unverständlich empfundenes Verhalten der Eltern. Gefühle der Selbstschuld können ebenso verschwinden, wie Empfindungen des Hasses oder des Verstoßenseins dem Aufbau positiverer zwischenmenschlicher Emotionen Platz machen können. Da Kinder und Jugendliche nicht immer selbst den Anstoß geben, ist von den Erzieher(inne)n rechtzeitig zu beachten, dass gerade für die Alleingelassenen eine Elternarbeit im Sinne der Verarbeitung erforderlich ist.

Elternarbeit als Trauerarbeit

Für die meisten Eltern dürfte der Tatbestand, dass sie ihr Kind in ein Heim gegeben haben oder es ihnen fortgenommen wurde, eine ernsthafte psychische Belastung darstellen. Der Weggang des Kindes in fremde Erziehung besiegelt den Umstand des eigenen Unvermögens sowie die Aufgabe einer gesellschaftlich als selbstverständlich angesehenen und wertvoll beurteilten familiären Fürsorge. Zwar können sich Eltern auch entlastet fühlen, wenn andauernde Streitigkeiten und Frustrationen, die sie in der Erziehung ihres Kindes erlebten, nun nicht mehr so gegenwärtig sind. Bei vielen Eltern dürften allerdings Schuldgefühle und Scham vorhanden sein; so fällt es auch nicht leicht, der Verwandtschaft, dem Freundeskreis und der Nachbarschaft den neuen Aufenthalt des Kindes zu offenbaren, weil hier wiederum das eigene Versagen offenkundig würde und die erwarteten Reaktionen das emotionale Unbehagen bekräftigen könnten. Zu dieser unguten Gefühlslage kommt noch ein weiteres Moment hinzu, nämlich der Trennungsschmerz. Wir können das Vorliegen eines Trennungsschmerzes und Trauerreaktionen auch nicht bei solchen Eltern ausschließen, die ihr Kind anscheinend völlig aufgegeben haben, die es misshandelten oder verstießen. Gerade auch dann, wenn Trennungsschmerz und Trauer von Außenstehenden nicht oder kaum vermutet werden, können verschiedene Konfliktabwehrstrategien vorliegen, die wohl der psychischen Gesundheit der Eltern als auch der Möglichkeit, weiterhin Kontakt mit dem Kind zu unterhalten und mit dem Heim zusammenzuarbeiten, abträglich sind. Trennungsschmerz und Trauer sind auch keineswegs nur an die unmittelbare Zeit nach der Aufnahme eines Kindes ins Heim gebunden. Diese Konfliktsituation dauert, wenn sie nicht verarbeitet wurde, während des gesamten Heimaufenthaltes an und kann auch in späteren Lebenslagen die Eltern selbst und das Verhältnis zu ihrem Kind ungünstig beeinflussen.

Der Aufnahmevorgang und die ersten Tage im Heim sind wegen der in der Regel negativ ausgeprägten Gefühlslage pädagogisch besonders planvoll zu gestalten, die Empfindsamkeit des Kindes oder Jugendlichen steht im Vordergrund. Während unmittelbare Ängste vor dem Heim und negative Vorstellungen schnell verringert und beseitigt werden können, werden Trennungsschmerz und Trauer unter Umständen das Kind während des gesamten Heimaufenthaltes hindurch begleiten und können auch noch beim Erwachsenen negative Wirkungen zeigen. Zwar werden offen geäußerte Trauerreaktionen Anlässe zum konkreten pädagogischen Handeln geben, das weinende Kind wird natürlich getröstet. Wir können allerdings annehmen, dass der Konflikt der Trennung, das Gefühl des Verstoßenseins und das Unverständnis sowie die eigenen Schuldzuweisungen auch zu solchen psychischen Reaktionen und Fehlentwicklungen führen werden, die bei oberflächlicher Betrachtung nicht in Verbindung mit dem Ursprungskonflikt zu stehen scheinen.

Sowohl bei den Eltern als auch bei den Kindern und Jugendlichen werden Trennungsschmerz und Trauer anzutreffen sein, weil Ursehnsucht und -erwartungen nicht erfüllt oder nicht ausgefüllt werden konnten. Die adäquate Verarbeitung solcher Konfliktfelder wäre für die Kinder wichtig, damit sie in ihrer psychischen Entwicklung nicht beeinträchtigt werden, aus demselben Grunde auch für die Eltern, aber auch deshalb, weil diese zur Zusammenarbeit mit dem Heim und zum positiven Kontakt mit ihrem Kind befähigt werden müssen.

Das Trauma der Trennung ist ein stark angstbesetzter psychischer Konflikt. Wie bei anderen Konflikten stehen verschiedene Abwehrmechanismen zur Verfügung, die wir hier allerdings in ihrer besonderen Bedeutung für das Arbeitsfeld Heimerziehung und speziell die Elternarbeit betrachten wollen:

- Rationalisierung,
- Isolierung und Abspaltung,
- Projektion,
- Verdrängung,
- Reaktionsbildung,
- Identifikation als Verteidigung,
- Fantasie,
- Sichzurückziehen (Krech/Crutchfield 1969, S. 441ff.).

Bowlby versteht diese traditionell so bezeichneten Abwehrprozesse bei Verlust und Trauer „als Beispiel für den im Dienst der Abwehr stehenden Ausschluß unwillkommener Informationen; und daß die meisten sich nur voneinander unterscheiden im Hinblick auf die Vollständigkeit und/oder Dauerhaftigkeit des Ausschlusses. Viele finden sich sowohl bei gesunden als auch bei gestörten Varianten der Trauer, doch einige sind auf die gestörten beschränkt" (Bowlby 1991, S. 182).

Rationalisierung

Wie andere Abwehrreaktionen dient das Rationalisieren dem Zweck, das eigene Ich zu schützen, hier indem Handlungen und Gefühle, auch wenn diese objektiv gesehen unvernünftig, destruktiv oder leidvoll waren, im Nachhinein als sinnvoll und angemessen interpretiert werden.

Eltern könnten sich selbst mit der Ansicht beruhigen, die Trennung vom Kind sei besser, weil es jetzt günstigere Entwicklungsbedingungen im Heim erfährt. Kinder und Jugendliche würden rationalisieren, wenn sie den Heimaufenthalt und die Trennung von ihren Eltern als vernünftige Maßnahme wegen ihrer früheren Schwierigkeiten verstünden. Die Rationalisierung kann durchaus dazu verhelfen, auf den Trennungskonflikt angemessener zu reagieren und neue Perspektiven eröffnen. Wenn die Rationalisierung jedoch in extremer Form stattfindet, dann werden Widersprüche innerhalb der Person offensichtlich; die scheinbar vernünftige Haltung grenzt an Selbstbetrug (Lay 1981, S. 284). Eine realistische Lösung des Konfliktes ist dann kaum noch möglich. Die angestrebte Harmonie wird zur Scheinharmonie: „Die Scheinharmonie, das ist die Summe aller Rationalisierungen" (Federn 1965, S. 17).

Isolierung und Abspaltung

Die Psychologie spricht von dem Prozess des Isolierens und Abspaltens, wenn im menschlichen Denken zwei sich eigentlich ausschließende Vorstellungen und Handlungen trotz der Unlogik nebeneinander Bestand haben. Dies wäre beispielsweise der Fall, wenn Eltern über die Trennung von ihrem Kind zwar trauern, aber dennoch kaum Kontakt zu ihm unterhalten und sich dafür vielleicht Kindern aus der Nachbarschaft besonders liebevoll zuwenden. Heimkinder werden möglicherweise, obwohl ihr eigenes Zuwendungsbedürfnis unerfüllt blieb, anderen Kindern gegenüber Beschützerrollen einnehmen oder sich später sozialen Berufsbereichen zuwenden. Das eigentliche Konfliktfeld kommt so nicht zur Entfaltung und Verarbeitung, weil durch den Abspaltungsvorgang die mit dem Konflikt in Verbindung stehenden Ängste und Frustrationen weniger erlebt werden.

Projektion

Bei der Projektion werden Gefühle und Verantwortungsbereiche der eigenen Person auf andere übertragen, weil in dieser Weise Ängste und Unzufriedenheitsgefühle nicht mit dem eigenen Handeln, sondern mit dem Verhalten des anderen zu erklären sind. Eltern, die die Trennung von ihrem Kind schmerzlich erleben, werden bei vorhandener Projektion die Verantwortung der Situation nicht sich selbst, sondern dem Jugendamt oder dem Heim zuschreiben, also den Personen, die ihnen das Kind weggenommen haben. Ebenso könnten Heimkinder ihre Trauer versuchen abzureagieren, indem sie die Verantwortung und Schuld auf die Erzieher(innen) projizieren, die sie nicht zu Hause wohnen lassen. Auch diese Methode der Konfliktabwehr beeinträchtigt die Auseinandersetzung mit dem Ursprungskonflikt.

Verdrängung

Die wohl bekannteste und zugleich mit sehr entwicklungsgefährdenden Folgen behaftete Form der Konfliktabwehr stellt die Verdrängung dar. Jones sieht das Ziel der Verdrängung „in der Vernichtung des anstößigen verdrängten Impulses, gegen den sie gerichtet ist" (Jones 1967, S. 42). Der Impuls wird in aller Regel aber nicht völlig gehemmt und wenn, dann nur vorübergehend. Wenn Eltern und Heimkinder Trauer und Trennungsschmerz nicht mehr wahrnehmen, weil sie diese unangenehmen Gefühle verdrängt haben, dann sind durch den Verdrängungsprozess weder die Konfliktursache noch die Energie der Konfliktinhalte verloren gegangen. Der so unbewusste Trauerkonflikt und dessen negative, aber nicht wahrgenommenen Impulse können „den Grundstein zu einer oft viele Jahre währenden existenziellen Krise legen" (Lay 1981, S. 68). Verdrängte Konflikte bilden den Nährboden für neurotische Erscheinungsformen, sowohl hinsichtlich der Charakterbildung als auch psychosomatischer Erkrankungen. Wenn Traueraktionen bei Angehörigen und Heimkindern nicht offen vorliegen, kann die dennoch notwendige Auseinandersetzung damit von den pädagogischen Mitarbeiter(innen)n leicht übersehen werden, weil eben der Konflikt infolge der Verdrängung nicht klar zu sehen ist, sondern erst aufgespürt werden müsste.

Reaktionsbildung

Die Reaktionsbildung ist eine „Tendenz zur Triebverdrängung mit der Hilfe der Triebenergie" (Jones 1967, S. 42). Die Verdrängung von Trauer und Trennung könnte zum Beispiel von Gefühlen und Handlungen begleitet werden, die der ursprüngliche Tendenz nach Liebe, Zuwendung und Geborgenheit genau entgegengesetzt sind. Eltern und Heimkinder könnten liebevolle Zuwendung und engere zwischenmenschliche Kontakte insgesamt ablehnen, solche Versuche ins Lächerliche ziehen. Das Nichteingeständnis der eigenen Gefühlslage und deren Verkehrung ins Gegenteil kann bei den betreffenden Personen den Anschein bewirken, keine Gefühlsverluste und -frustrationen erleben zu müssen. Für die weitere Entwicklung und zwischenmenschliche Zukunftsperspektive wäre diese Form der Abwehr von Trauerkonflikten sehr abträglich, weil die Reaktion von den Mitmenschen als Gefühlskälte und Bindungsunfähigkeit gedeutet werden müsste.

Identifikation

Auch die Identifikation kann als eine Form der Konfliktabwehr zur Geltung kommen. Wenn ein Heimkind seine Trennungsängste nicht anders verarbeiten kann, so wird es sich vielleicht mit solchen Personen identifizieren und diesen nacheifern, die in ihrem psychischen Erleben keinerlei Trennungsproblematik aufweisen. So könnte ein emotional wohlversehenes Kind aus der Nachbarschaft als Vorbild angesehen und dessen Verhalten idealisiert werden. Möglicherweise lernen Kinder oder Jugendliche durch die Identifikation mit anderen modellhaft Verhaltensweisen, die die Verarbeitung des ursprünglichen Konfliktes doch noch zulassen und günstig beeinflussen. Eine zu starke Identifikation könnte jedoch Abhängigkeit und Unselbstständigkeit zur Folge haben. Eine Identifikation kann nicht nur stattfinden mit in der Umwelt real existierenden Personen, sondern auch mit Roman- oder Kinoheften und geht damit schon mehr in den Fantasiebereich über.

Fantasie

Die Fantasie ist ein weiteres Mittel der Konfliktabwehr, um sich von angstbesetzten Vorstellungen zu lösen. Tagträumerische Phasen von Eltern und Heimkindern können durchaus Ansatzpunkte zur Bearbeitung des Trennungsschmerzes beinhalten, wenn neue und kreative Handlungsimpulse und Lösungsstrategien daraus entwachsen. Das andauernde Sichzurückziehen in eine Fantasiewelt birgt aber die Gefahr des völligen Selbstvergessenseins in sich, wenn jegliche Realität ausgeklammert wird. Die dann doch einmal stattfindende Konfrontation mit der harten Realität kann als äußerst unangenehm und bedrohlich erlebt werden.

Sichzurückziehen

Wenn Eltern und Heimkinder keinerlei Lösungsmöglichkeiten des Trennungstraumas mehr sehen, stellt der Rückzug eine letzte Möglichkeit dar, dem Konflikt doch noch zu entkommen. Wer in dieser Situation die Möglichkeit verwirft, noch etwas ändern zu können, gibt sich und seine Gefühle selbst auf. Solche apathischen Eltern oder Kinder erwecken den Eindruck, es sei ihnen alles gleichgültig. Zwischenmenschliche Beziehungen interessieren sie anscheinend kaum, sie können insgesamt als gemüts- und antriebsarm empfunden werden.
Die oben beschriebenen Abwehrmechanismen werden nicht in freier Selbstbestimmung zur Anwendung kommen, sie ergeben sich unter der Berücksichtigung alle früheren und gegenwärtigen Faktoren, die die psychische Person ausmachen, wie von selbst, sozusagen automatisch. Pädagogische Interventionen müssten dann beginnen, wenn die Abwehrmaßnahmen übertrieben stark ausgeprägt, dominant zur Anwendung kommen und die eigentliche Konfliktbewältigung zur Nebensache wird oder ganz aus dem Blickfeld zu verschwinden droht (Krech/Crutchfield 1969, S. 455; Bowlby 1991, S. 183f.).

Folgerungen für die Elternarbeit

Der Heimaufenthalt trennt den zentralen Lebensort von Eltern und Kindern längerfristig oder auch endgültig. Es kann davon ausgegangen werden, dass alle Beteiligten Trennungsschmerzen und Trauer in unterschiedlicher Intensität erleben und in verschiedener Art und Weise damit umgehen. Das Trennungstrauma kann mit anderen negativen Gefühlsregungen einhergehen, insbesondere wenn das Zusammenleben vor dem Heimaufenthalt sehr gestört war und wenn dem Heim mit Ängsten, Vorurteilen und Schuldgefühlen begegnet wird.
Bereits vorhandene Entwicklungsgefährdungen und -störungen des Kindes würden verstärkt, es könnten neue Gefährdungsmomente hinzukommen, wenn es die Trennung nicht gut verarbeiten kann. Ebenso werden Stabilität und Fähigkeit zur Zusammenarbeit bei den Eltern negativ beeinträchtigt, wenn sie psychische Fehlreaktionen auf die Trauer entwickeln. „Zu diesen Störungen sind viele häufige klinische Störungen zu zählen, zu denen auch Angst- und phobische Zustände, Depression und Suizid und auch Störungen des Elternverhaltens und der Ehe gehören" (Bowlby 1991, S. 575).

Eine Trennung wird nicht als endgültig erlebt, die Trauer muss nicht so groß sein, wenn von Anfang an Eltern in die Arbeit des Heimes einbezogen sind und von Anfang an vielfältige Kontaktmöglichkeiten zum Kind bestehen und gefördert werden. Bei diesen Gelegenheiten können die Erzieher(innen) beobachten, wie die Eltern und Kinder auf die Trennung reagieren und als Partner(innen) Gespräche über solche Themen fördern oder den Anstoß dazu geben und die vorhandenen Gefühlsregungen gemeinsam gründlich reflektieren. Immer dann, wenn scheinbar keinerlei Trauerreaktionen festzustellen sind, muss an die Möglichkeit gedacht werden, dass Formen der Konfliktabwehr den Trennungsschmerz verdrängen oder überlagern. Wenn es in solchen Situationen gelingt, doch noch eine bewusste Auseinandersetzung zu dem Themenbereich zu initiieren, wäre die Gefahr schwerwiegender psychischer Störungen weniger groß. Eltern und Kinder müssten befähigt und ermuntert werden und dementsprechend günstige Rahmenbedingungen vorfinden, um ihre Gefühle verbal und in Handlungen frei auszudrücken. Das Selbsterkennen der eigenen Gefühlslage wäre eine grundlegende Voraussetzung einer effektiven Trauerarbeit.

Eine Trennung wird nicht als endgültig erlebt, die Trauer muss nicht so groß sein, wenn von Anfang an Eltern in die Arbeit des Heimes einbezogen sind und von Anfang an vielfältige Kontaktmöglichkeiten zum Kind bestehen und gefördert werden. Bei diesen Gelegenheiten können die Erzieher(innen) beobachten, wie die Eltern und Kinder auf die Trennung reagieren und als Partner(innen) Gespräche über solche Themen fördern oder den Anstoß dazu geben und die vorhandenen Gefühlsregungen gemeinsam gründlich reflektieren. Immer dann, wenn scheinbar keinerlei Trauerreaktionen festzustellen sind, muss an die Möglichkeit gedacht werden, dass Formen der Konfliktabwehr den Trennungsschmerz verdrängen oder überlagern. Wenn es in solchen Situationen gelingt, doch noch eine bewusste Auseinandersetzung zu dem Themenbereich zu initiieren, wäre die Gefahr schwerwiegender psychischer Störungen weniger groß.

Elternarbeit zur Unterstützung des Ablösevorgangs

In diesem Kapitel wurde schon mehrfach auf die pädagogisch-psychologische Bedeutung des Ablösungsprozesses der Jugendlichen vom Elternhaus verwiesen. Jugendliche müssen zum Aufbau einer stabilen Persönlichkeit mit den Merkmalen von Identität, Selbstsicherheit und Selbstvertrauen während und vor allem nach der Pubertät ihren eigenen Weg suchen und finden. Da Kinder und Jugendliche in aller Regel ihr Elternhaus verlassen haben und ins Heim kamen, in einem Entwicklungsstadium der Unselbstständigkeit oder während einer Phase, wo die zu große Selbstständigkeit zu Problemen im Elternhaus führte, können wir davon ausgehen, dass ein Ablösungsprozess von den Eltern in sehr vielen Fällen entweder noch nicht oder allenfalls sehr gestört vorliegt. Wenn Heimjugendliche zu ihren Eltern keine oder nur sehr oberflächliche Beziehungen unterhalten, dann ist der wichtige Vorgang des Ablösens oder des Loslassens auf beiden Seiten nicht möglich. Eltern haben zwar ihr Kind losgelassen oder sie mussten dies tun, allerdings zu einer Zeit, in der das Kind noch unselbstständig war oder der/die Jugendliche in dem Streben nach Selbstständigkeit vielleicht familiäre Krisen heraufbeschwor. Wenn in der Folgezeit intensive Beziehungen ausbleiben, dann wird diese Form der Ablösung bei den Eltern entweder in der Vorstellung des ewig unselbstständigen Kindes in Erinnerung bleiben, oder es werden die massiven Schwierigkeiten im Gedächtnis haften, die bei Ablöseversuchen aufkamen, mit denen die Eltern nicht einverstanden waren. Wenn Eltern in dieser Erinnerung ihre Kinder auch als Jugendliche oder junge Erwachsene primär mit der Etikettierung schwierig oder unselbstständig versehen, dann wird diese negative Erwartungshaltung auch bei nur gelegentlichen Kontakten die Jugendlichen in ihrer Entwicklung nach Unabhängigkeit und Selbstverantwortung sowie in ihrer Identitätsfindung negativ beeinflussen.

Man könnte hier argumentieren, dass Jugendliche, denen kein Elternhaus zur Verfügung steht, sich doch von der Heimgruppe, der Heimfamilie ablösen könnten. Dies wäre jedoch nur richtig, wenn die Beeinflussung durch Beziehungsinhalte und Strukturen einer Familie auf die psychische Entwicklung gleichzusetzen wäre mit der Beeinflussung durch die Institution Heim. Bieniussa sieht aber gerade in der Familie einen Gegenpol zur Außenwelt, in der im Gegensatz zu der oft feindlichen Umwelt Gefühle von Geborgenheit und Solidarität ihren Platz haben. „In der außerfamilialen Umwelt besteht dagegen ein viel größerer Druck, auf Individualität zugunsten von Funktionalität in bezug auf die Realisierung der gestellten Aufgabe (des Arbeitszieles der Institution) zu verzichten" (Bieniussa 1987, S. 365). Auch wenn Heime sich bemü-

hen, familienähnlich zu arbeiten, müssen sie als Bestandteil jener Außenwelt verstanden werden, in der die Entwicklung und Befriedigung menschlicher Grundbedürfnisse meistens nicht so intensiv und vor allem nicht mit gleicher Echtheit versehen stattfinden.
Jugendlichen im Heim muss Gelegenheit gegeben werden, sich in ihrem altersgemäßen Streben nach Selbstverwirklichung auch mit ihren Eltern auseinanderzusetzen. Für die Eltern wiederum ist die aktive Teilnahme an diesem Prozess notwendig, damit sie selbst lernen, ihr Kind loszulassen, und es dann in einer eigenen Identität akzeptieren können. Wenn Elternkontakte und Aufgaben der Elternarbeit von Anfang an kontinuierlich wahrgenommen wurden, dann wird eine plötzliche Desillusionierung der Jugendlichen gegenüber ihren Eltern nicht notwendig sein. Dieser Vorgang ist – insbesondere wenn er innerhalb einer kürzeren Zeitspanne erfolgt – auch mit Gefahren verbunden. Denn inwieweit können völlig desillusionierte Jugendliche ihre Eltern noch als Identitätsobjekte ansehen, und wie werden sich diese fühlen und verhalten, wenn ihr Kind sie plötzlich durchschaut und sich von ihnen abwendet? Die realistische Sichtweise und Einschätzung der Jugendlichen gegenüber ihren Eltern ist für den Ablösungsprozess wichtig und daher pädagogisch zu fördern. Wenn Realitäten nach und nach über einen längeren Zeitraum als solche erkannt werden, dann besteht die Möglichkeit, dass die positiven Realitäten nicht vollends ins Abseits geraten und ein etwaiger totaler Bruch mit den Eltern vermieden werden kann. Im Zeitraum der Ablösung von Jugendlichen finden vielerlei Aktivitäten und Handlungen statt, die auch von außen ganz offen den immer größeren Selbstständigkeitsbereich dokumentieren. Heimjugendliche gehen beispielsweise zur Tanzstunde, sie haben erste sexuelle Erfahrungen, sie machen den Mofaführerschein, sie fahren mit Jugendgruppen oder später allein in den Urlaub, sie entscheiden sich für einen bestimmten Beruf, verweigern den Wehrdienst oder wollen die Pille einnehmen. Wenn Eltern von Heimjugendlichen über solche Vorgänge nicht nur beiläufig oder weil sie schriftlich zustimmen müssen informiert werden, sondern regelmäßig an der immer größer werdenden Bestrebungen nach Selbstständigkeit aktiv teilhaben, dann können sie ihren wichtigen Platz im Ablösungsvorgang einnehmen. Eltern werden vielleicht in Übereinstimmung mit den Erzieher(inne)n mit bestimmten Wünschen und Vorstellungen des Jugendlichen nicht einverstanden sein, Jugendliche werden lernen, ihren eigenen Standpunkt mehr und mehr durchzusetzen. Wie alle Eltern werden auch dann die Eltern

von Heimjugendlichen einsehen, dass viele Ängste und Vorbehalte unbegründet waren und die zunehmende Selbstständigkeit ihres Kindes akzeptieren.

Wer leistet Elternarbeit?

Von einem traditionellen Aufgabenverständnis her gesehen liegt die Zuständigkeit der Arbeit mit Eltern von Heimkindern bei den Mitarbeiter(inne)n des Allgemeinen Sozialen Dienstes des Jugendamtes. Elternarbeit kann außerdem noch geleistet werden von speziellen therapeutischen oder beratenden Institutionen, etwa von Ehe- und Lebensberatungsstellen oder von niedergelassenen Therapeut(inn)en und von anderen sozialen Organisationen. Die Schwierigkeit dieser traditionellen Aufgabenverteilung ist offenkundig; denn wenn Elternarbeit überhaupt stattfindet, dann ist es in aller Regel doch eine konzentrierte Bemühung um die spezielle Bedürfnislage der Eltern, während die Situation des fremd untergebrachten Kindes weniger unmittelbar im Blickpunkt stehen kann. Absprachen zwischen beratenden Institutionen oder Personen und dem Heim wären notwendig, um gemeinsame Ziel- und Handlungsstrategien zu entwickeln. In der Praxis mangelt es an solchen Absprachen sehr, eine Zusammenarbeit ist zeitaufwändig und bietet nicht die Garantie dafür, dass im Interesse von Kindern und Eltern deren gemeinsame Interaktionen die Beratungsinhalte und -ziele beeinflussen.

Spezielle Aufgaben der Elternarbeit außerhalb des Heimes werden in bestimmten Fällen auch weiterhin erforderlich sein. Es wurde allerdings versucht aufzuzeigen, dass die Elternarbeit eine originäre Aufgabe der Heimerziehung darstellt. Dabei gingen wir wie selbstverständlich davon aus, dass dieser Aufgabenbereich von Gruppenerzieher(inne)n wahrgenommen wird. Wenn Elternarbeit in Alltagshandlungen integriert vorhanden ist, wenn der Zeiteinsatz besonderer Bemühungen auch unter dem Aspekt einer späteren Arbeitsentlastung angesehen wird, dann kann eine zeitliche Überlastung nicht vordergründig als Argumentation gegen die Ansiedlung der Elternarbeit bei den Erzieher(inne)n dienen. Die jeweils hauptverantwortliche Erziehungsperson, die das Kind am besten kennt, ist auch die beste Ansprechpartnerin für dessen Eltern. Sie kann am besten ihre Förderung der Entwicklung des Kindes abstimmen und koordinieren mit dem Einbezug der Eltern in den Erziehungsprozess und mit der Elternberatung. Die Notwendigkeit der Elternarbeit vom Heim aus wurde begründet mit pädagogischen, psychologischen und psychoanalytischen Ansätzen, die auch zu einem Verständnis der Elternarbeit als Therapie führen können. Nun sind aber sicherlich die Gruppenerzieher(innen) keine Therapeut(inn)en, und sie wären überfordert, wenn sie Therapieversuche unternehmen wollten. Die Kenntnis und das Verständnis von theoretischen Erklärungsmodellen als Verursachung und Dynamik psychischer Störungen und Gefährdungen können pädagogische Haltungen und Handlungen der Erzieher(innen) prägend bestimmen. Die Pädagogik berücksichtigt dann die individuelle Entwicklung und ihre Gefährdungsmomente sowohl aufseiten der Kinder als auch bei den Eltern. Die bewusste und überlegte Erziehung und Beratung wird dann nicht so leicht bereits vorhandene Problembereiche verfestigen oder verstärken, sondern zu deren Abbau beitragen. Erziehung und Elternarbeit orientieren sich an therapeutischen Modellen. Auch wenn keine eigentliche Therapie betrieben wird, so ist doch die Richtung therapeutisch.

Erzieher(innen) können in der Zusammenarbeit mit Eltern auf Problembereiche stoßen, deren Bearbeitung sie sowohl bezogen auf ihre berufliche Qualifikation, als auch hinsichtlich der zur Verfügung stehenden Zeit überfordern. Wenn gravierende Störungen im Verhaltens- und Erlebensbereich der Eltern vorliegen, die therapeutischer Behandlung bedürfen, müssten therapeutische Institutionen und Personen hinzugezogen werden. Die Erzieher(innen) stehen nun vor der schwierigen Aufgabe, ihre Inhalte und Ziele der Elternarbeit mit denen der Therapie zu koordinieren. Oft werden sie dies nicht bewältigen können, wenn therapeutische Interventionen durch Außenstehende erfolgen. Auch wenn bei massiveren Problemen weniger therapeutische Vorgehensweisen notwendig erscheinen, sondern überwiegend die Erzieher(innen) in ihrer Funktion als verständnisvolle Ansprechpartner(innen) zeitlich intensiv gefordert werden, stehen diese vor dem Dilemma, zwar sehr viel Zeit der Elternarbeit zu widmen und damit konkret helfen zu können, gleichzeitig jedoch die Gruppenarbeit zu vernachlässigen, wodurch neue Probleme aufkommen werden.

Wenn Elternarbeit im Heim mehr als therapeutische Familienarbeit verstanden wird und wenn der Anspruch besteht und erfüllt werden soll, sehr viel Zeit in Elternarbeit zu investieren, müssten speziell dafür aus-

gebildete Kolleg(inn)en gruppenübergreifende Elternarbeit mit übernehmen. Wir können am Beispiel der familientherapeutischen Vorgehensweise noch deutlicher sehen, dass hier der übliche Personalbestand eines Heimes nicht ausreichen kann.
Wenn solche Mitarbeiter(innen) gruppenübergreifende Funktionen in der Elternarbeit übernehmen, dann nicht, weil sie aus Gründen der Hierarchie oder der Amtsautorität hierfür bereit stehen, sondern, weil aus einem besonders speziellen pädagogischen und therapeutischen Selbstverständnis des Heimes Aufgabenfelder entstehen, deren Bewältigung zusätzliche und besonders qualifizierte Mitarbeiter(innen) erfordert.
Die Elternarbeit kann von hauptberuflichen Elternarbeiter(inne)n nicht allein, sondern immer nur in Zusammenarbeit mit den Gruppenerzieher(inne)n übernommen werden. Elternberater(innen) müssten in den Gruppen, für die sie Elternarbeit wahrnehmen, aktiv am Gruppengeschehen teilhaben, um die Kinder und deren Problembereiche genau kennen zu lernen und eine persönliche Nähe zu ihnen zu entwickeln. Die Inhalte und Ziele der Elternarbeit wären mit den verantwortlichen Erzieher(innen) ebenso kontinuierlich abzustimmen, wie eine klare Festlegung der unterschiedlichen und gemeinsamen Handlungsstrategien erfolgen müsste.
Die Rolle der Gruppenerzieher(innen) ist nicht unterbewertet, wenn zusätzlich ein(e) Elternberater(in) vorhanden ist. Diese Fachkraft nimmt die Erzieher(innen) nicht aus ihrer Verantwortung für die Elternarbeit, sondern unterstützt und ergänzt sie dort, wo dies aus Zeitgründen und/ oder wegen spezieller therapeutischer Bedürfnisse notwendig erscheint. Innerhalb der Praxis müsste darauf geachtet werden, dass Rahmenbedingungen vorhanden sind, die eine partnerschaftliche Zusammenarbeit zwischen Erzieher(inne)n und Elternarbeiter(inne)n fördern.

Professionelle Grundstandards
in der Eltern- und Familienarbeit

Lebensweltorientierung unterstreicht die Notwendigkeit einer permanenten und qualitätsorientierten Eltern- und Familienarbeit innerhalb der stationären Erziehungshilfe deutlich. Die Ressourcen der Familien sollen erkannt, auf ihnen aufgebaut werden.
Eltern erleben sich, wenn die Heimaufnahme ihres Kindes realisiert wird, häufig als Versager. Obwohl die große Mehrzahl dieser Hilfe frei-

willig zugestimmt hat, erleben Eltern oft Ohnmachtsgefühle und sehen sich in einer ausweglosen Situation. Solche negativen Gefühle werden noch verstärkt, wenn sie von Mitarbeiter(innen)n des Heims „von oben herab" behandelt werden, wenn ihnen Helfer gegenübertreten, die alles besser wissen und wenn sie deren (Fach-)Sprache kaum verstehen können. Blandow prägt in diesem Zusammenhang den Begriff der „unreflektierten Degradierung" (2004, S. 19). Insbesondere in der Anfangsphase aber ebenso während des gesamten Heimaufenthalts müssen Eltern wertgeschätzt werden. Sie sind es, die lange Zeit Verantwortung für ihr Kind getragen haben, auch wenn manches „nicht gut lief" möchten sie keinesfalls als prinzipiell schlechte Eltern gelten Es geht – wenn überhaupt – niemals in erster Linie um die Klärung einer Schuldfrage. Vielmehr geht es darum, abzuklären, was getan werden kann, damit Eltern auch weiterhin „gute Eltern" sein können. Die hierzu geforderte professionelle Haltung akzeptiert Eltern in deren individuellem Sosein, nimmt warmherzig an und pflegt einen Kommunikationsstil, der dazu ermuntert, konstruktiv zu kooperieren und Verantwortung bzw. Verantwortungsbereiche zu übernehmen oder zu erkennen und akzeptieren lernen, wenn es für ihr Kind besser ist, dass bestimmte Verantwortungsbereiche (zeitweilig) auf andere Personen übertragen werden.

Gerade diese personenbezogene Grundhaltung in der Kommunikation sollte kontinuierlich durch reflektierende Teamgespräche und durch Supervisionsprozesse überprüft werden.

Kontinuierlich hilfreiche Gespräche realisieren

In der Kommunikation mit betroffenen Eltern und Familienangehörigen gilt es zu beachten, dass diese zumeist nicht privilegierten Schichten angehören. Daher ist ihr Sprachverhalten in der Regel nicht an dem der Mittelschicht orientiert. Auch haben Eltern von Heimkindern eher Scheu vor dem Umgang mit Institutionen, sie haben diesbezüglich schon unliebsame Erfahrungen gemacht und befürchten solche auch zukünftig. „Die Fremdunterbringung eines Kindes erhöht den sozialen und psychischen Druck auf die Eltern und verändert deren Lebenssituation völlig" (Faltermeier 2004, S. 48). In der Anfangsphase kommt es nun darauf an, eine vertrauensvolle Gesprächsbasis zu realisieren, welche kontinuierlich weiterentwickelt wird. Viele Eltern werden wenig oder kaum Eigenmotivation zu Gesprächen aufzeigen, sie müssen von den pädagogischen Mitarbeiter(inne)n – möglicherweise dauerhaft – motiviert werden. Barrieren können beispielsweise abgebaut werden, wenn in der Anfangssituation schwierige Lebens- und Erziehungsfragen ausgeklammert bleiben und der Focus gelegt wird auf alltägliche Belange, welche ohne größere Probleme zu lösen sind. Wenn erst einmal ein Vertrauensverhältnis vorhanden ist, dann können auch Themen und Problembereiche mit größerer Brisanz angegangen werden.

Für die Betroffenen sind solche Gespräche hilfreich, wenn sie spüren, dass sie als ernsthafte Partner angesehen, willkommen sind und wertgeschätzt werden. Auch wenn Eltern einen vorherigen Termin nicht wahrgenommen haben, werden ihnen gegenüber dennoch vor allem die Freude und das Wohlwollen darüber ausgedrückt, dass sie jetzt zum Gespräch gekommen sind. Die wohlwollende, akzeptierende und wertschätzende Haltung wird unterstützt durch die Betonung vorhandener bzw. zu entwickelnder Ressourcen; Defizite stehen nicht im Mittelpunkt. Ressourcen aufzuspüren und zu entwickeln wird leichter möglich, wenn eine einfühlsame und reflektierende Gesprächsführung der professionellen Gesprächspartner vorhanden ist. „Diese wohlwollende und positive Haltung gegenüber den Eltern erfährt lediglich an der Stelle eine Begrenzung, in der das Kind massiv unter den Eltern zu leiden hat" (Brandhorst/Kohr 2005, S. 18). Bei den pädagogischen Mitarbeiter(innen) der stationären Erziehungshilfe fehlen ausbildungsbedingt neben anderen für die Eltern- und Familienarbeit wichtigen Grundstandards häufig auch die Qualifikationen einer effektiven Gesprächsführung. Diese müssten durch entsprechende Fortbildungsmaßnahmen erworben werden (Schulze-Krüdener 2005, S. 26).

Zu hilfreichen Gesprächen zählen auch konkrete Vereinbarungen und Zielsetzungen, welche gemeinsam erarbeitet werden. Ziele sollten in vielen Fällen – wegen der besseren Überschaubarkeit und wegen der schnelleren Zielerreichung – zunächst in Kleinschritte aufgeteilt werden. So kann es beispielsweise besser sein, der Frage nachzugehen: „Was können wir gemeinsam machen, damit die nächste Mathematikarbeit des Jungen besser ausfällt?", als globale Überlegungen anzustellen, wie das Kind den Schulabschluss schaffen kann. Vereinbarungen und Zielsetzungen müssen gemeinsam regelmäßig überprüft werden. Mit wohlwollender Grundhaltung ist zu erörtern, warum eine Vereinbarung nicht eingehalten wurde oder weshalb ein Ziel nicht erreicht werden konnte. Ebenso müssen die positiven Bedingungen analysiert und hervorgehoben werden, wenn etwas gut gelaufen ist.

Hilfreiche Gespräche sind keinesfalls nur zur Vorbereitung von Hilfeplankonferenzen oder in akuten und dann zumeist negativ besetzten Situationen anzubieten. Hilfreiche Gespräche sollten kontinuierlich stattfinden. Neben festen Sprechzeiten in den Einrichtungen sind solche Termine individuell festzulegen. Hilfreiche Gespräche können nach vorheriger Anmeldung auch in der elterlichen Wohnung stattfinden. In der häuslichen Atmosphäre sind Eltern vielleicht offener, die pädagogischen Mitarbeiter(innen) können sich ein noch besseres Bild machen über die Lebenssituation und über vorhandene Ressourcen. Aber es geht hierbei nicht um Kontrolle.

Gemeinsame Elternaktivitäten realisieren, Elterngruppenarbeit

Eltern, deren Kinder in Einrichtungen der stationären Erziehungshilfe leben, fühlen sich häufig isoliert und alleingelassen. In der Einrichtung dreht sich alles um ihr Kind, sie selbst erleben sich mehr als Randfiguren. Kontakte mit anderen betroffenen Eltern und Familien entstehen, wenn überhaupt, eher zufällig. Feiern und Feste im Heim würden die Gelegenheit zum Kennenlernen bieten, doch diese werden zumeist nicht unter diesem Aspekt realisiert. Wenn Eltern an solchen Gelegenheiten teilnehmen, dann bleibt im positiven Fall ein solcher Tag als abwechslungsreiche Episode in Erinnerung. Für Eltern und andere Familienangehörige wäre es sehr hilfreich, wenn sie sich mit anderen Betroffenen intensiv austauschen und dabei feststellen, dass nicht nur sie selbst, sondern auch andere Familien ähnlich gelagerte Probleme aufweisen. Um dies zu ermöglichen, sollten Feste und Feiern so vorbereitet werden, dass Raum vorgesehen ist, in dem Gesprächsrunden stattfinden können. Noch effektiver wird es sein, wenn zudem solche Veranstaltungen zusammen mit den Eltern vorbereitet werden, denn schon hier ergeben sich mannigfaltige Gelegenheiten zum Kennenlernen und zum Austausch.

Gemeinsame vom Heim zu organisierende Elternaktivitäten können helfen, Eltern aus ihrer isolierten Situation zu lösen. Gruppendynamische Effekte können positiv genutzt werden. Plötzlich handelt es sich nicht nur um Eltern, deren Kind im Heim leben muss, sondern es offenbaren sich Personen, die nun in ihrer Gesamtheit gesehen, neue Ressourcen erkennen lassen.

Durch von den pädagogischen Mitarbeiter(innen), den Eltern und den Kindern/Jugendlichen gemeinsam vorbereitete und durchgeführte Projekte können sich Elterngruppen durch Aktivierung bilden. Beispiele solcher Projekte sind:

- Errichtung eines Werkraumes für das Heim,
- Bastelaktivitäten für den bevorstehenden Basar,
- Durchführung eines Fußballturniers,
- Mitwirkung bei der Ausgestaltung einer neuen Immobilie des Kinderheims,
- gemeinsames Essengehen,
- gemeinsame Ausflüge,
- Wochenend- und Ferienfreizeiten etc.

Durch solche Aktivitäten werden Eltern aus ihrem oftmals öden Alltag herausgeführt, es ergeben sich für sie neue Aufgaben, Perspektiven und Befriedigungen. Ganz nebenbei bleibt Zeit für vielfältige Gespräche aller Beteiligten. Eine Einrichtung führte gemeinsam mit Eltern und Kindern eine mehrtägige Freizeit in einem Zeltlager durch. Für einige der beteiligten Eltern war dies der erste „Urlaub" ihres Lebens gewesen. Einmal wurde jeweils einem Elternteil die Aufgabe gestellt, zusammen mit einem „fremden Kind" den Nachmittag bei einer Freizeitaktivität zu verbringen. Abends wurden die gemachten Erfahrungen ausgewertet und es traten teilweise vollkommen neue Sichtweisen und Erkenntnisse über die jeweiligen Personen zu Tage. Ein Vater berichtete, dass er mit einem „fremden" Jungen angeln war und wie begeistert, geschickt und kooperationsbereit dieser sich dabei anstellte. Den Eltern dieses Jungen kam dies einigermaßen befremdlich vor, denn sie hatten bislang ihr Kind überwiegend motivationslos, ungeschickt und gelangweilt erlebt. Gezielte, themenzentrierte Gesprächsrunden mit Eltern, die vom Heim organisiert werden, können weiterhin helfen, Eltern aus ihrer Isolation zu befreien und zu aktivieren. Gesprächsinhalte sollten vor allem solche sein, welche den Betroffenen situationsbedingt besonders nahe gehen. Dies sind beispielsweise Themenbereiche zur sozialen Lage der Familie und sich anbietende Lösungswege und Perspektiven zum Umgang mit Ämtern, Erfahrungen mit der Schule und zu Fragen der Erziehung. In Kleingruppen können Rollenspiele – eventuell mit Videoaufzeichnung

– durchgeführt und später Kommunikationsstile und Verhaltensweisen gemeinsam analysiert und reflektiert werden. Auf diese Weise werden aus aktivierenden Gruppengesprächen mit Eltern Elterntrainingsgruppen.
Das Stadtjugendamt München führt seit 1999 Gruppenaktivitäten für Eltern durch, deren Kinder in Heimen leben. Hintergrund ist eine geänderte Auffassung über die Funktion von Heimerziehung, die nicht mehr überwiegend familienersetzend sondern familienergänzend verstanden wird. Der besondere Wert der Gruppenarbeit mit betroffenen Eltern wird hier unter folgenden Gesichtspunkten gesehen:

- Konflikthafte Themen lassen sich besser in der Gruppe als im Einzelkontakt bearbeiten.
- Durch das Gruppengeschehen selbst wird Lernen ermöglicht.
- Die Gruppenarbeit stärkt das Selbsthilfepotential der Eltern.
- Eltern werden nicht nur als Eltern, sondern als Gesamtperson wahrgenommen.

Als wesentliche und wichtige Themenbereiche werden z.B. genannt: Auseinandersetzung mit der eigenen Biographie, Partnerschaft, Trennung und Scheidung, Erziehungsfragen, Geschwisterrivalität, schwierige Verhaltensweisen von Kindern und Jugendlichen, Hilfeverlauf und Wechsel der Hilfeform, Abbruch und Beendigung von Hilfen, Schulprobleme. Ziele dieser Gruppenaktivitäten sind der Erfahrungsaustausch mit anderen Eltern, die Reflexion der eigenen Lebenssituation sowie der Gründe, die zur Fremdunterbringung führten, die kritische Auseinadersetzung mit dem eigenen Erziehungsverhalten, Abbau von Passivität (Dunkel 2004). „Elternarbeit als Erwachsenenbildung und nicht als verlängerte Anstaltserziehung heißt das Programm, ..." (Schrapper 2004, S. 196).

Elternarbeit als Familientherapie?

Eine familientherapeutisch orientierte Vorgehensweise der stationären Erziehungshilfe kann der Leitnorm des KJHG, der Lebensweltorientierung, im Grundsatz wohl am ehesten entsprechen. Dennoch ist die familientherapeutische Arbeit in Heimen eher selten anzutreffen, es müssten die notwendigen Rahmenbedingungen, vor allem ein entsprechend qualifiziertes Personal vorhanden sein und es erscheint außerdem fraglich, ob diese Form der Elternarbeit alle betroffenen Familien erreichen und zu positiven Veränderungen beitragen kann.

Das Verständnis einer vom Heim ausgehenden Elternarbeit war früher überwiegend die Kontaktpflege mit möglichst geringen Störungen. Diese Sichtweise veränderte sich zugunsten der Ansicht, dass eine gute und intensive Elternarbeit die Beziehung zwischen Eltern und Kindern verbessern würde und dass sie für beide Seiten die psychische Entwicklung gefährdenden Prozesse entweder abfangen, gering halten oder ganz beseitigen könne. Elternarbeit ist in diesem Sinne auf eine Verbesserung der personalen Befindlichkeit und der zwischenmenschlichen Interaktionsprozesse ausgerichtet. Elternarbeit ist demnach im eigentlichen Sinne keine Therapie, wenngleich sie unter Umständen eine Therapie überflüssig machen könnte, nämlich dann, wenn infolge einer guten Elternarbeit psychische Störungen bei Heimkindern und Eltern nicht verfestigt werden oder vielleicht weniger häufig auftreten.

Es muss allerdings davon ausgegangen werden, dass eine Elternarbeit zwar Probleme im Verhaltens- und Erlebensbereich lösen oder gering halten kann, jedoch nicht dann, wenn diese stark ausgeprägt vorhanden sind (beispielsweise bei schwerwiegenden psychischen Erkrankungen und Verhaltensauffälligkeiten). Dennoch kann auch in diesen Fällen eine Elternarbeit begründet sein, wenn das Kind auf diese Weise lernt, seine Eltern mit ihren Auffälligkeiten realistisch einzuschätzen, und wenn es ihm gelingt, sich von ihnen zu lösen, ohne auf Beziehungen ganz zu verzichten, und wenn die gewonnene Einsicht die Entwicklung der eigenen Identität fördert.

Wenn für Eltern mit starken psychischen Problemen individuelle Therapieversuche unternommen werden, so mag dies für die jeweilige Person eine adäquate und günstige Maßnahme zur Gesundung darstellen. Für die Mitarbeiter(innen) im Heim ist dieser individuelle Therapieprozess in der Regel jedoch nicht nachvollziehbar, deshalb können sie ihn bei der Elternarbeit auch kaum berücksichtigen. Das Interesse für die Kinder und für die Eltern kann unter diesen Umständen gespalten sein und weniger Gemeinsamkeiten aufweisen.

Es wäre also eine Begründung, Kinder und Eltern in einen gemeinsamen Therapieprozess zu integrieren, wenn ansonsten eine individuelle Therapieform notwendig erscheint. Außerdem gilt es zu beachten, dass

für viele Eltern von Heimkindern trotz dringend vorhandener Indikation keine therapeutischen Maßnahmen stattfinden.
Diese Begründung einer familientherapeutischen Arbeit erscheint zwar schlüssig, sie ist aber vom Verständnis der Familientherapie her gesehen noch keineswegs ausreichend. Denn die Anhänger der Familientherapie betrachten persönliche Störungen und Gefährdungen nicht in erster Linie persönlichkeitsbezogen und -gebunden, sondern im Kontext der Familie, in der Abhängigkeit hier vorhandener Strukturen der Kommunikations- und Interaktionsverhältnisse. Die Familie wird als ein System verstanden, innerhalb dieses Systems ist jede persönliche Funktion abhängig von den Funktionen der anderen Familienmitglieder und beeinflusst zugleich wiederum deren Funktion. Die Familie ist bestrebt, innerhalb dieses Systems ein Gleichgewicht zu erhalten, die sogenannte Familienhomöostase. Verhaltensauffälligkeiten könnten beispielsweise die Folge eines familiären Ungleichgewichtes sein, die Symptome symbolisieren die Einstellung oder Verzerrung der Entwicklung (Satir 1978, S. 12f.). Da mit dem Auftreten von Symptomen wiederum das familiäre Gleichgewicht sich zu ändern droht, verändern sich ebenfalls die anderen Familienmitglieder. Deshalb richtet sich die Familientherapie grundsätzlich nicht nur an eine Person, sondern zieht die Familie als Ganzheit in den Therapieprozess ein. Mit dem Symptomträger verändern sich auch die anderen Familienangehörigen. Diese müssen sich wiederum verändern, damit die Patienten symptomfrei werden und bleiben können. Innerhalb der Familientherapie sind sehr viele unterschiedliche Ansätze und Richtungen vorhanden (v. Schlippe 1995), die hier aber nicht ausführlich dargestellt werden können. Sie gehen beispielsweise zurück auf psychoanalytische Theorieansätze und beinhalten auch die bereits von Stierlin beschriebenen Bindungsmodi (Stierlin 1985). Satir zieht ein Wachstumsmodell vor, welches auf der Annahme basiert, „daß das Verhalten der Menschen einem Veränderungsprozeß unterworfen ist und daß dieser Prozeß durch zwischenmenschliche Transaktionen ausgelöst wird" (Satir 1978, S. 205).
Eine andere Richtung verfolgen sehr konsequent strukturierende und systemische Ansätze (Selvini-Palazzoli u.a. 1977), wenngleich im Grunde alle familientherapeutischen Auffassungen die Familie als Struktur und System begreifen.
Familientherapie innerhalb der Heimerziehung – dies erweitert den Rahmen üblicher Vorstellungen über dieses Praxisfeld. Familienthera-

pie kann von dem üblichen Personalbestand eines Heimes nicht geleistet werden. In allen Publikationen wird nachdrücklich auf die Notwendigkeit speziell ausgebildeter Therapeut(inn)en hingewiesen, die sich ständig weiterbilden und permanent Supervision in Anspruch nehmen müssen. Familientherapeutische Vorgehensweisen vom Heim aus liegen in zwei unterschiedlichen Formen vor: Die erste Form nimmt Kinder und Jugendliche stationär auf und behandelt im Heim oder vom Heim ausgehend die gesamte Familie, wobei Zwischenlösungen möglich sind. Die zweite Form nimmt nicht ein Kind oder einen Jugendlichen isoliert ins Heim auf, sondern alle Familienangehörigen werden stationär der Familientherapie unterzogen.

Familientherapeutische Arbeit vom Heim aus

Einige Einrichtungen der Heimerziehung – in der Regel handelt es sich um heilpädagogische oder um therapeutische Institutionen – bemühen sich darum, für die Angehörigen – meistens sind es die Eltern – der bei ihnen stationär aufgenommenen Kinder und Jugendlichen familientherapeutische Arbeit zu leisten. In der empirischen Untersuchung von Conen gaben 20% der befragten Mitarbeiter(innen) von Institutionen der Heimerziehung an, dass in ihrer Einrichtung familientherapeutische Sitzungen durchgeführt werden (Conen 1996, S. 191). Da der Rücklauf der Fragebogenaktion bei 40% lag und die Auswertbarkeit bei 30% (S. 162), dürfte die tatsächliche Quote der Institutionen, die über entsprechend qualifiziertes Personal und Rahmenbedingungen verfügen, erheblich geringer ausfallen. Worin unterscheidet sich die Elternarbeit im Heim von der familientherapeutischen Vorgehensweise? Wir hatten bei unserer Begründung der Elternarbeit auch die Notwendigkeit betont, Eltern und Kinder nicht nur als getrennte Individuen anzusehen, sondern die Problematik und Schwierigkeiten auf beiden Seiten als wechselseitigen Prozess anzuerkennen, in dem die gemeinsamen Vorerfahrungen, die gegenwärtige Situation und die zukünftigen gemeinsamen Perspektiven zu beachten sind. Elternarbeit vom Heim kann sich an dieser ganzheitlichen Sichtweise des Bedingungs- und Lebensfeldes Familie orientieren und ihr Konzept und die Praxis danach ausrichten. Die Kenntnisse der familiären Prozesse und ihre Bedeutungsdimension für die Entwicklungschancen des Kindes sowie für die Neuorientierung der Eltern fließen in die alltäglichen Handlungen der Erzieher(innen) mit ein und bestimmen die Vorgehensweisen bei Kontakten, Gesprächen und sonstigen Interaktionen mit den Eltern. Diese pädagogische Haltung und Praxis ist daher familientherapeutisch orientiert. Sie stellt aber keine Familientherapie dar, weil dazu die Voraussetzungen und Rahmenbedingungen fehlen. So wendet sich eine Gruppenerzieherin beispielsweise nicht an die Eltern, um mit ihnen eine familientherapeutische Sitzung durchzuführen, aber sie führt vielleicht ein langes Gespräch mit ihnen, das dem Charakter oder der Richtung einer solchen Therapie nahe kommen könnte. Eltern kommen unter diesen Voraussetzungen auch nicht mit dem Bewusstsein zu einem Besuch ins Heim, sich therapieren zu lassen oder ein ausführliches Beratungsgespräch zu führen, wenngleich die Kommunikation zwischen Erzieher(inne)n und Eltern beratende Inhalte und Formen annehmen könnte.

Im Unterschied zur Elternarbeit müsste eine familientherapeutische Arbeit mit Eltern von Heimkindern sehr viel konsequenter die Therapie und ihr Ziel vor Augen haben. Die Familienangehörigen wären sich bei den regelmäßig stattfindenden Sitzungen des therapeutischen Charakters bewusst, auch weil sie einen entsprechenden Kontrakt mit dem Therapeuten eingegangen sind. Schließlich müssten noch die räumlichen und personellen Rahmenbedingungen und Voraussetzungen der Familientherapie vorhanden sein.

Bei zu hohen Erwartungshaltungen besteht für Eltern, Kinder und Therapeut(inn)en die Gefahr, enttäuscht zu werden; Frustration und Resignation sind dann wahrscheinlicher und könnten Entwicklungsfortschritte eher behindern als fördern.

Hammer macht darauf aufmerksam, „dass heutzutage in den Hilfen zur Erziehung eher die Tendenz vorherrscht, Probleme, die nicht lösbar sind, durch neue Konzepte für lösbar zu erklären" (Hammer 2000, S. 78). Neumeyer weist auf das Dilemma der familienorientierten stationären Erziehungshilfe hin, welche oftmals eine Mischung von Therapie und Kontrolle bedeuten könne. Während üblicherweise Betroffene über die Annahme therapeutischer Angebote freiwillig entscheiden könnten, herrsche nun ein „Muss" oder „Soll" vor, dessen Erfüllung von der Institution kontrolliert werde. „Hinzu kommt: Wenn der Auftrag, das Kind zu erziehen, vom Heim angenommen wird, entsteht unter der systemischen Perspektive eine ‚Double-Bind'-Situation: die Eltern sind Kunden, Auftraggeber, Kooperationspartner und zugleich Patienten, Klienten. Befolgen die Heimmitarbeiter den Auftrag der Eltern, miß-

achten sie aus systemischer Sicht die zirkuläre Vernetzung der Probleme des Kindes. Befolgen sie den Auftrag nicht, mißachten sie die Eltern, nehmen sie als Partner nicht ernst und ‚klientifizieren' sie" (Neumeyer 1998, S. 173).
Auch wenn die Voraussetzungen und Bedingungen einer Familientherapie innerhalb der Heimerziehung in der Mehrheit aller Institutionen nicht vorhanden sind, bedeutet dies keinesfalls, dass auf systemorientierte Denk- und Vorgehensweisen verzichtet werden müsste. Die Elternarbeit wird immer das System der Familie als Grundlage anerkennen müssen und kann von theoretischen Voraussetzungen und praktischen Erfahrenswerten der Familientherapie durchaus profitieren, wenn sie sich daran orientiert. Systemorientierte Denk- und Handlungsstrategien sind keineswegs nur auf therapeutische Prozesse begrenzt, sondern haben ihre Berechtigung ebenso innerhalb der Elternarbeit. Wird die Familie des Heimkindes als System verstanden, welches pädagogisch zu beeinflussen ist, so rücken ansonsten zu beobachtende Schuldzuweisungen gegenüber den Eltern und Abgrenzungsbemühungen des Heimes in den Hintergrund.
Jedoch können mit einer systemischen Eltern- und Familienarbeit nicht alle Probleme gelöst werden. Auf individuelle Einzelförderung oder Einzeltherapie wird man auch zukünftig nicht verzichten können, denn nicht alle Eltern und Angehörigen können zur aktiven Zusammenarbeit gewonnen werden. Bei nicht allen Familien von Heimkindern kann das familiäre System noch als Grundlage einer aufbauenden Arbeit dienen. Nicht alle Störungen und Auffälligkeiten von Heimkindern sind überwiegend systemverursacht, sondern gelegentlich auch organisch bedingt oder sie wurden ausgelöst durch traumatische Erfahrungen, langanhaltende Entwicklungsgefährdungen oder durch individuelle Erlebnis- und Reaktionsweisen, die nicht immer in erster Linie mit dem System Familie in eindeutigem Zusammenhang stehen müssen. So muss deshalb auch davor gewarnt werden, unter dem Eindruck systemischer Denkweisen und entsprechender Handlungsstrategien Familienmitglieder nur noch als Systemmitglieder zu betrachten und sie somit ihrer Individualität zu berauben (Zygowski/Körner 1988). Dass auch langandauernde therapeutische Erfolge bei stationär aufgenommenen massiv gestörten Kindern und Jugendlichen möglich sind, ohne das familiäre System aktiv mit einzubeziehen, sondern es auszugrenzen, dies hat eindrucksvoll die langjährige Arbeit von Bruno Bettelheim in der Orthogenetischen Schule unter Beweis gestellt.

Stationäre Familienarbeit im Heim

Methoden der Familienaktivierung

Im Zentrum unterschiedlicher Programme zur Familienaktivierung steht die Zielsetzung, durch individuell angepasste sozialarbeiterische Interventionen die Selbsthilfe- und Selbstheilungskräfte von Familien aufzuspüren und zu fördern. Die Hilfe zeichnet sich durch eine sehr hohe Betreuungsintensität aus, sie ist auf Freiwilligkeit angelegt, das Partizipationsprinzip muss dabei besonders beachtet werden (Kluge 1996, S. 223). „Demnach verbinden sich in dem Begriff Familienaktivierung die bereits geläufigen Konzepte der Lebenswelt- und Ressourcenorientierung sowie des Empowerment" (Schmutz 2005, S. 48).

Familienaktivierung durch die stationäre Aufnahme ganzer Familien

Da Familienarbeit an Grenzen stoßen kann, wenn das Kind abgelöst von seiner Familie im Heim lebt, etablierten sich unterschiedliche Modelle, in denen ganze Familien stationär aufgenommen werden.
Die evangelische Jugendhilfe Münsterland geht beispielsweise aufgrund vielfältiger Praxiserfahrungen davon aus, dass mit der Aufnahme eines Kindes in die übliche Heimerziehung der Bruch mit dem Elternhaus oftmals vorgezeichnet sei, weil die Betreuer(innen) sich naturgemäß sehr stark für das Kind und dessen Wohlergehen engagierten, seine Familie aber im Hintergrund bleibe. Gelungene Rückführungen fänden daher eher selten statt. Das Konzept der stationären Aufnahme ganzer Familien basiert auf folgenden Leitideen:

- Eltern sind im Leben eines Kindes die wichtigsten Menschen.

- Eltern wollen das Beste für ihr Kind, weil Eltern gute Eltern sein wollen.

- Eingesetzte Hilfen müssen die Eltern aktivieren, sie dürfen nicht kompensativ sein.

Hintergrund einer Aufnahmeanfrage für eine ganze Familie durch das Jugendamt sind familiäre Probleme, die zum Auseinanderbrechen der Familie führen könnten. In einer ersten Interventionsphase findet eine Klärung überwiegend mit den Eltern über deren Zielvorstellungen statt.

Hieraus kann sich dann ein vertieftes Problemverständnis entwickeln. Die Klärungsphase endet mit einem Hilfeplangespräch, in welchem beispielsweise die stationäre Aufnahme einer Familie vereinbart werden kann. Die maximale stationäre Aufenthaltsdauer kann sechs Monate umfassen. Folgende Methoden kommen zur Anwendung:

- Einzelgespräche,
- Elterngespräche,
- Familiengespräche,
- Abendreflexionen (z.B. Video-Auswertungen),
- Rollenspiele,
- Familienskulpturarbeit,
- Familienbrett,
- Video-Begleitung,
- Live-Begleitung (beim Umsetzen neuer Erziehungsmethoden),
- Elternabende für alle Eltern, die sich zur Zeit in der Maßnahme befinden (Evangelische Jugendhilfe Münsterland 2000).

Das Heilpädagogische Kinderheim Varel erwägt die Aufnahme ganzer Familien dann, wenn „chronische Probleme eines Kindes im Zusammenhang mit defizitären Erziehungs- und Versorgungsfähigkeiten der Eltern einhergehen oder in denen die Störungen im Familiensystem zu deutlichem Symptomverhalten führen" (Pieper 2000, S. 484f.). Die Aufnahmedauer beträgt in der Regel sechs Monate, während dieser Zeit wird die Familie kontinuierlich durch zwei Fachkräfte betreut. Die Arbeitsweise wird als „lösungs- und ressourcenorientiert" bezeichnet, das Selbstwertgefühl der Familienmitglieder soll gestärkt werden. Wichtig sind eine umfängliche Diagnostik sowie das klare Herausarbeiten von Zielen und Aufträgen.

Die bisherigen Erfahrungswerte werden als positiv und ermutigend bezeichnet. Nach Abschluss der Maßnahme (1999) lebten im Jahre 2001 alle neun Kinder, die ansonsten von einer langjährigen Fremdunterbringung betroffen gewesen wären, noch zu Hause in ihrer Familie (Pieper 2003, S. 50).

Die Vorstellung und Praxis, Familien stationär in therapeutische Institutionen aufzunehmen und dort zu behandeln, entsprach über längere Zeit hinweg nicht dem gesellschaftlichen und auch nicht dem üblichen fachlichen Verständnis der Heimerziehung. Vielfach erscheint der Heimaufenthalt auch unter dem Aspekt der Trennung als notwendig. Leicht gerät dabei in Vergessenheit, dass gerade die Trennung neue Probleme heraufbeschwören oder vorhandene Schwierigkeiten festschreiben könnte. Angesichts dieser Betrachtungsweise dürfte für einen nicht unerheblichen Anteil von Familien die stationäre Familienbehandlung besser und erfolgversprechender sein als die isolierte Heimaufnahme des Kindes. Selbst bei Familien, welche sich in sehr desolaten Lebenssituationen befanden, konnten positive Prozesse durch die Familienaktivierung im stationären Setting realisiert werden (Schmutz 2005, S. 48). Auch im Rahmen der üblichen stationären Erziehungshilfe können Heimerzieher(innen) Maßnahmen der Familienaktivierung durchführen, wenn sie entsprechend qualifiziert wurden. Ausgangspunkt eines speziellen Programms ist es, „Eltern wie Kinder von Beginn der Unterbringung an für ihr verantwortungsvolles Tun wertzuschätzen – beispielsweise dass Eltern ihr Kind aus Sorge im Heim unterbringen und Kinder durch ihr Verhalten auf schwierige Lebensumstände aufmerksam gemacht haben" (Hofer 2005, S. 4). Diese auf Verbindlichkeit, Kontinuität und Ressourcenorientierung basierende Methode lässt Heimerziehung für die Betroffenen in einem neuen Licht erscheinen. Sie ist nicht mehr „Endstation" sondern sie wird zum „Übergangsritual" (S. 4).

Familienaktivierende Methoden im ambulanten und im teilstationären Setting

Modelle der Familienaktivierung beziehen sich auf Erfahrungswerte von „Families First"-Programmen aus den USA und den Niederlanden, sie werden beispielsweise Familienaktivierungsmanagement (FAM) oder Familienaktivierung genannt. Diese Interventionen zur Familienunterstützung stellen die Familie als Ganzheit in den Vordergrund, sie setzen dann ein, wenn akute und schwerwiegende Konfliktsituationen vorhanden sind, wenn beispielsweise eine Fremdunterbringung von Kindern angezeigt wäre. In den USA und in den Niederlanden weisen solche Programme Erfolgsquoten von etwa 80% auf (Gehrmann/Müller 1996, S. 220). In der intensiven Arbeit mit den Familien orientieren sich die Familienmitarbeiter(innen) sowohl an vorhandenen Ressourcen als auch an den Problemlagen. Für jede Familie werden individuelle sozialarbeiterische Handlungsstrategien erstellt. In einer akuten Krisensituation sind die Familienarbeiter(innen) rund um die Uhr für die Familie in Rufbereitschaft beziehungsweise auch vor Ort in der Wohnung der Familie. „Weil die Arbeit vorrangig in der Familie stattfindet, ist eine der wichtigsten Phasen das ‚Engagement' – das heißt: Der Kontakt zur Familie geschieht nach massiven Vorfällen, nach Intervention durch das Jugendamt und andere staatliche Instanzen, die von den Familienarbeiter(innen) bei der Begründung ihres ersten Hausbesuches angesprochen werden (und zwar keinesfalls nach dem Muster: die Sozialarbeiter[innen] des ASD sind die Schlimmen, und wir sind die Guten). In dieser Situation – unter dem Druck einer möglichen Herausnahme der Kinder – vermitteln die Familienarbeiter(innen) Hoffnung und umwerben die Familie, damit sie auch einen Auftrag von ihr erhalten (Engagement). Aus nur abhängigen Klienten müssen gleichberechtigte Partner (Kunden) werden. Diese schwierigste Phase vor dem Gewaltstopp wird in der Ausbildung besonders intensiv trainiert, wie auch der Gewaltstopp und die Vermittlung der Kontrolle z.B. von Wutausbrüchen von Familienmitgliedern" (Gehrmann/Müller 1996, S. 218f.). Die intensive Krisenintervention dauert in der Regel vier Wochen, die Arbeit der Familienarbeiter(innen) könnte in etwa als eine intensive Sozialpädagogische Familienhilfe verstanden werden, sie ist nicht therapeutisch orientiert, sondern eine ganzheitlich angelegte sozialarbeiterische Hilfe für Familien in Notsituationen. Nach Überwindung der Akutphase schließen sich in der Regel weitere Hilfen an, oftmals eine Sozialpädagogische Familienhilfe oder andere ambulante Hilfen. Ein Erziehungshilfezentrum in Simmern arbeitet nach der Methode der Familienaktivierung und hält neben dem ambulanten Angebot auch eine stationäre Hilfe vor. Das stationäre Angebot im Rahmen der Krisenintervention ist auf sechs Wochen begrenzt. Neben den Kindern können auch deren Familien – vorübergehend – stationär aufgenommen werden, wenn dies beispielsweise aus Gründen der Familiendynamik sinnvoll erscheint, um das Gefühl des „Abgeschobenseins" eines Kindes zu verhindern oder um ein Verhaltenstraining von Eltern zu ermöglichen. „Insgesamt betrachtet sind die ersten Ergebnisse der Arbeit mehr als ermutigend. Vor allem die hohe Bereitschaft der Familien, der alleinerziehenden Eltern oder der anderen für die Familie relevanten Bezugssysteme, an der Bewältigung der familialen Krise mitzuarbeiten, stellt die klassischen Ansätze der Jugendhilfe damit aber auch ein Stück in Frage" (Lindemann 1998,

S. 23). In 72% der Fälle, in denen Kinder und Jugendliche vor der stationären Aufnahme in ihrer Familie lebten, konnten diese wieder nach Hause entlassen werden, eine Fremdunterbringung erwies sich als nicht notwendig (S. 20). In 55% der Fälle der nach Hause entlassenen Kinder und Jugendlichen waren anschließende ambulante Maßnahmen der Erziehungshilfe notwendig gewesen (S. 22).

Im saarländischen St. Wendel bietet die Hospital-Stiftung ein Familienaktivierungsmanagement (FAM) an, um eine drohende Fremdunterbringung zu vermeiden. „Die bisherigen Ergebnisse in der saarländischen Arbeit auf der Grundlage von 25 Fällen übertreffen weit unsere Erwartungen. Bis auf eine Ausnahme (Abbruch der FAM-Arbeit nach drei Tagen) sind in allen Fällen nach sechs Wochen FAM-Einsatz die Kinder beziehungsweise Jugendlichen in ihren Familien geblieben. In zwei Drittel der Fälle wurde eine Sozialpädagogische Familienhilfe nachfolgend installiert. In einem Drittel der Fälle sahen sich die Familien in Übereinstimmung mit den jeweiligen Jugendämtern in der Lage, mit Beratung durch das Jugendamt oder Erziehungsberatungsstellen alleine klar zu kommen. Die Familien, mit denen bisher gearbeitet wurde, wurden von den Jugendämtern zugewiesen, nachdem geklärt war, dass eine stationäre Maßnahme notwendig ist" (Römisch/Klein 1997, S. 46). Nach mehr als zweijähriger praktischer Erfahrung sei in Deutschland eine „fortschreitende Etablierung der Methode FAM zu verzeichnen" (Römisch u.a. 1999, S. 459). Die Ressourcenorientierung der FAM-Projekte, in denen die Stärken der einzelnen Familienmitglieder unter Beachtung der individuellen Lebenswelt aufgespürt und gefördert werden, eröffne die „Chance, Hilfen an Menschen anzupassen und nicht Menschen in Hilfen einpassen zu müssen" (Römisch 2000, S. 475).

Das Evangelische Kinderheim/Jugendhilfe Herne & Wanne-Eickel bietet für Familien mit mangelnder Erziehungskompetenz eine Elternaktivierung-Interventionstherapie nach dem Triangel Modell an. Es kommen in diesem Modell verschiedene therapeutische Verfahren zur Anwendung: Systemische Familientherapie, Verhaltenstherapie, Hypnosetherapie und NLP. Angestrebt werden akute und längerfristige Problemlösungen, vorhandene Ressourcen sollen gestärkt werden. „Familiäre Kräfte und Ressourcen werden während der Aktivierung hervorgehoben und genutzt, es entsteht in den Familien ein Gefühl von Kompetenz und Kontrolle über das eigene Familiensystem. Es wird ein Rahmen geschaffen, der es der Familie ermöglicht unabhängig und als Einheit zu leben"

(Evangelisches Kinderheim – Jugendhilfe Herne ... 2005a, S. 2). Unterschiedliche Methoden werden nach den Bedürfnissen der Familie ausgewählt:

- Rollenspiele,
- Videotraining,
- Wahrnehmungstraining zur Selbst- und Fremdwahrnehmung,
- Kommunikationstraining,
- Life-Begleitung,
- Teilnahme an Elterngruppen,
- Teilnahme an Partnergesprächen,
- Übungen zur Kontakt- und Beziehungsaufnahme.

Der gleiche Träger bietet Maßnahmen zur Elternaktivierung-Interaktionstherapie auch im Rahmen einer Fünf-Tage-Wohngruppe an. Diese Hilfe wird nicht als ersetzend, sondern als die Eltern entlastend verstanden. „Diese Familien kommen oftmals mit einem Kampf- oder Abgabemuster in einen Hilfeprozess, sie sollen nun während der Trainingsphase über ein Kooperationsmuster hin zu einem Aktivitätszustand begleitet und in die Lage versetzt werden, dieses durch das Training erworbene Lösungsverhalten anwenden zu können" (Evangelisches Kinderheim/ Jugendhilfe Herne ... 2005b, S. 2f.).

Zusammenfassung

Eltern- und Familienarbeit innerhalb der stationären Erziehungshilfe setzt bei den dortigen Mitarbeiter(inne)n ein hohes Maß an Professionalität und Arbeitszeitaufwand voraus. Wie sehr sich dieser Einsatz lohnen kann, zeigt eine kleinere Studie des Jugendhilfezentrums Schnaittach. Es wurde hier „ein gesicherter signifikanter Zusammenhang zwischen Elternarbeit und Hilfeverlauf" festgestellt. „Das heißt, bei einer regelmäßigen Elternarbeit kommt es vermehrt zu regulären Entlassungen und bei einer seltenen Elternarbeit vermehrt zu vorzeitigen Abbrüchen" (Schmidt-Neumeyer u.a. 2002, S. 297). Wenn regelmäßig mit den Eltern gearbeitet wurde, dann waren 66,7% der Entlassungen regulär. In den Fällen eines vorzeitigen Abbruchs der stationären Erziehungshilfe ging

dies in 77,8% der Fälle mit seltener Elternarbeit einher (S. 297). Dem entsprechen Ergebnisse des Forschungsprojekts JULE: „Findet Elternarbeit statt, so zeigen sich in fünf von sechs Hilfeverläufen positive Entwicklungen, findet keine Elternarbeit statt, so verläuft annährend jeder dritte Fall negativ" (Hamberger 1998, S. 221f.).
Elternarbeit erstreckt sich nicht lediglich auf eine gelegentliche Kontaktpflege, sie wird dann effektiv, wenn Eltern planmäßig und kontinuierlich in den Heimalltag und das Erziehungsgeschehen integriert und Interessen für ihr Kind wahrzunehmen in der Lage sind. In den Fällen, wo dies aus verschiedenen Gründen nicht gelingen kann – wenn unter Umständen keine äußeren Beziehungen zwischen Eltern und Heimkind bestehen oder zu entwickeln sind – muss dennoch auf die Elternarbeit nicht verzichtet werden. Sie ist dann auch unter geringerer Beteiligung oder ohne den Einbezug der Eltern sinnvoll, unter den Aspekten einer Verarbeitung der Konfliktfelder des Kindes, dessen Ablösung und Identitätsfindung. Die Elternarbeit vom Heim aus kann sowohl die Lebensbedingungen der Heimkinder als auch die ihrer Eltern günstig beeinflussen, sie wäre aber erst dann als therapeutische Elternarbeit oder als therapeutische Familienarbeit zu bezeichnen, wenn die für eine Therapie unabdingbaren personellen und sonstigen Voraussetzungen wirklich vorliegen und auch zur Anwendung kommen.
Elternarbeit kann und soll in die pädagogischen Alltagshandlungen eingebettet sein, deshalb ist sie in erster Linie eine Aufgabe der Gruppenerzieher(innen), gegebenenfalls mit einer Unterstützung durch gruppenübergreifende Dienste.
Elternarbeit kann dazu beitragen, dass das Heimkind von seinem Herkunftsmilieu nicht entfremdet wird, wenn die pädagogischen und beratenden Handlungen sich an den Lebenswelten von Heimkindern und Eltern orientieren. Auch wenn aus pädagogischen Gründen und Einsichten eine Entfremdung des Heimkindes von seinem Herkunftsmilieu angezeigt wäre, weil dieses zu gefährdend die Entwicklung beeinträchtigen könnte, ist eine Elternarbeit dennoch erforderlich, da sich das Kind nicht vollkommen losgelöst von seiner Geschichte weiterentwickeln kann.
Die verschiedenen Modelle der stationären Unterbringungen ganzer Familien und der intensiven Familienaktivierung zeigen neue Wege auf, wie eine längerfristig angelegte stationäre Erziehungshilfe vermieden werden kann, weil familiäre Ressourcen aufgedeckt und gefördert wurden.

Kapitel X: Sexualität in Heimen und Wohngruppen

Grundannahmen und Praxisbeispiele

Ausgangsüberlegungen

In der vorliegenden Fachliteratur wird zur Sexualpädagogik in der Heimerziehung nur gelegentlich Stellung bezogen. In den letzten Jahren wurden zwar zahlreiche Beiträge zu der Situation von sexuell missbrauchten Mädchen und auch von Jungen veröffentlicht, die aber fast immer auf pädagogische und therapeutische Interventionsmöglichkeiten in den speziellen Institutionen bezogen waren. Ebenso in der ehemaligen DDR war die Sexualerziehung in Heimen ein sehr vernachlässigtes Thema, für das es, trotz bestehender Unsicherheiten im methodischen Vorgehen, kein aktuelles Schrifttum oder andere Orientierungen gab (Pätzold 1987, S. 4 und S. 12). Auch der sexuelle Missbrauch von Minderjährigen wurde als Thema in der Öffentlichkeit gemieden und hatte selbst in der Jugendhilfe- und Sozialarbeit keine spezifische Bedeutung (Athenstädt 1991, S. 178).

In den nun folgenden Überlegungen gehen wir von dem Grundsatz aus, Sexualität als integriertes Teilgebiet der Gesamtpersönlichkeit zu verstehen, welches wie alle anderen Persönlichkeitsbereiche zu respektieren und pädagogisch zu fördern ist. Dabei muss allerdings in Heimen, Außenwohngruppen oder Wohngruppen bedacht werden, dass

- die Rahmenbedingungen der Institutionen die Sexualerziehung beeinflussen, vielleicht erschweren können,

- die pädagogischen Mitarbeiter(innen) für die Minderjährigen nicht die Rolle von echten Eltern übernehmen und daher unter besonderen emotionalen Voraussetzungen vor den Aufgaben und Zielen der Sexualerziehung stehen,

- die Kinder und Jugendlichen mit spezifischen Vorerfahrungen und Ausgangslagen in das Heim oder in die Wohngruppe aufgenommen werden.

Weil es sich bei allen Kindern und Jugendlichen, die in Institutionen der Jugendhilfe leben, selbstverständlich um Menschen mit Sexualität handelt, ist folglich auch dieser Lebensbereich innerhalb der Institution Heim oder Wohngruppe förderlich zu entwickeln. Diese Forderung klingt im ersten Moment sehr abenteuerlich, denn bekanntlich nahmen sich Institutionen und vor allem „totale Institutionen" der Sexualität ihrer Klientel sehr wohl an, allerdings um in der Regel genau das Gegenteil von Förderung zu betreiben; Sexualität wurde und wird in sehr vielen Institutionen massiv oder subtil unterdrückt, geleugnet, nicht wahrgenommen oder verdammt. Erinnert sei hier beispielsweise an strenge Internatserziehung, an die Situation in Gefängnissen, in der Psychiatrie, in Behindertenheimen und sicherlich auch an die Heimerziehung alter Prägung.

Wenn wir uns im Folgenden mit der sexuellen Sozialisation von jungen Menschen, die in Heimen oder in Wohngruppen leben, auseinandersetzen, dann ist vor allem zu untersuchen, ob und inwieweit die Sexualerziehung innerhalb des Heimes durch das Merkmal der Institution negativ beeinflusst ist und welche Bedingungen gefördert oder neu entwickelt werden sollten, um in der Sexualerziehung zu positiven Rahmenbedingungen zu gelangen.

Die allgemeine Einstellung zur Pädagogik und damit auch zur Sexualpädagogik unterlag gegen Ende der sechziger und zu Beginn der siebziger Jahre Veränderungstendenzen, die im Zusammenhang mit den politischen und gesamtgesellschaftlichen Reformen gesehen werden können. Sexuelle Themenbereiche wurden mehr und mehr Bestandteil der Medien, das Sexualstrafrecht wurde reformiert, die Sexualerziehung wurde in die Lehrpläne der Schulen aufgenommen. Der Impuls zu einer emanzipatorischen Sexualerziehung ging zweifellos von der antiautoritären Schüler- und Studentenbewegung aus, obwohl in diesem Zeitraum auch bedeutende Beiträge von Sexualwissenschaftlern und Sexualpädagogen veröffentlicht wurden (Amendt 1977, S. 17).

Die zunehmenden Möglichkeiten, sexuelle Fragestellungen nun öffentlich zu diskutieren und liberalere Grundhaltungen zur Sexualerziehung einzunehmen, sind beispielsweise auch in der Praxis und Diskussion der sogenannten antiautoritären Erziehung zu sehen. Zuvor war das Vorhandensein von Sexualität weitgehend tabuisiert gewesen und sexualpädagogische Überlegungen gründeten zumeist auf medizinischen und biologischen Fakten und waren damit reduziert. Eine offenere und

weniger verkrampfte gesellschaftliche Einstellung zur Sexualität war insbesondere in den vorherrschenden Ansichten zur Sexualerziehung, außer in wenigen Einzelfällen, nicht vorhanden.
Die Veröffentlichungen von Neill über Theorie und Praxis der antiautoritären Internatsschule Summerhill gaben sowohl der Fachwelt als auch der breiten Öffentlichkeit wesentlichen Anstoß zu einer lebhaften und lang anhaltenden Diskussion über diese revolutionär anmutenden Erziehungsansichten. In Anlehnung an Freud und Reich vertrat Neill – als mehr pädagogisch orientierter Vertreter antiautoritärer Erziehungsformen – die Auffassung, dass verklemmte Sexualmoral und Verbote und Repressionen in Bezug auf Sexualität bei jungen Menschen den Nährboden für neurotische Fehlentwicklungen bildeten (Neill 1970, S. 197ff.). Die mehr politisch orientierten Vertreter dieser neuen Erziehungsauffassung waren beispielsweise in den Reihen der Außerparlamentarischen Opposition zu finden. Bekannt wurde vor allem die Kinderladenbewegung. In der Rückerinnerung auf marxistisch-sozialistische Theorien wurde in einer unterdrückten Sexualität der Beginn der Unterdrückung des Menschen schlechthin gesehen. Mit gleichzeitigem Hinweis auf psychoanalytische Erkenntnisse wurde in Kinderläden Vorschulkindern eine weitgehende Befriedigung sexueller Bedürfnisse zugestanden (Autorenkollektiv im sozialistischen Kinderladen ... 1973, S. 31).
Die Einstellung zur Sexualität in den achtziger Jahren bis heute zeichnet sich insgesamt durch eine weitere Zunahme liberaler Tendenzen aus. Dies trifft sowohl für die Familien als auch für pädagogische Institutionen wie beispielsweise Kindergärten, Schulen oder Jugendhäuser zu. Gleichzeitig ist jedoch nicht zu leugnen, dass das Thema Sexualität immer noch sehr leicht in den Tabubereich gerät und beispielsweise innerhalb der Familien bisweilen höchst widersprüchliche Ansichten zur Sexualerziehung bestehen. Dennoch ist der Eindruck, wonach die heutigen Kinder und Jugendlichen unverkrampfter mit der Sexualität umzugehen wissen und eine positivere Einstellung zu ihr haben, sicherlich richtig. Selbst das Thema „AIDS" hat die liberalere Haltung junger Menschen zur Sexualität kaum nachhaltig und wesentlich beeinträchtigen können. Wegen der allerdings nicht selten vorhandenen unterschiedlichen Einstellungen jüngerer und älterer Menschen sind moralische Konfliktlagen und gegenseitiges Unverständnis immer noch kennzeichnend für die gegenwärtige Situation der Sexualität.
Allerdings macht Sielert auf Untersuchungen aufmerksam, wonach Jugendliche nach 1980 „verhütungsvernünftiger" geworden seien. Nur

der Anteil der jungen Menschen, die „das erste Mal" ohne Verhütungsmaßnahmen erleben, liege nach wie vor bei über 10 Prozent. Durch den Einfluss von Aids seien Jugendliche sexuell zurückhaltender geworden, Kondome würden erheblich mehr akzeptiert (2005, S. 125f.).
Die Einstellung zur Sexualität, zur Sexualerziehung und zur sexuellen Praxis unterlag erheblichen Veränderungen. Auch die Theorien und praktizierten Wirklichkeiten der Heimerziehung entwickelten und veränderten sich mit positiv zu bewertenden Tendenzen. Ob dies auch für die innerhalb der Heimerziehung stattfindende sexuelle Sozialisation der jungen Menschen zutrifft, muss noch näher untersucht werden.

Zum Begriff der sexuellen Sozialisation

Wenn Sexualerziehung emanzipatorisch ausgerichtet ist, dann verfolgt sie das Ziel einer selbstbestimmten und autonomen Sexualität.
Eine Erziehung oder Sozialisation mit dem Ziel der Emanzipation schließt allerdings von vornherein die aktive Weiterentwicklung, die veränderte Gestaltung vorhandener sozialer Gegebenheiten mit ein, denn die emanzipatorische Selbstverwirklichung gründet auch auf dem Infragestellen von Vorhandenem. Hierdurch wird deutlich: Das Erziehungs- oder Sozialisationsziel Emanzipation birgt einen gesellschaftlichen Konflikt in sich (Mollenhauer 1970, S. 27).
Was bedeuten nun diese Überlegungen, wenn sie auf den Bereich der sexuellen Sozialisation übertragen werden? Den Erkenntnissen der Psychoanalyse Freuds ist es zu verdanken, dass bereits dem Säugling und Kleinkind eine eigenständige und sich stets weiterentwickelnde Sexualität zugestanden wird. Freud bezeichnete das frühere Leugnen der infantilen Sexualität als folgenschweren Irrtum, da dies die Unkenntnis der grundlegenden Verhältnisse des Sexuallebens verursacht habe (Freud 1970b, S. 47). Das Phasenmodell der Sexualitätsentwicklung und mögliche Störungen während der oralen, analen oder phallischen Phase und deren Auswirkungen auf die weitere psychische Gesamtentwicklung beeinflussten fortan die Ansichten über frühkindliche Erfahrungen und Entwicklungen, wobei insbesondere die Qualität in der Beziehung zu den engsten Bezugspersonen – namentlich in der frühen Mutter-Kind-Beziehung – eine wesentliche Rolle in dem Verständnis für das Zustandekommen einer psychisch gesunden oder ungesunden weiteren Entwicklung einnahm. Freuds Erkenntnis der infantilen Sexualität hat die

Sexualpädagogik die Grundlage einer sexuellen Erziehung zu verdanken, die bereits lange vor dem Einsetzen der Pubertät ihre Berechtigung hat (Bittner 1967, S. 50).
Die Befürworter einer repressiv ausgerichteten Sexualerziehung sehen die Notwendigkeit der sexuellen Erziehung im Kindesalter auf biologische Funktionstüchtigkeit begrenzt, sie lehnen jegliche sexuelle Betätigung im Kindesalter ab. Sexualität sollte auf die Ehe beschränkt bleiben. Dadurch sollen die traditionellen Norm- und Moralvorstellungen unverändert fortbestehen und sexuelles Verhalten nur im engen Rahmen der Konformität vorstellbar sein (Stapelfeld 2002, S. 829).
Während die repressive Sexualpädagogik Konflikte durch das Festhalten am Bestehenden nicht hochkommen lassen will und diese Tendenz durch Druck und Zwang aufrecht erhalten will, eröffnet eine emanzipatorisch ausgerichtete Sexualpädagogik die Möglichkeit zur Weiterentwicklung und damit naturgemäß auch zu Konflikten.
Eine emanzipatorische Sexualpädagogik will ein angstfreies sexuelles Verhalten erzielen, Schuldgefühle sollen verringert beziehungsweise deren Entstehung verhindert werden. Der Entwicklung von Verhaltensauffälligkeiten, von Neurosen oder anderen psychischen Erkrankungen wird vorgebeugt, wenn Schuldgefühle in Bezug auf Sexualität erst gar nicht entstehen müssen. An die Stelle von Negativgefühlen treten Liebes-, Erlebens- und Genussfähigkeit. Die emanzipatorische Sexualpädagogik verfolgt außerdem die Zielsetzung, die traditionelle Unterdrückung und Ausnutzung der Frauen abzubauen, zugunsten einer praktizierten Gleichberechtigung. Weitere Ziele sind Toleranz und Humanität. Allerdings hat die emanzipatorische Befreiung der Sexualität von Schuldgefühlen, Zwängen und Ängsten auch den Effekt einer Vermarktung der Sexualität ermöglicht. Damit der emanzipatorisch sexuell befreite Mensch nicht in Konsumzwang und Abhängigkeit von der „Ware" Sexualität gerät und seine Emanzipation nur noch zum Schein bestünde, weil neue Normen zu erfüllen sind, muss eine emanzipatorische Sexualpädagogik sich folglich auch mit diesen Auswirkungen befassen, diese voraussehen und letztlich die Sexualerziehung innerhalb ethischer Grundhaltungen hinterfragen und praktizieren.

Kapitel X: Sexualität in Heimen und Wohngruppen

Ausgangslage der Sexualerziehung im Heim

Üblicherweise findet die sexuelle Erziehung und Sozialisation von jungen Menschen und hier insbesondere die von Kindern innerhalb der Familie statt. Sie wird als der Ort angesehen, in der diese Aufgabe am besten zu erfüllen ist. Die Familie prägt das Kind wie keine andere Erziehungsinstanz vor allem in den ersten Lebensjahren entscheidend und ist in der Regel auch nach der Kindheit weiterhin der zentrale Lebensort. Eine verallgemeinernde Kritik an der Fähigkeit der Eltern, eine positive und angemessene Sexualerziehung leisten zu können, wäre unberechtigt, weil Eltern normalerweise am Wohlergehen ihrer Kinder interessiert sind. Eine partielle Kritik an der Sexualpädagogik in Familien muss jedoch erlaubt sein. Denn die Kinder und Jugendlichen mit Schwierigkeiten oder Auffälligkeiten in ihrem sexuellen Erleben und Verhalten haben diese doch in der Regel durch die Umstände und Bedingungen ihrer familiären Sozialisation entwickelt. Auch sexuelle Gewalt wird zu einem hohen Anteil durch Familienmitglieder erfahren. So gesehen, kann bei dem Bezug auf die familiäre sexuelle Sozialisation nicht nur von intakten und vielleicht zu idealen Verhältnissen ausgegangen werden.

Dennoch werden die Möglichkeiten der institutionellen Sexualerziehung für Kinder und Jugendliche in stationären Einrichtungen der Jugendhilfe durchweg noch viel weniger günstig beurteilt. Ein äußerst düsteres Bild über die Lage der Sexualität und der Sexualerziehung in Säuglings- und in Kinderheimen wurde Anfang der siebziger Jahre in einem Untersuchungsbericht dargestellt (Roth 1973, S. 64ff.). In der Mehrzahl der 130 Heime war eine differenzierte und reflektierte Einstellung zur Sexualität nicht vorhanden. Gespräche über Sexualität oder gar sexuelle Aktivitäten der Kinder wurden sofort abgeblockt: „Das tut man bei uns nicht." In den meisten Heimen fehlte die elementare Voraussetzung, den Kindern Zärtlichkeit zu geben, weil bei den Betreuer(inne)n keinerlei Einsicht bestand, dass Zärtlichkeit überhaupt wichtig sei. Nur sehr wenige Erzieher(innen) akzeptierten den Umstand, dass es eine kindliche Sexualität gebe, nur wenige waren davon überzeugt, dass Kinder ein Recht auf sexuelle Bedürfnisbefriedigung hätten. Die kindliche Onanie wurde beispielsweise in vielen Einrichtungen als eine krankhafte Erscheinung angesehen, gegen die auch Medikamente eingesetzt werden sollten. Wenn Kinder beim Onanieren mehrmals erwischt wurden, mussten sie mit der Verlegung in ein anderes Heim rechnen.

Bei der Durchsicht der nachfolgenden Fachliteratur wurde zwar kaum noch die totale Unterdrückung der Sexualität beklagt, die Beschreibungen der Sexualpädagogik in Heimen blieben jedoch überwiegend pessimistisch. Ursachen und Einzelaspekte dieser Meinungsbildung sind in folgende Bereiche einzuteilen:

1. Kinder und Jugendliche in Heimen und Wohngruppen

Kinder und Jugendliche, die auf Heimerziehung angewiesen sind, haben sehr häufig schon vor der Heimeinweisung einen gestörten, defizitären oder unregelmäßigen und uneinheitlichen Sozialisationsverlauf hinter sich. Nicht wenige erlebten innerhalb ihrer Herkunftsfamilie einen auffälligen, überängstlichen, extremen oder stark tabuisierten Umgang in sexuellen Bereichen. Neben solchen spezifischen Vorerfahrungen wurden und werden jungen Menschen, die in Heimerziehung leben, Eigenschaften zugeschrieben, die eine sexuelle Erziehung erschweren würden beziehungsweise ganz besondere Bemühungen in dieser Hinsicht als notwendig erscheinen lassen.

2. Die Institution

Die Institutionen der stationären Erziehungshilfe hatten offensichtlich in der Vergangenheit mehr als nur Berührungsängste vor der Sexualpädagogik. Obwohl schon vor 35 Jahren gefordert wurde, mit dieser Tabuisierung eines Teiles der Erziehung im Heim aufzuhören (Kiehn 1972, S. 152), war eine nachhaltige Veränderung des Praxisfeldes auf breiter Ebene nicht erfolgt. Die Institution Heim, ihre Träger und Mitarbeiter(innen) standen den sexualpädagogischen Problemen ziemlich ratlos und orientierungslos gegenüber (Becker/Stadtler 1982, S. 163). Von vielen Einrichtungen wird zwar gegenwärtig die Sexualerziehung als Bestandteil der Erziehung insgesamt erklärt, „faktisch wird Sexualität dabei ausgeklammert statt ausreichend berücksichtigt" (Sielert 1993, S. 26), „die meisten Mitarbeiter(innen) weichen dem Thema Sexualität aus" (S. 27). „Es ist insgesamt für den gesamten Bereich der Kinder- und Jugendarbeit ein großes Defizit an sexualerzieherischen Angeboten festzustellen" (Schwarz 2001, S. 1574). Zwar ist unbestritten, dass Heime und Wohngruppen für die dort lebenden Kinder und Jugendlichen zu zentralen Lebensorten geworden sind, welche die fehlende Möglichkeit, innerhalb der eigenen Familie zu leben, ersetzen sollen. Die Institutionen der Fremderziehung scheinen jedoch repressiven Tendenzen im sexuellen Bereich sehr viel intensiver anzuhängen als dies innerhalb der Familienerziehung üblich ist. Die Heimerziehung gilt innerhalb der Öffentlichkeit immer noch als Bestrafungsinstrument für schwirige Kinder, die nicht auch noch sexuelle Ansprüche zu stellen haben. Auch für die Mitarbeiter(innen) ist die Vorstellung nicht einfach zu akzeptieren, dass im Zuge einer Umorientierung und Entwicklungsförderung des Kindes auch noch sexuelle Bedürfnisse zur Sprache kommen sollen oder gar ausgelebt werden könnten. Eine solche Vorstellung passt nicht so recht zum Image der Institution Heim, denn in ihr sollen Schwierigkeiten gering gehalten, vorhandene Probleme abgebaut werden. Da eine emanzipatorisch angelegte Sexualerziehung Konfliktsituationen gewissermaßen vorprogrammiert, kann es als sehr viel günstiger erscheinen, auf sie weitgehend zu verzichten. Das Ausklammern der Sexualität und sexueller Bedürfnisse aus dem Heimalltag oder das Festhalten an einer starren und repressiven Sexualerziehung scheinen dem Anforderungscharakter von Institutionen wahrscheinlich mehr zu entsprechen, weil Problemsituationen so scheinbar verhindert werden können, und weil keine Rechtfertigungsarbeit gegenüber der Öffentlichkeit zu leisten ist.

Zum Begriff der Sexualität

Menschliche Sexualität ist nach heutiger Ansicht nicht altersgebunden, sondern permanenter Bestandteil menschlichen Daseins. Sexualität gehört zur Kindheit ebenso wie zum Alter. Dass auch schon Säuglinge und Kleinkinder Personen mit sexuellen Gefühlen und Aktivitäten sind, das hat Freud die Entdeckung der „infantilen Sexualität" genannt und darauf seine Psychoanalyse aufgebaut. Die Weiterentwicklung der Freudschen Psychoanalyse glaubt heute allerdings nicht mehr an die Allmacht eines Sexualtriebes. Vielmehr wird die Sexualität im Verlauf unseres Lebens bearbeitet und geformt, so dass unser sexuelles Verhalten schließlich ein Ausdruck unserer Persönlichkeit wird (Kentler 1971, S. 13). Somit hängen Entwicklung und Ausformung des sexuellen Verhaltens von den Sozialisationsbedingungen ab, die ein Mensch erfährt. Sexualität wurde und wird immer wieder unterdrückt, um Herrschaftsstrukturen zu sichern. Der Gedanke einer sexuellen Triebunterdrückung als pädagogische Aufgabe reduziert die Sexualität auf rein biologische und genitale Funktionen. Sexualität ist aber keineswegs eine isolierte

Sache, sondern integrierter Bestandteil der Gesamtpersönlichkeit. Viele menschliche Bedürfnisse und Verhaltensweisen sind mit der Sexualität, je nach der persönlichen Situation, mehr oder weniger stark verbunden. Hierzu gehören beispielsweise die Einstellung zum eigenen Körper, die Sehnsucht nach Geborgenheit und menschlicher Wärme, die Fähigkeit zu Beziehungen, zu Bindungen, zur Liebe und zur Verantwortung. Insofern kann mit dem Begriff der Sexualität keinesfalls nur eine genitale Sexualität gemeint sein.

Beispiele aus der Praxis der Heimerziehung

Die Entwicklung der Sexualität ist abhängig von den jeweiligen Bedingungen der Sozialisation. In Heimen und Wohngruppen zählen zu diesen Sozialisationsbedingungen die bewussten erzieherischen Einflussnahmen ebenso wie die Einstellung und Haltung der Mitarbeiter(innen) zur Sexualität. Aber auch andere Rahmenbedingungen, wie zum Beispiel die Ausgestaltung der Zimmer, die Atmosphäre des Badezimmers und der Toilette, können im Zusammenhang mit der Sexualität wesentliche Sozialisationsbedingungen sein.

Anlässlich eines sexualpädagogischen Seminars stellte ein Gruppenleiter folgendes Problem dar: „Es kommt des Öfteren vor, dass meine Frau mich vom Dienst abholt. Besonders wenn ich längere Zeit von zu Hause weg war, haben wir beide das Bedürfnis, uns zu umarmen und zu küssen. Da wir von den Kindern dabei beobachtet werden, habe ich jedes Mal zwiespältige Gefühle. Einerseits habe ich das Verlangen zu dem körperlichen Kontakt zu meiner Frau und finde das auch ganz normal. Andererseits bin ich mir sehr unsicher, wie die Kinder darauf reagieren. Denn die haben doch niemanden, der so zärtlich mit ihnen umgeht. Und wenn nun meine Frau und ich vor den Augen der Heimkinder zärtlich sind, tue ich ihnen dann nicht weh, wecke ich nicht Bedürfnisse in ihnen, die unerfüllt bleiben?"

Eine ähnliche Problemsituation schilderte die Leiterin einer Wohngruppe, die zusammen mit ihrem Ehepartner innerhalb der Wohngruppe wohnt: „Wenn mein Mann abends von der Arbeit nach Hause kommt, dann umarmen und küssen wir uns. Besonders wenn neu aufgenommene Kinder und Jugendliche das sehen, aber auch sonst, wird darüber gelacht und gegrinst, manchmal machen Kinder auch anzügliche Bemerkungen. Ich bin der Auffassung, dass viele unserer Kinder in ihren Herkunftsfamilien Einstellungen zur Sexualität erlebten, die ihnen jetzt unser Verhalten als etwas Schmutziges oder Ungehöriges vorkommen lassen".

> In einer Heimgruppe wird ein 14-jähriges Mädchen schwanger. Sie kann ihre Schwangerschaft bis zum fünften Monat vor den Erzieher(inne)n verbergen. Das hat sie getan, weil sie das Kind auf alle Fälle bekommen möchte. Sie will ihren Freund dadurch fest an sich binden. Nach der Geburt verbleiben der Säugling und die junge Mutter in der Gruppe. Die Beziehungen zu dem Vater des Kindes bestehen weiterhin. Die Versorgung des Kindes übernehmen zum Großteil die Erzieher(innen), denn die junge Mutter ist damit total überfordert und muss sich noch um ihre Schulausbildung kümmern. Sie setzt alles daran, ihren Freund noch vor ihrer Volljährigkeit zu heiraten, hat jedoch keinerlei Chancen, die Einwilligung vom Vormundschaftsgericht zu bekommen. Für die beiden jungen Leute steht aber fest, dass sie spätestens am 18. Geburtstag der jungen Mutter heiraten werden. Da die Pflege und Erziehung des Kindes durch die Eltern aber bislang sehr nachlässig vorgenommen wurde, ist zu befürchten, dass das Kind nicht bei seinen Eltern bleiben kann und entweder zu Pflegeeltern kommen wird oder eine Heimkarriere vor sich hat.

Das Fallbeispiel zeigt auf, dass unter sexualpädagogischen Fragestellungen nicht nur eine bloße Aufklärungsarbeit zu leisten ist. Sexualpädagogik beinhaltet auch die Erziehung zur vorausschauenden Verantwortung. Ebenso wird die enge Verzahnung zwischen sexualpädagogischen und anderen pädagogischen Aufgabenbereichen sichtbar, denn warum sah die Jugendliche keinen anderen Weg, um in ihrer emotionalen Bedürfnislage eine Befriedigung zu erreichen?

In einer Wohngruppe beklagen die pädagogischen Mitarbeiter(innen) die Unsauberkeit einiger Kinder. Sie waschen sich kaum, ziehen ständig wieder schmutzige Unterwäsche an und riechen daher unangenehm. Nach dem Toilettengang säubern sie sich nicht richtig, so zeigen die Unterhosen immer deutliche „Bremsspuren". Diese Situation wird in einem Teamgespräch mit einem externen Berater erörtert. Man macht gemeinsam einen Rundgang durch das Haus und schaut sich die Toilette und das Badezimmer an. Die Toilette ist funktionell, aber atmosphärisch und real kalt und ungemütlich. An der Wand ist ein sehr kleines Waschbecken, das Wasser spritzt heraus, wenn man sich die Hände wäscht. Das Badezimmer ist nur durch eine Tür von der Küche getrennt. Die Küche wird von den Bewohnern nicht nur während der Essenszeiten, sondern auch ansonsten gerne als Kommunikationszentrum benutzt. Alles, was im Badezimmer vor sich geht, ist in der Küche sehr deutlich zu hören. In dieser Hinsicht bietet das Badezimmer keinerlei abgeschlossene Privatsphäre.

Auch in einer anderen Heimgruppe haben die Mitarbeiter(innen) Schwierigkeiten, weil Kinder sich nicht waschen wollen. Im Badezimmer sind mehrere Waschbecken und Duschen. Die Duschen sind offen, Vorhänge oder Duschtüren sind nicht vorhanden. Sowohl die Wasserhähne an den Waschbecken als auch die Duschbrausen sind so eingerichtet, dass das Wasser nur für etwa 20 Sekunden fließt, danach muss der Hebel wieder neu betätigt werden. In der Ausgestaltung dieses Badezimmers ist das Merkmal der Institution überdeutlich. Sexualerziehung ist auch ausgerichtet auf die Einstellung zur eigenen Körperlichkeit und auf körperliche Sauberkeit. Sind die Rahmenbedingungen in den Institutionen und die Vorgehensweisen der pädagogischen Mitarbeiter(innen) in dieser Beziehung förderlich oder bewirken sie möglicherweise das Gegenteil?

In einer weiteren Heimgruppe sind seit über drei Jahren drei Geschwister untergebracht, zwei Jungen und ein Mädchen, die zu Hause von ihrer Mutter und deren Freund sexuell missbraucht worden waren. Nach der Heimaufnahme wurden die Kinder mehrmals von der Polizei verhört. In dieser Zeit sollten die Erzieher(innen) nicht mit den Geschwistern über das Geschehene reden. Aber auch danach wurden von dem Erziehungsteam keinerlei Gespräche mit den Kindern über ihre Erlebnisse geführt, es wurden auch keinerlei andere Bemühungen zur Verarbeitung des Geschehenen unternommen. Da die Kinder von sich aus das Thema nicht zur Sprache brachten, sahen die Erzieher(innen) keinen konkreten Anlass, dies von ihrer Seite aus zu tun. Begünstigt wurde dieser Umstand durch einen sehr häufigen Mitarbeiter(innen)wechsel in dieser Gruppe. Während das Mädchen sich bislang scheinbar unauffällig verhält und entwickelt, zeigen die beiden Jungen Besonderheiten. Der Jüngere ist merkwürdig träumerisch, er scheint des Öfteren geistig abwesend zu sein und reagiert dann nicht auf die Umwelt. Der ältere Bruder trinkt bisweilen exzessiv Alkohol. Da er manchmal auch Wahnvorstellungen produziert, besteht der Verdacht, dass er noch andere Drogen konsumiert. Wegen dieser Problematik steht bei diesem Jungen die Verlegung in ein anderes Heim an.

In einer Mädchenwohngruppe leben Jugendliche im Alter von durchschnittlich 16 bis 19 Jahren. In einem Supervisionsgespräch wurde der Bereich Sexualität thematisiert. In der Wohngruppe sind Besuche von Freunden bis 22 Uhr erlaubt. Die Mitarbeiter(innen) wissen, dass bei solchen Besuchen auf den Zimmern der Mädchen auch sexueller Verkehr stattfindet. Darüber sprechen die Mädchen auch gelegentlich mit ihren Betreuer(inne)n. Während sexuelle Aktivitäten stillschweigend erlaubt sind, ist es aber verboten, die Zimmertür abzuschließen. Zur Begründung wurde argumentiert, dies sei auch deshalb verboten, damit im Notfall die Zimmer immer betreten werden könnten. Dieser Einwand wurde jedoch schnell entkräftet, denn es ist für alle Zimmertüren ein Generalschlüssel vorhanden. Der eigentliche Grund des Verbotes wurde im weiteren Gesprächsverlauf deutlich: Es ist den Erzieher(inne)n unangenehm, wenn eine Jugendliche die Tür abschließt, weil dann so offenkundig

> sei, was sich hinter der Tür abspiele. Außerdem fürchten sie um den Ruf der Wohngruppe, denn die Jugendlichen sollten nicht in der Öffentlichkeit erzählen können, dass sie Herrenbesuche bei verschlossenen Türen haben dürften. Da dieses Verbot ebenso für die schon volljährigen jungen Frauen gilt, wird auch an diesem Beispiel das fremdbestimmende Merkmal der Institution überaus deutlich.

Die geschilderten Beispiele aus unterschiedlichen Institutionen der Heimerziehung kennzeichnen typische Problemsituationen und Anforderungsbereiche der Sexualerziehung. Es wurde deutlich, dass sich die Sexualerziehung im Heim nicht nur gezielt der Probleme und Aufgabengebiete annehmen kann, die augenfällig zum engeren Bereich der Sexualität zählen und sich beispielsweise auf Aufklärung beschränkt. Zur Sexualerziehung im Heim und in Wohngruppen gehört auch die überlegte Gestaltung aller Rahmenbedingungen, die Einfluss auf die Sexualitätsentwicklung nehmen können. Offensichtlich wurde auch, dass besondere Vorerfahrungen und traumatische Entwicklungen bei einzelnen Kindern und Jugendlichen eine besondere und vor allem methodisch durchdachte und abgesicherte Sexualerziehung erfordern, um den weiteren Sozialisationsverlauf nicht zu gefährden und um Fehlentwicklungen und -haltungen abzubauen. Zur Schlüsselfunktion wird schließlich die individuelle persönliche Haltung der Erzieher(innen), die eine Sexualerziehung nur dann mit positiven Erfolgen praktizieren können, wenn sie sich ihrer eigenen Einstellung bewusst sind und gleichzeitig die Bereitschaft haben, diese Einstellung kritisch zu hinterfragen, zu verändern und weiterzuentwickeln.

Inhaltsbereiche und Anforderungen einer Sexualerziehung in Heimen und Wohngruppen

Sowohl die theoretische als auch die praktische Ausarbeitung des Sozialisationsbereiches Sexualität in Heimen und Wohngruppen zeigten auf, dass das spezielle sozialpädagogische Sozialisations- und Arbeitsfeld Heimerziehung besonderen Bedingungen, Einschränkungen und Gefährdungen unterliegen kann, die sich negativ auf die praktizierte Sexualerziehung auswirken können. Wenn bislang der sexuelle Bereich und dessen Sozialisierung mehr isoliert erörtert wurden, dann geschah dies in der Absicht, diesen Bereich exemplarisch und besonders zentriert darzustellen. In der Praxis wäre eine solche isolierte Betrachtungs- und Anwendungsweise der Sexualerziehung allerdings verfehlt. Denn die Sexualität und ihre Entwicklung ist nur ein Teilbereich der Gesamtpersönlichkeit. Die sexuelle Sozialisation und Erziehung ist deshalb in der Regel als integrierter Bestandteil der gesamten Sozialisation und des gesamten Erziehungsprozesses zu begreifen.

In der institutionalisierten Erziehung und Sozialisation in Heimen und Wohngruppen ergeben sich für den Teilaspekt der Sexualität die folgenden Themenbereiche, die, im Sinne eines integrativen Verständnisses, ausführlicher behandelt werden sollen:

- *Die Rollen und Haltungen der Erzieher(innen)*
  in der Sexualerziehung.
  Durch die selbst erfahrene Sozialisation, durch verinnerlichte Normen und Werte erklärt sich die Haltung und Einstellung zur Sexualerziehung. Diese eigene Haltung muss bewusst, kritisch hinterfragt und möglicherweise verändert werden.

- *Die Bedeutung frühkindlicher Sozialisationserfahrungen*
  für die Sexualerziehung.
  Hierbei handelt es sich um die speziellen, meist familiären Vorerfahrungen von Heimkindern im sexuellen Bereich; diese können die weitere sexuelle Sozialisation negativ beeinträchtigen. Sie müssen daher erkannt und pädagogisch beachtet werden.

- *Menschliche Geborgenheit als Grundvoraussetzung*
  der Sexualerziehung.
  Wie kann dieses wesentliche Grundgefühl bei Kindern und Jugendlichen entwickelt und gefördert werden, auch wenn spezifische Vorerfahrungen die Entwicklung dieses Grundgefühls hemmten und/ oder die Bedingungen der Institution erschwerende Wirkung zeigen?

- *Erziehung zur menschlichen Anteilnahme, zur Bindungs-*
  und zur Liebesfähigkeit als weitere Grundvoraussetzung
  einer glücklich erlebten Sexualität.
  Es handelt sich um die Fragestellung, ob und mit Hilfe welcher Methoden diese menschlichen Dimensionen gezielt gefördert und erlernt werden können.

- *Die Fähigkeit und Notwendigkeit zum partiellen Triebverzicht.*
  Welche Voraussetzungen und Bedingungen erfordern und legitimieren einen partiellen Triebverzicht? Wie kann die Bereitschaft zum freiwilligen partiellen Triebverzicht erreicht werden?
- *Die sexuelle Kultur in der Heimerziehung.*
  Welche Einstellungen und ethischen Handlungen können den Inhalt und den Rahmen einer sexuellen Kultur bilden?
- *Die Rahmenbedingungen des Gebäudes und die architektonische Ausgestaltung in ihrem Einfluss auf die Sexualerziehung.*
  Welche Rahmenbedingungen wirken sich hemmend und störend, welche wirken sich positiv auf die sexuelle Entwicklung aus?
- *Der Einbezug der Eltern.*
  Welche Methoden der Elternarbeit können angewandt werden, um die Eltern in die Sexualerziehung einzubeziehen?
- *Sexualpädagogische Projekte im Rahmen der Heimerziehung.*
  Erscheinen sexualpädagogische Projekte zu speziellen Themenbereichen (z.B. Homosexualität, Sexismus, Pornografie?) als sinnvoll, und wie wären diese vorzubereiten und durchzuführen?
- *Die Situation sexuell misshandelter Kinder und Jugendlicher in der Heimerziehung.*
  Erfordert die besondere Ausgangslage besondere pädagogische/therapeutische Interventionen? Sind die üblichen Institutionen der Heimerziehung für diese Personen die geeigneten Institutionen?

Voraussetzungen der sexuellen Sozialisation

Die Einstellungen und Haltungen der Erzieher(innen) innerhalb der Sexualerziehung

Heimerzieher(innen) wirken im Erziehungsgeschehen keineswegs nur durch die äußerlich erkennbaren Erziehungshaltungen, sondern zu einem wesentlichen Teil durch die ihren Handlungen zugrunde liegenden Einstellungen und Haltungen. Stimmen innere Einstellung und Erziehungshandlung nicht oder nur unvollkommen überein, ist die Gefahr diffuser und uneinheitlicher Auswirkungen gegeben. Bei einer Überein-

stimmung der Grundhaltung mit den Inhalten der planmäßigen Erziehung und deren Zielen ist das Erziehungsverhältnis durch Echtheit geprägt.
Auch wenn wir die Echtheit im Erziehungsprozess als Grundvoraussetzung einer effektiven und erfolgreichen pädagogischen Arbeit betrachten, so ist damit alleine noch keineswegs gewährleistet, dass die innere Einstellung sowie die übereinstimmende Erziehungspraxis den Bedürfnissen und Ansprüchen der jungen Menschen entsprechen. Denn wenn beispielsweise aufgrund eigener Überzeugung ein streng autoritärer Erziehungsstil durchgesetzt wird, so mag dieses Vorgehen zwar echt sein, es wäre aber ebenso wenig sinnvoll und angebracht, wie andererseits ein Laissez-faire oder etwa Erziehungshaltungen, die überwiegend durch Vorsicht und Angst geprägt sind, weil dies dem Empfinden und den Einstellungen der erwachsenen Person entspricht. Es kommt folglich auch darauf an, die eigene erzieherische Haltung zu hinterfragen, um festzustellen, ob diese der Situation einzelner Kinder und Jugendlicher beziehungsweise der des gesamten Praxisfeldes gerecht wird.
Nach sexualwissenschaftlichen Erkenntnissen „läßt sich das menschliche Geschlechtsleben nicht als biologischer Prozess definieren, sondern muß als ein Zusammenwirken genetischer, hormoneller und sozialer Einflüsse verstanden werden. Dies zeigt sich vor allem in dem außerordentlich hohen Anteil der erlernten und in dem erstaunlich niedrigen Anteil der ererbten Einflüsse auf das menschliche Geschlechtsleben" (Bornemann 1984, S. 469). Die sexuelle Entwicklung und die mit ihr einhergehenden Emotionen und Einstellungen sind folglich in hohem Maße erlernbar. Wie wir zuvor erörtert haben, wird menschliches Lernen nicht nur durch bewusste erzieherische Einflüsse gefördert, sondern mitbestimmt durch die zugrunde liegenden Einstellungen, auch wenn diese unbewusst sein mögen. Da gerade das Thema Sexualität auch im Erziehungsprozess noch sehr oft durch „Sprachlosigkeit" gekennzeichnet ist, gewinnen das Lernen am Modell und das unbewusste Lernen infolge der Einflussnahme der Erzieher(innen)haltungen an zentraler Bedeutung. Demzufolge müssten Heimerzieher(innen) zunächst Klarheit haben über ihre persönliche Einstellung zu ihrer eigenen Sexualität, um zu wissen, wie die individuelle Einstellung auf die anvertrauten jungen Menschen Wirkung zeigen kann. Nicht nur am Beispiel der Sexualität, sondern insgesamt gesehen, kann konstatiert werden, dass in der Institution Heim die vorherrschende Pädagogik relativ wenig auf Selbstre-

flexion beruht. Demgemäß werden unbewusste Motive selten erkannt, obwohl diese gleichwohl im pädagogischen Alltag realistisch vorhanden sind und Alltagshandlungen und Entwicklungen beeinflussen (Bieniussa 1986, S. 164).
Da allgemein ein Mangel an Selbstreflexion und Selbsterkenntnis zu beklagen ist, darf es nicht verwundern, dass der Bereich Sexualität hier noch besonders herausragt. Heimerzieher(innen) haben wie alle anderen erwachsenen Menschen ihre eigene sexuelle Sozialisationsgeschichte. Diese wurde geprägt durch das Elternhaus, durch die Schule, durch Freunde, Medien usw. Die Elterngeneration der heute in Heimen oder in Wohngruppen tätigen Mitarbeiter(innen) war wohl in der großen Mehrzahl selbst noch streng moralisch orientierten Erziehungseinflüssen ausgesetzt. Gespräche über Sexualität fanden in der Familie – wenn überhaupt – allenfalls zum Zwecke der Aufklärung statt. Ansonsten war dies ein tabuisierter Bereich in der Kommunikation zwischen Erwachsenen und Kindern. Obwohl unter dem Einfluss der allgemeinen gesellschaftlichen Entwicklung die nachfolgende Generation einen freieren Umgang mit der Sexualität erleben konnte, wirkte die frühere Sozialisation immer noch auf die Einstellung zur Sexualität nach. So kann auch die heutige Generation junger Erwachsener in der Regel sexuelle Freiheit nicht völlig ungezwungen genießen, weil Ängste, Vorurteile, Missverständnisse und Schuldgefühle, wenn auch in abgeschwächter Weise, über Generationen hinweg einsozialisiert wurden.
Trotz der stattgefundenen sexuellen Revolution und trotz der Vermarktung der Sexualität hat die verinnerlichte Regel – wonach die Sexualität, sexuelle Handlungen und Fantasien etwas ganz Privates darstellen und zu dem zu schützenden Intimbereich gehören – nach wie vor bei den meisten Personen Gültigkeit. Diese Überzeugung, die zum Bestandteil unserer sexuellen Kultur geworden ist, hindert aber zugleich viele daran, über sexuelle Themenbereiche innerhalb der eigenen Familie frei zu sprechen. Noch als viel schwieriger wird es aber empfunden, außerhalb seines vertrauten Personenkreises zu seiner eigenen Sexualität Stellung zu beziehen.
Heimerzieher(innen) leben heute in der Regel nicht mehr im Heim, sondern haben außerhalb eine Wohnung. Damit fehlt den jungen Menschen das anschauliche Vorbildverhalten, wie innerhalb einer Partnerschaft liebevoll und zärtlich miteinander umgegangen wird oder Probleme gelöst werden können. Auch wenn in Wohngruppen Erzieher(innen) mit

ihren Partner(inne)n gemeinsam leben, ist zumeist eine deutliche Trennung zwischen Privat- und Dienstbereich vorhanden. Damit wären solche in der Familiensozialisation stattfindenden Lernvorgänge am Vorbild und durch Identifikation für diesen zwischenmenschlichen Beziehungsbereich nur eingeschränkt möglich.
Wie können die Mitarbeiter(innen) in Heimen und Wohngruppen diese eher negative Voraussetzung der sexuellen Sozialisation verändern? Grundvoraussetzung wäre wohl zunächst die Anerkennung der Sexualität als Lernfeld. Außerdem müsste erkannt und zugleich anerkannt werden, dass die eigene Persönlichkeit und die verinnerlichten, bewussten und unbewussten Einstellungen, Ängste und Normen den Erziehungsprozess beeinflussen. Da es für eine zielgerichtete Erziehung und Sozialisation wesentlich ist, die beeinflussenden Faktoren zu kennen, ist die nächste Forderung die nach Selbsterkenntnis oder Selbsterfahrung. Denn nur wer seine eigene Einstellung zu sexuellen Fragen genau kennen gelernt hat, kann in diesen Anforderungen des Praxisfeldes reflektierte Pädagogik anwenden. Aus der Kenntnis der eigenen Geschichte heraus kann so beispielsweise erklärbar werden, warum man bislang sexuelle Bedürfnisse von Kindern und Jugendlichen nicht wahrgenommen hatte, oder dass sexuelle Ansprüche und Aktivitäten von Jugendlichen deshalb abgelehnt wurden, weil sie den eigenen Vorstellungen in keiner Weise entsprachen und vielleicht Ängste bei einem selbst auslösten. „Sexualerziehung ist jener Erziehungsbereich, von dem jeder Erzieher unmittelbar selbst betroffen ist, der darum von ihm nicht nur Reflexion, sondern Revision seines Sexuallebens und damit Um- und Selbsterziehung verlangt" (Kentler 1970, S. 11). Da die Sexualität für viele Menschen mit Ängsten und Schuldgefühlen besetzt ist, lassen sich gerade in diesem Bereich die klassischen psychoanalytisch begründeten Phänomene von Abwehr- und Verdrängungsmechanismen und von Projektionen nachweisen. Die oftmals vorgefundene Sprachlosigkeit muss überwunden werden, das Sprechen über Sexualität „ist weder einfach noch selbstverständlich, weil uns häufig die angemessene Sprache fehlt. Das Projekt der Sexualerziehung beinhaltet also einen Sprachfindungsprozess – denn wir können die Sprache der Sexualität nicht länger den Medizinern und Juristen einerseits und den Pornoproduzenten andererseits überlassen" (Ammicht-Quinn 1998, S. 9).

Möglichkeiten der Selbsterfahrung und Selbstreflexion

„Weil Erziehung sich im pädagogischen Bezug ereignet, sind Persönlichkeit und sexuelle Identität der Erziehenden ganz besonders wichtig. Daraus folgt, dass sich Sexualerziehende selbst kennen lernen sollten" (Sielert 2005, S. 167).

Selbsterfahrung und Selbstreflexion gelingen nur selten in der isolierten Auseinandersetzung mit sich selbst. Der an Selbsterfahrung Interessierte benötigt die Erfahrung, wie sein eigenes Verhalten auf andere wirkt. Durch das Feedback wird es oftmals erst möglich, seine verinnerlichte Haltung objektiver zu erkennen. Da in Heim- und in Wohngruppen immer mehrere pädagogische Mitarbeiter(innen) zusammenarbeiten, sind Auseinandersetzungen über sexualpädagogische Fragestellungen und über die eigene Einstellung zur Sexualität innerhalb des Teams zu fordern. Selbst wenn alle Beteiligten sich darüber einig wären, die Sexualpädagogik ernst zu nehmen und die Absicht äußern, sie planmäßig und zielgerichtet in den pädagogischen Alltag zu integrieren, könnte am Beginn einer solchen Neuorientierungsphase das Team an der eigenen Aufgabenstellung scheitern. Viele Erfahrungsberichte aus der Praxis zeigen deutlich auf, dass eine abgestimmte Teamarbeit über sexualpädagogische Inhalte nicht zustande kommt, weil die Selbsterkenntnis der betroffenen Mitarbeiter(innen) nicht gelingt. Da jedes Teammitglied selbst betroffen ist und aller Erfahrung nach die Auseinandersetzung mit der eigenen Sexualität zunächst als unbequem und als unangenehm empfunden werden kann, wird dieser Thematik oft ausgewichen und werden andere Fragestellungen, die weniger mit eigenen Ängsten besetzt sind, behandelt. Dieser Vorgang ist dann allerdings nicht notwendigerweise bewusst. Zeitprobleme oder andere, dringlicher erscheinende Aufgabenfelder werden oft vorgeschoben, um die zugrunde liegende Ausweichtendenz zu kaschieren.

Es kann daher angebracht sein, weil dann die spätere Arbeit wahrscheinlich effizienter wird, den Beginn der zentrierten Auseinandersetzung mit der Thematik Sexualität außerhalb des beruflichen Alltagsgeschehens zu suchen. Gute Erfahrungen wurden beispielsweise mit sexualpädagogischen Seminaren gemacht, zu denen entsprechende Expert(inn)en in die Institution als Moderator(inn)en eingeladen wurden (Hirschfeld-Balk 1985). Diese Vorgehensweise bietet den Vorteil, dass – wenn auch nicht unbedingt zu einem Termin – wirklich alle Mitabeiter(innen) sich beteiligen können. Wenn sich dies in der Praxis nicht realisieren lässt, so wäre eine andere Möglichkeit, externe Fortbildungsveranstaltungen zu besuchen, in denen sexualpädagogische Fragestellungen unter dem Aspekt der Selbsterfahrung behandelt werden. Es würde sich hierbei empfehlen, dass nach Möglichkeit mehrere Erzieher(innen) aus einer Gruppe die gleiche Veranstaltung besuchen und dass innerhalb einer kürzeren Zeitspanne alle Teammitglieder eine solche externe Fortbildung wahrgenommen haben.

Die intensive Begegnung mit der Thematik und die eingeleiteten Selbsterfahrungsprozesse können dann die Grundlage bilden für den Austausch innerhalb des Teams; die eigenen Standpunkte werden deutlich, es können die spezifischen Elemente der sexualpädagogischen Vorgehensweise erarbeitet und abgestimmt werden.

Die sexuelle Sozialisation unter dem Aspekt der Wohnbedingungen

Sozialisations- und Erziehungsprozesse werden üblicherweise innerhalb der Abfolge zwischenmenschlicher Beziehungsstrukturen betrachtet. Diese reduzierte Sichtweise lässt den Umstand der Einflussnahme der sächlichen Umweltbedingungen jedoch außer Acht Da die nähere Umwelt aber wiederum durch Mitmenschen gestaltet wurde, ist auch hierbei die Wechselbeziehung zu Personen indirekt festzustellen. Wir sehen in der sexuellen Sozialisation von Kindern und Jugendlichen keineswegs primär die Reifung und Entwicklung sexualbiologischer Funktionen, sondern vor allem die emotionalen Grundlagen und Entfaltungsmöglichkeiten, die zu einem glücklichen und selbsterfüllenden Umgang mit der eigenen Sexualität als notwendig gelten.

Als emotionelle menschliche Grunddimensionen, die auch den Wesensbereich der Sexualität bestimmen und deren Entwicklung unter dem Aspekt der Milieueinwirkung zu beurteilen sind, können genannt werden:

- das Gefühl, angenommen zu sein,
- die Erfahrung von Liebe und Geborgenheit,
- die Selbsterfahrung und die Selbstidentifikation.

Insbesondere Kinder oder Jugendliche, die neu in eine Institution der Heimerziehung aufgenommen werden, benötigen die Sicherheit, mit der Aufnahme auch als Person angenommen worden zu sein. Mehringer bezeichnet diesen pädagogischen Vorgang, der eigentlich ein Gewährenlassen, um zu sich selbst zu finden, darstellt, treffsicher als „Nachbergen" (Mehringer 1998, S. 29ff.). Dieser Prozess des Nachbergens vollzieht sich nicht nur in der direkten Kommunikation mit den erwachsenen Bezugspersonen, hier zählt auch, welche Räumlichkeiten ich vorfinde und ob diese das Gefühl, angenommen zu sein, behindern oder unterstützen. Hat die neue Umgebung überhaupt eine Atmosphäre, die positiv auf mich wirken kann oder werden durch sie meine Ängste und Vorurteile gegenüber der Institution bestätigt? Kann man an der Ausgestaltung der Gemeinschaftsräume, an den scheinbaren Kleinigkeiten, wie beispielsweise der Tischdecke, dem Blumenschmuck, den Bildern und den Vorhängen spüren, dass sich die Erwachsenen Gedanken um mein Wohlergehen machen? Wie wirkt das Zimmer auf den jungen Menschen? Ist es uniform möbliert oder gestattet es Individualität? Können die Möbel umgestellt werden, um vielleicht Rückzugsnischen herzustellen? Werde ich ermuntert, mein Zimmer selbst auszugestalten, nach meinen Wünschen und Bedürfnissen zu dekorieren und unterstützen mich die Erzieher(innen) dabei?

Schwierige Kinder und Jugendliche, solche mit Verhaltensauffälligkeiten, sind oft überfordert, selbst eine schöne wohnliche Atmosphäre herzustellen. Sie brauchen die Anleitung und die Geschmacksorientierung an der erwachsenen Bezugsperson, auch weil sie in ihrer Herkunftsfamilie vieles nicht kennen gelernt haben. Bei dieser Orientierung ist die Hilfe zur individuellen Geschmacksbildung Zielsetzung, nicht etwa das Überstülpen eigener Vorstellungen. Bisweilen verzweifeln Mitarbeiter(innen) in Heimen und in Wohngruppen an dieser Aufgabenstellung, weil in den Zimmern Unordnung und Chaos herrschen, und wenn eine schöne Ausgestaltung entweder nie erreicht oder in kürzester Zeit wieder zunichte gemacht wird. Die Kinder seien destruktiv und nicht fähig, ist die dann oft geäußerte resignative Schlussfolgerung. Dabei wird in der Praxis schnell übersehen, dass junge Menschen und zumal solche mit Schwierigkeiten sehr schnell überfordert sein können, wenn sie ihr Zimmer ständig selbst in Ordnung halten müssen und wenn nach Phasen der Zerstörung oder einfach des Verwohnens nicht permanent die Hilfestellung der Erwachsenen angeboten wird. Auch das durchschnittliche Familienkind bleibt diesen Anforderungen in der Regel nicht alleine ausgesetzt, sondern es erfährt die Unterstützung und Fürsorge der anderen Familienmitglieder. So gesehen erklären sich manche verwahrlost oder kärglich und kahl anmutenden Zimmer in Heimen und Wohngruppen auch mit der Überforderungssituation beziehungsweise der scheinbaren Nichtzuständigkeit der pädagogischen Mitarbeiter(innen). Kehren wir nochmals zu den schon angeführten menschlichen Grunddimensionen zurück. Innerhalb der Sozialisation bilden die Gefühle beziehungsweise die Gewissheiten, als Person angenommen zu werden, Liebe und Geborgenheit zu erfahren sowie die Möglichkeit, sich innerhalb der personellen und sachbezogenen Umweltbegegnungen auch selbst zu entdecken und zu identifizieren, die Grundlagen der Persönlichkeitsentfaltung. Erzieher(innen) sind sich üblicherweise dieser Bedeutung bewusst und sie werden bemüht sein, die Entwicklung solcher Grundlagen im pädagogischen Umgang mit Kindern und Jugendlichen zu ermöglichen und zu fördern. In Erziehungsprozessen kommt es sehr auf Echtheit und Eindeutigkeit an. Wenn nun das vorzufindende räumliche Milieu nicht den eigentlich gewollten und geplanten pädagogischen Zielsetzungen entspricht, dann herrscht schon eine relative Uneinheitlichkeit vor. Wahrscheinlich bewirkt ein ungünstiges Milieu innerhalb der Heimerziehung, dass die pädagogischen Mitarbeiter(innen) ihrer ursprünglichen Intention nicht mehr sicher folgen können, weil sie Gegensätzliches wahrnehmen und Differenzen zwischen der geplanten personellen Pädagogik und den vorherrschenden pädagogischen Rahmenbedingungen erleben.

Die sexuelle Entwicklung mit dem Ziel eines glücklichen, selbst verwirklichten und verantwortungsvollen Sexuallebens basiert neben den anderen Sozialisationsbereichen besonders stark auf den Erfahrungen von Angenommensein, von Liebe und Geborgenheit und auf der Selbstidentifikation. Wenn ich mich als junger Mensch in meiner häuslichen Umgebung nicht angenommen fühle und gut aufgehoben weiß, dann kann die Fähigkeit, sich hingeben zu können und sich auf andere einzulassen, kaum entwickelt werden. Wenn ich mein Zimmer und die anderen Räumlichkeiten, in denen ich mich permanent aufhalte, als lieblos erlebe und hier keine Geborgenheit empfinde, wie wäre es dann möglich, wirklich liebensfähig gegenüber Mitmenschen zu werden und selbst das Gefühl von Geborgenheit an Partner weiterzugeben? Wenn das Umgebungsmilieu eine Selbstidentifikation eigentlich nicht zulässt, weil die Ausgestaltung fremdbestimmenden Charakter einnimmt, und ich daran gehindert werde, einen persönlichen Geschmack in der praktischen Verwirklichung weiterzuentwickeln, dann weiß ich kaum, wer ich selbst bin. Die nicht oder nur unvollständig vorhandene Selbstidentifikation beschwört Unsicherheiten und Gefährdungen in zwischenmenschlichen Beziehungen herauf, denn wer sich selbst nicht entdecken konnte, wird nur eingeschränkt in der Lage sein, offen andere entdecken zu können und sich selbstsicher einzulassen. Wer sich im eigentlichen Sinne ständig auf der Suche nach sich selbst befindet, wird in seiner Bindungsfähigkeit beeinträchtigt sein.

Eine positiv erlebte sexuelle Sozialisation dient der Selbstfindung (Bittner 1982, S. 19), nicht nur in den sexuellen, sondern ebenso in den anderen Persönlichkeitsbereichen. Gerade die Kinder und Jugendlichen, die in stationären Einrichtungen der Jugendhilfe leben, haben gegenüber anderen objektivierbare Nachteile in dem Erleben der beschriebenen emotionalen menschlichen Grunddimensionen. Sie haben Nachteile, weil sie vielfach hierin in ihren Herkunftsfamilien Enttäuschungen und Versagungen erfahren mussten. Sie haben weiterhin Nachteile, weil die zwischenmenschlichen Beziehungen zu den erwachsenen Bezugspartnern in der Institution ihnen jederzeit verdeutlichen, dass die erlebten und erwünschten Emotionen von und zu den professionellen Erzieher(inne)n von einer anderen Qualität sind und sein müssen als innerhalb der echten Eltern-Kind-Beziehung.

Da diese Nachteile offenkundig sind, müssten sie innerhalb der Praxis ausgeglichen werden. Am Beispiel der sexuellen Sozialisation wurde deutlich, dass vielfach die ungünstige Ausgangslage durch schlechte räumliche Rahmenbedingungen noch verstärkt werden kann. Die bewusste Gestaltung eines wirklich milieutherapeutischen Umfeldes könnte hingegen dazu verhelfen, die abträglichen und entwicklungshemmenden Einflussgrößen zumindest teilweise zu kompensieren. Verstärkt würde eine solche Kompensation durch den Umstand, dass eine positiv ausgerichtete personelle Pädagogik und positiv gestaltete sächliche Rahmenbedingungen eine einheitliche Zielsetzung erlauben.

Während bislang der Zusammenhang zwischen den räumlichen Rahmenbedingungen und der sexuellen Sozialisation mehr allgemein erörtert wurde, wenden wir uns nun exemplarisch dem Zimmer des Kindes/ des Jugendlichen zu, dem Badezimmer und den Toiletten.

KAPITEL X: SEXUALITÄT IN HEIMEN UND WOHNGRUPPEN

Das eigene Zimmer

In Heimen und Wohngruppen teilen sich Kinder und Jugendliche ein Haus oder eine Gruppenwohnung innerhalb einer Gruppierung, deren Mitglieder sich häufig beziehungsweise teilweise nach dem Zufallsprinzip zusammensetzen. Nicht immer wird es der Institution gelingen können, die Gruppenzusammensetzung in bewusster pädagogischer Planung zu realisieren. Wenn Plätze frei werden, haben die pädagogischen Mitarbeiter(innen) schon Vorstellungen darüber, welches neu aufzunehmende Kind die bestehende Gruppe idealerweise ergänzen könnte, die Wünsche stimmen jedoch oftmals nicht mit den Aufnahmeanfragen überein. Zu gewissen Zeiten kann eine Heim- oder Wohngruppe sehr beständig sein, zu anderen Zeiten kann die Fluktuation sehr groß werden, wenn Kinder und Jugendliche in ihre eigenen Familien entlassen werden, in Pflegefamilien oder in andere Institutionen überwechseln oder als junge Erwachsene außerhalb des Heimes ein selbstständiges Leben beginnen. Diese Umstände mögen bei dem Einzelnen den Eindruck verstärken, dass er die Wohnräume mit anderen Personen teilen muss, die gut oder weniger gut zu ihm passen, die er sympathisch findet oder nicht ausstehen kann, die möglicherweise genau dann entlassen werden, wenn man sich angefreundet hat. Instabile und weniger verbindliche Strukturen innerhalb einer Gruppe können den Prozess der Selbstidentifikation erschweren. Insbesondere zu Beginn eines Heim- oder Wohngruppenaufenthaltes können Momente der Fremdheit durch die vorgefundene Umgebung eintreten, die man nicht selbst mitgestaltet hat und deren Entwicklung nicht nachvollziehbar erscheint. Selbstverwirklichung und Selbstidentifikation sind innerhalb der personalen Begegnungen zu fördern. Gleichzeitig muss als weitere Grundlage dieser Entwicklungsprozesse auch die Situation des räumlichen Angenommenseins und Wohlbefindens in Betracht gezogen werden. Die pädagogische Zielsetzung wäre hierbei, dass sich die jungen Menschen in den Institutionen wirklich daheim fühlen und ihre Gruppenwohnung als das Zuhause definieren können, wo sie gerne in Kommunikation und in Aktion mit den anderen Gruppenmitgliedern treten.

Bei Kindern und Jugendlichen, die in Institutionen der Jugendhilfe aufwachsen, stellt sich der Identifikationsprozess mit den institutionellen Räumlichkeiten insgesamt in nicht seltenen Fällen als sehr kompliziert heraus. Es erscheint daher ratsam, diesem Prozess eine Basis zu geben, von der aus notwendige Übertragungen möglich werden. Der Raum, in dem eine Selbstverwirklichung beginnen sollte und mit dem eine Identifikation wahrscheinlich am ehesten stattfinden kann, stellt das eigene Zimmer dar. Da wir Selbstverwirklichung und Identifikation auch als Grundlage der sexuellen Sozialisation begreifen, soll die Ausgestaltung des eigenen Zimmers – nur der besonderen Thematik wegen verengend – unter diesem Aspekt betrachtet werden.

In den heutigen Heimen bewohnen in der Regel zwei Kinder gemeinsam ein Zimmer. Dies ist auch zu befürworten, um zum Beispiel Ängsten vor dem Alleinsein entgegenzuwirken, und es entspricht dem kindlichen Kommunikationsdrang, einen Gesprächs- und Aktionspartner zu haben. Durch raumteilende Möbel können in solchen Zweierzimmern Individualbereiche entstehen, die den Privatbereich des Kindes deutlich kennzeichnen. Dieser kann zum Sichzurückziehen aufgesucht werden, zur Beschäftigung mit sich selbst und mit seinem Körper, ohne dass man sich vor fremden Blicken verstecken müsste.

Der Individualbereich wäre nach den Vorlieben und Bedürfnissen des Kindes auszugestalten, es benötigt hierbei die Unterstützung der Erwachsenen, soll sich aber in der eigenen kleinen Umwelt selbst erkennen können. Einen besonderen Stellenwert nimmt das Bett ein. Es kann sehr wichtig werden, als Zufluchtstätte, als Insel der Geborgenheit, wo Ängste und Kümmernisse kleiner werden, aber auch über freudige Tagesereignisse nachgedacht werden kann und Pläne für folgende Tage entstehen. Im Bett machen Kinder unbewusst und bewusst intensive Erfahrungen mit ihrem eigenen Körper. Da solche Erfahrungswerte für die Entwicklung insgesamt und für die sexuelle Sozialisation insbesondere als notwendig erscheinen, ist die Beschaffenheit des Bettes zum pädagogischen Aufgabenbereich zu zählen. Kinder und Jugendliche in Heimen und Wohngruppen sollten die Möglichkeit haben, sich ihr Bett selbst auszuwählen, eines, das im vertretbaren Rahmen ihren speziellen Wünschen und Bedürfnissen nachkommt. Es ist dann ihr Bett und nicht das, welches eben zufällig vorhanden war. Ebenso verhält es sich mit der scheinbar völlig banalen Angelegenheit der Bettwäsche. Nur in seltenen Fällen kann diese selbst in Geschäften ausgewählt werden, oder man bekommt seine individuelle Bettwäsche von dem/der Bezugserzieher(in) gekauft, weil man selbst noch kein Interesse dafür entwickelt hat, aber dennoch spürt, dass jemand sich Gedanken um das persönliche Wohlergehen gemacht hat. Die Betten in Heimen und Wohngruppen sehen häufig sehr mitgenommen, ja verwahrlost aus, die Wäsche ist verschmutzt, das Bettzeug total in Unordnung. Weil in diesen Institutionen das eigene Bett auch tagsüber viel häufiger als Rückzugsnische benutzt und als Spiel- und Sitzfläche eingesetzt wird, erklären sich Unordnung und Verschmutzung schnell. Das Gefühl, wie angenehm und wohlig man in frischer Bettwäsche schläft, ist allseits bekannt. Die Alternative ist nun nicht, den Kindern das Bett tagsüber zu verbieten, sondern liegt darin, einfach die Bettwäsche viel öfter zu wechseln. So kann durch sehr einfache und nicht kostenintensive Maßnahmen (Sachkosten machen nur einen Bruchteil der Heimkosten aus!) erreicht werden, dass Kinder ihre wichtigen emotionalen und körperlichen Erfahrungen in einer angenehmen Atmosphäre erleben und mit dem Gefühl von Sicherheit und Geborgenheit zugleich die liebevolle Fürsorge der Erwachsenen verbinden.

Bisweilen kommt es vor, dass wegen der Fluktuation und dem vorhandenen Aufnahmedruck Kinder mit einem größeren Altersunterschied sich ein Zimmer teilen müssen. Wenn beispielsweise ein Dreizehnjähriger mit einem Achtjährigen ein gemeinsames Zimmer bewohnt, dann sind die individuell anzutreffenden sexuellen Entwicklungsbereiche so weit auseinander, dass beide in ihrer weiteren Entwicklung hemmend oder überfordernd beeinträchtigt wären. Eine solche Notlösung in der Zimmerbelegung kann pädagogisch niemals begründet sein.

Jugendliche bevorzugen meist ein Zimmer für sich allein. Diesem Wunsch nach größerer Individualität und ungestörter Selbstentfaltung sollte die Institution auch entsprechen können, ohne hieraus allerdings einen Zwang für das Alleinwohnen von Jugendlichen abzuleiten. Es braucht hier nicht näher erläutert werden, dass die ersten Kontakte mit dem anderen Geschlecht in einem Zimmer, das von zwei Personen bewohnt wird, sehr viel eingeschränkter, gehemmter und komplizierter stattfinden als im allein bewohnten Zimmer. Wenn Jugendliche ihren eigenen Raum so ausgestalten können, dass sie sich mit ihm identifizieren und sie stolz auf ihr Reich sind, so werden sie auch Besucher, ihre Freunde und Freundinnen gerne zu sich nach Hause einladen. Partnerbeziehungen finden unter solchen Umständen dann nicht nur überwiegend außerhalb der Institution statt.

Die in den vorgenannten Überlegungen enthaltene Zentrierung auf den individuellen Zimmerbereich darf nicht missverstanden werden. Es kann sich nicht darum handeln, eine Fixierung ausschließlich auf die Privatsphäre anzustreben. Wenn aber über den räumlichen Individualbereich eine Selbstverwirklichung und Identifizierung gelingt, dann ist auch mit einer Übertragung auf die anderen Wohn- und Gruppenbereiche zu rechnen.

Die Frage der Schlüsselgewalt

Wenn Heimkinder ihr eigenes Zimmer als ihr individuelles Refugium verstehen, als den Ort, der ihnen räumliche Sicherheit und Geborgenheit vermitteln kann, dann ist dieser Privatbereich auch schützenswert. In der Praxis hat dies zur Folge, dass das Anklopfen an der Zimmertür auch für Erwachsene zur selbstverständlichen Gepflogenheit wird. Dadurch drücken sich gewissermaßen auch symbolisch der Respekt und die Achtung vor dem Kind aus, und es ist den Erzieher(inne)n durchaus zuzumuten, dass diese ein Zimmer nicht betreten, wenn von innen nach dem Anklopfen gerufen wird, man solle jetzt nicht stören. Diese Achtung der Privatsphäre kann schließlich auch nur dann von Kindern und Jugendlichen erwartet und verlangt werden, wenn sie aufgrund des Lernens am Modell solches Verhalten selbst verinnerlichen.

Sollen Jugendliche, die in Heimen oder in Wohngruppen leben, einen eigenen Zimmerschlüssel haben und dürfen sie diesen auch benutzen? Kann es zugelassen werden, dass sie mit ihren Sexualpartnern hinter der verschlossenen Tür intime Beziehungen aufnehmen? In vielen Einrichtungen werden diese Fragen eindeutig verneint. Ein sehr häufiges Argument gegen verschlossene Zimmertüren lautet, dass man im Notfall schnell zur Stelle sein müsse. Bei genauerer Betrachtung erscheint diese Argumentation nicht als stichhaltig. Denn wenn sich Menschen wirklich etwas antun wollen, dann finden sie hierzu leicht eine Gelegenheit, auch wenn die Türen unverschlossen sind (Bettelheim 1983b, S. 174). Wenn jungen Menschen verboten ist, ihre Tür zu verschließen und dieses Verbot mit der Angst vor Fehlreaktionen und Kurzschlusshandlungen begründet wird, dann ist in dieser Begründung eine negative Erwartungshaltung zu erkennen, die sich den Jugendlichen vermittelt. Im Sinne einer sich selbst erfüllenden Prophezeiung könnten sich Jugendliche in der Tendenz genauso verhalten, wie es negativ befürchtet wird. Demgegenüber wären positive Erwartungshaltungen in der Lage, positive Verhaltensweisen zuzulassen und in ihrer Entwicklung zu fördern.

Das oft generelle Verbot, Zimmertüren abzuschließen, hängt in Wahrheit wahrscheinlich sehr viel weniger mit der Angst vor Notsituationen zusammen – auf die Generalschlüssel, die dann zur Hand wären, wurde schon einmal hingewiesen, darüber hinaus kann eine Tür auch aufgebrochen werden –, als mit der Einstellung der pädagogischen Mitarbeiter(innen) zur Sexualität und speziell zu den möglichen sexuellen Aktivitäten der anvertrauten Jugendlichen. Da aktive Sexualität im Jugendalter eigentlich nicht mehr vernünftig begründbar zu verbieten ist, könnte mit den nicht zu verschließenden Türen doch noch eine Möglichkeit vorhanden sein, sexuelle Handlungen indirekt für nicht möglich zu erklären oder diese doch quantitativ stark einzuschränken. Es mag auch von den Erzieher(inne)n als peinlich empfunden werden, wenn sie wissen oder vermuten, dass hinter der verschlossenen Tür intimer Verkehr stattfindet. Vielleicht wird dies auch unter den Rahmenbedingungen einer altersgemischten Gruppe für die jüngeren Kinder als nicht angemessene Vorbildsituation verstanden.

Solche emotionalen Reaktionen sind verständlich, weil sie ihren Ursprung in der eigenen Sexualitätsgeschichte der Betroffenen haben. Die Frage, was für die Gruppe ein angemessenes Verhalten darstellt, lässt sich klären und vielleicht neu bestimmen, wenn sie innerhalb des Mitarbeiter(innen)teams offen erörtert und auch die eigene emotionale Beteiligung transparent wird. An solchen Gesprächen sollen auch die Jugendlichen beteiligt werden, sie sollen und können wissen, was den Erwachsenen peinlich ist (Kentler 1981, S. 124f.). Denn nur wenn die Jugendlichen die Einstellungen ihrer erwachsenen Bezugspersonen wirklich gut kennen gelernt haben, sind sie auch in der Lage, aus eigener Einsicht heraus Kompromisse einzugehen, und es kann im gemeinsamen Gespräch nach Lösungsmöglichkeiten gesucht werden. Es stellt keine Lösung dar, wenn in solchen Situationen die Sexualität von Jugendlichen mit Verboten belegt, Missachtung oder gar Verachtung ausgedrückt würde. Die Sexualität wäre dann in einen zwielichtigen Bereich gerückt, sie wäre mit Schuldgefühlen und mit Angst verbunden. Jugendliche sollten auch nicht dazu genötigt werden, ihr sexuelles Verlangen in möglichen beziehungsweise vielmehr unmöglichen Situationen außerhalb der Institution stillen zu müssen. Denn eine natürliche Einstellung zur eigenen Sexualität, zu der auch das Erleben sexueller Aktivitäten in angenehmer Atmosphäre gehört, wäre unter solchen Rahmenbedingungen gefährdet.

Die Vorstellung, dass eine pädagogisch freizügige Einstellung zur Sexualität zu einer sexuellen Verwahrlosung führen könnte, ist unbegründet (Kentler 1981, S. 130). Denn hinter sexuellen Problemen verbergen sich in aller Regel andere soziale Schwierigkeiten, die jedoch leicht zu übersehen sind, wenn Jugendliche, geradezu wie fixiert, ausschließlich oder überwiegend in ihren sexuellen Verhaltensweisen wahrgenommen werden.

Toiletten und Badezimmer

Eine Besuchergruppe wird durch ein Heim geführt und betritt das Badezimmer einer Gruppe. Der Raum ist blitzsauber, an einer Wand sind fünf Waschbecken aneinander gereiht, daneben hängen die bunten Handtücher der Bewohner, auf Ablagen befinden sich Zahnputzbecher und andere Waschutensilien. An der anderen Seite des Badezimmers sind drei Duschkabinen, in einem Nebenraum ist eine Badewanne. Neben dem Badezimmer ist ein weiterer Raum mit vier Toilettenkabinen. „Das ist ja hygienisch alles ganz toll", meint einer der Besucher und die anderen stimmen ihm zu.
Keiner von ihnen macht sich aber offensichtlich Gedanken darüber, ob man selber unter den vorgefundenen Bedingungen womöglich jahrelang seine tägliche Körperpflege verrichten möchte und ob es als angenehm empfunden werden kann, immer davon ausgehen zu müssen, dass beim Toilettengang der Raum gleichzeitig auch von anderen Personen benutzt wird. Für junge Menschen, die in Heimen aufwachsen, wird dies als ganz normale Situation angesehen und in der Fachliteratur sind kaum einmal pädagogische Überlegungen zu der Gestaltung von Badezimmern und Toiletten zu finden. Es scheint so zu sein, dass in der Praxis der Heimerziehung vor allem die Hygiene und Pflegeleichtigkeit die anzutreffenden inhaltlichen Bestimmungen dieser Funktionsräume darstellen. In Wohngruppen sind zwar in der Regel nicht so große Bäder und Toilettenanlagen vorhanden, weil die architektonischen Rahmenbedingungen hier mehr an familiären Wohnverhältnissen orientiert sind. Dennoch kann auch hier oft festgestellt werden, dass Toiletten und Badezimmer sehr sterile oder lieblos wirkende Räumlichkeiten sind, die keinerlei Ausstrahlung haben und denen auch keine pädagogische Funktion beigemessen wird.
Betrachten wir also wiederum unter dem Aspekt der sexuellen Entwicklung Badezimmer und Toiletten in ihrer möglichen sozialisierenden Wirkung. Die Sexualorgane sind zugleich auch Ausscheidungsorgane.

Die Einstellung zu den Ausscheidungsorganen und den Ausscheidungsvorgängen bestimmt daher die Einstellung zur Sexualität mit. „In dieser Nähe von Zeugungs- und Ausscheidungsfunktionen liegt es wohl begründet, das die Geschlechtlichkeit oft als schmutzig und befleckend empfunden wird" (Bittner 1971, S. 57).

Einige Kinder und auch Jugendliche haben vielleicht Probleme mit ihrer körperlichen Sauberkeit. Dies kann in vielen Fällen durch die Erfahrungen innerhalb der Herkunftsfamilie begründet sein Diese Tendenzen können nun verstärkt auftreten oder erst neu entstehen, wenn die zur Verfügung stehenden Toiletten und Badezimmer als ungemütlich empfunden werden, auch weil man sich hier kaum einmal wirklich ungestört aufhalten kann und daher die Motivation, sich längere Zeit mit seiner Körperpflege zu beschäftigen, nicht besteht. Kinder und Jugendliche, die die Toilette und sich selbst schmutzig hinterlassen, die sich nicht gerne waschen und ab und zu duschen oder baden, ernten entsprechende Reaktionen von ihren Erzieher(inne)n. Diese bezeichnen solches Verhalten als Schweinerei, sie ekeln sich vor dem unangenehmen Körpergeruch und drücken ihre Missachtung deutlich aus. Wenn die jungen Menschen diese negativen Erfahrungen in Bezug auf ihre Körperlichkeit und auch auf ihre Ausscheidungsorgane erleben, dann liegt es nahe, dass solche Negativaspekte auch auf die Einstellung zu den Sexualorganen und damit zur Sexualität übertragen werden können.

Auf der Toilette und vor allem im Badezimmer kann der eigene Körper intensiv kennen gelernt werden. Dieses Kennenlernen der eigenen Körpersphäre gilt als wesentlicher Ausgangspunkt der sexuellen Sozialisation. Damit dies gelingen kann, müssten die Räumlichkeiten, in denen dies geschieht, Gefühle des Wohlbehagens und der Entspannung fördern. Baden und Duschen sind nicht lediglich Vorgänge der Hygiene. Sie besitzen auch Symbolwert, man duscht abends vielleicht sehr lange, weil man unbewusst auch die Anstrengungen und Frustrationen des Tages „abwaschen" möchte.

Toiletten und Badezimmer sollten daher so ausgestattet sein, dass sie zum Verweilen einladen. Dies kann der Fall sein, wenn sie nicht nur funktionsgerecht, sondern zugleich harmonisch eingerichtet sind, mit farbigen Kacheln beispielsweise und anderen dekorativen Elementen, die den Geschmack der Benutzer treffen. Auch Toiletten und Badezimmer können innerhalb einer Heimgruppe dezentralisiert werden. Denn es ist viel angenehmer, sein Badezimmer mit nur zwei oder drei weiteren Personen teilen zu müssen, als mit allen Gruppenmitgliedern. In neu erbauten Heimen wurde teilweise dazu übergegangen, für jeweils zwei Kinderzimmer ein integriertes Badezimmer zu errichten. In anderen Fällen können insbesondere Jugendliche über ein Badezimmer ganz allein verfügen. Dies lässt dann die intensivere und vor allem unbeobachtete Beschäftigung mit seinem eigenen Körper zu, die individuell ausgerichtete Körperpflege wird unter diesen Umständen erst richtig möglich. Vor allem für weibliche Jugendliche, die sich oftmals sehr intensiv pflegen wollen und Kosmetika entdeckt haben, wäre das eigene oder nur von zwei Personen zu benutzende Bad ein großer Vorteil. Bestehende große Badezimmer und Toilettenräume in Heimen lassen sich in den meisten Fällen durch Umbaumaßnahmen in kleinere Einheiten dezentralisieren. Wichtig wäre, dass wirklich alle Kinder und Jugendlichen ein eigenes Stammbadezimmer haben, das nur mit wenigen zu teilen ist und den Bedürfnissen entspricht. Die Toiletten müssen auf jeden Fall abschließbar sein, die Intimsphäre ist auch bei Kindern schützenswert. Ein großer Spiegel im Badezimmer eröffnet die Möglichkeit, seinen Körper nackt zu betrachten; dies würde die eigene Körpererfahrung ebenfalls unterstützen.

Bruno Bettelheim war in seiner Milieutherapie davon überzeugt, dass das Badezimmer für die Therapie eine sehr wichtige Rolle einnimmt. Die psychisch kranken Kinder in der „Orthogenetic School" wiesen eigentlich immer eine ungünstige oder kranke Einstellung zu ihrem Körper auf. Auch in der schönen Atmosphäre des Badezimmers wurde ihnen Gelegenheit gegeben, zu sich selbst zu finden und andere Einstellungen allmählich zu entwickeln. Es geht also nicht primär um die Sauberkeit des Ortes, sondern um elementare Erfahrungswerte, die in einem entsprechend gestalteten Milieu zur Entfaltung kommen (Bettelheim 1983b, S. 171).

Die räumlichen Voraussetzungen in Heimen und Wohngruppen sind vielfach nicht so, dass die sexuelle Sozialisation der Kinder und Jugendlichen durch die vorhandene Architektur und Ausgestaltung gefördert würde. Im Gegenteil ist anzunehmen, dass die räumlichen Rahmenbedingungen Entwicklungen behindern und Schwierigkeiten verursachen. Bei der Forderung nach einer Optimierung dieser Situation könnte der Einwand kommen, dass auch in Familien die zur Verfügung stehenden Räume nicht immer optimal sind. Hier wäre aber zu entgegnen, dass es in den Institutionen der Jugendhilfe darum geht, jungen Menschen mit oft sehr schwierigen Ausgangslagen zu einer angemessenen Sozialisation zu verhelfen. Bessere Bedingungen sind manchmal auch deshalb notwendig, weil andere Defizite, die in dem Umstand der Fremderziehung begründet sind, durch diese zu kompensieren wären.

Die Sexuelle Sozialisation als integrierter Bestandteil der Erziehung

Sexuelle Erziehung unter Berücksichtigung der besonderen Ausgangslage

Es ist keineswegs beabsichtigt, die sexuelle Sozialisation von jungen Menschen, die in Heimen und Wohngruppen aufwachsen, primär unter dem Aspekt eines vorhandenen auffälligen Sexualverhaltens zu betrachten. Eine solche Sichtweise würde die Sozialisation auf das Sexuelle reduzieren und entspräche nicht einer Pädagogik, die den Menschen als Ganzheit versteht und die demgemäß pädagogische Interventionen als ganzheitliche Einflussnahme auf die Einzelfacetten der Persönlichkeitsentwicklung begreift. „Sondernormen, die isolierte sexuelle Handlungen oder sexuelle Lebensformen regeln und ordnen, grenzen den Bereich der Sexualität aus dem sonstigen Leben aus; dabei entsteht ein Begriff von Sexualität, der von deren Gefährlichkeit ausgeht und nicht von ihren Lebensmöglichkeiten. Für den Bereich der Sexualität gelten die Normen und Werte, die das ganze Leben bestimmen – allen voran die Achtung der Würde des Menschen und die Verneinung von Gewalt" (Ammicht-Quinn 1998, S. 9).

Minderjährige, die in Heimen und in Wohngruppen aufgenommen werden, gelten zu einem großen Anteil als erziehungsschwierig, weil sie emotionale und psychische Probleme aufweisen, ihre zwischenmenschlichen Handlungs- und Kommunikationsformen eingeschränkt oder auffällig sind und vielleicht zum Extremen neigen. Sie kollidieren daher leicht mit der Umwelt und leiden an ihrer eigenen Situation. Wegen der vielfältig erlebten Versagungen im zwischenmenschlichen Bereich entwickeln viele ein ausgeprägtes emotionales Anspruchsverhalten. Auch die Sexualität als ein Teilbereich der Persönlichkeit könnte hierdurch in ihrer Entwicklung negativ tangiert werden.

Sexualität beinhaltet Emotionen und persönliche Eigenschaften wie beispielsweise Lust, Verlangen, Zärtlichkeit, Zuneigung, Liebe und

Verantwortung. Diese Bereiche sind nun allerdings keineswegs nur im sexuellen Erleben und Verhalten vorzufinden, sie haben vielmehr ihren Platz insgesamt im persönlichen Erleben und Verhalten und insbesondere innerhalb der zwischenmenschlichen Beziehungsstrukturen. Lust und Verlangen kann man auf ein gutes Essen haben, auf einen gemeinsamen Kinobesuch oder auf ein gutes Gespräch. Zärtlichkeit erfahren Kinder im liebevollen Umgang der Familienmitglieder untereinander. Zuneigung kann gegenüber anderen Personen bestehen, auch ohne das gleichzeitige Vorhandensein sexueller Komponenten. Zuneigung kann auch gegenüber der Sachumwelt entwickelt werden, etwa zur Literatur oder zu sportlichen Aktivitäten. Auch die emotionale Erfahrung, geliebt zu werden und selbst zu lieben, ist nicht notwendigerweise primär unter sexuellen Aspekten zu sehen, wenn beispielsweise an die Liebe von Eltern zu ihren Kindern und umgekehrt gedacht wird, auch an die Liebe zu Verwandten oder zu anderen Bezugspersonen. Schließlich gehört die Entwicklung von Verantwortung zu allen wesentlichen und insbesondere zu den zwischenmenschlichen Lebensbereichen. Wenn junge Menschen innerhalb der Ausformung ihrer Gesamtpersönlichkeit in solchen Bereichen Defizite erfuhren, wenn sie Versagungen und Entbehrungen nicht nur gelegentlich, sondern über einen längeren Zeitraum erleben mussten, dann liegt die Vermutung nahe, dass wegen der ungünstigen Vorerfahrungen auch der Bereich der sexuellen Entwicklung negativ tangiert ist. Emotionale Erfahrungswerte und Versagungssituationen können zwar in speziellen Teilaspekten der Persönlichkeit zentrierende Auswirkungen zeigen, die Persönlichkeitsstruktur ist aber auch immer insgesamt betroffen, auch deshalb, weil positiv zu bewertende Transferleistungen unter solchen Umständen nicht oder nur eingeschränkt möglich sind.

Wer sich daher im Rahmen der Erziehung in Heimen und Wohngruppen der sexuellen Sozialisation emotional vernachlässigter und/oder verhaltensauffälliger Minderjähriger annehmen will, muss sich der Tatsache bewusst sein, dass die Sexualität nicht ein isolierter, sondern ein integrierter Bestandteil der Gesamtpersönlichkeit ist. Demgemäß ist – von wenigen Ausnahmen abgesehen – die sexuelle Erziehung immer als integriert in den gesamten Erziehungs- und Sozialisationsprozess anzusehen. Emotionale Besonderheiten und Auffälligkeiten wären dann auch in ihrer möglichen Wirkung auf den sexuellen Erlebens- und Verhaltensbereich zu sehen, auch wenn hier bislang keine Entwicklungsde-

fizite und Gefährdungen zu bemerken waren. Andererseits erklären sich beobachtbare sexuelle Auffälligkeiten in der Analyse des Gesamtverhaltens und der speziellen Vorerfahrungen. Pädagogische Interventionen zentrieren sich dann nicht nur auf die Beseitigung der vorhandenen sexuellen Auffälligkeit, sondern beziehen sich auf die Grunderfahrungen und auf die Grundstörungen, die solches Verhalten auslösten.
Junge Menschen, die in den Einrichtungen der Jugendhilfe aufwachsen und wegen ihrer früheren Frustration sowie wegen des Gefühls, ständig zu kurz gekommen zu sein, eine übersteigerte Anspruchshaltung entwickelt haben, sind vor allem in der Entfaltung ihrer zwischenmenschlichen Fähigkeiten gefährdet. Ständig unerfüllte und unbefriedigte emotionale Strebungen können zu Missmut, permanenter Unzufriedenheit und Unglücklichsein führen. Unrealistische und übersteigerte Erwartungshaltungen erschweren jede Partnerschaft.
Solchen Kindern und Jugendlichen kann nun aber nicht einfach mit der Forderung nach Zurückhaltung begegnet werden. Emotionale Versagungssituationen lassen sich kaum rational verarbeiten, wenn nicht zugleich die Möglichkeit besteht, auf Nachholbedürfnisse einzugehen, diese aufzuspüren und sie zuzulassen. Die zeitweilige Akzeptanz und Erfüllung von übersteigerten emotionalen Bedürfnissen, auch wenn diese vielleicht kleinkindhaft und nicht altersgemäß erscheinen, kann den Betroffenen dazu verhelfen, eine eigenständige Basis für realistische personale Begegnungen zu entwickeln. „Es ist besser, Bedürfnisse werden unabhängig vom Alter nochmals ausreichend berücksichtigt, als das man sie dem äußeren Schein zuliebe weiterhin ignoriert" (Schmid 1985, S. 81).
Es genügt also keinesfalls, Anspruchshaltungen lediglich zu beklagen, sie sind ernst zu nehmen, es kann etwas für sie getan werden, damit sie schließlich realistischeren Vorstellungen weichen können.

Erzieherisches Vorbildverhalten

Wenn sich Erzieher(innen) in den Institutionen der Jugendhilfe vornehmen, eine Sexualerziehung als Erziehung zur Liebesfähigkeit zu praktizieren, werden sie in der Regel schnell auf erste Schwierigkeiten in der Umsetzung stoßen. Denn viele der Kinder und Jugendlichen haben aufgrund ihrer früheren Erfahrungen im Elternhaus spezifische Haltungen zur Sexualität entwickelt und verinnerlicht; mögen deshalb vielleicht das

offene Ansprechen sexueller Themenbereiche als peinlich, unangemessen oder als lächerlich empfinden, sie verbinden oftmals schlimme Erfahrungen mit sexuellen Handlungen, weil sie in diesem Zusammenhang Nötigungen, Unterwerfungen, Streitigkeiten, Bedrohungen und Aggressionen miterleben oder selbst erfahren mussten. Es können sexistische und klischeehafte Vorstellungen über die Rollen von Frauen und Männern vorhanden sein, die dem Bild der Erzieher(innen) in keiner Weise entsprechen. Wenn demgemäß von den Erwachsenen die vorhandene Sexualität und deren Vorstellungswelt bei den Minderjährigen derart negativ wahrgenommen werden, so können schnell tendenzielle Verdrängungs- und Vermeidungsmechanismen wirksam werden. Denn man spürt, dass das eigene Vorbildverhalten wahrscheinlich nicht ausreichen wird, um positivere Bezüge zur Sexualität herzustellen. Wenn nun eine derartige Sexualität verboten, wenn es nicht länger zugelassen wird, dass sexuelle Anzüglichkeiten und Obszönitäten Raum greifen, dann könnte zumindest eine – wenn auch oberflächliche – Ordnung und Unauffälligkeit in den Alltag einkehren (Sielert/Marburger 1990, S. 79).
Ein solches erzieherisches Verhalten wäre auf dreifache Weise fatal. Erstens würden die Minderjährigen zu zentriert und damit zugleich einengend in ihrer negativ besetzten Sexualität wahrgenommen. Zweitens würde infolge der Unterdrückung des abgelehnten Sexualverhaltens keine eigentliche Sexualerziehung stattfinden; somit können auch keine positiven Veränderungen auf der Basis erzieherischer Einflüsse erzielt werden. Schließlich wäre drittens die auf diese Art und Weise unterdrückte Sexualität dennoch vorhanden und wirksam, allerdings durch die Verbote und offene Ablehnung in der negativen Besetzung weiter angereichert.
In der Erziehung von Kindern und Jugendlichen, die aus schwierigen Verhältnissen kommen, ist die alleinige Wahrnehmung von Auffälligkeiten und Abweichungen mit daraus resultierenden Verboten und Sanktionen nicht ausreichend. Es müssen zugleich die zugrunde liegenden Ursachen sensibel aufgespürt werden und die Betroffenen müssen von der Gewissheit ausgehen können, dass sie trotz ihres Verhaltens als Person nicht abgelehnt werden. Unrealistische oder negativ besetzte sexuelle Vorstellungen und Verhaltensweisen sind immer im Kontext der individuellen Gesamterfahrungen und Gesamtentwicklungen zu beurteilen. Planmäßige und wohl überlegte erzieherische Interventionen, die sowohl individual- als auch gruppenpädagogisch ausgerichtet sein können,

sehen weniger die Beseitigung negativer Einzelsymptome, sondern die allmählichen Veränderungsmöglichkeiten der Gesamtpersönlichkeit als Zielsetzung. In dieser Hinsicht sind die Aufgaben der Sexualpädagogik in Heimen und in Wohngruppen schwierig, wenn beispielsweise Jugendliche neu aufgenommen werden, die langandauernden negativen Einflüssen ausgesetzt waren und sich auch entsprechend verhalten. Wie schon beschrieben, können ebenso die Rahmenbedingungen vorher besuchter oder die der jetzigen Institution die sexuelle Erlebens- und Verhaltenswelt im Zusammenhang mit anderen Persönlichkeitsbereichen negativ geprägt haben. Negative Symptome, Vorstellungen und Verhaltensweisen sind aufgrund ungünstiger Voraussetzungen und Bedingungen bisweilen über Jahre hinweg entstanden und verfestigt. Zu ihrer Veränderung bedarf es neben vielen anderen Bedingungen auch an Zeit und an pädagogischer Geduld und Hoffnung.

Außerdem sei an dieser Stelle nochmals daran erinnert, dass sich die eigene Vorstellung von Sexualität nicht unbedingt mit den Vorstellungen der anvertrauten Minderjährigen decken kann und muss. Eine individuelle Spielbreite gehört gerade auch für diesen Bereich der Persönlichkeitsentwicklung zum Wesen der freien Sexualitätsentfaltung. Wegen der Größe der Gruppierungen und wegen der Zufälligkeit ihrer Zusammensetzungen müsste eigentlich eine größere Toleranz innerhalb eines verantwortbaren Rahmens vorhanden sein, als man dies von der Situation in Kleinfamilien zu erwarten hätte.

Das erzieherische Vorbildverhalten in sexuellen Bereichen dürfte isoliert gesehen bei einer Vielzahl der Kinder und Jugendlichen nicht ausreichend sein, weil es wegen der Besonderheiten des Personenkreises darüber hinaus spezieller pädagogischer Interventionen bedarf. Das erzieherische Vorbildverhalten ist hierbei jedoch eine unverzichtbare Grundlage. Auch die jungen Menschen, die außerhalb ihrer Familie in Institutionen leben, sollten erleben und erfahren, dass ihre erwachsenen Bezugspersonen Menschen mit sexuellen Gefühlen und Wünschen sind und deren individuelle Erfahrungen der Zärtlichkeit, Zuneigung, Geborgenheit und Liebe brauchen keineswegs geheimnisvoll verschlossen zu bleiben. Wenn die Kinder in diese privaten Themenbereiche einbezogen werden, wenn sie in Gesprächen und durch Besuchskontakte nachvollziehen können, wie glückliche Partnerbeziehungen zu gestalten sind oder wie Schwierigkeiten überwunden wurden, dann erst liegen reale Orientierungen vor, die wegen der Trennung von der Herkunftsfamilie dort nicht mehr gegeben sind. Es ist außerdem leicht einsichtig, dass eine sexuelle Erziehung innerhalb des Kontexts der Gesamterziehung nur dann förderlich sein kann, wenn die Erzieher(innen) ihre eigene Sexualität bejahen. Eine solche Bejahung der eigenen Sexualität drückt sich beispielsweise auch durch die eigene Unbefangenheit zu sexuellen Themen oder zur eigenen Körperlichkeit aus. Durch das Lernen am Vorbild und am Modell wäre für nicht wenige der jungen Menschen die Gelegenheit eröffnet, die oftmals vorhandene Befangenheit allmählich abzubauen. Ein gerade bei Kindern und pubertierenden Jugendlichen eventuell stärker ausgeprägtes Schamgefühl ist dabei zu akzeptieren; eine Unbefangenheit kann weder verordnet noch kann dazu überredet werden; sie kann sich unter fördernden Bedingungen jedoch entwickeln. Die unbefangene Haltung zur Sexualität und zur eigenen Körperlichkeit befindet sich nur scheinbar im Gegensatz der Erziehung zur Intimität. Neben aller Unbefangenheit müssen die jungen Menschen auch begreifen lernen, dass sexuelle Handlungen und Situationen zum schützenswerten und damit öffentlichkeitsfernen Bereich der Intimität des Einzelnen oder der Partnerbeziehung gehören. Hier liegt es nun in der Handhabung der pädagogischen Mitarbeiter(innen), wie diese die Intimsphäre der Minderjährigen respektieren beziehungsweise, wenn sie noch nicht oder nur unvollständig vorhanden wäre, auf das Fehlende aufmerksam machen und entsprechende Erwartungen ausdrücken. Aus der Erfahrung heraus, dass der eigene Intimbereich von den erwachsenen Bezugspersonen als unbedingt schätzenswert verstanden wird, ergeben sich Lerneffekte für den eigenen Intimbereich und für den der Mitmenschen.

Eine Erziehung zur Liebesfähigkeit beinhaltet auch das Wissen um die Formen und Elemente einer gleichberechtigten Partnerschaft. Vielen der Minderjährigen hat sich aufgrund der Anschauungen des Herkunftsmilieus ein Weltbild vermittelt, in dem ein Partner den anderen zu beherrschen versucht und insbesondere Frauen durch die Männerwelt Unterdrückungen ausgesetzt sind. Wer das Zusammenleben der Erwachsenen vorwiegend in dieser Ausprägung kennen lernte, kann kaum zu anderen Verhaltensweisen kommen, wenn nicht wirklich partnerschaftliche Modelle realistisch durch konkretes Vorleben nachzuvollziehen sind. Die gegenseitige Akzeptanz und Gleichberechtigung in der Partnerschaft kann in Vorbildsituationen beispielsweise auch durch entsprechende Formen des Umgangs zwischen weiblichen und männlichen Mitarbeiter(inne)n erfahren werden. Die Erzieher(innen) wären

darüber hinaus angehalten, ihre eigene Lebens- und Partnerschaftssituation gegenüber den Kindern und Jugendlichen in vielfältigen Gegebenheiten des täglichen Alltags zu verdeutlichen und auf Veränderungsmöglichkeiten aufmerksam zu machen.
Ein weiteres für das menschliche Zusammenleben modellhaftes Vorbildverhalten begründet sich schließlich aus der Art und Weise, wie die Erwachsenen in den Institutionen mit den Minderjährigen umgehen. Die individuelle Anerkennung und Wertschätzung der Persönlichkeit stellt eine wesentliche Grundlage dar, um fähig zu werden, seinerseits die Mitmenschen zu achten und sie in ihrer Eigenart zu schätzen und zu akzeptieren.
Die Integrität des Partners, seine Würde und Unversehrtheit in der Beziehung zu achten, schließt den verantwortungsvollen Umgang mit der Sexualität ein. Jugendliche müssen sich der Verantwortung gegenüber sich selbst und dem Geschlechtspartner bewusst sein. Die pädagogische Aufgabe der Erzieher(innen), diesen Verantwortungsbereich zu fördern, ist beispielsweise in den Gesprächen über schwangerschaftsverhütende Maßnahmen und der Vermeidung von Geschlechtskrankheiten zu sehen. Darüber hinaus sollten die Jugendlichen sensibel dafür werden, dass geschlechtliche Aktivitäten für den jeweiligen Partner mehr bedeuten können, als nur kurzzeitige und schnell vorübergehende Gefühle der Lust und Befriedigung. Die partnerschaftliche Hingabe im sexuellen Verkehr, ein völliges Sich-Einlassen auf den anderen, kann insbesondere zu Beginn des aktiven Sexuallebens ein einschneidendes emotionales Erlebnis darstellen, aus dem heraus neue emotionale Erwartungshaltungen an die Partnerschaft entstehen können. Wenn sich nach einem solchen Erlebnis das Gefühl einstellt, eigentlich nur benutzt worden zu sein, weil man von anderen Voraussetzungen ausging, weil eine Situation ausgenutzt und man überrascht oder überrumpelt wurde, dann kann im konkreten Einzelfall das Sexual- und Gefühlsleben des/der Betroffenen äußerst negativ beeinträchtigt sein. Ein verantwortbarer Umgang mit der Sexualität bedeutet deshalb auch immer, sich Klarheit zu verschaffen über die Gefühle und Erwartungshaltungen der Sexualpartner. Es kann nicht als selbstverständlich vorausgesetzt werden, dass Jugendliche in Heimen und Wohngruppen diese weitgreifenden Auswirkungen sexueller Handlungen bereits kennen. Solche Inhalte einer verantwortlichen Sexualität sind deshalb mit ihnen zu thematisieren, möglichst nicht erst bei einer beginnenden Partnerbeziehung, sondern

früher, weil die Gespräche über sexuelle Fragen auch innerlich verarbeitet werden müssen.

Zum Wesen einer verantwortungsbetonten Sexualerziehung zählt unverrückbar die Erziehung zum Verzicht, die Fähigkeit, abwarten zu können. Jede Gesellschaft kann nur bestehen, wenn sich ihre Mitglieder durch Triebverzichte anpassen (Mitscherlich 1968, S. 333). Die Fähigkeit einer selbst kontrollierten Bedürfnisbefriedigung und zum zeitweisen Triebverzicht ist oftmals bei den Minderjährigen in den Institutionen der Jugendhilfe nur wenig vorhanden. Die Lebensgeschichte der Kinder und Jugendlichen kann leicht verdeutlichen, warum dies so ist. Denn wer in seinem bisherigen Leben zum Verzicht von vielfältigen Grundbedürfnissen, (z.B. Nähe, Zuneigung, Anerkennung, Liebe, Geborgenheit, eine gute und regelmäßige Versorgung, Sicherheit etc.) genötigt wurde, wo also der Verzicht auf Triebbefriedigung radikal abverlangt wurde, da kann aus solchen Erfahrungen die Haltung erwachsen, das persönliche Streben primär auf die Befriedigung seiner Bedürfnisse auszurichten. Das Trauma des uneinsichtigen und unangemessenen Triebverzichtes wird nun durch eine Haben-Mentalität versucht zu kompensieren, oft zu Lasten der Gemeinschaft. Um in solchen Situationen zu grundlegenden Veränderungen zu gelangen, muss manchen Kindern und Jugendlichen das intensive Nachholen von Grundbedürfnissen eingeräumt werden, wie dies schon zuvor beschrieben wurde. Aus der Sicherheit heraus, dass die individuellen Bedürfnisse in der Regel akzeptiert und ihre Befriedigung zugelassen wird, kann sich erst die Fähigkeit entwickeln, einen zeitweisen Triebverzicht in Kauf zu nehmen, wenn die spätere Bedürfnisbefriedigung in Aussicht steht. Triebverzichte sollten begründet und für die Betroffenen nachvollziehbar sein. Eine isolierte pädagogische Forderung wird in der Regel nicht ausreichend sein. Wenn im Bereich der Sexualität ein Triebverzicht abverlangt wird, weil mit Rücksicht auf die Partner, auf andere Mitmenschen und sich selbst zu bestimmten Zeiten und in bestimmten Situationen sexuelle Aktivitäten nicht vollzogen werden können, dann kann eine Einsicht und Selbstverantwortung kaum entstehen, wenn es sich um absolute Verbote auf unbestimmte Zeit handelt. Der bewusste und selbst gewollte Triebverzicht setzt die Möglichkeit der späteren Bedürfnisbefriedigung voraus. „Erst durch die Erfahrung, das der Genuß um so größer sein kann, je beachtlicher die vorausgegangenen Anstrengungen und Entbehrungen sind, verwandelt sich der beschränkende Verzicht in einen schöpferischen" (Schmid 1985, S. 83f.). Eine Kultur der Sexualität innerhalb der Heim- und Wohngruppenerziehung kann sich nur heranbilden, wenn neben dem Triebverzicht die Sexualität als solche positiv beurteilt und zugelassen wird.

Enttabuisierung der Sexualität

Die Konfrontation mit sexuellen Themen ist in der heutigen Gesellschaft alltäglich vorhanden. Wir begegnen der Sexualität in den Medien und in der Werbung, in den Schulen findet Sexualkundeunterricht statt, in den Straßen preisen Video-Läden diskret, aber dennoch unübersehbar Pornofilme an, Sex-Shops, Peep-Shows sowie das Internet handeln mit der Sexualität als Ware. Unter diesem und unter dem Gesamteindruck der Liberalisierung der Sexualität scheinen sexuelle Themenbereiche nicht mehr dem Tabu anzugehören. Ist dies aber wirklich so? Es fällt zwar allgemein leichter, über sexuelle Themen zu sprechen, aber es handelt sich doch sehr häufig um oberflächliche und inhaltsarme Kommunikationen. Insbesondere der Erwachsenengeneration fällt es schwer, wirklich inhaltsreiche sexualbezogene Gespräche mit Kindern und Jugendlichen zu führen. Zu sehr haben die heute Erwachsenen doch verinnerlicht, dass man über diese Dinge eigentlich nicht sprechen sollte. Auch bei den Erzieher(inne)n kann das Thema angstbesetzt sein und Sprachlosigkeit auslösen.
So gesehen wird die Sexualerziehung zum Problem der pädagogischen Mitarbeiter(innen). Begünstigt wird dieser Umstand durch die unterschiedlich vorhandenen Ausdrucksformen. Insofern prallen – auf die Sprache bezogen – Welten aufeinander (Sielert 1993, S. 141f.). Kinder und insbesondere Jugendliche verfügen in der Regel über eigene Sprachmuster und Ausdrucksformen, die sie innerhalb ihrer Altersgruppe verwenden. Bei Jugendlichen in Heimen und in Wohngruppen scheint diese eigene Sexualsprache noch intensiver vorhanden zu sein. Dies kann einmal auf das Sprachverhalten des Herkunftsmilieus zurückgeführt werden. Da die Jugendlichen in den Institutionen sich nahezu ständig innerhalb der Peer Group befinden und hier entsprechend agieren, sind die Gelegenheiten zum Gebrauch der Sexualsprache unter Jugendlichen sehr viel häufiger als sonst allgemein üblich. Die gewählte Ausdrucksweise ist oftmals roh und derb, bisweilen brutal wirkend, wenn die sexuellen Anzüglichkeiten und Bezeichnungen aggressive In-

halte annehmen. Den meisten Erzieher(inne)n entspricht ein solches Sprachverhalten in keiner Weise. Da viele ohnehin Schwierigkeiten bei der Erörterung sexueller Themenbereiche haben, können als Folge Defizite in Erziehungsaufgaben, Konflikte und Repressionen entstehen. Vielleicht werden die Gespräche über die Sexualität auf reine Aufklärungsinhalte reduziert, während ansonsten in der Gegenwart der Erwachsenen das Thema vermieden wird, vielleicht weil es auch vermieden werden muss. Der bei den Jugendlichen ohnehin vorhandene Eindruck, wonach die Sexualität – insbesondere in der Beziehung zu Erwachsenen – ein Tabuthema ist, würde so noch weiter verfestigt. Die Sexualität und die entsprechende Sprache der Jugendlichen gerät nun schnell in den Bereich einer Subkultur. Die wegen der tabuisierenden Wirkung nicht stattfindende Auseinandersetzung mit den erwachsenen Bezugspersonen schränkt die Entfernungsmöglichkeiten aus dieser Subkultur ein. „Tabu befördert Ressentiment, dieses blockiert ein freieres Urteil und vermehrt die Rückständigkeit" (Mitscherlich 1968, S. 112).

Eine Sexualerziehung mit der Zielsetzung der Liebesfähigkeit lässt die Sexualität nicht zum Tabuthema werden, sondern versucht, positiv auf sexuelle Ausdrucks- und Sprachformen einzuwirken. Dies kann in vielen konkreten Fällen bedeuten, dass die Erzieher(innen) sich auf die Sprache der Jugendlichen einlassen sollten, auch wenn es nicht ihre Sprache ist. Die Sprache der Jugendlichen zu akzeptieren, ist eine mögliche Ausgangsbasis für Veränderungen.

Eine Sexualität ist ohne emotionale Beteiligung kaum vorstellbar. Deshalb kann und soll die Sprache über sexuelle Belange auch emotional und inhaltsreich sein. Von den Erzieher(inne)n ist daher auch nicht nur eine reine Fachsprache zu verwenden, da überwiegend medizinisch und formalisiert gebrauchte Ausdrücke steril und technisierend wirken können. Das sprachliche Vorbildverhalten der pädagogischen Mitarbeiter(innen) und die offene Erörterung der emotionalen Bedeutungsinhalte unterschiedlicher Ausdrucksformen können bei den Jugendlichen Lernprozesse und Veränderungen im Sprachverhalten auslösen. Sexuelle Sprachlosigkeit und Tabubereiche zwischen den Generationen wären hingegen in ihren Auswirkungen eher verfestigend und würden die bestehende Kluft vergrößern.

Koordination partieller Erziehungseinflüsse

Am Beispiel der sexuellen Erziehung und Sozialisation wird deutlich, dass die Minderjährigen sehr vielschichtigen und differenzierten Einflüssen ausgesetzt sind, die außerhalb der Institution angetroffen werden. Dies ist auch innerhalb der Familienerziehung so, in der Heim- und Wohngruppenerziehung kommen jedoch quantitative Erschwerungen hinzu, weil mehrere Erwachsene das Einflussgeschehen auf sechs bis zehn Kinder und/oder Jugendliche beobachten und zugleich koordinieren sollen. Die Minderjährigen gehen wahrscheinlich auf unterschiedliche Schulen, in denen beispielsweise ein unterschiedlich ausgeprägter Sexualkundeunterricht stattfindet. Sie haben Kontakte mit Freundinnen, mit Freunden und Gruppierungen außerhalb des Hauses, so dass sich auch hier die Einflussmöglichkeiten auf den sexuellen Bereich, für die Gruppe insgesamt gesehen, potenzieren. Vielleicht nehmen die Einzelnen an unterschiedlichen Ferienfreizeiten teil und machen hierbei wiederum vielfältige individuelle Erfahrungen, auch in sexueller Hinsicht.

Die Erzieher(innen) müssen angesichts dieser Ausgangslage einen Mittelweg finden. Sie können nicht alle außerhäuslichen Erfahrungen und Beeinflussungen berücksichtigen, weil diese von der Anzahl gesehen einfach unübersehbar wären. Außerdem würde die ständige Beobachtung und Hinterfragung zugleich einengend und störend auf die Selbstentfaltung wirken. Die Erzieher(innen) müssten daher ein Gespür dafür entwickeln, wann welche Erfahrungswerte für ein bestimmtes Kind/einen bestimmten Jugendlichen von solcher Bedeutung sein könnten, dass Koordinationsaufgaben sich überhaupt als notwendig und sinnvoll erweisen. Dies lässt sich natürlich dann am besten erreichen, wenn zwischen den Minderjährigen und ihren erwachsenen Bezugspersonen ein in sexuellen Fragen und Belangen offenes Vertrauensverhältnis besteht. Die jungen Menschen werden sich selbst einbringen oder auf Fragen antworten, wenn sie von der Sicherheit ausgehen, dass ihre Informationen auf eine verständnisvolle Akzeptanz stoßen und nicht zu Repressionen führen, sondern zu Klärungen und Hilfestellungen.

Kinder und Jugendliche in Heimen und Wohngruppen haben meist noch Verbindungen zu ihren Herkunftsfamilien und sie werden hierdurch sowohl in ihrer Gesamtentwicklung als auch in der sexuellen Entwicklung tangiert.

Der Einbezug der Eltern und Familien

Zur Elternarbeit innerhalb der Heim- und Wohngruppenerziehung wurden bereits zuvor ausführliche Aussagen gemacht, so dass hier nur auf spezielle Aspekte eingegangen werden soll, unter besonderer Berücksichtigung der sexuellen Sozialisation. Dabei gehen wir davon aus, dass die Grundlage der Sexualität und die sich einstellenden Haltungen und Empfindungen innerhalb der frühen Sozialisationserfahrungen in der Familie angesiedelt sind.

Eltern und andere Familienmitglieder sollten neben den anderen Persönlichkeitsbereichen auch einen Einblick in die sexuelle Entwicklung ihres Kindes erhalten. Dies erscheint notwendig, weil gerade in sexuellen Fragen höchst unterschiedliche Anschauungen und Haltungen bestehen. So könnte ein eventuell rigides und repressiv ausgerichtetes Sexualverständnis der Eltern zu massiven Spannungen und Konflikten Anlass geben, wenn diese die freiere Sexualerziehung innerhalb der Institution nicht kennen gelernt haben, sich aber an den Verhaltensweisen ihres Kindes stoßen. Andererseits ist es möglich, dass Kinder aus Familien stammen, in denen keine Intimsphäre stattfindet, sondern die Sexualität zur Schau getragen wird, in denen Kinder vielleicht pornografischen Erlebnissen ausgesetzt werden, ohne deren altersgemäße Verarbeitungsmöglichkeiten zu bedenken. Die Mitarbeiter(innen) der Institutionen müssten daher mit den Familien im Gespräch bleiben, um Eltern über sexualpädagogische Zielsetzungen zu informieren und um gegebenenfalls gemeinsame Ziele zu finden. Die Situation muss aber ebenfalls beobachtet werden, damit Kinder und Jugendliche bei den Kontakten mit der Herkunftsfamilie nicht Zerrbildern der Sexualität ausgesetzt werden, die zu Verwirrungen und negativen sexuellen Vorstellungen führen könnten.

Unter dem Aspekt der sexuellen Sozialisation und weiteren Entwicklung wäre beispielsweise bei vorhandenen Auffälligkeiten des sexuellen Erlebens und Verhaltens zu hinterfragen, warum Kinder und Jugendliche innerhalb des familiären Systems spezielle Symptome entwickeln mussten. Wenn Kinder sich vielleicht sexuell nicht weiter entfalten durften oder wenn sie zur sexuellen Frühreife tendierten, dann kann dies nach systemischer Sichtweise die Folge eines familiären Ungleichgewichts sein. Es muss sich nicht immer um offensichtliche Störungen des Sexualbereiches handeln, wenn solche vorliegen. Die Entwicklung von Kindern und Jugendlichen und ihre möglichen Abweichungen sind ganz-

heitlich zu betrachten und nicht primär symptomorientiert. Defizite und Störungen im Gesamtpersönlichkeitsbereich sind immer auch in der Lage, die Sexualität mehr oder weniger stark zu tangieren.
Der Säugling erlebt mit der Nahrungsaufnahme und durch körperliche Zärtlichkeitszuwendungen erste Bedürfnisbefriedigungen; Mund und Haut werden so als primär erogene Zonen erlebt. Wenn solche frühesten Erfahrungen gestört oder missverständlich ablaufen und Frustrationen empfunden werden, kann sich dies negativ auf die Entwicklung der Gesamtpersönlichkeit und der Sexualität auswirken. Da bereits Säuglinge sexuelle Wesen sind und ihre Sexualität in entscheidender Weise durch die frühen Erfahrungen mit den Eltern geprägt wird, kann bei der Auseinandersetzung mit späteren Störungen und Konflikten nicht auf den Einbezug der Elternfiguren und -rollen verzichtet werden. Kinder und Jugendliche müssen die Gelegenheit erhalten, traumatische Ereignisse zu verarbeiten. Eine solche Aufarbeitung ist beispielsweise wichtig, wenn sie im Elternhaus Zärtlichkeiten und Liebe entbehren mussten, wenn sie ständig geschlagen wurden oder sexueller Gewalt ausgesetzt waren. Eine diesbezügliche Elternarbeit im Sinne der Verarbeitung wäre für die Betroffenen auch sinnvoll und möglich, wenn Eltern als Ansprechpartner nicht zur Verfügung stehen, sich die Auseinandersetzung über die schlimmen Erlebnisse aber im Dialog zwischen pädagogischen Mitarbeiter(inne)n und Kindern/Jugendlichen bewerkstelligen lässt.

„Sexualität vollzieht sich – real oder in der Phantasie – in Beziehungen zu anderen Menschen, und in ihr schlägt sich die individuelle Beziehungsgeschichte eines Menschen nieder, seine Erfahrungen mit Beziehungen von früh an" (Schmidt 1988, S. 81).

Die Einbeziehung der Eltern in die Sexualerziehung der Institution kann notwendig werden, wenn die Sexualität eines jungen Menschen auffällig oder gefährdet erscheint. Nicht in jedem Fall muss ein solcher Einbezug real stattfinden, die Verarbeitung traumatischer Erfahrungen und eine Trauerarbeit lassen sich auch dann verwirklichen, wenn die Haltungen und Rollen der Eltern emotional und kognitiv nachvollzogen, nacherlebt und eingeordnet werden können. Auch bei einer vollkommen unauffälligen Sexualitätsentwicklung sollte auf den Einbezug der Familie nicht verzichtet werden, weil der junge Mensch durch sie geprägt wurde und auch bei nicht vorhandenen realen Kontakten die ursprüngliche Prägung weiterwirkt. Deren positive Beeinflussung setzt die Anerkennung der Beziehung voraus, um sich mit ihr auseinandersetzen zu können.

Der Stellenwert der Sexualerziehung

Die Sexualerziehung innerhalb der stationären Einrichtungen der Jugendhilfe war bislang ein oft vernachlässigtes Aufgabengebiet und beschränkte sich beispielsweise auf isolierte Aufklärungsstunden oder auf pädagogische Interventionen, um unerwünschte sexuelle Verhaltensweisen und Aktivitäten zu unterbinden. Die Sexualität stellt einen natürlichen und wesentlichen Aspekt der Gesamtpersönlichkeit und ihrer Entwicklung dar. Positive Sexualitätserfahrungen und das Erleben der Liebesfähigkeit bilden Quellen menschlicher Zufriedenheit, Sicherheit und menschlichen Glücks. Eine Erziehung zur Sexualität kann daher nicht auf wenige Einzelstunden begrenzt sein. Da wir menschliche Entwicklung stets in ihrer ganzheitlichen Abfolge verstehen, kann die Sexualerziehung nicht isoliert stattfinden, noch wäre sie besonders hervorzuheben.

Die Sexualerziehung ist daher grundsätzlich integriert in die pädagogischen, zwischenmenschlichen Begegnungen des Alltags. Wenn über Sexualität offen gesprochen werden kann, dann ergeben sich ihre Themenbereiche situativ aus Beobachtungen und konkreten Anlässen. Dem Wissensbedürfnis wird so altersgemäß Rechnung getragen. Darüber hinaus werden die Erzieher(innen) Gespräche über Sexualität selbst initiieren, wenn dies aufgrund des Alters oder wegen der Situation sinnvoll und angemessen erscheint. Demgemäß werden zum Beispiel Mädchen behutsam und taktvoll auf ihre erste Menstruation vorbereitet und nicht erst dann, wenn das Ereignis eingetreten ist und aus Unwissenheit Ängste und Besorgnis entstanden sind. Natürlich bieten sich intensivere Gespräche auch immer dann an, wenn die Minderjährigen erste festere Freundschaften mit dem anderen Geschlecht beginnen. Obwohl in der Regel schon zuvor Informationen über Aufklärung und Schutzmaßnahmen vorlagen, werden diese nun nochmals vertieft. Solche Situationen müssten die pädagogischen Mitarbeiter(innen) sehr emphatisch nachempfinden können, die Gesprächsführung und die Gesprächsinhalte sollten unmissverständlich sein, damit sie keinen bedrängenden oder motivierenden Charakter annehmen. Denn die Entscheidung über das eventuelle Aufnehmen geschlechtlicher Beziehungen kann von den betroffenen Jugendlichen nur selbst getroffen werden.

Die Sexualerziehung in Heimen und Wohngruppen ist methodisch sowohl individuell als auch gruppenbezogen ausgerichtet. Individuell ist sie immer dann, wenn Fragen, Austauschbedürfnisse, Erfahrungswerte, Probleme oder Auffälligkeiten von einzelnen Kindern und Jugendlichen im Vordergrund stehen. Die Sexualerziehung ist gruppenpädagogisch orientiert, wenn allgemeine sexuelle Themenbereiche und Einstellungen erörtert werden, auch dann, wenn ein allgemeines Informationsbedürfnis vorliegt oder wenn bestimmte Verhaltensweisen im Rahmen einer Altersgruppe Anlass zur Diskussion geben. Dies wird später an den Beispielen von Sexismus und Pornografie noch ausführlicher dargestellt. Mit welchen Methoden eine Erziehung zu einer selbstbestimmten und verantwortungsbewussten Sexualität unterstützt werden können, hat beispielhaft das Konzept eines heilpädagogischen Mädchenheimes vorgegeben: Regelmäßig finden hier Gruppengespräche statt, zum Austausch über „Frauenthemen" und über Sexualität. Mittels Brainstorming überwinden die Mädchen ihre Sprachlosigkeit gegenüber sexuellen Begriffen. Die eigene Körperwahrnehmung wird durch kreatives Malen gefördert, es werden Spiele und Arbeitsblätter zur Menstruation gemeinsam erstellt. Es finden Spiele mit Fragen zu Freundschaft, Liebe und Sex statt, die besonders gut geeignet sind, um miteinander ins Gespräch zu kommen. Die Mädchen schreiben ihre Wünsche und Träume auf und lernen so erkennen, „dass sie sich vor allem nach Hautkontakt, Kuscheln und zarter sexueller Annäherung sehnen". Andere Themen der Gruppenabende waren: Verhütung von ungewollten Schwangerschaften, Aids-Problematik sowie Superfigur und meine Figur (Pangerl 1998).

Bei Auffälligkeiten im sexuellen Verhaltensbereich genügt es in der Regel nicht, mit isolierten sexualpädagogischen Interventionen zu reagieren. Hinter den vorgefundenen Störungen und Abweichungen sind zumeist auch nichtsexuelle Ursachen verborgen. An dem krassen Beispiel der Prostitution von Kindern und Jugendlichen wird dies sehr deutlich. Das äußerst auffällige und abweichende Sexualverhalten ist als Symptom zu verstehen, als äußeres Symptom einer traumatischen Entwicklung, einer misslungenen Sozialisation oder einer Not- und Zwangslage, wenn die Prostitution beispielsweise zum Erwerb von Drogen ausgeübt wird. Auf auffällige sexuelle Verhaltensweisen lediglich symptomzentriert zu reagieren, würde zu einer Überbetonung der Sexualität und zu einer Vernachlässigung der Gesamtpersönlichkeit führen. Die Sexualerziehung hat da ihre Grenzen, wo zunächst durch besondere pädagogische/therapeutische Interventionen grundlegende Konflikte und Ursachen zu beseitigen sind. Die Sexualerziehung kann in diesen Prozess integriert sein, in der Regel aber nicht in herausgehobener Position.

Spezielle Fragestellungen der Sexualerziehung

Koedukative Erziehung, Mädchen- oder Jungenpädagogik

In den siebziger und achtziger Jahren wurden in der Folge der Skandalisierung der Heimerziehung viele der ehemals geschlechtergetrennt ausgerichteten Institutionen in koedukative umgewandelt. „Dem lag der Gedanke zugrunde, daß koedukativ geführte Gruppen in der Regel bessere und dem täglichen Leben in Familien angenäherte Erziehungsbedingungen bieten. Sie ermöglichen Erfahrungen, die einen gleichberechtigten Umgang untereinander fördern. Gruppenpädagogische Ansätze können dazu benutzt werden, die geschlechtsspezifische Benachteiligung von Mädchen zu überwinden" (Mädchen in Einrichtungen der Erziehungshilfe 1988, S. 9). Es ist hierbei ebenfalls zu berücksichtigen, dass unter dem Eindruck einer zunehmenden Liberalisierung der Sexualität viele Träger von Institutionen der Jugendhilfe erst allmählich ihr Einverständnis erklärten, Mädchen und Jungen in einer Einrichtung oder Gruppe zusammen aufzunehmen. Wegen eines allgemeinen Rückganges des Bedarfs an Heim- und Wohngruppenerziehung mussten die Institutionen sich auch attraktiver gestalten beziehungsweise wurden Konzeptionen kurzerhand geändert, damit Gruppen nicht aufzulösen waren. Die koedukative Fremderziehung ist heutzutage eher Regel als Ausnahme. Eine geschlechtergetrennte Erziehung findet vor allem noch in den wenigen geschlossenen Institutionen statt, gelegentlich auch noch in Gruppen üblicher Heime oder in Wohngruppen. Manchmal sind hierfür konzeptionelle und traditionelle Gründe ausschlaggebend. Möglicherweise hatte eine Wohngruppe schon immer nur Mädchen oder nur Jungen aufgenommen, und es gab keine aktuellen Veranlassungen, dies zu ändern. Vielleicht wurden in Einzelfällen Anlässe zu Veränderungen auch nicht wahrgenommen oder reflektiert, möglicherweise aus Angst vor der neuen Aufgabenstellung. In wiederum anderen Institutionen wurde die Geschlechtertrennung ganz bewusst unter Berücksichtigung pädagogischer Überlegungen beibehalten, und es wurden auch solche Einrichtungen neu gegründet, die vor allem die Zielsetzung der geschlechtlichen Emanzipation von Mädchen verfolgen. Nur das bloße Zusammenwohnen von Mädchen und Jungen in Heimen und Wohngruppen garantiert keinesfalls die Gleichberechtigung der Geschlechter. Die gesellschaftliche Rollenerwartungshaltung unterscheidet deutlich zwischen männlicher und weiblicher Sexualität: Männliches Sexualverhalten und Aggressivität scheinen demnach eng beieinander zu liegen. Männer drücken ihre Machtansprüche und Hass in der Unterdrückung der Frauen aus, sie wollen sich durchsetzen und unterwerfen. Frauen hingegen sind friedfertigere sexuelle Wesen, sie möchten sexuelles Erleben mit Zärtlichkeit, Nähe, Zuneigung und Liebe verbinden. Beide Bilder sind in ihrer Absolutheit falsch (Schmidt 1988, S. 157ff.), sie sind klischeehaft, bestätigen jedoch teilweise negative Realitäten und in ihren Fantasiegehalten die Rollenzuschreibungen. Bestimmte Werbung und insbesondere Pornografie reduzieren Frauen auf genitale Wesen, die jederzeit zur sexuellen Funktion bereit sind. Solche entwürdigenden und realitätsfernen Darstellungen entspringen profitorientierten Männerinteressen; sie stellen das Gegenteil emanzipatorischer Bemühungen dar. Männliche Sexualität ist nicht generell in dieser Art und Weise ausgerichtet, aber es sind eben primär die Auswüchse und Negativmerkmale, die verallgemeinernde gesellschaftliche Tendenzen einnehmen. Sicherlich ist davon auszugehen, dass Frauen in unserer Gesellschaft noch vielfach unterprivilegiert sind und sie auch sehr viel häufiger sexuelle Gewalt und Unterdrückung erleiden als Männer.

Die Vorstellung der friedfertigen, nachgiebigen und mehr inaktiven weiblichen Sexualität entspricht eher männlich geprägten Wunschvorstellungen als einem emanzipierten Sexualempfinden von Frauen. Wenn Mädchen solchen Rollenerwartungen nicht entsprechen, wenn sie sexuelle Aktivitäten erkennen lassen und wechselnde Partnerbeziehungen eingehen, dann werden sie schnell als sexuell auffällig oder als verwahrlost qualifiziert. Oftmals genügt auch nur der Verdacht, wenn Mädchen beispielsweise später nach Hause kommen oder wenn sie über Nacht wegbleiben, um sie in diese Kategorien einzuordnen. Bei Jungen mit den gleichen Verhaltensweisen reagiert die Umgebung viel nachsichtiger und oftmals mit Verständnis: „Er ist eben ein toller Hecht und muss seine Erfahrungen sammeln, um später seinen Mann zu stehen". „Mädchen und Jungen erhalten verschiedene Botschaften bezüglich eines adäquaten Verhaltens" (Schwarz 2001, S. 1566).

Eine emanzipatorisch ausgerichtete Mädchenpädagogik versucht die geschlechtsbezogene Rollenzuweisung in ihrer Einseitigkeit, Diffamierung, Unterdrückung und Chancenungerechtigkeit aufzulösen. Es wird in Fachkreisen kontrovers diskutiert (Hartwig 2001, S. 58), ob für Mädchen mit sexuellen Gewalterfahrungen besondere Mädchen-Wohngruppen vorhanden sein sollten. Mädchen, die bislang unter ihrer Geschlechterzugehörigkeit leiden mussten und möglicherweise deswegen Verhaltensauffälligkeiten entwickelten, solle ein Schutzraum geboten werden. Sie sollten negative Vorerfahrungen mit der Hilfe verständnisvoller Pädagog(inn)en verarbeiten und ihre Sexualität und Frauenrolle emanzipatorisch selbst gestalten lernen. Durch das gleichzeitige Vorhandensein von männlichen Jugendlichen könnte die Gefahr bestehen, dass diese die freie Selbstbestimmung erschweren oder verhindern würden. Das allgemein vorhandene Rollenklischee könnte von den Jungen auf die Mädchen übertragen und diese in ihrer alten Rolle bestätigt werden.

Eine mädchenorientierte Pädagogik kann unter günstigen personellen Bedingungen sicherlich auch in koedukativ geführten Gruppen praktiziert werden. Der Vorteil der Verbindung zwischen Koedukation und Mädchenerziehung wäre in den Erfahrungswerten des alltäglichen Umgangs der Geschlechter zu sehen. Auftretende Konflikte wären aktuell zu erkennen und in gemeinsamer Anstrengung könnten Lösungen angestrebt werden. Innerhalb der vorhandenen Realität hätten beide Seiten die Gelegenheit, ihr soziales Verhalten, ihre Rollenzuschreibungen und -übernahmen zu hinterfragen und schließlich zu verändern.

Dies muss nicht immer so zutreffen. In bestimmten Fällen kann für Mädchen das Leben in einer homogenen Institution die momentan bessere Alternative sein. Die Auseinandersetzung mit der männlichen Umwelt außerhalb der Einrichtung sollte dann allerdings ganz bewusst in die pädagogische Konzeption einfließen, damit eine realitätsferne Isolation vermieden wird. Eine Emanzipation benötigt auch immer eine aktive Auseinandersetzung mit unterdrückenden Faktoren.

Aber auch Jungen leiden häufig, weil sie sich unterdrückt fühlen und weil ihren Bedürfnissen nicht genügend nachgekommen wird. Auch Jungen sind verletzlich und sensibel, aber sie dürfen dies nicht zeigen, denn dann würden sie den allgemeinen gesellschaftlichen Erwartungen nicht entsprechen. Jungen sind innerhalb der stationären Erziehungshilfe überrepräsentiert. Eine auf ihre speziellen Bedürfnisse ausgerichtete

Jungenpädagogik ist aber in der Praxis kaum existent und wenn doch, dann vor allem, um Gewaltphänomene anzugehen und um zu verhindern, dass aus Jungen Täter werden. Diese Eingrenzung einer Jungenpädagogik auf die Thematik Gewalt greift allerdings viel zu kurz. Jungen haben in der Heimerziehung zumeist mit weiblichen Betreuerinnen zu tun, ihre geschlechtsspezifischen Fragen, Sorgen und Nöte werden allzu leicht übersehen. Jungen sind wie Mädchen – zumal in der Pubertät – auf der Suche nach Orientierung und Identifikation. Wenn diese Suche nicht wahrgenommen wird, sondern ins Leere läuft, dann fehlen wesentliche Merkmale, die für das Gelingen einer männlichen Sozialisation wichtig sind. „Dass Mädchen ungleich öfter wegen Beziehungs- und Familienproblemen stationär untergebracht werden, verdeckt die Tatsache, dass Jungen durchaus ebenso gravierende Beziehungsprobleme haben können, diese aber als ‚untypisch' für Jungen nicht erkannt werden, vielleicht auch, weil Jungen sie in der Regel nicht aussprechen" (Behnisch 2004, S. 138). Bange (2004) bemängelt, dass die familienorientierte Heimerziehung geschlechtsspezifische Verhaltensweisen und Rollen tradiere, was gerade bei männlichen Kindern und Jugendlichen zu Überversorgungssituationen während des Aufenthaltes und daraus resultierender mangelnder Kompetenz in späteren Lebensphasen führen könne. Die stationäre Erziehungshilfe muss zukünftig die speziellen Interessen und Bedürfnisse von Jungen stärker und sensibel wahrnehmen sowie entsprechende Angebote für Jungen entwickeln und realisieren. Wenn Jungen zukünftig die Möglichkeit haben, sich intensiv mit ihrer geschlechtsspezifischen Rolle und den damit im Zusammenhang stehenden Ängsten, Erwartungen, Sorgen und Perspektiven auseinanderzusetzen, dann wäre die Randständigkeit der bislang kaum vorhandenen Jungenpädagogik innerhalb der stationären Erziehungshilfe überholt. Am Beispiel einer Gruppenarbeit mit männlichen Jugendlichen, die ihre eigene Biografie und speziell die „Rolle der Väter" thematisierten, wurde prognostiziert, dass Jungen sich so die Gelegenheit eröffne, „ihre verborgenen Qualitäten kennen und wertschätzen zu lernen" (Schwack 2004, S. 149).

Homosexualität

Homosexualität, also die gleichgeschlechtlich orientierte Sexual- und Liebesbeziehung zwischen Frauen und Männern, ist in ihrer ausschließ-

lichen Form zu schätzungsweise 4 bis 5% bei Männern und zu 1 bis 2% bei Frauen vorhanden (Dörner u.a. 2002, S. 144). Sielert erwähnt Schätzungen von Sexualforscher(innen)n, die davon ausgehen, „dass fünf bis zehn Prozent der Männer und etwas weniger Frauen sich als homosexuell identifizieren" (2005, S. 87).
Pädagogische Mitarbeiter(innen) in Heimen und Wohngruppen der Jugendhilfe berichten zwar gelegentlich von gleichgeschlechtlichen Handlungen zwischen Jugendlichen, eine echte Homosexualität scheint aber extrem selten vorzuliegen.
Dieses scheinbar sehr seltene Vorkommen von Homosexualität innerhalb der institutionalisierten Fremderziehung kann wahrscheinlich auch darauf zurückgeführt werden, dass Erzieher(innen) die Homosexualität von Jugendlichen nicht erkennen, weil sie diese nicht wahrhaben wollen oder weil sie uninformiert sind. „Die Zuneigung zum eigenen Geschlecht ist in der Jugendhilfe noch kein ausreichend diskutiertes Thema; das Modell einer Partnerschaft mit einem gleichgeschlechtlichen Menschen wird in der Jugendhilfe nicht genügend akzeptierend diskutiert" (Müller 2002, S. 430).
„Theorien – von Laien wie von Wissenschaftlern – sehen die Homosexuellen hauptsächlich unter vier Gesichtspunkten: als abnorm, als gefährlich, als asozial und krank" (Lautmann 1984, S. 11). Da diese Meinungsbilder so vorherrschend sind, stehen uninformierte Heimerzieher(innen) der gleichgeschlechtlichen Sexualität ängstlich, hilflos und vielleicht mit dem Wunsch sie zu verändern gegenüber. Homosexualität ist aber keine Erkrankung und stellt auch keine Verhaltensauffälligkeit oder Charakterpathologie dar, die ab- beziehungsweise umerzogen werden könnte oder müsste. Homosexualität wäre vor allem als solche zu akzeptieren. Homosexualität wird dann individuell zu einem Problem, wenn die Betroffenen zu ihrer eigenen sexuellen Ausrichtung und Neigung nicht stehen können, wenn sie unter Umweltreaktionen zu leiden haben und gar verfolgt werden. Jedoch: „Homosexualität und Heterosexualität sind grundsätzlich gleich normale Umwege des Menschen" (Dörner u.a. 2002. S. 133).
Für die Erziehung in Heimen und in Wohngruppen stellt sich vordergründig immer die Frage, ob andere zur Homosexualität verführt werden können. Diese Befürchtung ist eindeutig unbegründet (Stümke 1992, S. 106/Sielert 2005, S. 87), denn homosexuelle Verführungen sind selten und gelangen noch seltener zum Ziel und außerdem sind Er-

wachsene, die als Jugendliche homosexuelle Erfahrungen hatten, ebenso selten homosexuell wie solche Erwachsene, die keinerlei homosexuelle Berührungen als Jugendliche erlebten (Lautmann 1984, S. 12).
Nicht zu verwechseln mit der Homosexualität sind gleichgeschlechtliche Handlungen, die vor allem während der Pubertätsphase häufiger auftreten. Innerhalb der Heim- und Wohngruppensituation sind die Möglichkeiten gleichgeschlechtlicher Handlungen, etwa das gemeinsame oder gegenseitige Onanieren oder die von Mädchen bevorzugten intensiven Hautkontakte, häufiger gegeben als in sonst üblichen Wohnformen. Erzieher(innen) müssen lernen, mit solchen Situationen angst-, aber vor allem vorurteilsfrei umzugehen und diese Erkundungsphase der Sexualität als natürlich zu akzeptieren.
Beim Vorliegen einer echten Homosexualität verfolgt die Sexualerziehung die gleichen Ziele wie bei Heterosexuellen, nämlich die Liebesfähigkeit, die Fähigkeit zur Bindung und Partnerschaft sowie die Verantwortung und Achtung vor dem Mitmenschen. „Prinzipiell unterscheidet sich die homosexuelle nicht von der heterosexuellen Form von Liebe" (Stümke 1992, S. 103).
Die eigentliche besondere pädagogische Aufgabe im Umgang mit der Homosexualität liegt darin, die Gruppe und die Umwelt für den Betroffenen zu einem akzeptierenden Verstehen anzuleiten. Auch wenn keine homosexuell veranlagten Jugendlichen in der Heim- oder Wohngruppe leben, ist diese Aufgabenstellung innerhalb der Sexual- und Sozialerziehung notwendig. Kinder und Jugendliche, die selbst aus Randgruppen der Gesellschaft stammen, neigen bisweilen besonders intensiv dazu, sich sehr intolerant gegenüber anderen Randgruppen zu verhalten. Sachgerechte Informationen können zu einem Verständnis und zu einer Akzeptanz für solche Empfindungen und Verhaltensformen der Sexualität führen, die man aus eigenem Erleben nicht kennt. Unkenntnis kann Missverständnisse, Vorurteile, Ängste und Intoleranz erzeugen.

Wann dürfen Jugendliche sexuelle Beziehungen aufnehmen?

Angesichts der Zielsetzungen einer emanzipatorisch orientierten Sexualpädagogik könnte die Fragestellung, wann Jugendliche, die in Heimen und Wohngruppen der Jugendhilfe leben, sexuelle Beziehungen haben dürfen, provokativ verstanden werden. Sie könnte auch rein theoretisch interpretiert werden, weil sexuell selbstbestimmte Jugendliche in der Pra-

xis wahrscheinlich nicht um die Erlaubnis nachfragen, wenn sie sexuell aktiv werden möchten. Dennoch gilt zu beachten, dass aufgrund gesetzlicher Bestimmungen, aus pädagogischen Erwägungen und mit Rücksicht auf die Gruppensituation Einschränkungen vorhanden sein können.
Nach § 180 StGB macht sich strafbar, wer bei Personen unter sechzehn Jahren sexuelle Handlungen fördert. Dieser Sachverhalt gilt streng juristisch gesehen auch für den Bereich der Jugendhilfeeinrichtungen. In der täglichen Praxis können Erzieher(innen) allerdings häufig an die Grenzen der strikten Beachtung dieses Paragraphen stoßen, sie müssen aus pädagogischen Gesichtspunkten und situationsbedingt Güterabwägungen treffen. Der § 180 StGB „ist eine reduzierte Form der früheren Kuppeleivorschrift, von der Erziehungsberechtigte im Sinne erzieherischer Freiheit ausgenommen sind" (Böllinger 1992, S. 282). Sexuelle Aktivitäten lassen sich bei Heranwachsenden durch gesetzliche Bestimmungen möglicherweise einschränken, aber niemals dauerhaft und vollständig unterbinden. Erzieher(innen) können und müssen nicht ständig kontrollieren und auf der Hut sein, weil dies die Selbstbestimmung und Selbstentfaltung der Persönlichkeit Heranwachsender hemmen würde und den Erkenntnissen einer modernen Pädagogik nicht entspräche.
Unter Berücksichtigung ihrer erzieherischen Verantwortung sind die pädagogischen Mitarbeiter(innen) dann auch gefordert, pädagogisch zu handeln, wenn sie wissen, dass Jugendliche unter sechzehn Jahren Geschlechtsverkehr ausüben. Eine solche pädagogische Folgehandlung käme nicht der Förderung sexueller Handlungen bei Minderjährigen gleich, sondern entspräche dem allgemeinen und speziellen pädagogischen Aufgabengebiet. Damit sind beispielsweise gemeint:

- Gespräche über und das Zurverfügungstellen von Verhütungsmitteln,
- Informationen über Geschlechtskrankheiten und Nachfragen, ob Schutzmaßnahmen getroffen werden,
- Gespräche über die Gefühle und Einstellungen, die mit den sexuellen Handlungen und in der Partnerschaft aufkommen und eventuell innerlich aufgearbeitet werden sollten.

Auch ältere Jugendliche werden ihre sexuellen Wünsche und Handlungen Einschränkungen unterwerfen müssen, die sich aus ihrem Status als Minderjährige ergeben und unter Berücksichtigung der Regeln, die das

Leben in der Gruppengemeinschaft erforderlich machen. Es sind daher Fragen des Ausgangs und der Übernachtung bei Freundinnen und Freunden ebenso zu klären, wie die Möglichkeiten von Besuchen und Übernachtungen innerhalb der Institution. Die Erzieher(innen) müssen aus Gründen der pädagogischen Fürsorge und wegen ihrer Aufsichtspflicht über den Umgang der Jugendlichen informiert sein. In einer Atmosphäre, die geprägt ist durch gegenseitiges Vertrauen und die grundsätzliche Befürwortung der Sexualität, ergeben sich solche Informationen wie von selbst. Es gehört zu den Normen und Werten unserer sexuellen Kultur, dass die körperliche Liebesbeziehung zwischen zwei Menschen zur absoluten Intimsphäre zählt, von der Außenstehende ausgeschlossen sind. Wenn Jugendliche provokativ oder gedankenlos gegen solche Normen der sexuellen Kultur verstoßen, müssen sie klar darüber aufgeklärt werden, was an ihrem Verhalten als anstößig empfunden wurde. Aus situationsbedingten Verärgerungen heraus könnten die pädagogischen Mitarbeiter(innen) vorschnell allgemeine Sexualverbote ableiten. Diese Reaktion wäre allerdings nicht im Einklang mit den Zielsetzungen einer Sexualpädagogik, die von der Grundannahme ausgeht, dass Jugendliche kulturelles sexuelles Verhalten lernen können, wenn entsprechende Lernsituationen vorhanden sind. Bei Jugendlichen können Missverständnisse wachsen und günstige Einstellungen negativ berührt werden, wenn sie nicht eindeutig in der Lage sind zu definieren und nachzuvollziehen, weshalb und warum an ihrem Sexualverhalten etwas als nicht richtig beurteilt wird. Es ist daher in den gemeinsamen Gesprächen immer wieder deutlich herauszustellen, dass es keineswegs darum geht, sexuelle Bedürfnisse und Aktivitäten in ein schiefes Licht zu rücken, sondern dass die Beachtung nachzuvollziehender Regeln und Normen die Sexualität insgesamt fördert, weil sie dann unkomplizierter und glücklicher erfahren werden kann.

Sexismus und Pornographie

Sexismus als eine Form, sexuelle Inhalte destruktiv und in scheinbarer Überlegenheit als Machtmittel gegenüber Frauen einzusetzen, ist nicht zwangsläufig in Heimen und Wohngruppen der Jugendhilfe anzutreffen. In Abhängigkeit von der Gruppenzusammensetzung, ihrer Altersstruktur und den individuellen Lebensgeschichten können jedoch sexistische Verhaltensweisen immer wieder beobachtet werden und finden

sich dann vor allem in sprachlichen Äußerungen der männlichen Jugendlichen. Frauen werden darin als Wesen zweiter Klasse abqualifiziert, sie werden primär als sexuell zu funktionierende und bereitzustehende Objekte dargestellt, während emotionale Empfindungen und Wünsche von Mädchen und von Frauen nicht in Betracht kommen. Jungen prahlen mit ihren scheinbaren sexuellen Qualitäten, sie könnten jederzeit ihren Mann stehen und Frauen fertig machen. Die Sprache ist in sexueller Hinsicht vulgär, mit aggressiven und brutalen Inhalten vermengt. Wenn Jugendliche sich solche sexistischen Verhaltensformen zu eigen gemacht haben, dann können die Ursachen gefunden werden:
- in den individuellen Sozialisationserfahrungen innerhalb der Herkunftsfamilie, wenn hier entsprechende Äußerungen und Ansichten zum „normalen" Umgangsstil gehörten,
- in entsprechenden Lernerfahrungen in früher besuchten Institutionen, beispielsweise in reinen Jungenheimen,
- in den Nachahmungseffekten und der Identifikation mit anderen, denn gerade in der Adoleszenzphase sind solche Prozesse häufig,
- in der ablehnenden Haltung gegenüber Frauen insgesamt, die möglicherweise aus der Enttäuschung über die eigene Mutter oder aus unguten Vorerfahrungen mit Erzieherinnen und beispielsweise auch Lehrerinnen resultiert und nun generalisiert wird.

Sexistische Äußerungen von Jugendlichen müssen nicht unbedingt in ihren Inhalten mit der inneren Einstellung übereinstimmen. Bisweilen handelt es sich lediglich um ein oberflächliches Geplapper; hinter dem Imponiergehabe verbirgt sich die eigene Unsicherheit und Unerfahrenheit. Wenn weibliche Mitarbeiterinnen auf sexistische Äußerungen von Jungen mit Ablehnung, Abscheu und offener Missachtung reagieren, dann können frauenfeindliche Haltungen verstärkt beziehungsweise neu begründet werden. „Erzieherinnen sind eben auch nur dumme Kühe", wäre eine eher noch harmlose tendenzielle Schlussfolgerung.

Pornografische Produkte sind trotz bestehender Jugendschutzbestimmungen für Jugendliche praktisch jederzeit verfügbar. Entsprechende Magazine und Videofilme werden unter der Hand, aber auch ganz offen gehandelt. Im Internet gehören die Bereiche Sex und Pornografie zu den meist aufgesuchten. Hierzu haben auch viele junge Menschen innerhalb der Heimerziehung Zugang. In ihrer Tendenz stimmen Sexismus und

Pornografie überein, sie verachten die Frau, entkleiden die Sexualität von jedweden emotionalen Liebesinhalten und reduzieren geschlechtliche Beziehungen auf sterile Funktionen. Auch wenn die pornografischen Inhalte nicht unmittelbar mit Gewalt verbunden sein sollten, so drücken sie doch durch die den Frauen zugeschriebenen Rollen männliche Gewalt und Herrschaftsdenken aus. Es ist wissenschaftlich bislang nicht belegt, dass das Konsumieren pornografischer Produkte das eigene Sexualverhalten nachhaltig beeinflussen kann, auch eine Steigerung gewalttätiger Sexualität ist nicht eindeutig nachweisbar (Schmidt 1988, S. 150f.). Die Erwachsenen lehnen es ab, wenn Jugendliche sich pornografischer Medien bedienen, weil sie darin eine Gefahr für deren weitere Entwicklung vermuten, ohne allerdings zu wissen, ob diese nicht längst immun sind gegenüber solchen Einflüssen. Die gesellschaftliche Ächtung der Pornografie sowie die Angst damit verbundener Negativeffekte ist insgesamt merklich zurückgegangen. Die Warnungen davor haben sich mehr und mehr verbraucht, es hat eine Ermüdung gegenüber dem Thema stattgefunden (Lautmann 2002, S. 493). Außerdem sind die heutigen Jugendlichen sehr viel kompetenter im Umgang mit Medien als ältere Menschen. Sie lassen sich so leicht nichts vormachen, sie haben andere „Verarbeitungsmodi" entwickelt und können in der Regel zwischen Fiktion und Realität unterscheiden (Sielert 2005, S. 128). Dennoch bleiben für den Heim- und Wohngruppenbereich Zweifel offen. Denn die hier lebenden Jugendlichen haben doch nur selten die Gelegenheit, realistische partnerschaftliche und Liebesbeziehungen bei Erwachsenen nachzuvollziehen. Wenn solche jungen Menschen ihre Bilder der Erwachsenensexualität auch nur teilweise aus pornografischen Produkten ableiten, dann werden mit Sicherheit bei einigen verworrene und unrealistische Ansichten und Erwartungshaltungen entstehen, die, mit Unsicherheit und Angst oder Aggression verbunden, partnerschaftliche Beziehungen zu erschweren vermögen.

Es wird wahrscheinlich nur sehr wenig nützen, wenn sexistische Äußerungen und Pornografie lediglich verboten sind, zumal Verbote den Reiz erhöhen und Vorurteile bestätigen können. Es käme vielmehr darauf an, bei den Jugendlichen Lerneffekte hervorzurufen, indem sie die Hintergründe und gesellschaftlichen Zusammenhänge von Sexismus und Pornografie erkennen.

Um dies bewerkstelligen zu können, erscheint es zunächst sinnvoll und erforderlich, dass die pädagogischen Mitarbeiter(innen) sich über ihre eigene Einstellung zur Männer- und Frauenrolle Klarheit verschaffen, zumal wenn weibliche und männliche Erzieher(innen) gemeinsam arbeiten (Sielert 1990, S. 91f.). In solchen Selbsterfahrungsgruppen kommt zuweilen die für männliche Kollegen überraschende Erkenntnis zutage, dass sie selbst gelegentlich eine sexistische und damit frauenverachtende Wortwahl gebrauchen, die zwar subtil, aber dennoch in der Tendenz dem Sprachgebrauch mancher Jugendlichen entsprechen kann.

Für die konkrete Arbeit mit Jugendlichen schlägt Sielert am Beispiel der Pornografie vor, die Thematik zunächst in geschlechtergetrennten Gruppen zu behandeln, weil dann bei den jungen Menschen eine größere Offenheit erzielt werden kann. Da die Einstellungen zur Pornografie bei Mädchen und Jungen unterschiedlich ausgeprägt sind, muss ein Austausch beider Gruppen gewährleistet sein, um die unterschiedlichen Verhaltens- und Erlebensmuster mitzuteilen (Sielert 1990, S. 92ff.). In solchen sexualpädagogischen Gruppenprojekten kann dann – auch mit Unterstützung von Rollenspielen – thematisiert werden:

- Wie empfinde ich mich und sehe ich mich als Mädchen/als Junge und wie möchte ich von den anderen gesehen werden?
- Welche Einstellungen verbergen sich hinter sexistischen Äußerungen, welche Auswirkungen haben sie und wie kommen sie zustande?
- Warum sind Pornofilme in der Regel so steril, weshalb sind sie alle nach dem gleichen Muster gemacht?
- Welche unterschiedlichen Emotionen kommen beim Konsumieren pornografischer Produkte bei Mädchen und Jungen auf, und weshalb sind die Auswirkungen unterschiedlich?
- Welche gesellschaftlichen Verhältnisse spiegeln sich im Sexismus und in der Pornografie wider, was kann der/die Einzelne tun, um Veränderungen zu erzielen?

In solchen Projekten eröffnen sich jungen Menschen neue Lernerfahrungen, weil sie die Zusammenhänge und Hintergründe von Gewalt, Herrschaft und Sexualität begreifen. Sie lernen außerdem – vielleicht zum ersten Mal – die Gefühle und Haltungen der Geschlechtspartner(innen) zur Sexualität kennen und wissen nun auch, wie sexistische Verhaltensweisen dort aufgefasst werden. Auf der Grundlage einer solchen Bewusstwerdung sind positive Verhaltensveränderungen zu erwarten, während allgemeine Verbote kaum nachhaltige Wirkung zeigen dürften.

Die pädagogische Situation sexuell missbrauchter Mädchen und Jungen in den Institutionen der Jugendhilfe

Ausgangssituation

In den Heimen und Wohngruppen der Jugendhilfe waren und sind immer auch solche Kinder und Jugendliche, die in ihrer Herkunftsfamilie sexuelle Gewalterfahrung durchlitten haben. „Öffentliche stationäre Hilfen haben in erster Linie den Auftrag, Mädchen und Jungen mit sexuellen Gewalterfahrungen einen sicheren Lebensraum zur Verfügung zu stellen und sie gleichzeitig vor sekundärer Schädigung zu schützen" (Hartwig/Hensen 2003, S. 97).
Die Begriffe sexuelle Gewalt, sexuelle Misshandlung und sexueller Missbrauch werden in der Fachliteratur synonym verwandt für den gleichen Tatbestand: Es handelt sich um sexuelle Handlungen an und mit Kindern und Jugendlichen, deren Bedeutung und Tragweite viele aufgrund ihres Alters noch nicht einschätzen können. Die sexuellen Handlungen werden von den Mädchen und Jungen ertragen und abgelehnt, wegen der bestehenden Abhängigkeits- und Gewaltverhältnisse sind sie anfänglich oder auch auf längere Sicht nicht in der Lage, sich dagegen zur Wehr zu setzen. Tun sie dies doch, kommen neue Probleme auf. Es handelt sich folglich um Gewaltanwendungen gegenüber Minderjährigen mit der bewussten Zielsetzung der sexuellen Bedürfnisbefriedigung seitens der Täter.
Finkel geht aufgrund der Auswertung verschiedener Studien davon aus, „daß ca. jedes 4. Mädchen und jeder 15. Junge in den untersuchten stationären oder teilstationären Hilfen zur Erziehung tatsächlich oder vermutlich Opfer sexueller Gewalthandlungen gewesen sind" (Finkel 1998, S. 354f.).
Bange stellt die Ergebnisse von sieben unterschiedlichen Studien vor, die in den 90er Jahren zum Ausmaß des sexuellen Missbrauchs an Kindern und Jugendlichen in Deutschland durchgeführt wurden. Die Zahl der betroffenen Kinder und Jugendlichen, die vor dem 14. oder vor dem 16. Lebensjahr unerwünschten sexuellen Kontakten ausgesetzt waren/ sexuelle Gewalt erleben mussten, schwankt je nach Untersuchung bei den Frauen zwischen 11,7% bis 25% und bei den Männern zwischen 3,4% bis 8% (Bange 2002, S. 23ff.). Hartwig und Hensen vermuten, dass sich in jeder Regelgruppe der stationären Erziehungshilfe zwei bis

drei Kinder aufhalten, die in ihrem bisherigen Leben sexuelle Gewalt erleiden mussten (2003, S. 68).

Kinder und Jugendliche gelangen nach sexuellen Missbrauchserlebnissen aus unterschiedlichen Gründen in Einrichtungen der öffentlichen Erziehung:

- Die Taten werden entdeckt und durch Heimeinweisung sollen die Trennung vom Täter und ein Schutz des Opfers erreicht werden,
- die jungen Menschen entwickeln aufgrund der oftmals lang andauernden sexuellen Missbrauchssituation Störungen und Auffälligkeiten, deren eigentlicher Hintergrund nicht immer erkannt wird, aber dennoch zu einer Fremdunterbringung führt,
- die Betroffenen laufen ständig von zu Hause weg, sie werden aufgegriffen und wegen dieser „Auffälligkeiten" eingewiesen,
- manche Jugendliche wollen auf eigenen Wunsch von zu Hause weg, sie streben beispielsweise intensiv die Aufnahme in eine Wohngruppe an, nennen aber nicht immer oder sofort ihre wahren Beweggründe.

Wir wollen uns nun mit der Frage beschäftigen, ob für solche, von sexuellen Gewalterfahrungen betroffenen Kindern und Jugendlichen die derzeitige Heim- beziehungsweise Wohngruppensituation eine adäquate Hilfestellung zur Verarbeitung und Therapie darstellen kann und welche Qualitätsmerkmale und Rahmenbedingungen diese Institutionen aufweisen müssten. Bis in die 80er Jahre hinein wurde der größte Teil der zu platzierenden Kinder in Heimen untergebracht, oftmals in speziellen Institutionen für Mädchen, während entsprechende Einrichtungen für Jungen fehlten. Zwischenzeitlich wird bei notwendigen Fremdunterbringungen sexuell missbrauchter Kinder der Familienpflege eindeutig der Vorrang gegeben (Jönsson 1997, S. 177f.).

Die Ursachen und Auswirkungen sexueller Gewalt

„Sexuelle Gewalt ist weniger ein sexuelles als ein Machtphänomen. Befragungen von Tätern und Opfern veranschaulichen, daß es den Tätern in erster Linie um Machterleben geht, nämlich darum, sich überlegen zu fühlen, zu demütigen, zu strafen, Wut abzulassen oder die eigene Männlichkeit zu beweisen" (Brockhaus/Kolshorn 1998, S. 91).

"Was den Täter angeht, liegen seinem Verhalten meist nicht-sexuelle Motive wie der Wunsch, die eigene Männlichkeit zu bestätigen oder Macht zu demonstrieren, zugrunde. Die Sexualisierung derartiger Motive liegt zentral in der Kopplung von Männlichkeit mit Dominanz und Sexualität in der traditionellen Geschlechtsrolle begründet, aber zum Beispiel auch in der Erotisierung von Gewalt und Unterwerfung in Medien und Pornographie" (Brockhaus/Kolshorn 2002, S. 57).

Wenn es sich bei den Tätern nicht um krankhafte und abnorme Persönlichkeiten handelt, dann sind es doch verwerfliche Taten, die sie vollbringen. Diese geschehen zumeist innerhalb eines familiären Systems, in dem es ihnen gelingt, sexuelle Übergriffe offen oder heimlich zu praktizieren. Durch die Anwendung der sexuellen Gewalt wird das Familiensystem mit allen Mitgliedern bewusst oder unbewusst in Mitleidenschaft gezogen, es treten pathologische Familienverhältnisse auf. Gestört kann beispielsweise die Beziehung der Eltern sein, weil zumindest einer der Partner gegen ein gesellschaftliches Tabu verstößt und dies auch weiß. Unter diesem Aspekt sind auch die Beziehungen zu Geschwistern und vor allem zu dem betroffenen Kind zu sehen, das ja nicht nur missbraucht wird, sondern in vielfältigen anderen Lebensbezügen zu dem Täter und zu den anderen Familienmitgliedern steht. Diese anderen Lebensbezüge werden von den sexuellen Gewalttaten nicht isoliert zu betrachten sein, denn sie beeinflussen sich ständig wechselseitig.

Wenn nun die Opfer sexuellen Missbrauchs in ihrem Verhalten Abweichungen und Veränderungen zeigen und diese einseitig und isoliert auf die sexuellen Gewalterfahrungen zurückgeführt werden, dann findet eine sexualisierte Einschätzung der Betroffenen statt. Diese verkennt total, dass die menschliche Sozialisation nicht auf einzelne und auch nicht auf herausragende negative Bedingungen zu reduzieren ist, sondern, dass stets die Gesamtheit der vorgefundenen personalen- und Umweltbedingungen die Entwicklung der Gesamtpersönlichkeit beeinflusst und prägt. Kinder und Jugendliche, die innerhalb ihrer Familien sexuell missbraucht wurden, können als Reaktion auf die sexuelle Gewaltanwendung und unter Berücksichtigung der oft lang andauernden pathologischen Gesamtsituation Erkrankungen, Auffälligkeiten und Störungen in sehr unterschiedlichen psychosozialen Erlebens- und Verhaltensbereichen entwickeln (zu den Folgen des Missbrauchs von Kindern vgl.: Hartwig/Hensen 2003, S. 36ff.).

Störungen des Selbstwertgefühls, Ängste, Depressionen, Aggressionen, Verhaltensprobleme, sexualisiertes Verhalten und selbstzerstörerisches Verhalten, scheinen besonders überlagerte emotionale Reaktionsweisen zu sein, die Kinder und Jugendliche nach sexuellen Missbrauchserfahrungen produzieren. Wenn die Betroffenen in der Lage sind, die Tragweite der an ihnen vollzogenen Gewaltanwendung zu erkennen, sehen sie sich oft sehr ambivalenten Situationen ausgesetzt, die bedrohlich wirken müssen, weil sich keine Lösungen anbieten. Denn sie haben ja nicht nur Gewalt, Unterdrückung und Ausbeutung erfahren, sondern auch schöne und angenehme Situationen im Familienleben. Sie fühlen sich den Tätern verbunden und lehnen diese gleichzeitig ab. Sie wollen ihre missliche Lage verändern und befürchten das Zerbrechen der Familie, wenn sie sich offenbaren. In dieser Ambivalenz und Hoffnungslosigkeit bleibt für viele als Ausweg nur die Flucht. Weglaufen und Trebegängertum stellt für Mädchen häufig eine Möglichkeit dar, um der sexuellen Gewalt und den ambivalenten Gefühlslagen zu entfliehen. Auch die Flucht in Alkohol und andere Drogen kann als Ausweg verstanden werden, um sich in eine scheinbar bessere Welt zu versetzen; Drogenprobleme überlagern dann die primären traumatischen Erfahrungen. Aggressive Verhaltensweisen können erlernte Reaktionen sein, das Wehren gegen die sexuellen Übergriffe wird nun auf andere Situationen und Personen übertragen oder sie stellen Abwehrmechanismen dar, um die negativen Selbstwertgefühle zu kompensieren, indem das eigene Ich scheinbar kräftig und mächtig unter Beweis gestellt wird. Aggressionen als Folge einer Identifikation mit dem sexuellen Aggressor wird vor allem bei betroffenen Jungen als Verarbeitungsmechanismus für möglich erachtet, auch deshalb, weil Jungen in ihrer gesellschaftlichen Rollenzuweisung von klein auf Aggressionen eher erlernen und zugestanden bekommen.

Anforderungsbereiche der Heim- und Wohngruppenerziehung bei sexuell missbrauchten Kindern und Jugendlichen

Die Frage, ob Kinder und Jugendliche mit sexuellen Gewalterfahrungen überhaupt in Institutionen der Jugendhilfe aufgenommen werden sollten, ist dann rein theoretisch, wenn sich in der Praxis keine anderen Alternativen anbieten, um die Betroffenen vor weiteren Gewaltanwendungen zu schützen. In vielen Fällen sind geeignete Pflegefamilien – vor allem für ältere betroffene Kinder und für Jugendliche – einfach nicht vorhanden. Viele der jungen Menschen wollen von zu Hause weg, weil sie nicht länger mit dem Täter zusammenleben können und weil kein Vertrauensverhältnis mehr besteht. Andere haben vielleicht reaktiv schwierige Verhaltensweisen entwickelt, die primär als Indikation für die Fremderziehung galten, während der sexuelle Missbrauch erst später oder auch gar nicht offenbart und erkannt wurde. Zwar sind spezielle Einrichtungen für sexuell missbrauchte Mädchen entstanden, aber diese reichen bei weitem noch nicht aus, um der großen Nachfrage entsprechen zu können. Für betroffene Jungen bestehen derzeit so gut wie keine alternativen Unterbringungsangebote. Die pädagogischen Mitarbeiter(innen) der traditionellen Heime und Wohngruppen konnten sich während ihrer Ausbildung in der Regel kaum Kenntnisse über den pädagogischen Umgang mit jungen Menschen, die sexuellen Gewalterfahrungen ausgesetzt waren, aneignen (Weiß 2002, S. 430). Da dieses spezielle Aufgabengebiet pädagogisch nicht vernachlässigt werden darf, kommen neue qualitative Anforderungen auf die Institutionen und die Professionalisierung der Mitarbeiter(innen) zu. Wenn es diesbezüglich an Handlungs- und Angebotskonzepten mangelt, werden Hilfeabbrüche und Verlegungen wahrscheinlich (Finkel 2000, S. 136f.).

Angemessene Hilfeleistungen bei sexuellen Gewalterfahrungen kommen in den Einrichtungen der stationären Erziehungshilfe häufig deswegen nicht zustande, weil es an den notwendigen räumlichen, zeitlichen und professionellen Ressourcen mangelt (Weber/Rohleder 1995, S. 231).

Sensibilität entwickeln, Projektionen und Überreaktionen vermeiden

Bei nicht wenigen Kindern und Jugendlichen, die in Heimen und Wohngruppen leben oder dort neu aufgenommen werden, sind die Gründe bestehender Verhaltensauffälligkeiten unklar und verschwommen. Als Verursachung werden oftmals die Erziehungsunfähigkeit der Eltern beziehungsweise das schlechte Herkunftsmilieu vermutet. Es ist jedoch leicht nachzuvollziehen, dass man eine konkrete pädagogische Hilfe dann am wirksamsten einsetzen kann, wenn die Hintergründe für die speziellen Erlebens- und Verhaltensweisen der jungen Menschen eindeutiger bekannt werden und nachzuvollziehen sind. Sexuelle Miss-

brauchserfahrungen könnten die Motive sein für manches aggressive oder depressive Verhalten, für ständiges Weglaufen, für eine unbestimmte Ängstlichkeit oder für sexualisierte Verhaltensweisen.
Um eine Sensibilität für die Signale und Reaktionsweisen von sexuell missbrauchten Minderjährigen zu entwickeln, wäre es zunächst erforderlich, dass sich die pädagogischen Mitarbeiter(innen) über den sexuellen Missbrauch und über Gewalterfahrungen informieren, beispielsweise Fortbildungsveranstaltungen zu dieser Thematik besuchen und sich in Teamgesprächen austauschen. Insbesondere wenn Frauen und Männer zusammen arbeiten, erscheint ein solcher Austausch notwendig, um die geschlechterspezifischen Einstellungen und Haltungen zu verdeutlichen, um die eigene Betroffenheit darzustellen und um Vorurteile abzubauen.
Es empfiehlt sich, dass eine pädagogische Bezugsperson die Beobachtungsaufgabe für den jungen Menschen wahrnimmt, der betroffen sein könnte. Diese Beobachtung bezieht sich auf die individuellen Verhaltensweisen des einzelnen Kindes, auf seine Kommunikationsformen und -inhalte.
Wenn ein sexueller Missbrauch relativ sicher vermutet werden kann, dann sollte die pädagogische Bezugsperson das Kind darauf ansprechen. Es kann sich für Betroffene als sehr entlastend und heilsam herausstellen, wenn sie in einer ruhigen und sachlichen Atmosphäre, die aber gleichzeitig durch Verständnis und Vertrauen geprägt ist, ihre Sprachlosigkeit überwinden lernen. Falls ein Missbrauch verneint wird, sollte nicht weiter insistiert oder gar bedrängt werden. Das Kind ist dann noch nicht in der Lage, sich mitzuteilen. In dieser Situation wäre auf die Förderung des Vertrauensverhältnisses zu achten, ebenso muss sich das Kind angenommen und akzeptiert fühlen, um sich vielleicht später zu öffnen. Es kann natürlich auch seitens der Erzieher(innen) eine Fehlinterpretation vorliegen, es könnten eigene Ängste und Erfahrungen auf ein Kind projiziert werden. Zur Vermeidung solcher Situationen sollten Verdachtsmomente offen im Team reflektiert und auch Supervision sollte in Anspruch genommen werden.
Wenn sich der Verdacht eines sexuellen Missbrauchs konkretisiert, dann hilft es dem Kind, wenn auf seine Situation mit Verständnis und mit Anteilnahme reagiert wird. Es schadet den Betroffenen, wenn sie erleben, dass ihre Erzieher(innen) Ängste, Fassungslosigkeit, Hoffnungslosigkeit, Wut, Hass und Abscheu äußern. Mit solchen emotiona-

len Reaktionsweisen haben die Kinder und Jugendlichen selbst genügend zu tun, sie benötigen jetzt professionelle Helfer(innen), die zwar Anteil nehmen, aber zu den eigenen Emotionen einen ruhigen Gegenpol bilden. Untersuchungsergebnisse belegen, dass Mitarbeiter(innen) der Jugendhilfe bei der Vermutung oder Offenlegung eines sexuellen Missbrauchs von Kindern und Jugendlichen eine stärkere Professionalisierung benötigen (Hofmann/Wehrstedt 2004, S. 28).

Die Akzeptanz und Annahme der Persönlichkeit

Auf schwierige und auffällige Verhaltensweisen junger Menschen reagieren pädagogische Institutionen regelmäßig mit Sanktionen, Verboten und Geboten. Kinder sollen nicht aggressiv sein, sie dürfen nicht ständig weglaufen oder ein distanzloses Sexualverhalten zeigen. Symptome haben jedoch Ursachen und Funktionen, vielfach stellen sie Mechanismen dar, um in pathologischen Familienverhältnissen an den Gewaltanwendungen nicht zu zerbrechen, sondern zu überleben (Dunand 1987, S. 442). Diese Mechanismen wirken auch nach der Trennung von der Familie noch weiter. Kinder und Jugendliche in und mit Schwierigkeiten benötigen in pädagogischen Institutionen vordringlich die wesentliche Grunderfahrung, dass sie trotz ihrer Fehler, Schwächen und Auffälligkeiten als Gesamtpersönlichkeit angenommen und akzeptiert sind. Wenn sie in ihrer Eigenart wahrgenommen werden und ihnen ein „Ausverwahrlosenlassen" zugestanden wird (Mehringer 1998, S. 27ff.), dann können sich auf dieser positiv erfahrenen Grundlage Selbsterkenntnisprozesse und spätere Verhaltensveränderungen einstellen.

Werden sie von Anfang an ständig zurechtgewiesen und sanktioniert, werden ihre Symptome als selbstverschuldetes Fehlverhalten missdeutet, dann können sie auch weiterhin kaum ein Vertrauensverhältnis zu sich selbst und gegenüber ihren Mitmenschen aufbauen. Nicht das Symptom, sondern die Förderung der Gesamtpersönlichkeit steht daher im Mittelpunkt des pädagogischen Interesses. Unter diesem Aspekt gilt es ebenso zu bedenken, dass junge Menschen mit sexuellen Missbrauchserfahrungen nicht überwiegend als missbrauchte Personen wahrzunehmen sind. Die Erziehung richtet sich an die Ganzheitlichkeit des Menschen. Sie greift auch auf solche Vorerfahrungen zurück, die nicht von besonderen Schwierigkeiten und Abweichungen geprägt waren. Es werden zukünftige pädagogische Ziele verfolgt, die nicht nur primär in Verbindung oder in Abhängigkeit der erlittenen Gewaltanwendung stehen müssen, sondern die Gesamtentwicklungsfähigkeit des jungen Menschen berücksichtigen. In speziellen Institutionen für sexuell missbrauchte Kinder und Jugendliche könnte die Gefahr vorhanden sein, dass unter dem Eindruck der gleichen negativen Sozialisation und Schicksale die Überwindung oder die Folgen der sexuellen Gewalt einseitig im Vordergrund der pädagogischen Bemühungen stehen. Damit blieben aber andere wesentliche Persönlichkeitsbereiche mehr im Hintergrund, sie würden pädagogisch vernachlässigt, es könnte das eintreten, was nicht beabsichtigt ist, nämlich die Stigmatisierung. Es wäre aus pädagogischen Gründen daher nicht zu empfehlen, Sondergruppen für sexuell missbrauchte Mädchen oder Jungen einzurichten. Denn hier bestünde die Gefahr, dass die Bedingungen der Sondergruppe die betroffenen jungen Menschen ausgrenzen und stigmatisieren (Hartwig 2002a, S. 194). Demgegenüber argumentiert Jönsson: Wie die bisherige Praxis gezeigt habe, „führen derartige Einrichtungen nicht zu einer von den Kritikern befürchteten Stigmatisierung, sondern schaffen im Gegenteil einen schützenden Lebensraum, der es den Mädchen ermöglicht, sich mit anderen Betroffenen über ihre Erfahrungen auszutauschen und notwendige Bewältigungsstrategien zu entwickeln" (1997, S. 179). Auffallend ist, dass betroffene Mädchen, welche sich in Regeleinrichtungen der stationären Erziehungshilfe befinden, überdurchschnittlich häufig verlegt wurden, „in über 60% der Fälle findet die Hilfe in zwei oder mehreren verschiedenen Einrichtungen statt" (Finkel 1998, S. 369) und oft wurde wegen massiver Verhaltensauffälligkeiten ein zwischenzeitlicher Aufenthalt in der Kinder- und Jugendpsychiatrie realisiert (S. 370).

Ein Vertrauensverhältnis aufbauen

Wer innerhalb seiner Familie sexuellen Gewalterfahrungen ausgesetzt war, leidet an der Zerstörung des Vertrauensverhältnisses. Ein Urvertrauen konnte sich nicht entwickeln oder veränderte sich in Richtung eines Urmisstrauens. Solche Kinder und Jugendliche erlebten ihre Eltern nicht als die Personen, die ihnen Sicherheit und Schutz bieten konnten. Obwohl zum Neuaufbau des zerstörten Vertrauensverhältnisses die Qualität und Intensität der zwischenmenschlichen Beziehungen inhaltliche und vor allem emotionale Anforderungen an die pädagogischen Mit-

arbeiter(innen) stellen, muss zunächst hinterfragt werden, inwieweit die Institution einen solchen Vertrauensaufbau unterstützt oder behindert.
Heime sind in der öffentlichen Meinung immer noch mit den Etiketten der Strafe, der Isolation und des trostlosen Anstaltscharakters verbunden. Obwohl diese Vorwürfe generell für dieses pädagogische Arbeitsfeld nicht mehr zutreffen, da die Praxis sich verändert hat, bleiben die Vorurteile bestehen. Gerade auch bei sexuell misshandelten jungen Menschen sind solche Vorbehalte gegenüber den Einrichtungen der öffentlichen Erziehung sehr wahrscheinlich. Einigen wurde mit der Heimeinweisung gedroht, wenn sie sich widersetzten oder nicht weiter schweigen würden. Andere kamen wegen ihrer reaktiven Auffälligkeiten in Kontakt mit dem Jugendamt oder mit der Polizei, wenn sie beim Weglaufen aufgegriffen wurden. Zu den oftmals schon vorhandenen Schuldgefühlen kommen neue hinzu, es entstehen zusätzliche Ängste vor den Maßnahmen der Umwelt.
Für betroffene Kinder und Jugendliche ist es daher eine unabdingbare pädagogische Forderung, dass sie ihre Heimeinweisung und die ersten Tage in der Institution nicht als Strafmaßnahme empfinden und dass bestehende Ängste vor der neuen Lebenssituation schnell abzubauen sind. Heime müssen daher selbstkritisch daraufhin überprüft werden, wie sie von ihrer Architektur und der Innengestaltung auf junge Menschen mit Ängsten und Vorbehalten wirken. Sehr ungeschickt und pädagogisch fragwürdig wäre es beispielsweise, wenn Kinder und Jugendliche während des Aufnahmeverfahrens eine Hausordnung in die Hand gedrückt bekommen, damit sie wissen, was sie hier alles nicht dürfen. Die pädagogische Gestaltung einer Heimaufnahme enthält viele symbolische Momente, die jungen Menschen sollten fühlen, dass sie erwartet und vorbehaltlos angenommen werden, dass sich hier ein Zuhause entwickeln kann. Kleinere Einrichtungen und Wohngruppen werden wahrscheinlich als attraktiver und weniger angsteinflößend erlebt, weil ihnen der Anstaltscharakter fehlt. Diesen Vorteil können die speziellen Institutionen für sexuell missbrauchte Kinder und Jugendliche für sich in Anspruch nehmen, denn hier handelt es sich meist um kleinere Gruppen, die in einem überschaubaren Gebäude wohnen.
Um bei Minderjährigen nach sexuellen Missbrauchserfahrungen ein Vertrauensverhältnis aufzubauen, ist es unbedingt erforderlich, dass eine pädagogische Bezugsperson für das Mädchen oder für den Jungen vorhanden ist und diese Aufgabe übernimmt.

Alle betroffenen Kinder und Jugendlichen benötigen zum Aufbau des Vertrauensverhältnisses eine pädagogische Bezugsperson, die sich unbedingt parteilich für ihre Belange einsetzt und ihnen vorbehaltlos Glauben schenkt.

Für ein therapeutisches Milieu sorgen

Für die Minderjährigen, die in Institutionen der Jugendhilfe leben und unter den erfahrenen sexuellen Gewaltanwendungen leiden, können spezielle therapeutische Interventionen notwendig werden, die entweder vom heiminternen therapeutischen Dienst oder von externen Expert(inn)en geleistet werden. Für kleinere Kinder eignet sich beispielsweise die Spieltherapie, mit dem Ziel, traumatisierende Erfahrungen aufzuarbeiten. In einer Atmosphäre des Gewährenlassens und der Akzeptanz lernen sie, ihre Gefühle selbst zu erkennen und auszuleben, ein Prozess der Selbstheilung wird möglich. Für Jugendliche bietet sich neben der Einzeltherapie auch die Gruppentherapie an. Sehr sinnvoll und hilfreich kann die Teilnahme an Selbsthilfegruppen sein, die beispielsweise vom Kinderschutzbund oder von Graueninitiativen ins Leben gerufen wurden. Innerhalb solcher Gruppen erkennen die Betroffenen, dass sie nicht alleine Probleme mit sexuellen Gewalterfahrungen haben, es werden Strategien für die Problembewältigung und für den Heilungsprozess gemeinsam entwickelt. Hieraus gelingt es vielen Einzelnen, individuelle Aspekte für ihren persönlichen Entwicklungsprozess abzuleiten.

Therapie und pädagogischer Alltag sind nicht isolierte und voneinander getrennte Bereiche, sie ergänzen und beeinflussen sich ständig wechselseitig. Dennoch gilt zu beachten: Eine Therapie ist in der Regel auf wenige Stunden in der Woche begrenzt und findet allenfalls einmal am Tag statt. Die Erziehung von Kindern und Jugendlichen mit traumatisierenden Erfahrungen sexueller Gewaltanwendung ist jedoch nicht nur auf die pädagogische und therapeutische Einzelsituation zwischen Erzieher(in)/Therapeut(in) und Klient(in) begrenzt. Deshalb ist das Hauptinteresse zu lenken auf jene „23 Stunden, die außer der psychotherapeutischen Sitzung vom Tag noch verbleiben – denn es ist dann und dort, daß das Milieu am stärksten zur Geltung kommt" (Trieschmann 1977, S. 23).

Für den personalen Bereich bedeutet dies zu erkennen, dass Erzieher(innen) jederzeit durch ihr Vorhandensein, durch ihre Art zu kommunizieren, durch ihre bewussten und unbewussten Einstellungen und

Gefühle eine Beziehungsarbeit mit den jungen Menschen leisten, auch in – oberflächlich betrachtet – den so genannten banalen Handlungen des Alltags. Ein therapeutisches Milieu setzt daher erwachsene Bezugspersonen voraus, die positiv zu ihren eigenen Lebenssituationen eingestimmt sind. Wert wird gelegt auf die Klarheit und auf die Durchschaubarkeit der erlebten Handlungen. Insbesondere die Beziehungen zu den Kindern und Jugendlichen sollten durch die Echtheit der Gefühle gekennzeichnet sein. Auf dieser Grundlage werden die pädagogischen Bezüge und Handlungen nachvollziehbar und die Persönlichkeit der Erzieher(innen) kann deshalb positive Übertragungen bewirken.

Ein therapeutisches Milieu stellt schließlich Anforderungen an die Rahmenbedingungen der Institution. Sexuell missbrauchte Mädchen und Jungen haben ihr Zuhause zweimal verloren; einmal, inhaltlich gesehen, durch den Missbrauch und die Gewalterfahrung, zweitens, formal gesehen, durch den Eintritt in das Heim oder in die Wohngruppe. Die räumlichen Rahmenbedingungen und die Ausgestaltung können nun maßgebend dafür werden, ob es gelingt, ein neues Gefühl der Beheimatung zu entwickeln. Die schon zuvor beschriebene Ausgestaltung der Räumlichkeiten und des eigenen Zimmers nimmt auch gerade für die Situation sexuell missbrauchter Kinder und Jugendlicher eine therapeutische Dimension ein. Sie benötigen Räume, in denen sie gerne mit anderen kommunizieren wollen und Rückzugsnischen, in denen sie auch einmal gerne mit sich alleine sind.

Neue Lebensperspektiven entwickeln

Traumatische Lebenserfahrungen der Vergangenheit können die unangenehme Eigenschaft annehmen, zukünftige Lebensplanung und -perspektiven einzuengen und zu begrenzen. Wenn die pädagogischen Bemühungen zu stark auf die Bewältigung und Verarbeitung der sexuellen Gewaltanwendungen zentriert und damit fixiert stattfinden, so wäre der pädagogische Blick weitgehend verschlossen für offen gebliebene Lebensmöglichkeiten und für solche, die unbeschadet ohnehin vorhanden sind und gefördert werden können.

Natürlich spielt bei der zukünftigen Lebensplanung von betroffenen Minderjährigen die Frage, ob und wie die Herkunftsfamilie einzubeziehen ist, eine bedeutende Rolle. Kein Mensch kann seine Familie leugnen, sie aus dem Gedächtnis streichen. Ihre Prägung und Dynamik ist immer vorhanden, auch bei einer vollkommenen räumlichen Trennung und nicht vorhandenem Kontakt. Es wäre daher für die Mädchen und Jungen wichtig, sich eine eigenverantwortliche Meinung darüber zu bilden, ob sie es ertragen und sich zumuten können und wollen, Beziehungen zu ihren Familienangehörigen und gegebenenfalls auch zu dem Täter weiter zu unterhalten oder wieder neu aufzunehmen. Wenn sie diese Beziehungen auf längere Sicht nicht wollen, so wäre es dennoch notwendig, für eine innerpsychische Auseinandersetzung und Aufarbeitung des familiären Erlebens zu sorgen, auch im Sinne einer Trauerarbeit und Trauerbewältigung. Junge Menschen, die zuvor unter dramatischen Umständen fremdbestimmt wurden, müssen nun die Gewissheit haben, dass ihre eigenbestimmte Entscheidung von den Erzieher(inne)n im Rahmen des Verantwortbaren akzeptiert und mitgetragen wird.

Menschliches Leben wird langweilig und uninteressant, wenn es gleichförmig und ohne sichtbare Höhepunkte verläuft. Das bisherige Leben von Mädchen und Jungen mit sexuellen Gewalterfahrungen war mit negativen Höhepunkten angereichert, deshalb war es oft freudlos, angst- und leidvoll. Sie haben den Anspruch darauf, dem täglichen Dasein schöne Aspekte abzugewinnen, ihre Nachholbedürfnisse sind Bestandteil der bewussten pädagogischen Planung und Vorgehensweise.

Kurzfristige und damit absehbare und überschaubare Perspektiven berücksichtigen den kindlichen und jugendlichen Erlebensdrang. Wenn der Alltag interessant gestaltet ist und es sich lohnt, attraktive Ereignisse gezielt zu planen und sie freudig zu erwarten, können zusätzliche Störungen im Sinne einer Affektentladung, mutwillige Zerstörungen aus Langeweile und depressive Verstimmungen aus Perspektivlosigkeit weitgehend gering gehalten werden.

Kurzfristige Perspektiven wären beispielsweise:

- die Vorfreude und das Erleben einer besonders schönen gemeinsamen Mahlzeit oder eines Restaurantbesuchs,
- ein gutes Gespräch mit der pädagogischen Bezugsperson am Abend oder bei einem Spaziergang,
- sportliche und spielerische Aktivitäten innerhalb der Gruppe,
- Wochenendunternehmungen, Besuche von sportlichen und kulturellen Veranstaltungen.

Mittelfristige Perspektiven und Höhepunkte setzen längere Vorplanungen und Anstrengungen voraus, sie sind aber auch mit einer längeren Vorfreude und einer größer erlebten Befriedigung verbunden:
- Die Planung einer gemeinsamen oder individuellen Urlaubsreise,
- die Anmeldung zur Tanzstunde oder zum Führerscheinkursus,
- die Aus- oder Umgestaltung des Zimmers und der Gruppenräume,
- das Sichanstrengen und Erreichenwollen bestimmter Ziele in der Schul- und Berufsausbildung.

Längerfristige Lebensziele und -perspektiven setzen die bewusste Vorbereitung und Anstrengungen über einen größeren Zeitraum voraus. Neben schulischen, Ausbildungs- und Berufszielen wäre weiterhin die angestrebte Lebenssituation nach der Entlassung in die Selbstständigkeit zu beachten, beispielsweise die erste eigene Wohnung und die längerfristige Partnerschaft.

Höhepunkte im Alltag und Perspektiven ergeben für junge Menschen mit leidvollen und schwierigen Vorerfahrungen dann einen pädagogischen Sinn, wenn sie absehbar und realisierbar erscheinen. Sie sollen nicht als pädagogisches Druckmittel missbraucht werden. Angesprochen wurden sowohl Erlebensbereiche in den zwischenmenschlichen Beziehungen als auch solche des konsumierenden Vergnügens. Letztere mögen als fragwürdig angesehen werden, sie stellen jedoch eine Teilwirklichkeit der modernen Gesellschaft dar. Aus ideologischen Gründen einen Bedürfnisverzicht abzuverlangen, wäre in der Situation der betroffenen Kinder und Jugendlichen keine pädagogische Notwendigkeit. Es wäre problematisch, wenn sich diese dadurch unnötig eingeschränkt und fremdbestimmt fühlten. Sie brauchen gewiss aber solche Erzieher(innen), die mit ihnen gemeinsam Perspektiven entwickeln, sie in ihren Anstrengungen unterstützen und auch alternative Lebensziele anbieten können.

Die Sexualerziehung für Betroffene als Erziehung zur Liebesfähigkeit

Am Anfang dieses Kapitels wurde die emanzipatorische Sexualerziehung als eine Erziehung zur Liebesfähigkeit verstanden. Deren Grundsätze und Methoden gelten auch für Mädchen und Jungen, die sexuelle

Gewaltanwendungen erleben mussten. Allerdings sind hier wegen der speziellen negativen und traumatisierenden Vorerfahrungen andere und zumeist ungünstigere Voraussetzungen für das sexualpädagogische Ziel der Liebesfähigkeit anzutreffen.

Wenn Kinder und Jugendliche, oft auch über einen längeren Zeitraum hinweg, sexuell missbraucht wurden, dann verbinden sie sexuelle Handlungen mit angstvoll erlittenen Gewaltanwendungen, mit Unterdrückung, Herrschaft und Ausbeutung. Um die Sexualität als glücklich machende, selbstbestimmte und verantwortungsvolle Lebensdimension begreifen und verinnerlichen zu können, müssen betroffene junge Menschen zunächst neue Orientierungen in den Aspekten der emotionalen und körperlichen Sexualität gewinnen.

Sie müssten zunächst neu lernen, dass zwischenmenschliche Beziehungen, dass emotionale und körperliche Nähe, Zärtlichkeiten, menschliche Wärme und Geborgenheit nicht notwendigerweise mit körperlichen sexuellen Handlungen einhergehen. Behutsame und damit weder fordernde noch einengende emotionale Zuwendungen und auch körperliche Kontakte durch die pädagogischen Bezugspersonen können wesentliche neue Erfahrungsfelder darstellen. Wichtig ist hierbei, innerhalb der emotionalen Beziehungsstrukturen die Selbstbestimmung der Kinder und Jugendlichen zu betonen und zu fördern. Da sie bislang einseitig fremdbestimmt waren, konnten sie Selbstachtung und Selbstliebe kaum entwickeln. Selbstachtung und Selbstliebe wären aber unabdingbare Voraussetzungen, um auch andere Personen achten und lieben zu lernen.

Die bei sexuell misshandelten Mädchen und Jungen unterdrückte Selbstliebe offenbart sich augenfällig in ihrer Einstellung zum eigenen Körper. Ihr Körper wurde missbraucht, vergewaltigt, von anderen beherrscht und ausgenutzt. Die schlimmen Gewaltanwendungen wurden an ihrem Körper vollzogen. Es ist leicht nachvollziehbar, weshalb viele der Betroffenen ihren eigenen Körper ablehnen, ihn vernachlässigen, verneinen und nicht lieben können. Negative Einstellungen zur Körperlichkeit wären zu verändern, wenn unter günstig gestalteten Rahmenbedingungen positive Körpererfahrungen möglich und pädagogisch unterstützt werden. Die schön gestaltete Atmosphäre des Badezimmers und genügend zugestandene Zeit geben der Körperpflege einen neuen Sinn. Sie ist nicht nur notwendiges Übel, sondern dient dem intensiven Kennenlernen der eigenen Körperlichkeit und der Fähigkeit, sich selbst zu mögen. Für Mädchen erschließen sich mit der Verwendung von Kosmetika – auch unter Hinzuziehung dezenter Hinweise und Hilfestellungen durch die Bezugserzieherin – neue Möglichkeiten, dem Körper Ausdruck zu geben. Die Kleidung als äußere Hülle des Körpers, die verdeckt, aber zugleich auch Einstellungen offenbart, ist ein weiteres Medium, das auch pädagogische Bedeutung annehmen kann. Sportliche Aktivitäten sind immer mit Körpererfahrungen verbunden. Man erlebt körperliche Müdigkeit und Erholung. Die Leistungsgrenzen, aber auch die unbekümmerte Belastbarkeit lassen spüren, dass ein Körper überhaupt vorhanden ist.

Neben der Grunderkenntnis, dass es möglich und schön ist, sich selbst zu lieben, müssen sexuell missbrauchte junge Menschen auch lernen, „nein" zu sagen. Bislang hatten sie sexuelle Aktivitäten an sich erdulden müssen, ohne sich wehren zu können. Nun müssen sie lernen, sich selbst zu bestimmen, sich zu sexuellen Beziehungen nicht überreden oder überrumpeln zu lassen, weil sonst die alten Wunden wieder aufbrechen könnten. Gerade in einer Zeit der schnelllebigen und flüchtigen Sexualität brauchen sexuell ausgebeutete Mädchen und Jungen die pädagogisch zu unterstützende Gewissheit, dass es sich für sie und ihre Partner(innen) lohnen kann abzuwarten, bis sie selbst soweit sind zu bestimmen, ob sie eine sexuelle Beziehung aufnehmen können und wollen. Erst in dieser Selbstbestimmung wird sich ihre Liebesfähigkeit vervollkommnen.

Kapitel XI: Intensive sozialpädagogische Einzelbetreuung

Exkurs: Geschlossene Heimerziehung

Die Heimerziehung hat immer wieder mit Kindern und Jugendlichen zu tun, die in massiver Weise gestört sind. Auffällige Verhaltensweisen wirken sich oftmals so negativ auf das Gruppenleben aus, dass untragbare Verhältnisse eintreten. Zugleich scheinen die Methoden der üblichen Heimerziehung nicht auszureichen, da pädagogische Erfolge bei diesen jungen Menschen häufig nicht erzielt werden konnten. Mit massiven Störungen und Auffälligkeiten sind beispielsweise gemeint:

- enorm aggressive Verhaltensweisen,
- unberechenbares, scheinbar sinnloses Verhalten,
- ständiges Weglaufen,
- allgemeine Unfähigkeit, menschliche Beziehungen einzugehen,
- totales Versagen in der Schul- und Arbeitswelt bei gleichzeitig vorliegender intellektueller Befähigung,
- allgemein apathisches Verhalten,
- total unausgebildete Frustrationstoleranz mit entsprechenden Verhaltensweisen bei geringsten Anlässen,
- kriminelle Verhaltensweisen,
- Verwahrlosungstendenzen in sexueller Hinsicht, zum Beispiel Prostitution sowohl weiblicher als auch männlicher Kinder und Jugendlicher.

Als gemeinsamer Symptomkomplex lassen sich bei den Betroffenen häufig drei Kriterien auffinden, die nicht nur vereinzelt, sondern auch kombiniert vorhanden sein können:

(1) Das Weglaufen, nicht nur im wörtlichen Sinne verstanden, sondern das Weglaufen vor Aufgaben und Pflichten, das innere Weglaufen vor der Auseinandersetzung mit sich selbst und anderen,

(2) die Bindungsunfähigkeit, die das Unvermögen ausdrückt, tragfähige Beziehungen mit Mitmenschen einzugehen. Die stetige Oberfläch-

lichkeit der Bindungslosigkeit macht dann auch den pädagogischen Bezug so schwer oder ganz unmöglich,

(3) die Perspektivlosigkeit, die nicht nur das Fehlen realer Zukunftsmöglichkeiten meint, sondern das bewusste Ausschließen von Perspektiven jeglicher Art, womit sich Interesselosigkeit, Apathie, „Null-Bock-Haltung" erklären.

Bei dieser Personengruppe werden wir auch solche junge Menschen antreffen, die als seelisch behindert gelten oder von einer solchen Behinderung bedroht sind (§ 35a KJHG).

Zur Verdeutlichung nicht nur der Symptomatik, sondern auch der Unwirksamkeit üblicher Methoden innerhalb der Heimerziehung, soll ein Fallbeispiel dienen:

> Bruno kam als 12-jähriger Junge in ein Kinderhaus, nachdem er bei einem Autounfall beide Eltern verloren hatte. Bruno war bei der Fahrt in den Urlaub dabei, er hatte den Unfall in den Bergen und den Tod seiner Eltern miterlebt. Bruno war ein Einzelkind und hatte schon immer einige Schwierigkeiten wegen seiner Streiche bekommen. Dies war auch der Grund, warum keiner seiner Verwandten sich um ihn kümmern wollte, so dass er auf ein Heim angewiesen war.
>
> Zu Beginn seines Aufenthaltes fiel auf, dass der Junge keinerlei Trauer über den Verlust seiner Eltern zeigte. Unangenehm fiel er auf, weil er die verrücktesten Streiche aushecke und sich damit wahrscheinlich in den Mittelpunkt stellen wollte. Mit sehr wenig Anstrengung und daher nur durchschnittlichen Noten absolvierte er die Hauptschule.
>
> Brunos eigentliche Problematik fing erst nach Beendigung der Schulzeit an. Zwar hatte er in seinem Traumberuf eine Lehrstelle als Fernsehtechniker gefunden, jedoch musste er diese bald aufgeben, denn ihm wurde wegen permanenter Unpünktlichkeit und Unzuverlässigkeit sowie wegen kindlicher Verhaltensweisen gekündigt. Bei der unmittelbar sich anschließenden Lehrstelle verlief es nicht besser. Bruno machte nun eine Malerlehre, der Meister beklagte öfter die Unzuverlässigkeit des Jugendlichen. Aus geringfügiger Verärgerung heraus verspritzte Bruno Farben auf die frisch gestrichenen Wände einer Wohnung, was die fristlose Kündigung zur Folge hatte.

Bruno versuchte sich nun noch in anderen Lehr- und Anlernstellen – jedoch jedes Mal mit dem gleichen Resultat. Schließlich war er überhaupt nicht mehr bereit, irgend etwas zu arbeiten. Er vertrödelte den ganzen Tag, wollte nicht aufstehen und weigerte sich auch, bei häuslichen Arbeiten im Kinderhaus mitzuhelfen.

In dieser Situation wurde er von dem Heim als nicht tragbar angesehen und vom zuständigen Jugendamt in ein anderes Heim vermittelt. Dieses neue Heim verfügte über eine angeschlossene Lehrwerkstatt, in der Bruno ausgebildet werden sollte. Er kam zunächst in die geschlossene Gruppe dieses Heimes, sollte sich dort bewähren, um dann in die halboffene und schließlich in die offene Gruppe überwechseln zu können. Bruno hielt es aber in der geschlossenen Gruppe nicht aus. Er litt nach eigenen Angaben unter den anderen Jugendlichen, die dem etwas weichen Jungen das Leben schwer machten. Bruno rückte daher aus, wurde aufgegriffen und in eine Jugendschutzstelle übermittelt. Von dort aus kam er in ein anderes Haus, ebenfalls in eine geschlossene Gruppe. Er lief auch dort wieder weg und kam wiederum in die Jugendschutzstelle.

Den zuständigen Sozialarbeiter(inne)n im Jugendamt wurde nun einsichtig, dass mit geschlossener Unterbringung in diesem Falle nicht zu helfen sei. Bruno konnte einige Zeit in einer der Jugendschutzstelle angegliederten Heimgruppe verbringen und machte auch wieder Arbeitsversuche – allerdings immer mit negativen Erfolgen – Brunos Situation wurde zusehends auswegloser. Um den Teufelskreis seiner Misserfolge einmal zu unterbrechen, wurde er ins Allgäu in eine Kur für Kinder und Jugendliche verschickt.

Dieser Orts- und Milieuwechsel muss in Bruno einiges bewirkt haben. Er fügte sich in die Ordnung des Kurheimes, ging dem Heimleiter zur Hand, er entwickelte sich so positiv, dass die Kur verlängert wurde. Während der Kurverlängerung fand Bruno mit Hilfe des Heimleiters einen Gastwirt, bei dem er zukünftig als Aushilfe arbeiten und auch wohnen konnte. Nach Überprüfung der Verhältnisse stimmte das Jugendamt zu. Bruno wurde ähnlich wie ein Pflegekind in die Familie des Gastwirtes aufgenommen, seinen Äußerungen nach fühlte er sich wohl und die Arbeit machte ihm Spaß. Nach etwa einem halben Jahr tauchte er jedoch plötzlich im Jugendamt auf. Er wollte nicht mehr länger bei dem Gastwirt bleiben, er fühlte sich ausgenutzt, er wollte nun wieder in die Heimgruppe der Jugendschutzstelle. Da ohnehin keine anderen Alternativen zur Verfügung standen, wurde diesem Wunsch nachgegeben und der nun siebzehnjährige Bruno lebte wieder im Heim. Er fand auch eine Arbeitsmöglichkeit in einer Gaststätte, dort hielt er es aber nur wenige Wochen aus. Bruno begann wieder zu trödeln, es war ihm ständig langweilig und er ging den Mitarbeiter(inne)n mit seinen Streichen auf die Nerven. Brunos Situation spitzte sich zu, er wurde in kleinere Diebstähle verwickelt, hielt sich nicht mehr an Ausgangszeiten, er benutzte das Heim nur noch zum Essen und zum Übernachten.

Der Junge musste schließlich in ein Wohnheim für Jugendliche und junge Erwachsene überwechseln. Wegen der dort herrschenden strengen Atmosphäre fühlte er sich äußerst unwohl, rückte wiederholt aus und war auch hier nicht mehr tragbar. Damit der Jugendliche wenigstens ein Dach über dem Kopf hatte, bot ihm das Jugendamt ein Personalzimmer in dem Nebengebäude eines Kinderheimes an. Bruno wohnte hier bis zu seinem 18. Geburtstag und wurde mehr oder weniger lose von dem dortigen Heimleiter mitbetreut.

Mit seiner Volljährigkeit trat eine neue Situation für Bruno ein. Er erbte Geld und Wertpapiere, die seine Eltern hinterlassen hatten, im Wert von ca. 120.000 DM. Bruno lebte nun auf großem Fuß, er unternahm Reisen, kaufte Videoanlagen, Mofas und andere Wertgegenstände, die er aber nach kurzer Zeit für einen Bruchteil des Wertes an „Freunde" weitergab. So dauerte es nur etwa ein dreiviertel Jahr, bis das ganze Geld aufgebraucht war. Nun wurde Bruno in einen Autodiebstahl verwickelt, er fuhr ohne Führerschein und wurde erwischt. Da er keinen Wohnsitz hatte, musste er einige Monate bis zur Gerichtsverhandlung in Untersuchungshaft bleiben. Mit der Gerichtsverhandlung wurde er entlassen, seine Strafe war durch die Untersuchungshaft verbüßt. Nun blieb Bruno für etwa zwei Jahre verschollen, und dann hörte man, dass er wegen Drogenhandel im Gefängnis sein soll.

In einer Reflexion über diesen Fall versuchten Mitarbeiter(innen) des Jugendamtes zu analysieren, worin die Gründe für den Misserfolg zu suchen sind. Eine sechsjährige Heimerziehung hatte bei diesem jungen Menschen keinerlei positive Entwicklung bewirkt. Hatte man versäumt, mit dem Jungen den Tod seiner Eltern zu verarbeiten? Schließlich hatte er keine Trauer gezeigt und somit durch Trauerarbeit diesen Schicksalsschlag nicht verarbeiten können. Der Autounfall fand in den Bergen statt. Im Allgäu – ebenfalls in den Bergen – hatte Bruno über ein halbes Jahr lang relativ glücklich und zufrieden gelebt und positive Ansätze gezeigt. Gab es hier Zusammenhänge, die unerkannt im Unterbewusstsein des Jugendlichen blieben? Diese Fragen konnten nicht mehr geklärt werden. Einig war man sich jedoch in der Einschätzung, dass alle üblichen pädagogischen Methoden nicht zum Erfolg führen konnten.

Nicht alle massiv gestörten Kinder und Jugendlichen haben schon eine lange Heimkarriere hinter sich. Viele kommen erst mit 15 oder 16 Jahren in Heimerziehung; möglicherweise viel zu spät, um angerichtete Schäden mittels spezieller Heimpädagogik beheben zu können. Viele Jugendliche, die kurzfristig in Jugendschutzstellen untergebracht werden müssen, zeigen enorme Auffälligkeiten und oftmals kaum erkennbare Möglichkeiten für einen pädagogischen Ansatz. Wenn Jugendliche immer wieder weglaufen, so sind die Gründe des Symptoms den Pädagog(inn)en meist nicht bekannt. Sie sind insofern zweifach hilflos: Sie können die unbekannte Ursache nicht bekämpfen, und sie können nicht mit den Jugendlichen arbeiten, da diese sich jeglichen Bezügen immer wieder entziehen.

In solchen schwierigsten Fällen, in denen Heimerziehung nichts mehr auszurichten vermag, wurde als eine (letzte) Lösungsmöglichkeit die geschlossene Heimunterbringung in Erwägung gezogen. Die Bundesarbeitsgemeinschaft der Landesjugendämter ging noch 1981 davon aus, dass es für die Unterbringung schwer erziehbarer Jugendlicher in geschlossenen Einrichtungen keine Alternative gäbe (Jugendämter 1981, S. 15). Doch auch schon damals war die geschlossene Heimerziehung sehr umstritten, sie wurde in Fachkreisen vielfach abgelehnt. So wurde zum Beispiel argumentiert: „Vor allem aber muss Selbstregulation in Freiheit eingeübt werden. Die zwangsweise Beschränkung der Bewegungsfreiheit ist keine produktive Vorbedingung für diesen Lernprozeß, weil die gesellschaftlich geforderte Selbstregulierung so nicht gelernt werden kann. Denn, ist man eingesperrt, wird zuallererst erfahren, daß wichtige Bedingungen des eigenen Lebens nicht diskutierbar sind" (Horn 1982, S. 13).

Geschlossene Heimerziehung war stetig zurückgegangen, denn sie hatte sich – insgesamt gesehen – nicht bewährt. Die Anzahl der geschlossen untergebrachten Jugendlichen sank, bezogen auf die alten Bundesländer (jeweils zu einem bestimmten Stichtag) von 1200 im Jahr 1975 auf ca. 100 im Jahr 1989 (Blandow 1989, S. 291ff.). Im selben Jahr standen noch 372 geschlossene Plätze in Heimeinrichtungen zur Verfügung (v.Wolffersdorff u.a. 1996, S. 61ff.). Die Anzahl geschlossener Heimplätze ging weiter auf 122 Plätze in acht Einrichtungen zurück (Komdat Jugendhilfe 1998, S. 4). Zwischenzeitlich stieg die Zahl wieder an. Im Jahre 2005 existierten insgesamt 191 geschlossene Heimplätze (Permien 2005, S. 206). Betroffene Jugendliche empfinden die geschlossene Unterbringung als Strafe und als Schikane. Sie stellen sich emotional auf Gegenposition ein. Eine Therapie im Bereich der Sozialpädagogik, die gegen den Willen des Klienten therapieren will, ist in den meisten Fällen von vornherein zum Scheitern verurteilt. Der so erzwungene pädagogische Kontakt kann nicht zum pädagogischen Bezug werden.

Im Gegensatz zum JWG, in der eine geschlossene Unterbringung im Rahmen der Fürsorgeerziehung (§§ 64ff. JWG) durch vormundschaftsrichterlichen Beschluss angeordnet werden konnte, sind freiheitsentziehende Maßnahmen im KJHG, außer der kurzfristigen Krisenintervention im Rahmen einer Inobhutnahme, nicht vorgesehen. „Dies hat aber nichts mit einer institutionell vorgehaltenen ‚geschlossenen Unterbringung' von Kindern und Jugendlichen zu tun, deren Wiedereinführung in teilweise sehr populistisch geführten Debatten in unschöner Regelmäßigkeit geführt wird" (Münder u.a. 2006, S. 570).

In den letzten Jahren waren verstärkt Ansätze einer Wiederetablierung geschlossener Heimerziehung zu beobachten (v.Wolffersdorff u.a. 1996, S. 10). „Der Ruf nach hartem Durchgreifen des Staates, nach raschen Lösungen und nach geschlossener Heimerziehung wurde von Politikern jeder Couleur aufgegriffen und jenseits sozialpädagogischer Erfahrungen von der Erziehungshilfe restriktiveres Vorgehen gefordert. Man wollte wieder einmal ‚mit aller Gewalt die Gewalt bekämpfen' und alle, die das nicht so wollten, liefen Gefahr, ins Abseits der gesellschaftlichen Inkompetenz gestellt zu werden" (Liegel 2000, S. 18f.). Unter den Aspekten einer zunehmenden Gewaltbereitschaft von Jugendlichen, nach rechtsradikalen Angriffen und Überfällen Jugendlicher auf Ausländer sowie der Jugendkriminalität insgesamt wurden wieder vermehrt Stimmen laut, welche – oftmals sehr unreflektiert und bezugnehmend auf spektakuläre Einzelfälle – eine Ausweitung geschlossener Heimerziehung und deren konsequente Anwendung forderten. Von Fachkreisen, denen schon zuvor diese unliebsame „Debatte wieder aufgezwungen" wurde, kamen unter anderem pädagogische Gegenargumentationen:

- eine Pädagogik und Therapie unter Zwang lassen sich nicht durchführen,
- die geschlossene Erziehung kann unter den künstlichen Situationen nicht auf das reale Leben vorbereiten,
- der von den Befürwortern geschlossener Unterbringung angeführte begrenzte Zeitraum beweist deren eigene Negativeinschätzung solcher Maßnahmen,
- die geschlossene Unterbringung spiegelt insgesamt die Fehler im Jugendhilfesystem auf, und dies auf Kosten der betroffenen Jugendlichen (Arbeitsgruppe „Geschlossene Unterbringung" 1995, S. 15ff.).

„Es gibt keine pädagogische Rechtfertigung für eine geschlossene Unterbringung in Heimen der öffentlichen Erziehung. Ziel der Jugendhilfe sollte es deshalb sein, ohne geschlossene Unterbringung auszukommen, statt dessen verschiedenartige Alternativen der Arbeit mit ‚verhaltensgestörten' Kindern und Jugendlichen zu erproben und durch Jugendhilfeforschung wissenschaftlich auszuwerten" (Arbeitsgruppe „Geschlossene Unterbringung" 1995, S. 18). Der Streit um die geschlossene Heimerziehung wurde jedoch nicht beendet. Sie wird beispielsweise unter Verweis auf Studien aus anderen Ländern u.a. mit der Argumentation befürwortet, es lasse „sich keinerlei Zusammenhang zwischen der Art der Einrichtung (geschlossen versus offen) und der Delinquenzrate der Jugendlichen nachweisen" (Weiss 1999, S. 889). Demgegenüber berichtet Lerche von Forschungsergebnissen, die belegen, dass über 92% der zu einer Jugendstrafe verurteilten 15- bis 20-Jährigen wieder rückfällig werden. Diese Erfahrungswerte „sind auf die geschlossene Heimerziehung zu übertragen" (Lerche 2000, S. 138). Außerdem sei die Geschlossenheit eine „Illusion" (S. 139), denn eine Untersuchung des Deutschen Jugendinstituts förderte die Erkenntnis: „Wer aus früheren ‚offenen' Einrichtungen häufig weggelaufen ist, tut dies in der Regel auch in der gegenwärtigen ‚geschlossenen' Einrichtung. Geschlossene Gruppen verhindern weder durch ihre baulichen Gegebenheiten noch durch ihre ausgefeilten Regelsysteme, daß Jugendliche auch hier in beträchtlichem Maße weglaufen" (v.Wolffersdorff 1999, S. 919). Jugendliche, die in geschlossener Heimerziehung landen, hatten in ihrer bisherigen „Jugendhilfekarriere" alles andere als Kontinuität erfahren. Beziehungsabbrüche prägten in der Regel ihren Weg. Die Verlegung in ein geschlossenes Heim begünstigt wiederum einen vorzeitigen Erziehungsabbruch, basierend auf der „Schuld" des Jugendlichen (v.Wolffersdorff 1999, S. 917ff.). Gerade auch in schwer belasteten Lebenssituationen erscheint es notwendig, die Kontinuität der Beziehungen zu sichern (Lerche 2000, S. 144) und nicht eine Kontinuität unter Zwang zu verordnen, die von der Perspektive her gesehen, hoffentlich bald vorüber sein möge. Der Ausbau geschlossener Heime würde aber der geforderten pädagogischen Kontinuität entgegenstehen. „Gerade unter den gegebenen, restriktiven Finanzierungsbedingungen könnte kaum etwas anderes herauskommen als eine Sonderinstitution, die von anderen Einrichtungen der Jugendhilfe als ‚Überlaufbecken' benutzt wird – das ihnen die Möglichkeit bietet, Problemfälle endlich guten Gewissens und mit pädagogischer Legitimation weiterzureichen" (v. Wolfferdorff 2002, S. 520). Beklagt wird weiterhin, dass die Diskussion um die geschlossene Unterbringung „ein Einfallstor für eine fachlich nicht vertretbare und juristisch unzulässige Verschiebepraxis von ‚problematischen' Kindern und Jugendlichen bietet. Geschlossene Unterbringung ist keine tragfähige Antwort auf das Problem einer kleinen Zahl von mehrfach und intensiv auffälligen Kindern und straffälligen Jugendlichen" (Bundesministerium für Familie, Senioren, Frauen und Jugend 2002, S. 240).

Doch trotz der mehrheitlichen fachlichen Ablehnung einer Erziehung „unter Verschluss" wurde diese in Hamburg wieder etabliert. Der Hamburger Senat plante, gegen Ende des Jahres 2002 die geschlossene Heimerziehung wieder einzuführen und sie nach und nach auf bis zu 90 Plätze auszubauen. Es sollten delinquente Jugendliche und Kinder (!) geschlossen untergebracht werden, vorgesehen war außerdem eine solche Einrichtung für jugendliche Ausländer, die sich illegal in Deutschland aufhalten oder aufgrund von Straftaten mit einer baldigen Abschiebung rechnen müssen (Behörde für Soziales und Familie Hamburg 2002). Die Internationale Gesellschaft für erzieherische Hilfen kommentierte das im Hamburger Senat verabschiedete Konzept als „kata-

strophal verfehlt". Es sei „offenkundig ein ordnungspolitisch motivierter Schnellschuss, der – so umgesetzt – selbst das Ziel, die Gesellschaft vor delinquenten Minderjährigen schützen zu wollen, nicht erreichen wird" (Krause 2002, S. 240).
Für die Betroffenen spiele es von der erlebten Realität her gesehen häufig keine Rolle und es sei „für sie an der Maßnahme (GU) ‚an sich' von der Absicht her auch nicht ablesbar ..., ob es sich um ‚Erziehung' oder ‚Strafe' handeln soll" (Peters 2005, S. 217).
Bange argumentiert, die geschlossene Heimerziehung in Hamburg sei doch darauf ausgerichtet, „Minderjährigen noch einmal eine Chance zu geben, sie vor einer verfestigenden ‚kriminellen Karriere' zu bewahren" (2003, S. 306). Dem wird entgegnet, die geschlossene Unterbringung sei „trotz ihrer therapeutischen und pädagogischen Rhetorik ein politisch gewollter Verzicht auf Empathie und Solidarität gegenüber den Minderjährigen, ein Verzicht auf Fragen an ihren inneren Beweggründen" (Lindenberg/Meiners 2003, S. 320). Die rechtliche Zulässigkeit freiheitsentziehender Maßnahmen innerhalb der Jugendhilfe wird grundsätzlich in Zweifel gezogen, es wäre verfassungsrechtlich nicht haltbar, die geschlossene Heimunterbringung „vor einem nach wie vor offenen Hintergrund zu legalisieren" (Häbel 2004, S. 33). Aus der Debatte um die geschlossene Unterbringung müsse gefolgert werden, dass „es um Rationalisierungen und Legitimierungen eines Umstands geht, der nicht zu legitimieren ist" (Wolff 2004, S. 14). Eine Jugendhilfe, welche die Zielsetzungen des SGB VIII ernst nehme, könne nur eine gewaltfreie Jugend- bzw. Erziehungshilfe ohne geschlossene Erziehung sein. „Freiheitsentziehende Maßnahmen sind als pädagogisches Mittel dem SGB VIII völlig fremd" (Schmidt 2006, S. 52).
Da nun die geschlossene Heimerziehung aufgrund der gemachten Praxiserfahrungen und der fachlichen sowie rechtlichen Vorbehalte keine akzeptable und erfolgversprechende Lösung schwierigster Erziehungsprobleme darstellt, bleibt die Frage nach anderen Möglichkeiten. In verschiedenen Fällen überlässt man solche jungen Menschen ihrem Schicksal; sie können in Heimen nicht gehalten werden, sie werden nach oft unzähligen pädagogischen Bemühungen als derzeit nicht therapierbar eingestuft und mit offiziellem Wissen der Jugendämter laufengelassen. Pädagogische Interventionen hören hier nicht aus Verantwortungslosigkeit auf, sondern wegen der begründeten Annahme, dass eine zwangsweise einsetzende Pädagogik schlimmer und destruktiver wirk-

sam werden könnte als gar keine pädagogische Einflussnahme. Im Grunde genommen hat man diese Jugendlichen pädagogisch aufgegeben – eine zwar verständliche, aber sehr resignative Haltung. In diesem Zusammenhang beklagt Kreuzer, dass man bei der Abschaffung geschlossener Heimplätze „die Fragen der Alternativen zunächst nicht hinreichend geprüft" hätte. Angesichts einer kleinen Gruppe „junger Intensivtäter ohne jeden Halt" fordert er nicht die Rückkehr zu geschlossenen Heimen, sondern „flexible Formen" (Kreuzer 1999, S. 61ff.). „Dazu bedarf es oftmals kostspieliger, pädagogisch hochkarätig ausgestalteter Intensivbetreuung in zunächst geschlossenen oder schließbaren Räumen eines Heimes, wenn nicht andere neuere Alternativen ausreichen, wie Jugendwohngemeinschaften, betreutes Wohnen, sozialtherapeutische Wohngruppen, Kinderdörfer" (Kreuzer 1999, S. 63). Pädagogische Expert(inn)en hatten aber schon zuvor vor einer erneuten Entfachung der Debatte gewarnt, weil „schon ihre abermalige Thematisierung ein Risiko in sich birgt. Niemand vermag einzuschätzen, inwiefern das neuerliche Reden darüber einem Normalisierungseffekt Vorschub leistet, der den Gegenstand ungewollt wieder salonfähig macht" (v.Wolffersdorff u.a. 1996, S. 348) und es wird vor „populistischen Erwartungen" (v. Wolffersdorff 2004, S. 17) gewarnt.

Es sind bereits pädagogische Alternativformen für den Umgang und die Therapie mit schwierigsten Kindern und Jugendlichen entwickelt worden und es liegen Praxiserfahrungen vor. Diese können jedoch keineswegs befriedigende Antworten auf alle vorhandenen Fragen geben, einige schwierige Kinder und Jugendliche fallen nach wie vor durch alle Maschen.

Solche pädagogischen Alternativmaßnahmen scheinen nicht nur für einen Teil der oben erwähnten Personengruppe anwendbar zu sein, sondern auch für jene Heimkinder und -jugendlichen mit erheblichen, wenn auch nicht ganz so akuten und massiven, Erziehungs- und Entwicklungsschwierigkeiten.

Intensive sozialpädagogische Einzelbetreuung

Mit der Erziehungshilfeform „Intensive sozialpädagogische Einzelbetreuung" reagierte der Gesetzgeber auf eine Praxis, die sich seit etwa 25 Jahren mehr und mehr etablierte und sich jungen Menschen in sehr schwierigen Lebenslagen und mit massiven Problemen und Auffälligkeiten annahm.

Die Maßnahmen der Intensiven sozialpädagogischen Einzelbetreuung unterscheiden sich von anderen Betreuungsangeboten vor allem durch:
- „größere Formenvielfalt (ambulantes oder mit Unterbringungshilfen verbundenes Angebot),
- größere Offenheit der Inhalte (z.B. Einbezug erlebnispädagogischer Angebote),
- eine von der individuellen Situation des Jugendlichen (jungen Volljährigen) ausgehende Angebotsgestaltung (keine Standardisierung),
- eine von vornherein auf längere Zeit angelegte Betreuung,
- (dies als herausragendes Merkmal) eine deutlich höhere Betreuungsintensität" (Münder u.a. 2006, S. 446).

Die Intensive sozialpädagogische Einzelbetreuung entwickelte sich vor allem als alternative Handlungsmöglichkeit der Heimerziehung nach Eskalationen von Jugendlichen im familiären Umfeld oder im Heimbereich. Es zeigte sich immer wieder, dass bestimmte Jugendliche durch alle Raster fallen und innerhalb dieser Institutionen nicht gefördert werden können. Sie sind nicht in der Lage, Hilfe anzunehmen und erweisen sich oftmals als gruppenbedrängend und damit als nicht gruppenfähig. Die üblichen pädagogischen Methoden waren in solch schwierigsten Fällen vielfach erschöpft und es blieb auch nicht mehr der Ausweg der pädagogisch nicht mehr zu akzeptierenden geschlossenen Heimerziehung. Die Intensive sozialpädagogische Einzelbetreuung verfolgt in Abhängigkeit vom konkreten Einzelfall unterschiedliche Zielsetzungen:

- Insbesondere für ältere Jugendliche, die in Institutionen der Heimerziehung nicht mehr integriert werden können und die Heimerziehung vielfach auch ablehnen, stellt die Intensive sozialpädagogische Betreuung beispielsweise im Rahmen der eigenen Wohnung eine Alternative in zweierlei Hinsicht dar. Erstens eine Alternative zur Unterbringung in einem Heim, zweitens eine Alternative zur Situation, völlig allein auf sich gestellt zu sein, was einer pädagogischen Resignation gleichkommt. Insofern kann die Intensive sozialpädagogische Einzelbetreuung Heimerziehung vermeiden oder sie in anderen Fällen beenden.
- Die Intensive sozialpädagogische Einzelbetreuung hat die Aufgabe, trotz aussichtslos erscheinender Ausgangslage zusammen mit der/

dem betroffenen Jugendlichen neue Perspektiven zu entwickeln und deren Anstreben beharrlich zu unterstützen.
- Insbesondere bei so genannten Reiseprojekten muss auf die Zeit nach dem Projekt geachtet werden. Es müssen klare Zukunftsperspektiven erarbeitet werden und zur Verfügung stehen. Solche Perspektiven liegen beispielsweise im Bereich der Ausbildung, für die während des Reiseprojektes möglicherweise eine Grundlage und Motivation entstanden ist. Die Perspektive liegt aber wesentlich auch darin, wo die/der Jugendliche zukünftig wohnen kann, damit nicht alte Bahnen wieder Platz greifen werden. Die in wenigen Einzelfällen in Frage kommende Reintegration in die Familie, eine pädagogische Wohngemeinschaft oder die eigene Wohnung im Rahmen des betreuten Wohnens sind zu klärende wesentliche Perspektivbereiche vor Beendigung der Reise.

Adressat(inn)en der Intensiven sozialpädagogischen Einzelbetreuung

Als Adressat(inn)en der Intensiven sozialpädagogischen Einzelbetreuung sind junge Menschen mit massiven Schwierigkeiten gemeint, die aufgrund ihrer individuellen Biografie und Sozialisation mit sich selbst und der personalen Umwelt nicht zurechtkommen, die wegen ihrer Verhaltensweisen immer wieder anecken, die oftmals gescheitert sind, keine Frustrationstoleranz entwickeln konnten und keine persönliche Perspektive besitzen.
Solche massiven Schwierigkeiten können beispielsweise sein:
- völlig unberechenbare abweichende Verhaltensweisen, vor allem auch eine übersteigerte Neigung zur Aggressivität,
- eine stark ausgeprägte Bindungsunfähigkeit, so dass zwischenmenschliche und auch pädagogische Bezüge kaum möglich erscheinen, als Symptome treten dann zum Beispiel scheinbar sinnloses Weglaufen vor menschlichen Bezügen und vor Aufgabenstellungen und Pflichten auf,
- oft damit verbunden kann ein totales Versagen der Jugendlichen in der Schul- und Arbeitswelt beobachtet werden, auch wenn eine intellektuelle Befähigung vorhanden ist,

- eine oftmals völlig unausgebildete Frustrationstoleranz begünstigt abweichende Verhaltensweisen bei geringsten Anlässen, zum Beispiel Körperverletzungen und andere kriminelle Delikte.

Insgesamt fehlen solchen jungen Menschen Perspektiven, sie leben in den Tag hinein und haben sich selbst und ihre persönliche Zukunft schon weitgehend aufgegeben.

Methoden und Organisation der Intensiven sozialpädagogischen Einzelbetreuung

Die Intensive sozialpädagogische Einzelbetreuung versteht sich als eine Alternative zur Heimerziehung. Es ist eine Alternative in besonderem Sinne, denn betroffene Jugendliche verweigern sich entweder, in Heimen oder in Wohngruppen zu leben, oder sie werden dort als nicht gruppenfähig empfunden und als nicht tragbar entlassen. In früheren Zeiten blieb solchen schwierigsten Jugendlichen als Alternative das geschlossene Heim, die Psychiatrie oder auch das „Leben auf der Straße".

Die Aufgaben der Intensiven sozialpädagogischen Einzelbetreuung können in einer für den Jugendlichen angemieteten Wohnung, in Einzelfällen auch in der Wohnung der Familie und alternativ oder damit verbunden auch in erlebnispädagogischen Projekten wahrgenommen werden.

„Wie bei allen Hilfeprozessen kommt der Art und Weise, in der ausgewählt und eingeleitet werden kann, große Bedeutung zu. Erschwerend kommt für Angebote der individuellen Einzelbetreuung hinzu, daß sie oft aus akuten Krisensituationen heraus entwickelt werden müssen, und sich in ganz besonderer Art und Weise an dem Bedarf des konkreten Einzelfalles orientieren sollen" (Schrapper 1993, S. 168).

Wesentlich ist also, sich auf die Situation der Jugendlichen einzustellen, sie da abzuholen, wo sie momentan stehen und versuchen, behutsam erste Beziehungen aufzubauen. Daneben werden von der Betreuungsperson auch vielfältige sozialarbeiterische Aufgabenbereiche wahrzunehmen sein, zum Beispiel:

- Unterstützung und Initiierung bei Kontakten zu Ämtern und Behörden, Hilfe bei der Wohnungssuche,
- Unterstützung in Fragen der Schule, Ausbildung und Arbeitswelt.

KAPITEL XI: INTENSIVE SOZIALPÄDAGOGISCHE EINZELBETREUUNG

Die Intensive sozialpädagogische Einzelbetreuung wird in der Regel einen Zeitraum von mindestens sechs Monaten bis zu einem Jahr umfassen, in sehr schwierigen Fällen auch über diesen Zeitraum hinaus. Eine praktische und örtliche Verknüpfung der Intensiven sozialpädagogischen Einzelbetreuung lässt sich vor allem mit den ambulanten Erziehungshilfen „Erziehungsbeistandschaft" und „Soziale Gruppenarbeit" realisieren (Münder u.a. 2006, S. 447).

Angesichts des Versagens üblicher Methoden im Umgang und mit Förderungsversuchen für schwierigste Jugendliche sind hier andere Konzepte zu realisieren, die erfolgversprechendere Aussichten haben. Hekele (2005) geht in seinem „am Jugendlichen orientierten Ansatz" von drei Bereichen aus, aus denen sich „Zentralorientierungen" ableiten lassen:

- *„Verbale Äußerungen* (z.B. Willensäußerungen, Wünsche, Aussagen in Bezug auf bestimmtes Handeln usw.).

- *Verhaltensäußerungen* (Berücksichtigung dessen, was sie wie tun, auch psychische Befindlichkeiten).

- *Äußere Bedingungen* (die Tatsache einer erzieherischen Hilfe nach bestimmten gesetzlichen Bedingungen; Schulpflicht, Momenten professioneller, beruflicher Hilfe; Auflagen, Wünsche anderer Stellen usw." (Hekele 2005, S. 19).

Diese drei Bereiche werden gleichzeitig und gleichwertig beachtet, was ein Verschärfen von Widersprüchen mit sich bringt, die sowohl von den Jugendlichen als auch von ihren Betreuer(inne)n ausgehalten werden müssen. Da das Verhalten der schwierigen Jugendlichen aber zunächst grundsätzlich akzeptiert wird, weil ihnen mit professioneller Nähe und Distanz begegnet wird, weil sie Echtheit im Betreuer(innen)verhalten vorfinden und deren Parteilichkeit im positiven Eintreten für die Angelegenheit der Jugendlichen, können sie die Widersprüche zu neuen Chancen und zur Selbstständigwerdung nutzen. Die traditionelle und oft fremdbestimmende psychosoziale Diagnostik wird durch Zentralorientierungen ersetzt. „Das ‚Wühlen' im Ursächlichen und Vergangenen wird vermieden. Um hier aber gleich einem Missverständnis vorzubeugen: Das heißt nicht, dass Vergangenes, die Biographie unwichtig ist. Aber ich als Betreuer und Berater vermeide es, die Darstellungen des Jugendlichen aus meinem Wissen über seine Vergangenheit ursächlich zu interpretieren. Wenn der Jugendliche selbst Erlebnisse aus seiner Vergangenheit schildert, dann werde ich natürlich darauf eingehen" (Hekele 2005, S. 50). Ein solches Konzept kann jedoch nur gelingen, wenn die pädagogischen Mitarbeiter(innen) zu einem permanenten Prozess der Selbstreflektion bereit sind und wenn sie Supervision in Anspruch nehmen.

Ein intensivpädagogisches Projekt als Alternative zur geschlossenen Heimerziehung

Ein Kinderheim im Ruhrgebiet hat im Frühjahr 2001 eine Außenstelle in einer kleinen Gemeinde im Münsterland errichtet. Hier können bis zu sechs ältere Kinder und Jugendliche beiderlei Geschlechts leben und intensiv pädagogisch betreut werden. Es handelt sich um junge Menschen, die aufgrund ihrer familiären Vorerfahrungen und/oder wegen individuell sehr schwierigen Sozialisationsverläufen hochgradige Störungen in unterschiedlichen Verhaltens- und Erlebensbereichen entwickelt haben. Solche Betroffene waren vor ihrer Aufnahme in aller Regel stationär in der Kinder- und Jugendpsychiatrie untergebracht und wurden oftmals von anderen Einrichtungen der Jugendhilfe als nicht mehr tragbar eingestuft. Vielfach handelt es sich um Schulverweigerer.

Die Jugendlichen sind alle in hohem Maße traumatisiert. Dies bedeutet in der Regel Erfahrungen von Deprivation, Misshandlung und Missbrauch in den ersten Lebensjahren, fast immer durch die Eltern oder einen nahen Angehörigen. Als Ausdruck dieser traumatischen Erfahrungen bildeten alle Jugendlichen eine Störung des Sozialverhaltens und der Emotionen aus, teilweise einhergehend mit dem hyperkinetischen Syndrom, oppositionellem Trotzverhalten, vereinzelt aber auch mit Depression. Ausdruck dieser seelischen Erkrankungen sind fast immer höchst aggressive und destruktive Verhaltensweisen, die sich in ausgeprägter Selbst- und Fremdgefährdung äußern. Das Projekt „Lebenlernen" ist in einem ehemaligen großen Bauernhaus mit angrenzender Scheune und weitläufigem Garten untergebracht, ca. einen Kilometer von einem kleinen Dorf entfernt.

Die jungen Menschen werden von sechs pädagogischen Mitarbeitern pädagogisch betreut und gefördert. Es besteht eine Kooperation mit einer Kinder- und Jugendpsychiatrie. Diese beinhaltet eine schnelle und

dagogischen Mitteln keine Beruhigung des Jugendlichen zu erreichen oder eine Selbst- und Fremdgefährdung zu massiv ist. Außerdem führt ein Diplom-Psychologe der Klinik eine kompetente Team- und Fallsupervision mit den pädagogischen Mitarbeitern des Projekts durch.
Der kontinuierlicher Prozess der Team- und Gruppenfindung, welcher durch intensive Supervisions- und Fachberatungsgespräche begleitet wurde, führte zu einer gut strukturierten Einrichtung mit festen Regeln und Ritualen. Das Haus und insbesondere die Zimmer der jungen Menschen wurden zusehends wohnlicher, diese fühlten sich nun hier zu Hause. Ein anderes deutliches Zeichen der Veränderung war: Während zuvor nahezu alle dort lebenden Kinder und Jugendlichen nur sehr unregelmäßig zur Schule gingen oder den Schulbesuch permanent verweigerten, nahmen nach und nach alle regelmäßig am Schulunterricht teil. Die Aggressionen der Bewohner nahmen ab, das Miteinander wurde respektvoller, kommunikativer und kooperativer.

Pädagogische Methoden innerhalb des intensivpädagogischen Projekts

In der pädagogischen Arbeit wurde sehr schnell deutlich, dass traumatisierte Jugendliche mit Verhaltensauffälligkeiten am dringendsten eine Struktur und ein festes Regelwerk benötigen, außerdem einen stabilen Kreis von Bezugspersonen, die ein hohes Maß an Verlässlichkeit und Klarheit vermitteln. Nachfolgend werden einige der hervorstehenden pädagogischen Methoden angeführt.
Entsprechend dem Bedarf der Jugendlichen wurde ein Verstärkerprogramm entwickelt, das den Tag detailliert strukturiert. Die Jugendlichen erhalten für jede einzelne tägliche Pflicht einen Punkt, beispielsweise für das pünktliche Aufstehen und Zubettgehen, für einzelne Aspekte des Schulbesuchs, für ihr Benehmen bei den Mahlzeiten und für das Nachmittagsprogramm. Die Aktivitäten des Nachmittags sind in einem Wochenplan festgehalten. Die Punkte werden in Tabellen dokumentiert, um die Transparenz zu gewährleisten. Als tägliche Belohnung dürfen die Bewohner abends fernsehen, wenn sie eine bestimmte Punktzahl erreicht sowie ihre Ämter innerhalb der Gruppe erledigt haben. An den Wochenenden und in bestimmten zeitlichen Abständen werden Gruppen- und individuelle Unternehmungen umgesetzt. Nach anfänglichen Schwierigkeiten in der Ausführung der Pflichten, haben die Jugendlichen das Pro-

gramm mittlerweile soweit internalisiert. Sie können überwiegend eigenverantwortlich damit umgehen. Innerhalb der Gruppe gibt es feste Gebote und Verbote wie auch entsprechende Sanktionen, die konsequent umgesetzt werden. Auch diese sind im Verstärkerprogramm verankert. Jeder Jugendliche erhält einen individuellen Wochenplan, in dem einzelne Aspekte des Tages, die dem jungen Menschen noch Schwierigkeiten bereiten, gesondert aufgeführt werden. Außerdem findet der Bewohner seine Termine in diesem Plan. Täglich wird ein sogenanntes „Stimmungsbarometer" ausgefüllt, das Aufschluss über das persönliche Erleben des Jugendlichen gibt. Daneben wird ein Wochenplan für die Gesamtgruppe erstellt, der feste Aktionen am Nachmittag und an den Wochenenden visualisiert und ritualisiert.

Die Einführung verschiedener Kampfkunstaspekte innerhalb motopädagogischer Angebote hat sich zu einer festen, orientierenden und Halt gebenden Maßnahme entwickelt. Die aus der taoistischen Philosophie entwickelten Bewegungs- und Kampfkünste des Tai-Chi, Kung Fu sowie Massagetechniken sind eingebettet in verschiedene Fitness- und Powertrainingseinheiten, die zu einer zunehmenden Stärkung des Selbstwertgefühls und der Wahrnehmung eigener Kompetenzen führen. Aggressionen werden in ritualisierten Trainingseinheiten sinnvoll umgeleitet, ausgelebt und erstmalig nicht destruktiv erlebt. Der Umgang miteinander durch die Beachtung von Respekt und Würde im Training kann mittlerweile zunehmend auch auf andere Lebensbereiche angewandt werden.

In aggressiven, selbst- und fremdgefährdenden und eskalierenden Situationen werden die Bewohner – angelehnt an die Lehren des Taoismus – körperlich begrenzt. Die aggressiven Reaktionen der Jugendlichen werden dabei als logische Reaktion auf ihre frühe Traumatisierung und ihre Erfahrungen von Gewalt und Misshandlung gesehen. Diese werden nicht abgeblockt, sondern in sichere und positive Bahnen gelenkt. Konkret bedeutet dies eine Begrenzung, ein Festhalten, jedoch ausschließlich dann, wenn eine Gefährdung von sich oder von anderen vorliegt. Der Mitarbeiter geht mit der Energie des Jugendlichen und beruhigt ihn durch seine Nähe. Gleichzeitig trainieren die Jugendlichen einmal pro Woche Tai-Chi. So kommen sie in Balance und lernen Entspannung. In Konfliktsituationen werden sie durch einen Pädagogen darin unterstützt und begleitet, wenn sie die Balance selbstständig nicht wieder herstellen können. Diese Situationen enden immer in Entspannung und Reflexion, häufig auch in einer Massage.

Den jungen Menschen werden in häufigen Reflexionsgesprächen ihr eigenes Verhalten und die Reaktionen ihrer Umwelt gespiegelt, sowie Handlungsalternativen, Methoden der Selbststeuerung und Konfliktbewältigung wie auch soziale Grundkompetenzen erarbeitet und trainiert. Diese Gespräche finden sowohl geplant als auch spontan in beispielhaften Situationen statt.

Besteht besonderer Bedarf, werden intensive Wochenendmaßnahmen durchgeführt, während derer ein bis zwei Jugendliche mit ein bis zwei Betreuern im Umkreis von bis zu vier Stunden Autofahrt mehrere Tage verbringen, um in einer Ferienwohnung einzelne Verhaltensaspekte besonders zu bearbeiten. So wurden bereits Maßnahmen zur Reduzierung von Abgängigkeit und impulsiven Durchbrüchen, zur Übung von Selbstständigkeit und Frustrationstoleranz durchgeführt, was in vielen Fällen zum Erfolg führte.

Durch individuelle Verträge können sich die Jugendlichen bei Erfüllung besonderer Anforderungen zusätzliche Vergünstigungen erarbeiten. Hierbei werden die individuellen Ressourcen und Defizite berücksichtigt, deren Minderung bzw. Ausbau den Bewohnern eine spezielle Belohnung und ein Erfolgserlebnis verspricht. Häufige Anforderung ist das Erlernen von Frustrationstoleranz, das Übernehmen zusätzlicher Pflichten sowie die Stabilisierung gerade erlernter Kompetenzen.

Fazit

Das Projekt „Leben-lernen" versteht sich auch als eine klare Alternative zur geschlossenen Heimerziehung. Die Analysen einer mehrjährigen begleitenden Evaluation zeigen überaus deutlich auf, dass sich bei nahezu allen Jugendlichen größere pädagogische Erfolge und Entwicklungsfortschritte eingestellt haben. Das Projekt wird zwischenzeitlich von Jugendämtern in der Region und darüber hinaus sehr anerkannt, die Nachfrage ist entsprechend groß.

Zweifellos kann dieses Projekt als ein sehr gelungenes im Rahmen der Jugendhilfe für schwierigste junge Menschen gelten. Die dort geleistete tägliche Arbeit stellt unter Beweis, dass eine erfolgreiche pädagogische Arbeit auch bei sehr problematischen Kindern und Jugendlichen, die sich bei ihrer Aufnahme und in der Zeit davor in schwierigsten Lebenssituationen befanden, möglich ist. Es müssen allerdings entsprechende

Rahmenbedingungen und hohe Professionalität aller Beteiligten vorhanden sein.
Zusammenfassend sei auf die einzelnen Indikatoren hingewiesen, die zum Erfolg dieses intensivpädagogischen Projekts führten:
Als sehr günstig erwiesen sich die abgeschiedene Lage des Hauses und die damit einhergehende Reizarmut, aber auch die Gestaltungsmöglichkeiten natürlicher Lebensräume.
Die anfangs chaotisch anmutende Atmosphäre des Hauses sowie der Zimmer der Jugendlichen änderte sich zusehend positiv mit der sich kontinuierlich entwickelnden Struktur. Die sich einstellende innere pädagogische Struktur führte so zu einer Strukturierung des äußeren Rahmens.
Hierzu trug wesentlich die Zentrierung auf eine überschaubare Anzahl pädagogischer Methoden bei, welche zwischenzeitlich von allen pädagogischen Mitarbeitern auch verinnerlicht wurden.
Dieser Prozess war aber nur möglich, weil eine hierarchisch angelegte Leitungsstruktur etabliert und nach anfänglichem Zögern auch allgemein akzeptiert wurde.
Das 1:1-Verhältnis pädagogische Mitarbeiter – Jugendliche ist zwar kostspielig, angesichts des Personenkreises allerdings unabdingbar notwendig.
Die pädagogischen Mitarbeiter profitieren sehr von der kontinuierlichen Teamberatung, welche wohlwollend und wertschätzend praktiziert wird.
Das gesamte Projekt profitiert außerdem von der kontinuierlichen Zusammenarbeit mit der Kinder- und Jugendpsychiatrie. Hier zeichnen sich vor allem die fachliche Beratung aus, die kurzen und unbürokratischen Wege der Kooperation in eskalierenden Situationen sowie die angebotenen Fortbildungsmöglichkeiten.
Das Projekt geht von dem Grundsatz aus, dass kein Jugendlicher aus der Einrichtung vorzeitig entlassen wird. Diese Leitidee führt zu einer Stärkung der pädagogischen Motivation und zu einem neuen und sehr professionell angelegten Selbstverständnis pädagogischer Arbeit. (Ückermann/Günder 2005).

Erlebnispädagogik und Intensive sozialpädagogische Einzelbetreuung

Um überhaupt erst einmal einen Zugang zu schwierigsten Jugendlichen zu bekommen, erscheint es oftmals notwendig, die üblichen tradierten pädagogischen Wege zu verlassen und neue Methoden anzuwenden. Die Erlebnispädagogik bietet in diesem Sinne neue Methoden, sie motiviert auch viele ansonsten motivationslose Jugendliche zum freiwilligen Mittun. Bei solchen Projekten handelt es sich nicht nur um so genannte Reiseprojekte. Erlebnispädagogik kann auch regional verwirklicht und im Bedarfsfall durch Reiseprojekte ergänzt werden. Ein Jugendhilfeprojekt in freier Trägerschaft bietet zum Beispiel für schwierigste Jugendliche Betreuung in ambulanter Hilfsform, aber auch betreutes Wohnen und die Aufnahme in ausgesuchten Projekten an. Die schwierigen Jugendlichen erhalten die Gelegenheit, in kleinen Handwerksbetrieben, in der Landwirtschaft oder in anderen kleinen Produktionsstätten ihre Fähigkeiten und Neigungen kennen zu lernen. Im schulischen Bereich erfahren sie eine Einzelförderung, im therapeutischen Bereich stehen Mitarbeiter(innen) einer Kinder- und Jugendpsychiatrie zur Verfügung. Die Mehrzahl der intensiv betreuten Jugendlichen dieses Jugendhilfeprojektes nimmt an erlebnisorientierten Reisen teil, die ein körperliches Trainingsprogramm oder Entwicklungshilfe als Schwerpunkte einnehmen (Mut zum Leben 1993).

Alternative pädagogische Konzepte und Praxiserfahrungen

Was ist Erlebnispädagogik?

„Erlebnispädagogik ist eine handlungsorientierte Methode und will durch exemplarische Lernprozesse, in denen junge Menschen vor physische, psychische und soziale Herausforderungen gestellt werden, diese in ihrer Persönlichkeitsentwicklung fördern und sie dazu befähigen, ihre Lebenswelt verantwortlich zu gestalten" (Heckmair/Michl 2004, S. 102).

Wesentlich sind solche Elemente in den Maßnahmen, die das über den gewohnten Alltag hinausgehende Erleben bewusst betonen und sich damit von öder Langeweile abkehren. Das Aktivitätsbedürfnis von Jugendlichen wird angesprochen, zugleich auch natürliche Grenzerfahrungen. Die Angebotspalette erlebnispädagogischer Aktivitäten und Projekte ist heute schier unübersichtlich. Sie reicht von erlebnisbetonten kommerziellen Urlaubsprojekten, zum Beispiel künstlichen Erlebniswelten in Ferienparks, über Survivalkurse und Erlebniseinkäufe bis hin zu sozialen Projekten mit pädagogischer Planung und Durchführung wie etwa: längere Berghüttenaufenthalte, Saharadurchquerungen, pädagogisch einzelbegleitete Fahrten in ferne Länder, Umgang mit und Pflege von Tieren, pädagogisch/therapeutische Segelschiffreisen, langfristige Auslandsaufenthalte in Übersee etc. Die Erlebnispädagogik ist aber keineswegs begrenzt auf spektakulär anmutende Projekte, sie hat in der Jugendhilfe insgesamt eine Breitenwirkung entfaltet. „Beispielsweise ergab eine Umfrage in 372 katholischen Einrichtungen der Erziehungshilfe in Deutschland mit repräsentativen Rücklauf, dass 61,2 Prozent der Einrichtungen Erlebnispädagogik als Methode einsetzen" (Krug 2001, S. 23).

Herkömmliche pädagogische Methoden im Umgang mit und zur Therapie von massiv gestörten und auffälligen Jugendlichen hatten fast immer deren Veränderungen mit einengenden, auf die vorliegenden Symptome einwirkenden Konzepten zu tun. Dabei waren die Jugendlichen diejenigen, die sich zu verändern hatten, dies wurde ihnen durch alle Umstände der entsprechenden Institutionen und Vorgehensweisen mehr als verdeutlicht. Die Zielsetzung der persönlichen Veränderung war von außen vorgegeben. Schon dieser Sachverhalt konnte die aktive Mitarbeit der Klienten gefährden oder gar verhindern. Ein herausragender Unterschied in der Methodik alternativer Pädagogik mit Erziehungsschwierigkeiten ist demgegenüber nicht die persönliche Einschränkung des Klienten durch Institutionen und durch fremdbestimmte Zielvorgaben, sondern gerade die Eröffnung einer persönlichen Freiheit zu Veränderungen, die vom Individuum selbst gewollt werden. Es leuchtet ein, dass zu einer solchen aktiven, individuellen Persönlichkeitsarbeit günstige Rahmenbedingungen vorliegen müssen und dass dieser Prozess einen ausreichend langen Zeitraum benötigt. Die vielfältig zu beobachtenden Aktivitäten von Heimen im Freizeit- und Ferienbereich, die Abenteuerurlaube, die Wildwasserfahrten, die Bergbesteigungen und vieles mehr, was mit schwierigen Jugendlichen als Therapie oder Therapiebegleitung unternommen wird, ist vom Ansatz her positiv zu sehen. Es kann aber vieles nicht zu den erwarteten Erfolgen führen, weil die Rahmenbedingungen, die Nachbereitungsphase und vor allem der notwendige zeitliche Umfang zu wenig Berücksichtigung finden.

„Bewusst begibt sich die Erlebnispädagogik in für die Teilnehmenden unbekannte und damit nicht durch (negative) Lernerfahrungen besetzte Räume. Die Natur ist meist nicht mit Lernerfahrungen vorbelastet, wird noch nicht einmal mit Lernen assoziiert. Im Gegensatz zum Schulzimmer bietet die Natur als natürlicher Lernort mit selbstverständlichem Aufforderungscharakter eine unendliche Anzahl von Möglichkeiten des Handelns" (Lehmann 2001, S. 15). Wenn beispielsweise eine kleine Gruppe schwieriger Jugendlicher zusammen mit erfahrenen Pädagog(inn)en einige Wochen oder gar Monate auf einer entlegenen einfachen Hütte im Hochgebirge verbringt, dann werden in aller Regel Veränderungen festzustellen sein, die unter den üblichen Rahmenbedingungen innerhalb der Jugendhilfe wahrscheinlich so nicht eingetroffen wären. Die Abgeschiedenheit und entzivilisierten Bedingungen können als günstige therapeutische Voraussetzungen gewertet werden. Denn so kann ein äußerer Realitätsdruck kaum störend einwirken, die Kommunikations- und Bindungsfähigkeit kann gefördert werden. Die Abgeschiedenheit der Almhütte garantiert wiederum die konstante Anwesenheit aller Beteiligten. Das Weglaufen kommt aufgrund der Rahmenbedingungen und wegen der Attraktivität des Aufenthaltes kaum in Frage. Trotz dieser engen Geschlossenheit der Kleinstgruppe erleben sie gleichzeitig Freiheit; einmal Freiheit in der natürlichen Bergwelt und zum anderen Freiheit in der persönlichen Aktivität, im Mittun, im Sich-Einbringen. Insofern wird der Hüttenaufenthalt nicht als Ferienfreizeit, sondern als heilpädagogisch-therapeutisches Mittel zu bewerten sein. Innerhalb solcher therapeutischer Maßnahmen in abgeschiedener Natur scheinen noch andere, nicht genannte Faktoren zum Tragen zu kommen. Viele Jugendliche erleben bei solchen Aufenthalten zum ersten Mal in ihrem Leben den intensiven Umgang mit „archaischen" Lebenselementen, mit Feuer und Wasser. C.G. Jung hat solchen archaischen Elementen, die er als „innere Erscheinungen" (1980, S. 69) bezeichnete, deren Ursprung man nicht kenne, die aber überall auf der Welt auftauchten, eine besondere Kraftquelle beigemessen. „Die spezifische Energie der Archetypen kann man wahrnehmen, wenn man die besondere Faszination erlebt, die sie begleitet. Archetypen scheinen einen besonderen Zauber auszuüben" (Jung 1980, S. 79).

Menschen können durch die Erfahrung archaischer Handlungsweisen im wahrsten Sinne des Wortes angerührt werden, sie beziehen sich unbewusst auf Symbole und auf Kräfte, die seit Urzeiten schlummerten. Die Jugendlichen haben Natur vor Augen und können sich ihrer bedienen: zum Feuerholzmachen, zur Obsternte, zum Herumtoben, zum Erobern. Innerhalb der nicht technisierten Umwelt und im häuslichen Bereich sind viele Vorgänge und Strukturen plötzlich unkompliziert, einfach und nachvollziehbar. Zur täglichen Lebensbewältigung sind körperliche Anstrengungen notwendig, Körperkraft kann sinnvoll eingesetzt werden. Wir wissen aus anderen Therapien, dass der Umgang mit form- und bildbaren Naturmaterialien heilsam wirken kann. Bei längeren Hüttenaufenthalten wird dieser heilsame Umgang zur alltäglichen Gewohnheit, er ist nicht nur auf die isolierte Therapiestunde begrenzt und hat außerdem mehr bewusste und erlebte Sinnhaftigkeit. Insofern gewinnen das gesamte Umfeld und das eigene aktive Handeln therapeutischen Charakter, der durch positive gruppendynamische Abläufe unterstützt und ermöglicht wird.

Zu ähnlichen Analysen kann eine weitere Alternativmaßnahme veranlassen, die zwar in einem anderen „Medium" zu Hause ist, aber doch vergleichbare Konzeptionen aufweist: Therapeutisches Segeln.

Alternative: Sozialpädagogische/therapeutische Segelfahrten

Segelfahrten unter therapeutischem Aspekt für schwierigste Jugendliche entwickelten sich seit Ende der 70er Jahre. Derzeit ist diese Form der Intensiven sozialpädagogischen Einzelbetreuung in zahlreichen unterschiedlichen Projekten angesiedelt; es liegen differenzierte pädagogische Erfahrungsberichte und Kritiken vor (z.B. Andorff 1988; Sommerfeld 1993; Witte 2002).

Extrem schwierige Jugendliche landen oft in geschlossenen Heimen, in Jugendgefängnissen oder in der Psychiatrie. Die normale Heimerziehung erwartet von aufzunehmenden Jugendlichen Mindestbedingungen und -voraussetzungen, ansonsten bleiben sie ausgeschlossen, werden als nicht pädagogisch förderbar, als nicht therapierbar angesehen.

Was geht von Segelschiffen aus, wenn auf ihnen eine Therapie problematischer Jugendlicher möglich sein sollte? Zunächst wäre darauf hinzuweisen, dass für therapeutische Segelfahrten eine Anzahl von Voraussetzungen und Bedingungen vorliegen müssen, wenn wirklich beständige pädagogische Erfolge angestrebt werden.

Eine wesentliche Voraussetzung ist die Gruppengröße. Die Gruppe muss überschaubar sein, damit das gegenseitige intensive Kennenlernen, das Austragen und Verarbeiten von Konflikten und das Zustandekommen von Beziehungen gefördert, zugleich aber ein Ausweichen verhindert wird. Solche Bedingungen scheinen dann gegeben zu sein, wenn etwa bis zu acht Jugendliche mit vier bis fünf erwachsenen Betreuungspersonen eine Mannschaft bilden. Als ideal wird angesehen, wenn die Betreuer(innen) sowohl eine pädagogisch/therapeutische als auch eine seemännische Vorbildung nachweisen können. Denn so können Pädagogik und Nautik, interpersonell verbunden, die therapeutische Seefahrt begünstigen, da beide Bereiche realistisch, handlungs- und sachorientiert, unter Berücksichtigung vorliegender persönlicher Situationen, einzusetzen sind.

Entscheidend ist aber auch die Dauer einer therapeutischen Segelfahrt. Die entsprechenden Projekte mit eindeutig therapeutischer Zielsetzung bei schwierigsten Jugendlichen halten eine mindestens halbjährige Dauer für den therapeutischen Segeltörn für notwendig. Denn die Verhaltensstörungen sind auch nicht in kurzer Zeit entstanden, sondern entwickelten sich im Laufe von Jahren, vielleicht im Laufe des ganzen bisherigen Lebens.

Ein Segelschiff kann einen idealen Rahmen bilden für Jugendliche, die sich ansonsten pädagogischen und therapeutischen Einflüssen entziehen. Das Schiff umschließt die Gruppe, niemand kann weglaufen, dennoch hat die Angelegenheit keinen Verschlusscharakter, denn es liegen natürliche Bedingungen vor. Die Jugendlichen sind nicht Passagiere, sie machen keine Kreuzfahrt, sondern sie sind Teil der Mannschaft. Alle an Bord des Segelschiffes befindlichen Personen werden gebraucht, sie müssen sich aktiv einsetzen, in der Selbstversorgung, beim Navigieren, beim Segelsetzen etc., nur dann kann die Reise gelingen und das Ziel erreicht werden. Auf dem Segelschiff erfahren sie sinnhaft, dass sich geistiger und körperlicher Einsatz lohnt, dass etwas in Bewegung gebracht werden kann und sichtbare Erfolge in Aussicht stehen. Für viele Jugendliche stellen allein die Notwendigkeit ihres Einsatzes und die damit in Verbindung stehenden Erfolgserlebnisse eine therapeutische Grundlage dar. Denn viele von ihnen hatten bislang ziel- und perspektivlos in den Tag gelebt und unter den bisherigen Bedingungen keinerlei Sinn in einem aktiven und konstruktiven Tun gesehen. Innerhalb der Gruppe und angesichts der Erfordernisse für das Schiff, müssen die Jugendlichen viele Verhaltensweisen ablegen und neue annehmen. Sie können nicht länger uninteressiert, inaktiv, apathisch, egozentrisch und ungestüm sein, denn das gefährdet das gemeinsame und individuelle Vorhaben, an ein bestimmtes Ziel zu gelangen. Die Betreuer(innen) werden von den Jugendlichen weniger als Erzieher(innen) oder als Therapeut(inn)en erlebt, sondern als Teil der Mannschaft. So mag eine Orientierung an einer erwachsenen Persönlichkeit, die ihr Erwachsensein positiv und unkompliziert darstellt, besser gelingen, als die oft zu einseitige Ausrichtung im Therapeuten-Klienten-Verhältnis. Schließlich vermittelt ein Segelschiff auch Geborgenheit, sowohl dem Einzelnen als auch der gesamten Gruppe.

In allen Berichten über therapeutische Segelfahrten ist immer wieder von Erlebnisorientierung die Rede. Diese Orientierung ist für die Motivation der Jugendlichen wichtig. Segeln an sich, mit seinem hohen Prestige und Image, wäre schon ein Erlebnis. Dies wird enorm gesteigert, wenn auf dem Schiff für Wochen und Monate gelebt wird, wenn fremde Länder und Völker besucht werden und reale Gefahren überwunden werden müssen. Der Alltag lässt Passivität nicht zu, die reale Situation zwingt zum Handeln, in Grenzbereichen kann konstruktives aktives Tun lebensnotwendig sein. Grenzerlebnisse auf dem Schiff, echte Gefahrenmomente, etwa bei hohem Seegang und Sturm, bilden weitere wesentliche Erfahrungen für die Jugendlichen.

Ganz bewusst werden die Segelfahrten deshalb nicht nur in ruhigen Gewässern, sondern auch in Nordsee und Atlantik durchgeführt. Durch Grenzerlebnisse können Erfahrungen verinnerlicht werden, die schwierige Jugendliche sonst kaum mitmachen, die sie aber benötigen, um zu sich selbst zu finden und um vertrauensvolle und beständige Bindungen eingehen zu können. Wer in echten Gefahrenmomenten seinen Mann oder seine Frau steht, dabei den Zusammenhalt der Gruppe spürt, der wird – nach bestandener Gefahr – ein anderes Vertrauen in sich selbst und in seine Möglichkeiten haben. Anscheinend sind auch manche Jugendliche deshalb auffällig, weil sie innerhalb der technisierten Umwelt keine reale Gelegenheit mehr haben, ihre konstruktiven Möglichkeiten unter Beweis zu stellen. Im täglichen Lebenskampf geht es längst nicht mehr ums Überleben, sondern ums bessere Leben. Sinnhaftigkeiten und Perspektiven sind verloren gegangen, was die Entfaltung gesunder Lebenskräfte zu vermindern scheint. Diese Nacherfahrungen im Bereich der Erlebens-Pädagogik sind wohl eine wesentliche Grundlage der Therapie. Sie stehen im Zusammenhang mit anderen Naturerfahrungen, mit den Elementen, mit Naturschönheiten, die manche zum ersten Male als solche erkennen und schätzen lernen. „Die angestrebten Lernerfolge sollen sich nicht nur aus einem Diskurs zwischen Erziehern und zu Erziehenden ergeben, also durch den kommunikativen Austausch schlechthin. Sie sollen sich durch die praktisch vollzogene Tätigkeit in einem natursportlichen sowie sozialtherapeutischen Prozess einstellen. Im sozialkognitiven Kontext gruppendynamischer Veränderungen sollen gemeinsame Erfahrungen und in der emotional-affektiven Ebene individuelle Erlebnisse gefördert werden" (Fischer/Ziegenspeck 2000, S. 270).

Zur Kritik an der Erlebnispädagogik

Wenn alternative pädagogische Maßnahmen mit Skepsis betrachtet werden, so vor allem deshalb, weil ihre Durchführbarkeit schnell an finanzielle, bürokratische und gesellschaftliche Grenzen stößt. Denn diese Form der Intensiven sozialpädagogischen Einzelbetreuung muss, wie andere Erziehungshilfen auch, vom örtlichen Jugendhilfeträger finanziert werden und ist allerdings in der Regelsicht teurer als Heimerziehung.

Ein enormes Unverständnis wird deutlich, wenn als Kritik erhoben wird, dass solche Unternehmungen viel zu unrealistisch seien, weil sie mit dem Alltag der Jugendlichen keinerlei Gemeinsamkeiten aufweisen könnten. Auslandsprojekte als Schonraum, als unrealistische Inselsituation – dies impliziere Ineffektivität und Misserfolg. Es würde unnütz viel Zeit und Geld verschwendet, obwohl doch von vornherein erkennbar sei, dass die schwierigen Jugendlichen in ihrem Gesamtverhalten keine positiven Veränderungen erfahren könnten, wenn lang andauernde Auslandsaufenthalte sie so sehr vom realen Alltag entrücke, in den sie aber wieder zurückkehren müssten. Sicherlich müssen die Auslandsprojekte innerhalb der Erlebnispädagogik sehr sorgfältig auf ihre fachlichen Standards hin überprüft werden. Solche Projekte sind in der Öffentlichkeit äußerst umstritten, es schadet dem Ansehen der Erlebnispädagogik und der Jugendhilfe insgesamt, wenn hier „selbsterklärte Erlebnispädagogen" Marktlücken sehen und mit unprofessionellen Methoden schnell viel Geld verdienen wollen.

Klawe und Bräuer haben 1996–1998 eine zweijährige Evaluationsstudie zur „Erlebnispädagogik in den Hilfen zur Erziehung" durchgeführt.

Einige wichtige Einschätzungen und Ergebnisse seien hier angeführt: Eine einheitlich Theorie zur Erlebnispädagogik ist nicht vorhanden. Deshalb, und weil die unterschiedlichen Methoden und Ansätze der Erlebnispädagogik in unterschiedlichen Schulen praktiziert werden und auf unterschiedliche historische Ursprünge zurückgreifen, ist eine eindeutige Begriffsbestimmung nicht möglich. Das Erwartungspotenzial an die Möglichkeiten und insbesondere die Erfolgsaussichten der erlebnispädagogischen Maßnahmen werden „unverhältnismäßig" hoch angesetzt und dies, obwohl „überproportional" schwierige Jugendliche dort anzutreffen sind. In den erlebnispädagogischen Projekten werden vor allem Jungen (78,1%) vorgefunden. Der Anteil erlebnispädagogischer Maßnahmen an allen Hilfen zur Erziehung ist mit 2,2% relativ gering. Der Erlebnispädagogik gingen als andere Erziehungshilfe vor allem Heimerziehung (74,2% aller Fälle), aber auch Aufenthalte in der Jugendpsychiatrie (21,6%) voraus (Mehrfachnennungen waren möglich).
Wenn die Jugendlichen aus der Jugendpsychiatrie in eine Maßnahme der Erlebnispädagogik wechselten, dann zeigte sich mit 40% die Abbruchquote als besonders hoch. In diesem Zusammenhang macht Knorr darauf aufmerksam: „Auslandsmaßnahmen sind grundsätzlich nicht als reine Krisenintervention, sondern stets als Bestandteil längerfristig angelegter Jugendhilfemaßnahmen zu konzipieren" (2004, S. 22). Nach Einschätzung der Jugendämter haben Gewalt- und Suchtprobleme den Verlauf einer Maßnahme besonders negativ beeinflussen können. Es folgen mit einigem Abstand Probleme, die mit einem Wechsel der Betreuer(innen), der Gruppensituation, den Rahmenbedingungen durch den Träger, aber auch mit der Einstellung der Eltern verbunden sind. Demgegenüber werden als überaus wichtig für einen positiven Verlauf das Beziehungsverhältnis zu den Betreuer(inne)n, die Gelegenheiten, wichtige Erfahrungen zu sammeln, die Gruppensituation, der Umgang mit Konflikten, das soziale Lernen sowie das Testen der eigenen Fähigkeiten genannt (Klawe/Bräuer 1998, S. 33ff.)

„Die Ergebnisse unserer Studie zeigen deutlich, daß die Wirksamkeit erlebnispädagogischer Aktivitäten um so höher ist, je früher sie zur Anwendung kommt. Dies spricht vor allem für Erlebnispädagogik als Gestaltungselement des Heimalltags, aber auch dafür, Jugendlichen im Rahmen ihrer Jugendhilfekarriere frühzeitig die Teilnahme an solchen Maßnahmen zu ermöglichen. Folge wäre auch eine Entlastung der Projekte von unrealistischen Heilserwartungen. Dies ist insbesondere erforderlich im Hinblick auf zentrale vermutete Effekte erlebnispädagogischer Arbeit" (Klawe/Bräuer 1998, S. 38f.).

Die Autoren gehen davon aus, dass die Wirksamkeit von Natur- und Grenzerfahrungen überschätzt und ideologisiert würden. Ebenso würden die Kategorien „Beziehungsfähigkeit" und „Beziehung" oftmals unrealistisch hoch angesiedelt. „Die Analyse der Prozessverläufe ergibt dabei, daß in der Praxis häufig ein unreflektierter Umgang mit Nähe und Distanz zu Abhängigkeiten und Ablösungsproblemen bei Beendigung der Betreuung führt, auf der anderen Seite wird die Reichweite dieses ‚Erziehungsinstruments' überschätzt" (Klawe/Bräuer 1998, S. 39).

Zuweilen weisen solche Auslandsprojekte in ihrer Praxis unhaltbare Zustände auf. Beschrieben wurden: finanzielle Ausbeutung unerfahrener Betreuer, unzureichende Aufklärung über Probleme, Gefahren und Risiken, keine Struktur, Supervision oder Telefon vor Ort (Wendelin 2004, S. 27f.). „Der Einsatz von qualifizierten und erfahrenen Fachkräften ist grundsätzlich unverzichtbar" (Lorenz 2004, S. 53), aber nicht jeder Mitarbeiter muss auch Fachkraft sein. Jedoch: die „Koordination und Begleitung von Auslandsmaßnahmen gehören ebenso wie eine regelmäßige Supervision in erfahrene Hände mit entsprechender Ausbildung und ist damit grundsätzlich in der Lage, die notwendige Fachlichkeit sicherzustellen" (S. 53).

Auslandsmaßnahmen können durchaus als erfolgreich bezeichnet werden, denn etwa „75% der jungen Menschen, die eine Auslandsmaßnahme durchlaufen, werden anschließend in weiterführende Hilfen aufgenommen. Das ist eine außerordentlich hohe Quote, wenn man berücksichtigt, dass gerade das Scheitern mehrerer vorangegangener Jugendhilfemaßnahmen eines der häufigsten Aufnahmegründe in solche Projekte ist.

Etwa 50% dieser Gruppe schließt nach dem Projekt eine Schul- oder Berufsausbildung erfolgreich ab. Auch dies ist angesichts der Voraussetzungen keine geringe Quote. Nur etwa 15% der jungen Menschen werden nach der Projektmaßnahme wieder straffällig. Viele junge Menschen beschreiben ihr Projekt zwar höchst anstrengend, aber als beste Zeit ihres Lebens" (Knorr 2004, S. 20). Außerdem seien Auslandsmaßnahmen für schwierigste Jugendliche oftmals ohne Alternative (S. 21). Die anhaltende Kritik an Auslandsmaßnahmen hat mittlerweile dazu geführt, dass deren Realisierung an definierte gesetzliche Vorschriften gebunden ist. In der Novellierung des KJHG vom 1.Oktober 2005 wurde § 27 Absatz 2 ergänzt: „Die Hilfe ist in der Regel im Inland zu erbringen, sie darf nur dann im Ausland erbracht werden, wenn dies nach Maßgabe der Hilfeplanung zur Erreichung des Hilfeziels im Einzelfall erforderlich ist." Dies bedeutet im Einzelfall, dass im Rahmen der Hilfeplanung sehr konkret und plausibel begründet werden muss, warum eine Hilfe zur Erziehung nicht (mehr) im Inland zu leisten ist, sondern bessere Erfolgsaussichten durch einen Auslandsaufenthalt zu erwarten sind. Leistungsvereinbarungen über im Ausland zu erbringende Hilfen zur Erziehung können von den Trägern der öffentlichen Jugendhilfe nur mit solchen anerkannten Trägern der Jugendhilfe oder Trägern einer erlaubnispflichtigen Einrichtung geschlossen werden, die auch im Inland Hilfen zur Erziehung anbieten. Außerdem muss sichergestellt sein, dass Auslandsmaßnahmen von Fachkräften geleistet werden. Die Rechtsvorschriften des jeweiligen Landes müssen eingehalten und mit den deutschen Vertretungen im Ausland zusammengearbeitet werden (§ 78b KJHG). Diese neuen Regelungen können nicht nur als Einschränkung von erlebnispädagogischen Projekten im Ausland verstanden werden, sie verlangen zugleich höhere qualitative Standards. Deren Realisierung wird insgesamt dazu beitragen, Missstände zumeist von vornherein zu verhindern und zu einer größeren gesellschaftlichen Anerkennung von Maßnahmen der Intensiven pädagogischen Einzelbetreuung im Ausland führen.

Innerhalb einer professionellen und verantwortungsbewussten Erlebnispädagogik bildet das außergewöhnliche, nicht traditionelle Vorgehen dieser alternativen Pädagogik bei den Jugendlichen den Anreiz zum Mittun. Wenn die Angebote nicht in gewöhnlichen gesellschaftlichen Rahmenbedingungen ablaufen, so bedeutet das keineswegs, dass sie außerhalb der Gesellschaft stehen. Denn die pädagogischen Erfolge sprechen vielmehr dafür, dass hier Handlungen, Formen, Werte und Ideen aufgegriffen werden, die ansonsten in der Gesellschaft so ziemlich verloren gegangen zu sein scheinen.

Es ist jedenfalls offenkundig, dass sich zum Beispiel das Gesamterlebnis einer therapeutischen Segelreise merklich von den Alltagserlebnissen der Jugendlichen unterscheidet und zwar sowohl bezüglich der früher erlebten Realität, als auch der realistischen Perspektiven nach Beendigung des Törns. Dieser Sachverhalt kann nicht bestritten werden. Ob dies gleichbedeutend ist mit einer negativen Prognose des Verfahrens, kann am Beispiel anderer therapeutischer Interventionen und deren Bezug zur Realität untersucht werden. Hierbei kann festgestellt werden, dass viele anerkannte pädagogisch/therapeutische Verfahren aus wohlüberlegten Gründen nicht in konkrete Alltagssituationen eingebettet sind. Dies betrifft beispielsweise die Verhaltenstherapie, die nichtdirektive Spieltherapie, die personenzentrierte Gesprächstherapie, die Psychoanalyse oder die Milieutherapie.

Die hier angeführten Therapieverfahren und der Zusammenhang zwischen Gesamtkonzept und realistischem Lebensbezug zeigen eindeutig, dass ein Zusammenhang zwischen der Gesamtmaßnahme einer Therapie und ihrer realistischen Eingliederung in das Alltagsgeschehen nicht in der Weise besteht, dass ein Therapieerfolg abhängig ist von seiner Einbettung in die Realität des Alltags. Vielmehr sind vor allem solche Therapien für Jugendliche mit starken Auffälligkeiten im Verhaltensbereich wirksam, die sich merklich von früheren Erfahrungen, vor allem auch von negativen Realitäten abheben. In den erwähnten Therapiearten – ebenso in vielen anderen – geht man mit Erfolg davon aus, dass Klient(inn)en zunächst innerhalb einer nicht realistischen „Schonsituation" zur Ruhe und zu sich selbst finden müssen, um schließlich innerhalb der unrealistischen Situation so viel an Einsicht, Fähigkeit zur Selbstveränderung und Selbstbewusstsein zu erfahren, dass eine spätere erfolgreiche Auseinandersetzung mit und eine Integration in die reale Umwelt gelingen kann.

Insofern ist es wissenschaftlich nicht begründbar, erlebnispädagogische Maßnahmen im Ausland mit dem Hinweis auf deren mangelnden Realitätsbezug abzulehnen. Wer die einzelnen Tagesabschnitte, Handlungsabläufe und Beziehungsstrukturen betrachtet, wird feststellen, dass diese klar zu durchschauen, nachvollziehbar und realistisch sind. Selbstverständlich muss auch auf die Zeit nach dem Projekt hingearbeitet werden. Die nachsorgende Betreuung und Perspektive werden von den Projekten ernst genommen. Zur Perspektive gehört auch das Lernen, die positive Entwicklung in der Bewältigung konkreter Alltagshandlungen. Die Mehrzahl der beteiligten Jugendlichen hat enorme Schulschwierigkeiten, Schul- oder Arbeitsunlust sind aufzuweisen. Nur in wenigen Fällen wird schulisches Lernen praktiziert werden, nur in Ausnahmefällen wird eine konkrete Ausbildung mit Abschlusszeugnis möglich sein. Lernerfahrungen finden in einer ganz anderen Qualität statt. Sie sind in die konkreten Alltagsbezüge eingebettet, die Jugendlichen lernen beispielsweise einen Speiseplan zu erstellen, mit Land- und Seekarten umzugehen, ihre Kleidung zu versorgen, Motorschäden zu beheben oder zu navigieren. Dieses Lernen kann von den ansonsten misserfolgsgewohnten jungen Menschen verinnerlicht werden, es ist ein situationsorientiertes Lernen. „Nicht das Lernen über den Kopf ist Trumpf (und wie viele Jugendliche haben durch ein solches verschultes Lernen das Lernen verlernt?), sondern das Lernen über die Hand und die unmittelbare Beobachtung wird angebahnt (und steigt dann manchem auch wohl zu Kopfe!)" (Ziegenspeck 1999, S. 997).

In einer anderen kritischen Analyse der Erlebnispädagogik wird der Frage nachgegangen, inwiefern Erleben überhaupt erziehen könne (Oelkers 1992). Eine pädagogische Situation in Erlebnissen oder von ihnen ausgehend, ist sicherlich nicht allgemein zu unterstellen. Der erste Langstreckenflug in einen fernen Kontinent wäre für viele bestimmt ein tolles Erlebnis, jedoch ist kein erzieherisches Element hierin zu erkennen. Auch eine Hochgebirgswanderung mag ein besonders schönes, anstrengendes und anregendes Erlebnis innerhalb der Natur sein, aber auch diese Situation kann alleine für sich genommen keine pädagogische Situation darstellen. Die zuvor angesprochenen Naturräume, in denen erlebnispädagogische Projekte angesiedelt sind, sowie die jeweils spezifischen Ausstattungsmerkmale (beispielsweise eine zivilisationsentfernte Hütte, ein dickbauchiges Segelschiff), dies stellen äußere Bedingungen dar, die besondere Erlebnisse zulassen. Diese Erlebnisse selbst sind immer in zwei Dimensionen angesiedelt: in der äußeren, dem Wahrnehmungsbereich und in der inneren, dem Fantasiebereich (Schmid 1985, S. 141). Die Vielzahl der äußeren Bedingungen, die Erlebnisse ausmachen, können zusammen mit der inneren Beteiligung am Erlebnis noch nicht eine eigentliche pädagogische Situation erkennen lassen. Diese gesamten Rahmenbedingungen mit der verursachten inneren Beteiligung verstehen wir als Grundlage – gewissermaßen als therapeutisches Setting –, auf der Pädagogik oder Therapie für schwierigste Jugendliche aufbauen und stattfinden kann. Wo es an einer solchen aufbauenden Pädagogik oder Therapie fehlt, wäre das Erlebnis eine bloße Episode. Aber auch dies könnte eine pädagogisch sinnvolle Zielsetzung darstellen, wenn Jugendliche für solche Episoden zu motivieren wären, wenn sie lohnende Perspektiven wären. Wir erinnern uns hierbei an die Pädagogik von Makarenko und an seine Aussage: „Den Menschen erziehen bedeutet bei ihm Perspektiven herausbilden" (Makarenko 1978, S. 79).

Alleine für sich genommen erziehen Erlebnisse ebensowenig, wie geschlossene Heime oder Psychiatrien an sich eine pädagogisch/therapeutische Wirkung zeigen.

> „Aber wie können Erlebnisse erziehen? Offensichtlich nur dann, wenn das Erlebte nicht nur ‚expressiv' aufscheint, sondern ein Verstehen hervorruft, das mit Erfahrungen verknüpft bleibt. Zudem muss internalisierte Erfahrung dem Individuum als Bewusstseinstätigkeit habhaft werden mit Bedeutungen, die persönlich erlebt wurden" (Fischer 2004, S. 9).

Zu den grundlegenden Rahmenbedingungen der Erlebnispädagogik müssen die speziellen Vorgehensweisen der pädagogisch/therapeutischen Mitarbeiter(innen) hinzukommen. Deren spezielle pädagogische oder therapeutische Fachrichtung, sei sie nun beispielsweise psychoanalytisch, verhaltenstherapeutisch oder gruppendynamisch ausgeprägt, erscheint unentbehrlich für eine effektive Erlebnispädagogik. Wesentlich bleibt weiterhin, dass die notwendigen fachspezifischen Vorgehensweisen auf den Erlebniswelten basieren und sich die pädagogischen Handlungsweisen entsprechen. Sommerfeld geht davon aus, dass die bislang vorliegenden Studien zur Erlebnispädagogik zwar deren Wirksamkeit auf unterschiedlichen Dimensionen belegen könnten, sie seien insgesamt aber nicht sehr aussagekräftig (2001, S. 398).

Die Erlebnispädagogik kann für schwierigste Jugendliche neue Chancen positiver Lebensbewältigung eröffnen, aber sicherlich nicht für alle. „Eine Erlebnispädagogik, die sich als ‚Rettungskonzept' versteht und (insb. auch nach außen hin) definiert, steht nicht nur in der Gefahr, unerfüllbare Erwartungen zu wecken" (Bauer 2001, S. 83). „Jugendliche mit langen und ausgeprägten Jugendhilfekarrieren sind oft kaum zu erreichen. Sie mißtrauen den Angeboten der Jugendhilfe und ihrer Pädagogik, leisten latent Widerstand, verbitten sich jegliche Einmischung oder entziehen sich schlicht auf andere Weise. Solche Jugendlichen mit noch mehr Pädagogik und noch intensiveren Beziehungsangeboten erreichen zu wollen, dürfte kaum chancenreich sein. Vielmehr gilt es, Angebote jenseits der Pädagogik zu finden, die allerdings nicht hinter die gegenwärtigen fachlichen Standards zurückfallen" (Klawe 2001, S. 680).

Literatur

Adam, E.: August Aichhorn. In: Handbuch Heimerziehung und Pflegekinderwesen in Europa. Hrsg.: Colla, H. u.a. Neuwied 1999.
Adam, M. u.a.: Heimaufenthalt im Rückblick – „Lohnt" sich Erziehungshilfe im Heim? Ergebnisse einer Befragung von „Ehemaligen" im Kontext praxisbezogener Aspekte. In: Jugendwohl. H. 1/1995.
Adler, H.: Formen der Eltern- und Familienarbeit in der Jugendhilfe. Teil 2: Elterntraining und Familienintervention. In: Unsere Jugend. H. 5/2001.
Aichhorn, A.: Verwahrloste Jugend. Bern, Stuttgart 1957.
Almstedt, M./Munkwitz, B.: Ortsbestimmung der Heimerziehung. Geschichte, Bestandsaufnahme, Entwicklungstendenzen. Weinheim, Basel 1982.
Almstedt, M.: Reform der Heimerzieherausbildung. Empirische Bestandsaufnahme – Reformvorschläge – Beispiele innovativer Praxis. Weinheim 1996.
Almstedt, M.: Veränderte Heimerziehung – veränderte Erzieherausbildung? Anforderungen an die Qualifikation der Erzieherinnen im Bereich der Heimerziehung. In: Unsere Jugend. H. 8/1998.
Amendt, G.: Zur sexualpolitischen Entwicklung nach der antiautoritären Schüler- und Studentenbewegung. In: Gamm, H.-J./Koch, F. (Hrsg.): Bilanz der Sexualpädagogik. Frankfurt a.M., New York 1977.
Ammicht-Quinn, R.: Von Barbie und He-Man. Körperlichkeit, Sexualität und Sexualerziehung unter biblisch-ethischem Aspekt. In: Jugend & Gesellschaft. H. 4/1998.
Andorff, J.: Segelschoner ‚Jachara'. Eine psychologische Studie über einen therapeutischen Segeltörn mit verhaltensauffälligen Jugendlichen. Lüneburg 1988.
Arbeitsgruppe „Geschlossene Unterbringung": Argumente gegen geschlossene Unterbringung in Heimen der Jugendhilfe. Frankfurt a.M. (IGFH) 1995.
Arend, D.: Die MOB im Spannungsfeld der Institutionen. In: Arend, D. u.a.: Sich am Jugendlichen orientieren – Konzeptionelle Erfahrungen der MOBILEN BETREUUNG (MOB) des Verbundes Sozialtherapeutischer Einrichtungen (VSE) Celle – Frankfurt a.M. (IGFH) 1987.
Athenstädt, I.: Mädchen und/oder Junge. Ansätze geschlechtsspezifischer Sozialpädagogik im Rahmen der Hilfen zur Erziehung. Einführungsreferat. In: Schriftenreihe des Bundesverbandes der evangelischen Erziehungseinrichtungen. Fortbildungsbrief 2/3/1991.
Augustin, G./Brocke, H.: Arbeit im Erziehungsheim. Ein Praxisberater für Heimerzieher. Weinheim, Basel 1979.
Autorenkollektiv im sozialistischen Kinderladen Charlottenburg I: Die Praxis im sozialistischen Kinderladen. In: Antiautoritäre Erziehung. Hrsg.: Kron, F.W. Bad Heilbrunn 1973.

Literatur

Axline, V.M.: Kinderspieltherapie. Im nicht-direktiven Verfahren. 6. unv. Aufl. München, Basel. 1984.
Bange, D.: Ausmaß. In: Handwörterbuch Sexueller Mißbrauch. Hrsg.: Bange, D./Körner, W. Göttingen, Bern, Toronto, Seattle 2002.
Bange, D.: Wende in der Hamburger Jugendhilfepolitik. Geschlossene Unterbringung wieder eingeführt. In: Unsere Jugend. H. 7+8/2003.
Bange, D.: Geschlechterpädagogik in den erzieherischen Hilfen. In: Forum Erziehungshilfen. H. 3/2004.
Bauer, H.G.: Erlebnis- und Abenteuerpädagogik. Eine Entwicklungsskizze. 6. überarb. und erw. Aufl. München 2001.
Baur, D.: Erzieherische Hilfen in Tagesgruppen. In: Bundesministerium für Familie, Senioren, Frauen und Jugend (Hrsg.): Leistungen und Grenzen von Heimerziehung. Ergebnisse einer Evaluationsstudie stationärer und teilstationärer Erziehungshilfen. Stuttgart 1998a.
Baur, D.: Das Betreute Wohnen aus der Sicht der jungen Menschen. In: Bundesministerium für Familie, Senioren, Frauen und Jugend (Hrsg.): Leistungen und Grenzen von Heimerziehung. Ergebnisse einer Evaluationsstudie stationärer und teilstationärer Erziehungshilfen. Stuttgart 1998b.
Baur, D./Hamberger, M.: Die Bewertung der Hilfeverläufe. In: Bundesministerium für Familie, Senioren, Frauen und Jugend (Hrsg.): Leistungen und Grenzen von Heimerziehung. Ergebnisse einer Evaluationsstudie stationärer und teilstationärer Erziehungshilfen. Stuttgart 1998.
Baur, D. u.a.: Was leisten stationäre und teilstationäre Erziehungshilfen? In: Leistung und Qualität von Hilfen zur Erziehung im Spiegel einer wissenschaftlichen Untersuchung. Hrsg.: Evangelischer Erziehungsverband e.V. (EREV). EREV Schriftenreihe Hannover 2/1998.
Becker, G.E./Stadler, H.: Alltagsprobleme in der Heimerziehung. Bad Heilbrunn 1982.
Becker, S.: Die Bedeutung Bruno Bettelheims für die psychoanalytische Sozialarbeit in Deutschland. In: Kaufhold, R. (Hrsg.): Annäherung an Bruno Bettelheim. Mainz 1994.
Behörde für Soziales und Familie Hamburg: 90 gesicherte Heimplätze in Hamburg – unverzügliche Hausbesuche bei allen Eltern. In: Unsere Jugend. H. 10/2002.
Belardi, N.: Supervision (Praxisberatung). In: Handbuch Sozialarbeit/Sozialpädagogik. Hrsg.: Otto, H.-U./Thiersch, H. 2., völlig neu überarb. und aktualisierte Aufl. Neuwied 2001.
Benisch, M.: Wo bleibt die Jungenarbeit in der Heimerziehung? Problemskizze über eine vernachlässigte Perspektive. In: Forum Erziehungshilfen. H. 3/2004.
Bettelheim, B./Karlin, D.: Liebe als Therapie. Gespräche über das Seelenleben des Kindes. München 1983.
Bettelheim, B.: Liebe allein genügt nicht. Die Erziehung emotional gestörter Kinder. 4. Aufl. Stuttgart 1983a.

LITERATUR

Bettelheim, B.: Der Weg aus dem Labyrinth. Leben lernen als Therapie. Frankfurt a.M., Berlin, Wien 1983b.

Bettelheim, B.: Ein Leben für Kinder. Stuttgart 1987.

Bieniussa, P.: Heimliche Regeln pädagogischen Handelns.Die Regulation des Selbstwertgefühls im Alltag der Heimerziehung. Weinheim, Basel 1986.

Bieniussa, P.: Heimerziehung – Orientierung an der Familie oder Entwicklung eigener Kompetenzen? Zur Identität der Heimerziehung heute. In: Jugendwohl. H. 8/9/1987.

Bieniussa, P.: Heimerziehung – Orientierung an der Familie oder Entwicklung eigener Kompetenzen? Elemente pädagogischen Handelns im Heim. In: Jugendwohl, H. 11/1987.

Biermann, B.: Vollzeitpflege. In: Handbuch Erziehungshilfen. Leitfaden für Ausbildung, Praxis und Forschung. Hrsg.: Birtsch, V. u.a. Münster 2001.

Birtsch, V.: Jugendwohnungen: Zwischen selbstbestimmtem Wohnen und sozialräumlicher Pädagogik. In: Wolf, K. (Hrsg.): Entwicklungen in der Heimerziehung. Münster 1995.

Bittner, G.: Psychoanalyse und soziale Erziehung. München 1967.

Bittner, G.: Emotionale Aspekte der geschlechtlichen Erziehung. In: Kentler, H. u.a.: Für eine Revision der Sexualpädagogik. 5. Aufl. München 1971.

Bittner, G.: Sexualität und Selbstwerden. In: Sexualerziehung und Persönlichkeitsentfaltung. Hrsg.: Scarbath, H./Tewes, H. München, Wien, Baltimore 1982.

Blandow, J.: Versorgungseffizienz im Pflegekinderwesen. In: Handbuch Heimerziehung und Pflegekinderwesen in Europa. Hrsg.: Colla, H. u.a. Neuwied 1999.

Blandow, J.: Herkunftseltern als Klienten der Sozialen Dienste. Ansätze zur Überwindung eines spannungsgeladenen Verhältnisses. In: Sozialpädagogisches Institut im SOS-Kinderdorf e.V. (Hrsg.): Herkunftsfamilien in der Kinder- und Jugendhilfe. München 2004.

Blandow, J./Gintzel, U./Hansbauer, P.: Partizipation als Qualitätsmerkmal in der Heimerziehung. Eine Diskussionsgrundlage. Münster 1999.

Böllinger, L.: Sexualstrafrecht. In: Handbuch Sexualität. Hrsg.: Dunde, S. R. Weinheim 1992.

Börsch, B./Conen, M.-L. (Hrsg.): Arbeit mit Familien von Heimkindern. Dortmund 1987.

Bornemann, E.: Sexualität. In: Kerber, H./Schmieder, A. (Hrsg.): Handbuch Soziologie. Zur Theorie und Praxis sozialer Beziehungen. Reinbek bei Hamburg 1984.

Bowlby, J.: Verlust, Trauer und Depression. Frankfurt a.M. 1991.

Brandhorst, K./Kohr, A.: Gute Elternarbeit aus professioneller Sicht. In: Unsere Jugend. H. 1/2005.

Brendtro, L.K.: Brückenköpfe für mitmenschliche Beziehungen. In: Trieschman, A.E. u.a.: Erziehung im therapeutischen Milieu. Ein Modell. 2. Aufl. Freiburg 1977.

Brockhaus, U./Kolshorn, M.: Die Ursachen sexueller Gewalt. In: Sexueller Mißbrauch. Überblick zu Forschung, Beratung und Therapie. Ein Handbuch. Hrsg.: Amann, G./Wipplinger, R. 2. Aufl. Tübingen 1998.

Brockhaus, U./Kolshorn, M.: Drei-Perspektiven-Modell: Ein feministisches Ursachenmodell. In: Handwörterbuch Sexueller Mißbrauch. Hrsg.: Bange, D./Körner, W. Göttingen, Bern, Toronto, Seattle 2002.

Bühler-Niederberger, D.: Familien-Ideologie und Konstruktion von Lebensgemeinschaften in der Heimerziehung. In: Handbuch Heimerziehung und Pflegekinderwesen in Europa. Hrsg.: Colla, H. u.a. Neuwied 1999.

Bürger, U.: Heimerziehung und soziale Teilnahmechancen. Eine empirische Untersuchung zum Erfolg öffentlicher Erziehung. Pfaffenweiler 1990.

Bürger, U.: Stellenwert ambulanter Erziehungshilfen im Vorfeld von Heimerziehung. Empirische Befunde und Bewertungen aus der Sicht von Leistungsadressaten. In: neue praxis. H. 3/1998.

Bürger, U.: Heimerziehung im Kontext sozialer Ungleichheit. In: Gabriel, T./ Winkler, M. (Hrsg.): Heimerziehung. Kontexte und Perspektiven. München, Basel 2005.

Bundesministerium für Arbeit und Soziales: Der 2. Armuts- und Reichtumsbericht – Kurzfassung. Bonn 2005.

Bundesministerium für Familie, Senioren, Frauen und Jugend (Hrsg.): Zehnter Kinder- und Jugendbericht. Bericht über die Lebenssituation von Kindern und die Leistungen der Kinderhilfen in Deutschland. Bonn 1998.

Bundesministerium für Familie, Senioren, Frauen und Jugend: Elfter Kinder- und Jugendbericht. Bericht über die Lebenssituation junger Menschen und die Leistungen der Kinder und Jugendhilfe in Deutschland. Berlin 2002.

Busch, M.: Johann Hinrich Wichern als Sozialpädagoge. Weinheim, Berlin 1957.

Busch, M./Fieseler, G.: (Strukturelle) Gewalt in der Erziehungshilfe. Ein heißes Eisen eingehüllt im Mantel des Schweigens. In: Jugendhilfe. H. 1/2004.

Castello, A./Nestler, J.: Arbeitssituation pädagogischer MitarbeiterInnen in der Jugendhilfe. In: Unsere Jugend. H. 6/2004.

Colla, H.E.: Personale Dimension des (sozial-)pädagogischen Könnens - der pädagogische Bezug. In: Handbuch Heimerziehung und Pflegekinderwesen in Europa. Hrsg.: Colla, H. u.a. Neuwied 1999.

Conen, M.-L.: Elternarbeit in der Heimerziehung. Eine empirische Studie zur Praxis der Eltern- und Familienarbeit in Einrichtungen der Erziehungshilfe. 3. Aufl. Frankfurt a.M. 1996.

Dalferth, M.: Zur Bedeutung von Ritualen und Symbolen in der Heimerziehung. In: neue praxis. H. 1/1994.

Dalferth, M.: Rituale und Symbole in der Heimerziehung. In: Handbuch Heimerziehung und Pflegekinderwesen in Europa. Hrsg.: Colla, H. u.a. Neuwied 1999.

Degner, F.: Beratung und Unterstützung der Familie. In: Gernert, W. (Hrsg.): Das Kinder- und Jugendhilfegesetz 1993. Anspruch und praktische Umsetzung. Stuttgart u.a. 1993.

Dörner, K. u.a.: Irren ist menschlich. Lehrbuch der Psychiatrie/Psychotherapie. Neuausgabe. Bonn 2002.

Dunand, A.: Sexueller Mißbrauch in der Familie – neue Handlungskonzepte für die Sozialarbeit. In: Soziale Arbeit. H. 12/1987.

Dunkel, S.: Gruppenarbeit mit Herkunftseltern. In: Sozialpädagogisches Institut im SOS-Kinderdorf e.V. (Hrsg.): Herkunftsfamilien in der Kinder- und Jugendhilfe. München 2004.

Eckstein, B./Kirchhoff, G. (Hrsg.): Überforderte Helden, verlassene Sündenböcke, einsame Träumer, ängstliche Clowns – zur Situation von Kindern aus Familien mit Suchtproblemen (Reader). Studienbrief Nr. 04585 der Fern-Universität-Gesamthochschule-Hagen 1999.

Ehrhardt, A.: Methoden der Sozialarbeit. In: Fachlexikon der sozialen Arbeit. Hrsg.: Deutscher Verein für öffentliche und private Fürsorge. 5. Aufl. Frankfurt a.M. 2002.

Elger, W./Jordan, E./Münder, J.: Erziehungshilfen im Wandel. Münster 1987.

Evangelische Jugendhilfe Münsterland: Entwurf eines integrierten familienzentrierten Projekts. Unveröffentlichtes Konzept. 2000.

Evangelisches Kinderheim – Jugendhilfe Herne & Wanne Eickel gGmbH: Konzeption der Elternaktivierung Interaktionstherapie. Triangel Modell ambulant. Herne. (Konzeptionspapier). 2005a.

Evangelisches Kinderheim – Jugendhilfe Herne & Wanne Eickel gGmbH: Konzeption der Fünf-Tage-Wohngruppe mit dem Arbeitsansatz der Elternaktivierung-Interaktionstherapie-Triangel. Herne. (Konzeptionspapier). 2005b.

Faltermeier, J.: Herkunftseltern und Fremdunterbringung: Situation, Erleben, Perspektiven. In: Sozialpädagogisches Institut im SOS-Kinderdorf e.V. (Hrsg.): Herkunftsfamilien in der Kinder und Jugendhilfe. München 2004.

Federn, P.: Ausblicke. In: Psychoanalyse und Kultur. Darstellungen namhafter Wissenschaftler. Hrsg.: Meng. H. München 1965.

Fegert, J.M.: Was ist seelische Behinderung? Anspruchsgrundlage und kooperative Umsetzung von Hilfen nach § 35a KJHG. 2. Aufl. Münster 1996.

Feifel, E.: Personale und kollektive Erziehung. Katholisches Erziehungsverständnis in Begegnung und Auseinandersetzung mit der Sowjetpädagogik bei Anton Semjonowitsch Makarenko. Freiburg, Basel, Wien 1963.

Feldmann, U.: Teamarbeit. In: Fachlexikon der sozialen Arbeit. Hrsg.: Deutscher Verein für öffentliche und private Fürsorge. 5. Aufl. Frankfurt a.M. 2002.

Fendt, H.: Gesellschaftliche Bedingungen schulischer Sozialisation. Weinheim und Basel 1974.

Finkel, M.: „Das Problem beim Namen nennen!" Kinder und Jugendliche mit sexuellen Gewalterfahrungen in Hilfen zur Erziehung. In: Bundesministerium für Familie, Senioren, Frauen und Jugend (Hrsg.): Leistungen und Grenzen von Heimerziehung. Ergebnisse einer Evaluationsstudie stationärer und teilstationärer Erziehungshilfen. Stuttgart 1998.

Finkel, M.: Sozialpädagogische Arbeit mit Mädchen und Jungen mit sexueller Gewalterfahrung. In: Leistungen und Grenzen von Heimerziehung. Forschungsergebnisse im Spiegel der Praxis. Dokumentation zu Fachgesprächen. Hrsg.: Evangelischer Erziehungsverband e.V. (EREV). Hannover 2000.

Finkel, M./Hamberger, M.: Anlage und Durchführung der Untersuchung. In: Bundesministerium für Familie, Senioren, Frauen und Jugend (Hrsg.): Leistungen und Grenzen von Heimerziehung. Ergebnisse einer Evaluationsstudie stationärer und teilstationärer Erziehungshilfen. Stuttgart 1998.

Fischer, T.: Handlungs- und erlebnisorientiertes Lernen. Zur Wirklichkeit, Systembildung und Wirksamkeit der Erlebnispädagogik. In: Zeitschrift für Erlebnispädagogik. H. 11/2004.

Fischer, T./Ziegenspeck, J.: Handbuch Erlebnispädagogik. Von den Ursprüngen bis zur Gegenwart. Bad Heilbrunn 2000.

Flitner, W.: Allgemeine Pädagogik. 12. Aufl. Stuttgart 1968.

Floßdorf, P.: Beziehungen gestalten – Institutionelle und methodische Überlegungen zum beruflichen Handeln in der Heimerziehung. In: Jugendwohl. H. 4/1987.

Floßdorf, P.: Räume und deren strukturierender Einfluß auf das Erleben und Verhalten. In: Floßdorf, P. (Hrsg.): Theorie und Praxis der Erziehungshilfe. Band 2. Die Gestaltung des Lebensfeldes Heim. Freiburg 1988a.

Floßdorf, P: Der erzieherische Umgang als heilpädagogische Beziehungsgestaltung. In: Floßdorf, P. (Hrsg.): Theorie und Praxis der Erziehungshilfe. Band 2. Die Gestaltung des Lebensfeldes Heim. Freiburg 1988b.

Floßdorf. P./Schuler, A./Weinschenk, R.: Anleiten, Befähigen, Beraten im Praxisfeld Heimerziehung. Freiburg 1987.

Freigang, W.: Verlegen und Abschieben. Zur Erziehungspraxis im Heim. Weinheim und München 1986.

Freigang, W.: Praxis der Heimeinweisung. In: Handbuch Heimerziehung und Pflegekinderwesen in Europa. Hrsg.: Colla, H. u.a. Neuwied 1999.

Freigang, W./Wolf, K.: Heimerziehungsprofile. Sozialpädagogische Porträts. Weinheim und Basel 2001.

Friebertshäuser, B.: Rituale im pädagogischen Alltag. Inszenierungen von Statuspassagen in Institutionen der öffentlichen Erziehung. In: neue praxis. H. 5/2001.

Frommann, A.: Pädagogik der Erziehungshilfen. In: Handbuch Erziehungshilfen. Leitfaden für Ausbildung, Praxis und Forschung. Hrsg.: Birtsch, V. u.a. Münster 2001.

Freud, S.: Abriß der Psychoanalyse. Das Unbehagen in der Kultur. Frankfurt a.M., Hamburg 1970a.

Freud, S.: Drei Abhandlungen zur Sexualtheorie. Frankfurt a.M. 1970b.
Frey, K.: Mitwirkung, Hilfeplan. In: Das Kinder- und Jugendhilfegesetz 1993. Anspruch und praktische Umsetzung. Hrsg.: Gernert, W. Stuttgart, München, Hannover, Berlin, Weimar 1993.
Frühauf, T.: Lernwohngruppen. In: Unsere Jugend. H. 5/1983.
Gehres, W.: Das zweite Zuhause. Institutionelle Einflüsse, Lebensgeschichte und Persönlichkeitsentwicklung von dreißig ehemaligen Heimkindern. Opladen 1997.
Gehrke, M.: Zur Diskussion über die geschlossene Unterbringung im Rahmen der Heimerziehung. In: Blätter der Wohlfahrtspflege. H. 5/1980.
Gehrmann, G./Müller, K.: Familie im Mittelpunkt. Aktivieren statt kompensieren – Zur Philosophie und Praxis familienaktivierender Ansätze in der Jugendhilfe. In: Forum Erziehungshilfe. H. 5/1996.
van Gellekom, M./Jasper, W.: Heimerziehung und Regelschule – Formen der Zusammenarbeit am Beispiel Ummeln. In: Forum Erziehungshilfen. H. 4/1997.
Gerull, P. u.a.: Zur Bedeutung und Methodik der Aufnahme in Heimen der Erziehungshilfe. Grundsätzliche Überlegungen und praktischer Ansatz im Jugendhof Porta Westfalica. In: Unsere Jugend. H. 8/1992.
Gilles, C.: Kooperation Jugendhilfe und Schule. Begeistert, enttäuscht und es geht doch weiter! In: Unsere Jugend. H. 10/2002.
Gintzel, U.: Der erste Tag als pädagogische Herausforderung. In: Forum Erziehungshilfen. H. 3/1998.
Graßl, W. u.a.: Mit Struktur und Geborgenheit – Kinderdorffamilien aus der Sicht der Kinder. In: Heimerziehung aus Kindersicht. Hrsg.: Sozialpädagogisches Institut im SOS-Kinderdorf e.V. München 2000.
Grunwald, K./Thiersch, H.: Lebensweltorientierung. In: Handbuch Sozialarbeit/Sozialpädagogik. Hrsg.: Otto, H.-U./Thiersch, H. 2., völlig neu überarb. und aktualisierte Aufl. Neuwied 2001.
Günder, R.: Praxis und Methoden der Heimerziehung. Frankfurt a.M. 1995.
Günder, R.: Hilfen zur Erziehung. Eine Orientierung über die Erziehungshilfen im SGB VIII. Freiburg 1999.
Günder, R./Reidegeld, E.: Arbeitsplatz Stationäre Erziehungshilfe – Ergebnisse einer Umfrage. In: Unsere Jugend. H. 7+8/2005a.
Günder, R./Reidegeld, E.: Arbeitsplatz Stationäre Erziehungshilfe – Ergebnisse einer Untersuchung. Gesamtbericht. Fachhochschule Dortmund 2005b.
Günder, R./Reidegeld, E.: Forschungsprojekt: Aggressionen in der Stationären Erziehungshilfe. Fachhochschule Dortmund 2006.
Gutjahr, K./Schrader, A.: Sexueller Mädchenmißbrauch. Ursachen, Erscheinungen, Folgewirkungen und Interventionsmöglichkeiten. Köln 1990.
Hain, U.: Erziehungspläne – Gelingen und Mißlingen in der Erziehung. In: Unsere Jugend. H. 3/1994.
Hamberger, M.: Erzieherische Hilfen im Heim. In: Bundesministerium für Familie, Senioren, Frauen und Jugend (Hrsg.): Leistungen und Grenzen von

Heimerziehung. Ergebnisse einer Evaluationsstudie stationärer und teilstationärer Erziehungshilfen. Stuttgart 1998.
Hammer, W.: Jugendhilfe am Scheideweg. In: Unsere Jugend. H. 2/2000.
Hansbauer, P.: Fachlichkeit in den erzieherischen Hilfen. In: Handbuch Erziehungshilfen. Leitfaden für Ausbildung, Praxis und Forschung. Hrsg.: Birtsch, V. u.a. Münster 2001.
Hansen, G.: Schaden Erziehungsheime der Persönlichkeitsentwicklung dort lebender Kinder? Eine empirische Untersuchung zur Sozialisation durch Institutionen der öffentlichen Erziehungshilfe. In: Unsere Jugend. H. 5/1994.
Hansen, H.: Der erste Tag – eine institutionelle Sicht. In: Forum Erziehungshilfen. H. 3/1998.
Hansen, G.: Elternarbeit. In: Handbuch Heimerziehung und Pflegekinderwesen in Europa. Hrsg.: Colla, H. u.a. Neuwied 1999.
Hartwig, L.: Mädchenwelten – Jungenwelten und Erziehungshilfen. In: Handbuch Erziehungshilfen. Leitfaden für Ausbildung, Praxis und Forschung. Hrsg.: Birtsch, V. u.a. Münster 2001.
Hartwig, L.: Hilfen zur Erziehung und sexueller Mißbrauch. In: Handwörterbuch Sexueller Mißbrauch. Hrsg.: Bange, D./Körner, W. Göttingen, Bern, Toronto, Seattle 2002a.
Hartwig, L.: Spezialisierung versus Entspezialisierung. In: Handbuch Kinder- und Jugendhilfe. Hrsg.: Schröer, W. u.a. Weinheim, München 2002b.
Hartwig, L./Hensen, G.: Sexueller Missbrauch und Jugendhilfe. Möglichkeiten und Grenzen sozialpädagogischen Handelns im Kinderschutz. Weinheim, München 2003.
Hausmann, W.: Die Initiative Qualitätssicherung des BMFSFJ. In: Forum Erziehungshilfen. H. 3/1996.
Häbel, H.: GU in der Heimerziehung – Rechtmäßig? In: Sozialextra. H. 10/2004.
Heckmair, B./Michl, W.: Erleben und Lernen. Einführung in die Erlebnispädagogik. 5. Aufl. München, Basel 2004.
Hegel, E.: Vom Rettungshaus zum Kinderdorf. München 1968.
Heidegger, M.: Vorträge und Aufsätze. Pfullingen 1959.
Heimerziehung – Heimplanung. Dokumentation einer Ausstellung. Hrsg.: Internat. Gesellschaft für Heimerziehung. Darmstadt 1974.
Heitkamp, H.: Heime und Pflegefamilien – Konkurrierende Erziehungshilfen? Entwicklungsgeschichte, Strukturbedingungen, gesellschaftliche und sozialpolitische Implikationen. Frankfurt a.M. 1989.
Heitkamp, H.: Geschichte des Pflegekinderwesens. In: Textor, M.R./Warndorf, P.K. (Hrsg.): Familienpflege. Forschung, Vermittlung, Beratung. Freiburg 1995.
Hekele, K.: Sich am Jugendlichen orientieren. Ein Handlungsmodell für subjektorientierte Soziale Arbeit. Weinheim und München 2005.

Hekele, K.: Teamarbeit als Qualität. In: Jugendhilfe. H. 1/2002.
Helming, E.: Sozialpädagogische Familienhilfe und andere Formen familienbezogener Hilfen. In: Handbuch Erziehungshilfen. Leitfaden für Ausbildung, Praxis und Forschung. Hrsg.: Birtsch, V. u.a. Münster 2001.
Helming, E.: Familienhilfe, sozialpädagogische. In: Fachlexikon der sozialen Arbeit. Hrsg.: Deutscher Verein für öffentliche und private Fürsorge. 5. Aufl. Frankfurt a.M. 2002.
Herrenbrück, S.: Heimerzieherin: ein Frauenberuf. In: Handbuch Heimerziehung und Pflegekinderwesen in Europa. Hrsg.: Colla, H. u.a. Neuwied 1999.
Herringer, N./Kähler, H.D.: Erfolg in der sozialen Arbeit. Gelingendes berufliches Handeln in der sozialen Praxis. Bonn 2003.
Hirschfeld-Balk, U.: Projektbericht über Sexualerziehung im Heim. In: Handbuch der Sexualpädagogik. Band 2. Hrsg.: Kluge, N. Düsseldorf 1984.
Hofer, B.: Qualifizierungsangebote für MitarbeiterInnen zur Elternarbeit. In: Unsere Jungend. H.1/2005.
Hofmann, R./Wehrstedt, M.: Kindesmissbrauch: Subjektive Überzeugungen und emotionale Reaktionen von Mitarbeiterinnen und Mitarbeitern der Jugendhilfe. In: Jugendhilfe. H. 1/2004.
Horn, K.: Gewalt versöhnt nicht mit Normen. Zur geplanten gesetzlichen Verankerung der „geschlossenen Unterbringung" als Erziehungsmittel für Jugendliche. In: Erziehung in geschlossenen Heimen. Hrsg.: Bundesjugendkuratorium. München 1982.
Jaeggi, E.: Verhaltenstherapie. In: Handbuch der Psychotherapie. Hrsg.: Corsini R. J. Zweiter Band. 4. Aufl. Weinheim, Basel 1994.
Jochum, I./Wingert, B.: Pädagogik und Alltag. In: Planungsgruppe Petra: Analyse von Leistungsfeldern der Heimerziehung. Ein empirischer Beitrag zum Problem der Indikation. Frankfurt a.M. 1987.
Jönsson, E.: Intervention bei sexuellem Mißbrauch. Ein europäischer Vergleich am Beispiel ausgewählter Länder. Frankfurt a.M. 1997.
Jones, E.: Was ist Psychoanalyse? Eine Einführung in die Lehre Sigmund Freuds. München 1967.
Jugendämter: Keine pädagogische Alternative für schwer Erziehbare. In: Sozialmagazin. H. 6/1981.
Jugendhilfeinformationen. (IGFH). Nr. 1/1993.
Jung, C.G.: Der Mensch und seine Symbole. Olten 1980.
Junge, H.: Diskussionsbericht. In: Caritas. H. 9/10/1990.
Kampmann, R. u.a.: Chancen und Risiken der Fachleistungsstundenmodelle. In: Jugendwohl. H. 3/1998.Kentler, H.: Sexualerziehung. Reinbek bei Hamburg 1970.
Kentler, H.: Repressive und nicht repressive Sexualerziehung im Jugendalter. In: Kentler, H. u.a.: Für eine Revision der Sexualpädagogik. 5. Aufl. München 1971.

Literatur

Kentler, H.: Erziehung zur Emanzipation. Sexualverhalten und Sexualerziehung im Jugendalter. In: Sexualpädagogik. Hrsg.: Eggers, P./Steinbacher, F.J. Bad Heilbrunn 1976.

Kentler, H.: Sexualität und Moral. In: Gamm, H.J./Koch, F.(Hrsg.): Bilanz der Sexualpädagogik. Frankfurt a.M., New York 1977.

Kentler, H.: Eltern lernen Sexualerziehung. Reinbek bei Hamburg 1981.

Kibben, S.: Der erste Tag in einer Wohngruppe. In: Forum Erziehungshilfen. H. 3/1998.

Kiehn, E.: Aktuell: Verselbständigung im Mädchenheim – was heißt das in der Praxis? In: Jugendwohl. H. 5/1987.

Kiehn, E.: Praxis des Heimerziehers. Hrsg.: Schmidle, P. u. Junge, H. 3. völlig neu bearb. Aufl. Freiburg 1972.

Kiehn, E.: Sozialpädagogisch betreutes Jugendwohnen. Frankfurt a.M. 1990.

Klatetzki, T.: Die Variation von Modellen. Reflexibles Handeln in Jugendhilfestationen. In: Flexible Erziehungshilfen. Ein Organisationskonzept in der Diskussion. Hrsg.: Klatetzki, T. Münster 1994a.

Klatetzki, T.: Innovative Organisationen in der Jugendhilfe. Kollektive Repräsentationen und Handlungsstrukturen am Beispiel der Hilfen zur Erziehung. In: Flexible Erziehungshilfen. Ein Organisationskonzept in der Diskussion. Hrsg.: Klatetzki, T. Münster 1994b.

Klawe, W.: Erlebnispädagogische Projekte. In: Handbuch Erziehungshilfen. Leitfaden für Ausbildung, Praxis und Forschung. Hrsg.: Birtsch, V. u.a. Münster 2001.

Klawe, W./Bräuer, W.: Praxis und Praxisprobleme erlebnispädagogischer Maßnahmen in den Hilfen zur Erziehung. Einige Ergebnisse der Evaluationsstudie Erlebnispädagogik. In: Sozialmagazin. H. 12/1998.

Kluge, C.: Beratung, Hilfe zur Erziehung und Unterstützung von Familien in Schwierigkeiten im Kinder- und Familienhilfezentrum. In: Forum Erziehungshilfen. H. 5/1996.

Kluge, K.-J./Fürderer-Schoenmakers, H.: Entwicklung im Heim. Teil VI. Berufsprobleme und -chancen von Heimerziehern. München 1984.

Klüsche, W.: Professionelle Helfer. Anforderungen und Selbstdeutungen. Aachen 1990.

Knorr, W.: Wenn Populismus den Sachverstand verdrängt. Auslandsmaßnahmen auf der Abschussliste? In: Zeitschrift für Erlebnispädagogik. H. 5+6/2004.

Komdat Jugendhilfe. H. 3/1998.

Konrad, R.: Seelisch Behinderte. In: Fachlexikon der sozialen Arbeit. Hrsg.: Deutscher Verein für öffentliche und private Fürsorge. 5. Aufl. Frankfurt a.M. 2002.

Kraiker, C.: Intervention und Prävention. In: Handlexikon zur Pädagogischen Psychologie. Hrsg.: Schiefele, H./Krapp, A. München 1981.

Krause, H.-J.: Die Wende zum Kinderhaus. Kinderhaus Hohenschönhausen: Ein Beitrag zur Normalisierung der Heimerziehung. In: Jugendhilfe Informationen (IGFH) H. 1/1992.

Krause, H.-J.: Hamburg auf dem Weg zurück zur alten Zwangsfürsorge. Stellungnahme der IGFH zur geplanten Einrichtung von 90 geschlossenen Heimplätzen in Hamburg. In: Forum Erziehungshilfen. H. 4/2002.

Krause, H.-J. u.a.: Deutsch-Deutsche Positionen. Heimerziehung und Jugendhilfe nach der Vereinigung. Mit den Beiträgen zum Ost-West-Begegnungskongreß in Berlin 1990. Frankfurt a.M. (IGFH) 1991.

Krech, D./Crutchfield, R.S.: Grundlagen der Psychologie. Band I. 2. Aufl. Weinheim, Berlin, Basel 1969.

Kreuzer, A.: „Härteres Vorgehen gehen jugendliche Straftäter?" Jugendstraf- und Jugendhilferecht auf dem Prüfstand. In: Unsere Jugend. H. 2/1999.

Kriener, M.: Beteiligung als Prinzip. In: Handbuch Erziehungshilfen. Leitfaden für Ausbildung, Praxis und Forschung. Hrsg.: Birtsch, V. u.a. Münster 2001.

Kriener, M.: Partizipation: Vom Schlagwort zur Praxis. In: Hast, J.: u.a. (Hrsg.): Heimerziehung im Blick. Perspektiven des Arbeitsfeldes Stationäre Erziehungshilfen. Frankfurt 2003.

Krockauer, R.: Christliches Menschenbild und Qualitätsmanagement. In: Esser, K. (Hrsg.): Jugendhilfe morgen – Qualitätsmanagement in der Heimerziehung. Beiträge zur Erziehungshilfe; 16. Freiburg 1998.

Krug, W.: Ich kann 'was, was du nicht kannst ...! Zur präventiven Wirkung der Erlebnispädagogik. In: Jugendhilfe. H. 1/2001.

Krumenacker, F.-J.: Heimerziehung als Milieugestaltung. Zur Aktualität Bruno Bettelheims. In: Kaufhold, R. (Hrsg.): Annäherung an Bruno Bettelheim. Mainz 1994.

Krumenacker, F.-J.: Bruno Bettelheim. Grundpositionen seiner Theorie und Praxis. München, Basel 1998.

Krumenacker, F.-J.: Heimerziehung als eigenständige Erziehungsform: Bruno Bettelheim. In: Handbuch Heimerziehung und Pflegekinderwesen in Europa. Hrsg.: Colla, H. u.a. Neuwied 1999.

Kühn, A.D.: Die Kooperation zwischen Jugendhilfe und Schule. In: Leistungen und Grenzen von Heimerziehung. Forschungsergebnisse im Spiegel der Praxis. Dokumentation zu Fachgesprächen. Hrsg.: Evangelischer Erziehungsverband e.V. (EREV). Hannover 2000.

Kupffer, H.(Hrsg.): Einführung in Theorie und Praxis der Heimerziehung. Heidelberg 1977.

Lambach, R.: Leistungsmöglichkeiten von Tagesgruppen. In: Krüger, E. u.a. (Hrsg.): Erziehungshilfe in Tagesgruppen. Entwicklung, Konzeptionen, Perspektiven. Frankfurt a.M. (IGFH) 1994a.

Lambers, H.: „Der erste Tag"? In: Forum Erziehungshilfen. H. 5/1988.

Lampert, H.: Staatliche Sozialpolitik im Dritten Reich. In: Nationalsozialistische Diktatur 1933–1945. Schriftenreihe der Bundeszentrale für politische Bildung. Bonn 1983.

Landeswohlfahrtsverband Hessen 2006b: Heimerziehung in den 50er und 60er Jahren ... www.lwv-hessen.de 13.04.2006.

Lautmann, R.: Seminar: Gesellschaft und Homosexualität. 2. Aufl. Frankfurt 1984.

Lautmann, R.: Soziologie der Sexualität. Erotischer Körper, intimes Handeln und Sexualkultur. Weinheim und München 2002.

Lay, R.: Krisen und Konflikte. Ursachen, Ablauf, Überwindung, München 1980.

Lehmann, J.: Erlebnispädagogik: Die Synthese von Erleben und Lernen. In: Sozial Aktuell. Nr. 19/2001.

Leitlinien zur Kooperation von Einrichtungen der Hilfe zur Erziehung und Schulen. In: Forum Erziehungshilfen. H. 1/2005.

Lemfeld, P.: Die Bedeutung der Strafe in der Heimerziehung. In. Unsere Jugend. H. 2/1998.

Lerche, W.: Geschlossene Unterbringung: Ein Beitrag zur Qualitätsentwicklung der Hilfen zur Erziehung? In: Archiv für Wissenschaft und Praxis der sozialen Arbeit. H. 2/2000.

Liegel, W.: Der organisierte Verrat – ein Strukturfehler in der Heimerziehung? In: Unsere Jugend. H. 7/1992.

Liegel, W.: Was tun mit den „besonders Schwierigen" ...? In: Jugendhilfe. H. 1/2000.

Lindemann, K.-H.: „Erziehungshilfezentrum" (EHZ): Zeitlich befristete Hilfen in akuten Krisen für Familien, alleinerziehende Eltern, Pflegefamilien und Heime. In: Unsere Jugend. H. 1/1998.

Lindenberg, M./Meiners, M.: Punitive Pädagogik als politische Praxis. Die Wiedergeburt der geschlossenen Heimerziehung in Hamburg. In: Unsere Jugend H. 7+8/2003.

Loh, M.: Professionelle interessieren sich primär für sich selbst! Kritische Anmerkungen zur Professionalität in den Hilfen zur Erziehung. In: Glücklich an einem fremden Ort? Familienähnliche Betreuung in der Diskussion. Hrsg.: Sozialpädagogisches Institut im SOS-Kinderdorf e.V. Münster 2002.

Lorenz, H.: Individualpädagogische Maßnahmen im Ausland – Zwischen „Supergau" und „Supergut". In: Zeitschrift für Erlebnispädagogik. H. 5+6/2004.

Macsenaere, M./Herrmann, T.: Klientel, Ausgangslage und Wirkungen in den Hilfen zur Erziehung. Eine Bestandsaufnahme mit EVAS. In: Unsere Jugend. H. 1/2004.

Mädchen in der Erziehungshilfe. In: Materialien zur Heimerziehung. (IGFH) 4/1988.

Mahlke, W.: Therapeutisches Milieu – Räumliche Bedingungen und deren Gestaltung. In: Floßdorf, P. (Hrsg.): Theorie und Praxis stationärer Erziehungshilfe. Band 2. Die Gestaltung des Lebensfeldes Heim. Freiburg 1988.

Makarenko, A.S.: Werke. Dritter Band. Berlin 1962.

Makarenko, A.S.: Werke. Fünfter Band. Allgemeine Fragen der Theorie. Erziehung in der sowjetischen Schule. 7. Aufl. Berlin 1978.

Masurek, U./Morgenstern, F.: Heimerziehung kann auch effizient sein! Eine katamnestische Befragung ehemaliger Heimbewohner des heilpädagogisch/ therapeutischen Kinderheimes Grünau. In: Sozialpädagogik. H. 1/1995.

Mauthe, K. u.a.: Die Verhaltensbewertung als Möglichkeit der Verhaltenssteuerung bei Jugendlichen in einer vollstationären Wohngruppe. In: Unsere Jugend. H. 7+8/2005.

Maykus, S.: Handlungskompetenz in der Heimerziehung. In: Soziale Arbeit. H. 5/2000.

Maykus, S.: Multiperspektivität und Entwicklungsfähigkeit in moderner Heimerziehung. Zur Notwendigkeit von Reflexion und Intervention im professionellen Handeln. In: Unsere Jugend. H. 3/2001.

Mehringer, A.: Nochmal: „Reform(w)ende in der Heimerziehung". In: Unsere Jugend. H. 10/1983.

Mehringer, A.: Heimkinder. Gesammelte Aufsätze zur Geschichte und zur Gegenwart der Heimerziehung. 4. Aufl. München, Basel 1994.

Mehringer, A.: Eine kleine Heilpädagogik. Vom Umgang mit schwierigen Kindern. 10. Aufl. München, Basel 1998.

Menne, K.: Erziehungsberatung. In: Fachlexikon der sozialen Arbeit. Hrsg.: Deutscher Verein für öffentliche und private Fürsorge. 5. Aufl. Frankfurt a.M. 2002.

Merchel, J.: Qualitätssicherung bei den Erziehungshilfen. Ein neues Thema mit neuen Perspektiven? In: Forum Erziehungshilfen. H. 3/1996.

Merchel, J.: Qualitätsentwicklung und Qualitätskriterien in der Sozialpädagogischen Familienhilfe. In: Jugendhilfe. H. 1/1998.

Merchel, J.: Organisation und Planung von Erziehungshilfen. In: Handbuch Erziehungshilfen. Leitfaden für Ausbildung, Praxis und Forschung. Hrsg.: Birtsch, V. u.a. Münster 2001.

Mitscherlich, A. u.M.: Die Unfähigkeit zu trauern. Grundlagen kollektiven Verhaltens. München 1968.

Moch, M./Hamberger, M.: Kinder in Erziehungsstellen. Eine empirische Analyse ihrer Vorgeschichte und ihrer aktuellen Lebenssituation. In. Unsere Jugend. H. 3/2003.

Mollenhauer, K.: Erziehung und Emanzipation. 3. Aufl. München 1970.

Moor, P.: Heilpädagogik, Bern, Stuttgart 1969.

Moosburger, N.: Erfahrungen mit Außenwohngruppen zum Beispiel in der Sophienpflege/Tübingen. In: Unsere Jugend. H. 5/1983.

Möser, S.: Kompetenzen und Anforderungen an MitarbeiterInnen in integrierten Hilfen. In: Forum Erziehungshilfen. H.1/1996.

Mueller, K.-H.: Arbeit mit seelisch behinderten jungen Menschen. In: Unsere Jugend. H. 2/2000.

Müller, B.: Methoden. In: Handbuch Sozialarbeit/Sozialpädagogik. Hrsg.: Otto, H.-U./Thiersch, H. 2., völlig neu überarb. und aktualisierte Aufl. Neuwied 2001.

Müller, M.: Sexualität. In: Handbuch Kinder- und Jugendhilfe. Hrsg.: Schröer, W. u.a. Weinheim, München 2002.
Münder, J.: Einführung in das neue Kinder- und Jugendhilferecht. Münster 1996.
Münder, J. u.a.: Frankfurter Kommentar zum SGB VIII: Kinder- und Jugendhilfe. 5. vollständig überarbeitete Aufl. Weinheim und München 2006.
Mut zum Leben: Ein Jahr Jugendhilfeeinrichtung. Eine Bilanz. Wuppertal 1993 (Informationsmaterial).
Nationale Armutskonferenz: Nationale Armutskonferenz fordert Maßnahmen gegen Armut und Benachteiligung. www.nationale.armutskonferenz.de 28.03.2006.
Neill, A.S.: Theorie und Praxis der antiautoritären Erziehung. Das Beispiel Summerhill. Reinbek bei Hamburg 1970.
Neumeyer, W.: Heimerziehung und Familienarbeit. Konzepte, Probleme, Lösungen. In. Unsere Jugend. H. 3/1996.
Neumeyer, W.: Therapie ohne Auftrag? Zur systemischen Familientherapie in der stationären Jugendhilfe. In: Unsere Jugend. H. 4/1988.
Niemeyer, C.: Praktikerklagen und Theoretikerhoffnungen im Spiegel von Bruno Bettelheims Heimerziehungskonzeption. In: Zeitschrift für Sozialpädagogik. H. 1/2004.
Oelkers, J.: Kann „Erleben" erziehen? In: Zeitschrift für Erlebnispädagogik. H. 3/1992.
Otto, B.: Grenzen der Milieutherapie Bruno Bettelheims. In: Unsere Jugend. H. 8/1992.
Otto, B.: Bruno Bettelheims Milieutherapie. 2., erg. Aufl. Weinheim 1993.
Pädagogische Real-Encyclopädie oder Encyclopädisches Wörterbuch des Erziehungs- und Unterrichtswesens und seiner Geschichte. Zweite durchgesehene Aufl. Zweiter Band. Leipzig 1852.
Pädagogisches Handbuch für Schule und Haus. Bearbeitet von Schmid, K.A. Zweiter Band. 2. Aufl. Leipzig 1885.
Pätzold, H.: Zu ausgewählten Fragen der Sexualerziehung in Normalkinder- und Jugendwohnheimen. – Anforderungen, Probleme, Realisierungsmöglichkeiten – . Manuskript einer Pädagogischen Lesung. Berlin 1987.
Permien, H.: Wie willkürlich ist die „Herstellung von Fällen für freiheitsentziehende Maßnahmen"? In: Forum Erziehungshilfen. H. 4/2005.
Pestalozzi, J. H.: Die Erziehung des Menschen. Ausgewählte Schriften. Goldmanns gelbe Taschenbücher. Band 2742. München. o.J.
Peters, F.: Geschlossene Unterbringung: Die Position der IGfH. In. Forum Erziehungshilfen. H. 4/2005.
Petersen, K.: Partizipation. In: Handbuch Kinder- und Jugendhilfe. Hrsg.: Schröer, W. u.a. Weinheim, München 2002.
Petersen, S.: Mit Kindern leben. In: Handbuch Heimerziehung und Pflegekinderwesen in Europa. Hrsg.: Colla, H. u.a. Neuwied 1999.

Pieper, R.: Impulse setzen, die Kreise ziehen und nachhaltige Wirkung zeigen. Zur stationären Aufnahme ganzer Familiensysteme. In: Unsere Jugend. H. 11/2000.
Pieper, R.: Aufnahme finden, sich aufgehoben fühlen: Die Stationäre Familienhilfe. In: Forum Erziehungshilfen. H.1/2003.
Pies, S./Schrapper, C.: Hilfeplanung als Kontraktmanagement. Ein Bundesmodell zur Fortentwicklung der Hilfeplanung in der Kinder- und Jugendhilfe. In: Hilfeplanung – reine Formsache? Hrsg.: Sozialpädagogisches Institut im SOS-Kinderdorf e.V. München 2005.
Planungsgruppe Petra: Was leistet Heimerziehung? Ergebnisse einer empirischen Untersuchung. Frankfurt a.M. (IGFH) 1988.
Prange, A.: Erfahrungsbericht zum Schulprojekt im Heilpädagogischen Kinder- und Jugendheim Leibchel. In: Thimm, K.H.: Kooperation: Heimerziehung und Schule. Landeskooperationsstelle Schule – Jugendhilfe. Berlin 2000.
Prangerl, C.M.: Mädchen, schau dich selber an, wart nicht bloß auf einen Mann! Erziehung zu einer selbstbestimmten und verantwortungsbewußten Sexualität in einem heilpädagogischen Mädchenheim. In: Jugend & Gesellschaft. H. 4/1998.
Proksch, R.: Sozialdatenschutz in der Jugendhilfe. Hrsg.: Institut für soziale Arbeit. Münster 1996.
Quensel, S.: Maximen für den Umgang mit Problem-Jugendlichen. Zur Diskussion um die Erziehung in geschlossenen Institutionen. In: Erziehung in geschlossenen Heimen. Hrsg.: Bundesjugendkuratorium. München 1982.
Rattner, J.: Große Pädagogen. 2., erw. Aufl. München, Basel 1968.
Real-Encyclopädie des Erziehungs- und Unterrichtswesens nach katholischen Prinzipien. Bearbeitet und herausgegeben von Rolfus, H. und Pfister, A. Vierter Band. 2., verbesserte und vermehrte Aufl. Mainz 1874.
Redl, F.: Erziehung schwieriger Kinder. München 1971.
Reicher, E.: Aktuelle Entwicklungen in der Heimerziehung unter besonderer Berücksichtigung pädagogischer und therapeutischer Methoden. Diplomarbeit Fachhochschule Dortmund, Fachbereich Sozialarbeit 2002.
Retaiski, H.: Supervision. In: Fachlexikon der sozialen Arbeit. Hrsg.: Deutscher Verein für öffentliche und private Fürsorge. 5. Aufl. Frankfurt a.M. 2002.
Römisch, K./Klein, E.: Familienaktivierungsmanagement (FAM) – Erste praktische Erfahrungen mit der Umsetzung von „Families First" in Deutschland. In: Forum Erziehungshilfen. H. 1/1997.
Römisch, K. u.a.: Das FAM-Familienaktivierungsmanagement oder Families First Programm Deutschland im Kontext einer ressourcen- und lebensweltorientierten Jugendhilfeplanung. In: Sozialmagazin. H. 2/1999.
Römisch, K.: FamilienAktivierungsManagement beim Hospital Sankt Wendel. Projektbericht und Perspektiven. In: Unsere Jugend. H. 11/2000.
Roth, J.: Heimkinder. Ein Untersuchungsbericht über Säuglings- und Kinderheime in der Bundesrepublik. Köln 1973.

LITERATUR

Rumpf, J.: Kooperation zwischen Heim und Heimschule. In. Unsere Jugend. H. 4/2001.

Saint-Exupéry, A. de: Die Stadt in der Wüste. Frankfurt, Berlin 1988.

Satir, V.: Familienbehandlung. Kommunikation und Beziehung in Theorie, Erleben und Therapie. 3. Aufl. Freiburg 1978.

Sauer, M.: Heimerziehung und Familienprinzip. Neuwied, Darmstadt 1979.

Schade, A. u.a.: Erziehen in einer Atmosphäre der „guten Gerüche". In: Unsere Jugend. H. 3/1982.

Schilling, M.: Die Fachkräfte in den Erziehungshilfen. In: Handbuch Erziehungshilfen. Leitfaden für Ausbildung, Praxis und Forschung. Hrsg.: Birtsch, V. u.a. Münster 2001.

Schips, R.: Waisenpflege. In: Lexikon der Pädagogik. Hrsg.: Roloff. E.M. Fünfter Band. Freiburg 1917.

v. Schlippe, A.: Familientherapie im Überblick. Basiskonzepte, Formen, Anwendungsmöglichkeiten. Paderborn 1995.

Schmeller, F.: Pflegesatz. In: Fachlexikon der sozialen Arbeit. Hrsg.: Deutscher Verein für öffentliche und private Fürsorge. 5. Aufl. Frankfurt a.M. 2002.

Schmid, P.: Verhaltensstörungen aus anthropologischer Sicht. Elemente einer Psychologie und Pädagogik für Verhaltensgestörte. Bern, Stuttgart 1985.

Schmidt, E.: Gewaltfreie Erziehung – aber doch nicht in der Jugendhilfe? Eine Positionierung für eine humane, leicht zugängliche Jugendhilfe ohne Geschlossene Unterbringung. In. Forum Erziehungshilfen. H. 1/2006.

Schmidt, G.: Das große Der Die Das. Über das Sexuelle. Reinbek bei Hamburg 1988.

Schmidt, M. u.a.: Effekte erzieherischer Hilfen und ihre Hintergründe. Schriftenreihe des Bundesministeriums für Familie, Senioren, Frauen und Jugend. Band 219. Stuttgart 2002.

Schmidt-Neumeyer, H. u.a.: Der Zusammenhang von Elternarbeit und Hilfeverlauf. In: Unsere Jugend. H. 7+8/2002.

Schmutz, E.: Stationäre Familienbetreuung. Familienaktivierung im stationären Setting. In: Forum Erziehungshilfen. H. 1/2005.

Schnurr, S.: Partizipation. In: Handbuch Sozialarbeit/Sozialpädagogik. Hrsg.: Otto, H.-U./Thiersch, H. 2., völlig neu überarb. und aktualisierte Aufl. Neuwied 2001.

Schrapper, C.: Intensive sozialpädagogische Einzelbetreuung. In: Gernert, W. (Hrsg.): Das Kinder- und Jugendhilfegesetz 1993. Anspruch und praktische Umsetzung. Stuttgart 1993.

Schrapper, C.: ... und wer sind die besseren Eltern? Anmerkungen zur Zusammenarbeit professioneller Pädagoginnen und Pädagogen mit Herkunftseltern. In: Sozialpädagogisches Institut im SOS-Kinderdorf e.V. (Hrsg.): Herkunftsfamilien in der Kinder und Jugendhilfe. München 2004.

Schrapper, C./Heckes, C.: Die un-heimliche Heimat – historische und pädagogische Skizzen zur Interpretation des Begriffes „Heimerziehung". In: Materialien zur Heimerziehung. (IGFH) 2/3/1986.

Schrapper, C./Pies, S.: Heimerziehung. In: Fachlexikon der sozialen Arbeit. Hrsg.: Deutscher Verein für öffentliche und private Fürsorge. 5. Aufl. Frankfurt a.M. 2002.

Schulze-Krüdener, J.: „Elternarbeit ist kein Luxus, sondern sollte integraler Bestandteil sein." Zur Zusammenarbeit von Familie, Jugendamt und Heim zwischen Recht und Realität. In: Unsere Jugend. H. 1/2005.

Schumann, K.F.: Drei Thesen zur geschlossenen Unterbringung von Jugendlichen. In: Erziehung in geschlossenen Heimen. Hrsg.: Bundesjugendkuratorium. München 1982.

Schwabe, M.: Was leistet die Pädagogin/der Pädagoge im Heim?. In: Unsere Jugend. H. 8/1994.

Schwack, P.: Konzeption und Bedeutung von Gruppenarbeit mit Jungen. In: Forum Erziehungshilfen. H. 3/2004.

Schwarz, A.: Sexualpädagogik. In: Handbuch Sozialarbeit/Sozialpädagogik. Hrsg.: Otto, H.-U./Thiersch, H. 2., völlig neu überarb. und aktualisierte Aufl. Neuwied 2001.

Selvini-Palazzoli, M. u.a.: Paradoxon und Gegenparadoxon. Stuttgart 1977.

Sielert, U./Marburger, H.: Sexualpädagogik in der Jugendhilfe. Neuwied 1990.

Sielert, U.: Sexualerziehung im Heim. In: Sielert, U./Marburger, H.: Sexualpädagogik in der Jugendhilfe. Neuwied 1990.

Sielert, U.: Sexualpädagogik. Konzeption und didaktische Anregungen. 2. Aufl, Weinheim, Basel 1993.

Sielert; U.: Einführung in die Sexualpädagogik. Weinheim und Basel 2005.

Smale, G.G.: Die sich selbst erfüllende Prophezeiung. 2. Aufl. Freiburg 1983.

Sobiech, D.: Zu Hause im Heim? In: Hast, J.: u.a. (Hrsg.): Heimerziehung im Blick. Perspektiven des Arbeitsfeldes Stationäre Erziehungshilfen. Frankfurt 2003.

Sommerfeld, P.: Erlebnispädagogisches Handeln. Ein Beitrag zur Erforschung konkreter pädagogischer Felder in ihrer Dynamik. Weinheim und München 1993.

Sommerfeld, P.: Erlebnispädagogisches Handeln – Ein Forschungsbericht. In: Zeitschrift für Erlebnispädagogik. H. 6/1994.

Sommerfeld, P.: Erlebnispädagogik. In: Handbuch Sozialarbeit/Sozialpädagogik. Hrsg.: Otto, H.-U./Thiersch, H. 2., völlig neu überarb. und aktualisierte Aufl. Neuwied 2001.

Späth, K.: Der Hilfeplan im Spannungsfeld zwischen Bevormundung und Einbeziehung von Kindern, Jugendlichen und Eltern. In: Unsere Jugend. H. 4/1992.

Späth, K.: Erwartungen an die neuen Regelungen der §§ 78a – g KJHG. In: Jugendwohl. H. 2/1998.

Späth, K.: Tagesgruppen. In: Handbuch Erziehungshilfen. Leitfaden für Ausbildung, Praxis und Forschung. Hrsg.: Birtsch, V. u.a. Münster 2001.
Speck, O.: Verhaltensstörungen, Psychopathologie und Erziehung. Grundlagen zu einer Verhaltensgestörtenpädagogik. Berlin 1979.
Stafford-Clark, D./Smith, A.C.: Psychiatrie. Ein Kompendium. Stuttgart, New York 1987.
Stanulla, I.: Trautes Heim? Über den Vertrauensaufbau in der Heimerziehung. In: Unsere Jugend. H. 1/2004.
Stapelfeld, H.: Sexualerziehung. In: Fachlexikon der sozialen Arbeit. Hrsg.: Deutscher Verein für öffentliche und private Fürsorge. 5. Aufl. Frankfurt a.M. 2002.
Statistisches Bundesamt: Statistik der Jugendhilfe. Teil I. 4 Hilfe zur Erziehung außerhalb des Elternhauses. Wiesbaden 1994.
Statistisches Bundesamt: Sozialleistungen. Statistik der Jugendhilfe. Zeitreihen 1991 bis 1995. Hilfe zur Erziehung außerhalb des Elternhauses. Wiesbaden 1997.
Statistisches Bundesamt: Hilfe zur Erziehung außerhalb des Elternhauses. Hilfe für junge Menschen am 31.12.2000. Wiesbaden 2002.
Statistisches Bundesamt: Sozialleistungen. Statistik der Jugendhilfe. Hilfe zur Erziehung außerhalb des Elternhauses. Wiesbaden 2003.
Statistisches Bundesamt: Statistik der Kinder- und Jugendhilfe Teil III. Einrichtungen und tätige Personen. Tätige Personen am 31.12.2002 nach Arbeitsbereichen sowie nach Berufsausbildungsabschluss. Wiesbaden 2005a.
Statistisches Bundesamt: Statistik der Kinder- und Jugendhilfe Teil III. Einrichtungen und tätige Personen. Einrichtungen der Kinder- und Jugendhilfe am 31.12.2002 nach Art sowie nach Trägern. Wiesbaden 2005b.
Statistisches Bundesamt: Kinder- und Jugendhilfestatistik. Hilfe zur Erziehung außerhalb des Elternhauses. Begonnene und beendete Hilfen 2005. Wiesbaden 2006a.
Statistisches Bundesamt: Hilfe zur Erziehung außerhalb des Elternhauses 2005. Junge Menschen am 31.12. nach Art der Hilfe und Unterbringungsform. Wiesbaden 2006b.
Stern, W.: Psychologie der frühen Kindheit. Heidelberg 1967.
Sternberger, K.: Mehr als eine Familie? Professionelle Familienerziehung in Erziehungsstellen. In: Unsere Jugend. H. 5/2002.
Stewes, S.: Wohin geht der Weg des Kindes? Bericht über die Elternarbeit im Kinderheim St. Josef in Kempen 4/Krefeld. In: Unsere Jugend. H. 3/1981.
Stierlin, H.: Eltern und Kinder. Das Drama von Trennung und Versöhnung im Jugendalter. Erw. Neuausgabe. Frankfurt a.M. 1985.
Struck, N.: Ein Gespenst geht um: Outputorientierte Steuerung in der Jugendhilfe. In: Forum Jugendhilfe. H. 3/1995.
Struck, N.: Hilfen zur Erziehung im Zugriff von „neuem Steuerungsmodell" und „Qualitätssicherungsverfahren". In: Handbuch Heimerziehung und Pflegekinderwesen in Europa. Hrsg.: Colla, H. u.a. Neuwied 1999.

Stümke, H.-G.: Homosexualität/Schwule. In: Handbuch Sexualität. Hrsg.: Dunde, S. R. Weinheim 1992.
Sutton, N.: Bruno Bettelheim. Auf dem Weg zur Seele des Kindes. Hamburg 1996.
Thimm, K. H.: Kooperation: Heimerziehung und Schule. Landeskooperationsstelle Schule – Jugendhilfe. Berlin 2000.
Thiersch, H.: Veränderte Lebensbedingungen – veränderte Erziehungshilfen? Das Angebot der sozialpädagogischen Tagesgruppen im System der Jugendhilfe. In: Krüger, E. u.a. (Hrsg.): Erziehungshilfe in Tagesgruppen. Entwicklung, Konzeptionen, Perspektiven. Frankfurt a.M. (IGFH) 1994.
Thurau, H./Büttner, P.: Elternarbeit. In: Planungsgruppe Petra: Analyse von Leistungsfeldern der Heimerziehung. Ein empirischer Beitrag zum Problem der Indikation. Frankfurt a.M. 1987.
Trede, W.: Heimerziehung als Beruf – Die Situation in Europa. In: Handbuch Heimerziehung und Pflegekinderwesen in Europa. Hrsg.: Colla, H. u.a. Neuwied 1999.
Treeß, H.: Situationsorientierte Pädagogik in Wohngruppen als Mehrebenenpraxis erzieherischer Hilfen. In: Forum Erziehungshilfe. H. 2/2002.
Trieschmann, A.E.: Einzelphasen des typischen Trotzanfalles. In: Trieschmann, A.E. u.a.: Erziehung im therapeutischen Milieu. Ein Modell. 2. Aufl. Freiburg 1977.
Trieschmann, A.E.: Das therapeutische Milieu. In: Trieschmann, A.E. u.a.: Erziehung im therapeutischen Milieu. Ein Modell. 2. Aufl. Freiburg 1977.
Uhlendorff, U.: Sozialpädagogische Diagnosen. In: Handbuch Heimerziehung und Pflegekinderwesen in Europa. Hrsg.: Colla, H. u.a. Neuwied 1999.
Uhlendorff, U.: Hilfeplanung. In: Handbuch Kinder- und Jugendhilfe. Hrsg.: Schröer, W. u.a. Weinheim, München 2002.
Ückermann, Y./Günder R.: Statt Geschlossenheit – ein intensivpädagogisches Projekt innerhalb der stationären Erziehungshilfe. In: Evangelische Jugendhilfe. H. 1/2005.
Urban, U.: Hilfeplanung in der Ambivalenz zwischen Hilfe und Kontrolle. In: Hilfeplanung – reine Formsache? Hrsg.: Sozialpädagogisches Institut im SOS-Kinderdorf e.V. München 2005.
Vetter, B.: Psychiatrie. Ein systematisches Lehrbuch für Heil-, Sozial- und Pflegeberufe. Stuttgart, New York 1989.
Vorwort des SPI. In: Hilfeplanung – reine Formsache? Hrsg.: Sozialpädagogisches Institut im SOS-Kinderdorf e.V. München 2005.
Weber, M./Rohleder, C.: Sexueller Mißbrauch. Jugendhilfe zwischen Aufbruch und Rückschritt. Münster 1995.
Wegehaupt-Schlund, H.: Soziale Gruppenarbeit. In: Handbuch Erziehungshilfen. Leitfaden für Ausbildung, Praxis und Forschung. Hrsg.: Birtsch, V. u.a. Münster 2001.
Weiss K.: Einschließen – Erziehen – Strafen. In: Handbuch Heimerziehung und Pflegekinderwesen in Europa. Hrsg.: Colla, H. u.a. Neuwied 1999.

Weiß, W.: Prävention in der Heimerziehung. In: Handwörterbuch Sexueller Mißbrauch. Hrsg.: Bange, D./Körner, W. Göttingen, Bern, Toronto, Seattle 2002.

Wendelin, H.: Auslandsmaßnahmen in der Defensive. Zu den Entwicklungen in der jüngsten Zeit. In: Zeitschrift für Erlebnispädagogik. H. 5+6/2004.

Wendt, W.R.: Heimerziehung in ökologischer Perspektive. In: Unsere Jugend. H. 2/1984.

Wensierski, P.: Schläge im Namen des Herrn. Die verdrängte Geschichte der Heimkinder in der Bundesrepublik. München 2006.

Wiesner, R.: Das Hilfeplanverfahren als Steuerungsinstrument. In: Hilfeplanung – reine Formsache? Hrsg.: Sozialpädagogisches Institut im SOS-Kinderdorf e.V. München 2005.

Winkler, M.: „Ortshandeln" – die Pädagogik der Heimerziehung. In: Handbuch Heimerziehung und Pflegekinderwesen in Europa. Hrsg.: Colla, H. u.a. Neuwied 1999a.

Winkler, M.: Methodisches Handeln. In: Handbuch Heimerziehung und Pflegekinderwesen in Europa. Hrsg.: Colla, H. u.a. Neuwied 1999b.

Winkler, M.: Auf dem Weg zu einer Theorie der Erziehungshilfen. In: Handbuch Erziehungshilfen. Leitfaden für Ausbildung, Praxis und Forschung. Hrsg.: Birtsch, V. u.a. Münster 2001.

Wipf, K. A.: Mythos, Mythologie und Religion. In: Psychologie der Kultur. Band 1: Transzendenz und Religion. Hrsg.: Condrau, C. Weinheim und Basel 1982.

Witte, M. D.: Erlebnispädagogik: Transfer und Wirksamkeit. Möglichkeiten und Grenzen des erlebnis- und handlungsorientierten Erfahrungslernens. Themenheft Zeitschrift für Erlebnispädagogik. H. 5/6/2002.

Wolf, K.: Veränderungen in der Heimerziehungspraxis: Die großen Linien. In: Wolf, K. (Hrsg.): Entwicklungen in der Heimerziehung. Münster 1995.

Wolf, K.: Heimerziehung aus Kindersicht als Evaluationsstrategie. In: Heimerziehung aus Kindersicht. Hrsg.: Sozialpädagogisches Institut im SOS-Kinderdorf e.V. München 2000.

Wolff, J.: Zwangserziehung und Strafrecht im Nationalsozialismus. In: Handbuch Heimerziehung und Pflegekinderwesen in Europa. Hrsg.: Colla, H. u.a. Neuwied 1999.

Wolff, M.: Integrierte Hilfen. In: Handbuch Erziehungshilfen. Leitfaden für Ausbildung, Praxis und Forschung. Hrsg.: Birtsch, V. u.a. Münster 2001.

Wolff, M.: Von der Unmöglichkeit, geschlossene Unterbringung derzeit zu legitimieren. In: Sozialextra. H. 10/2004.

v. Wolffersdorff, C.: Geschlossene Heimunterbringung. In: Handbuch Heimerziehung und Pflegekinderwesen in Europa. Hrsg.: Colla, H. u.a. Neuwied 1999.

v. Wolffersdorff, C.: Kinder und Jugenddeliquenz. In: Handbuch Kinder- und Jugendhilfe. Hrsg.: Schröer, W. u.a. Weinheim, München 2002.

v. Wolffersdorff, C.: Ein bisschen Einschluss, ein bisschen Therapie? Über das Dilemma der geschlossenen Unterbringung. In: Sozialextra. H. 10/2004.

v. Wolffersdorff, C. u.a.: Geschlossene Unterbringung in Heimen. Kapitulation der Jugendhilfe? 2., aktualisierte und erw. Aufl. Weinheim und München 1996.

Ziegenspeck, J.: Erlebnispädagogik. In: Handbuch Heimerziehung und Pflegekinderwesen in Europa. Hrsg.: Colla, H. u.a. Neuwied 1999.

Zygowski, H./Körner, W.: Im System gefangen. In: Psychologie heute. H. 4/1988.

Der Autor

Prof. Dr. Richard Günder lehrt Erziehungswissenschaft an der Fachhochschule Dortmund, Fachbereich Angewandte Sozialwissenschaften und ist Dekan des Fachbereichs. Er war früher Leiter der Sozialpädagogischen Heime beim Jugendamt der Stadt Stuttgart.